湛庐 CHEERS

与最聪明的人共同进化

HERE COMES EVERYBODY

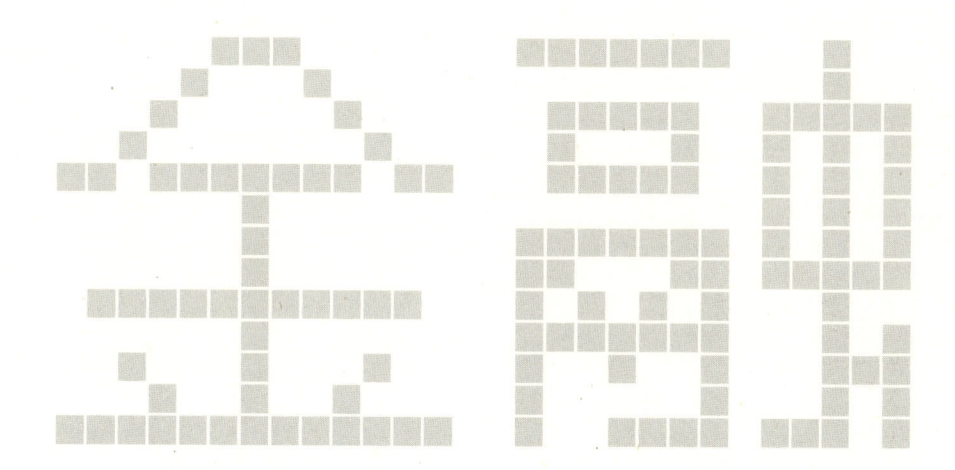

金融前沿的20种思考

巴曙松 ◎主编
任颋 本力 ◎副主编

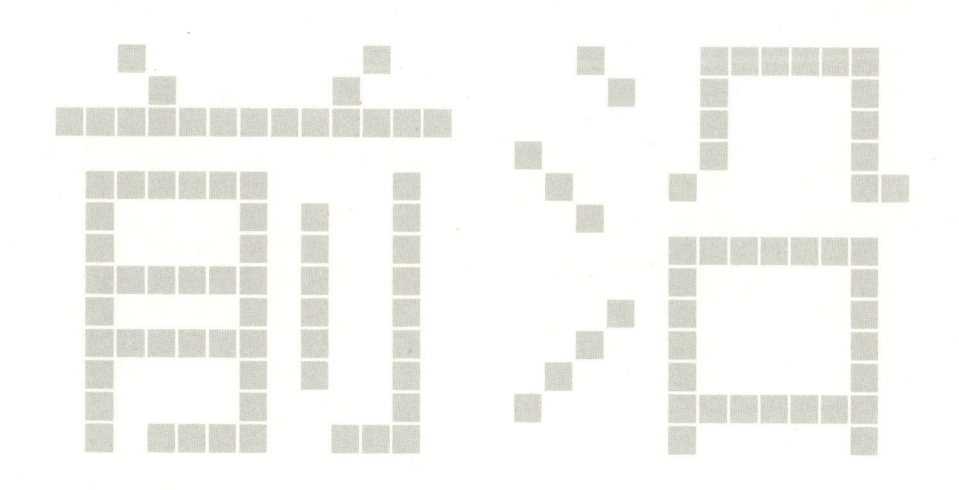

金融前沿讲堂
系列丛书

浙江教育出版社·杭州

主编简介

巴曙松，北京大学汇丰金融研究院执行院长，中国银行业协会首席经济学家，主要研究方向为金融机构风险管理与金融市场监管、资产管理行业发展等。

副主编简介

任颙，北京大学汇丰商学院副院长、企业发展研究所所长，北京大学博士生导师。美国明尼苏达大学人力资源与产业关系博士，研究领域为组织设计与绩效、人力资源与劳动就业、行为经济学等。

本力，北京大学汇丰金融研究院秘书长，《北大金融评论》副总编，深圳市金融科技伦理委员会委员，《21世纪经济报道》《第一财经》等媒体专栏作者，出版了《金融伦理通识》《量化投资十六讲》《经济学之路》等多本著作，曾创办北望经济学园。

Financial Foresight Lectures

金融理论一般要等到金融实践或者一个金融市场现象发展得比较成熟稳定后才能被总结出来，进而写到教科书里，但北大汇丰金融前沿讲堂是一部"活页版的金融前沿教科书"。

巴曙松 　北京大学汇丰商学院金融学教授
　　　　　　中国银行业协会首席经济学家

序　言
站在金融的前沿

　　这本书是我们组织的北大汇丰金融前沿讲堂的演讲文稿汇集。我们希望通过多位在金融实战前沿的知名学者和专家的演讲文集，可以让更多读者从中受到启发。为了将北大汇丰金融前沿讲堂办好，北大汇丰商学院院长海闻屡次召集多位相关教师开会，进行反复的讨论和研究。根据会议的讨论方向，我将北大汇丰金融前沿讲堂的定位和目标总结为四个方面。

　　第一，希望通过系列讲座，让高校教师和同学们了解金融市场的前沿动态，促进金融专业领域的学习研究以及与金融市场一线的互动。

　　我们打算在系列讲座中邀请的主讲专家，大部分都是在金融市场一线的不同领域有丰富经验和独特见解的专家。他们在长期的金融实践中，形成了大量专业的判断、出色的见解和独到的看法，高校教师和学生常常可以从他们的观点中找到合适的研究切入点。此外，主讲专家可以借此建立与高校研究人员的联系与合作，促进金融市场一线与高校专业研究的契合，使金融实践和专业研究都更有针对性。

同时，系列讲座也能对高校学生起到学习金融的督促作用。"书到用时方恨少"，我学金融的时候，也曾经历过比较迷惑的阶段："学这些金融专业知识有什么用呢？"如果不能感受到金融市场的一线脉动，往往就会觉得主动深入学习和钻研的动力不够。当一个现实中的金融问题摆在面前时，你就会发现自己积累的金融理论、工具和功底不够了。等到你已经毕业、参加工作后才发现积累不够的时候，就已经晚了。所以，如果在求学期间就接触一线的金融问题，通过思考和尝试解决这些问题来反观自己在理论和专业学习上的不足，就能够促进金融实践与理论学习的互相推动。我们期待在金融市场一线具有丰富经验的优秀专业人士，和金融研究、教学以及学生的学习建立起一种良性互动的关系，构建一个生机勃勃的金融理论与实践互动的场景。

第二，希望主办讲座的金融机构负责人和优秀的金融专业人士能够深入了解位于深圳的这所优秀的北京大学汇丰商学院。

经过十余年的持续努力，北大汇丰商学院已经发展成为一所生机勃勃的商学院。我邀请了一些金融机构的负责人出席讲座，他们已经对北大汇丰商学院有一定了解，但是有些人不确定学院是在深圳还是在北京。所以，我们可以通过这个系列讲座，让前来参加讲座的金融机构负责人和各个领域优秀的金融专业人士，较为深入地了解到这所具备国际高水准的专业训练和开放视野的"商界军校"、以金融学为重点学科的一流商学院。

第三，希望通过举办系列讲座，构建一个不同领域的优秀的金融家和金融专业人士交流合作的互动平台。

从金融业外部看，金融业看起来好像是一个联系紧密的整体，但实际上内部划分很细，相互之间的交流也十分欠缺。例如，北京乐瑞资产管理有限公司董事长唐毅亭，在他职业生涯的几个阶段，虽然一直在从事金融业，但金融内部不同的细分领域存在巨大的跨度，从一个细分领域转到另一个细分领域对他来说也是巨大的跨越。他原来从事商业银行的工作，后来主要从事商业银行董事会的相关工作，之后他致力于推动绿色金融，现在则做金融资产交易平台。其实，这些优秀的金融家和金融专业人士之间也缺乏专业的高水平的交流平台。海闻院长当年在北京发起这个高水平的系列讲座时，得到了很多金融家的响应。我想，除了他个人的动员能力和号召能力外，这还和金融家们也想有一个交流平台、希望与金融业相关细分领域的专业人士系统交流自己的看法的需求直接相关。

夸张一点儿说，我认为全球和中国金融行业的现状存在一个基本的不足：脱节比较严重。这表现为各种形式，例如：监管和市场之间的脱节；金融理论研究和金融市场、金融机构、金融监管之间常常相去甚远；金融市场内部也容易脱节，从事公募、私募、信托、租赁、商业银行、投资银行以及互联网金融企业的人士，相互之间的交流和了解也很不充分。所以，我希望把这个系列讲座打造成优秀的金融家和金融专业人士相互交流的平台。我们可以把每次讲座的内容整理出来，与金融界的朋友共同交流。

我们在启动这个系列讲座时，从一开始就做好准备，做好内容整理和收录工作。每次演讲之前，主讲专家都会认真准备讲稿。讲座结束后，对于演讲的要点，我们会通过适当的渠道与金融业界人士分享；对于完整的文字整理稿，则请主讲专家、多位同学和教师、编辑审定之后结集出版。

我们作为组织者，尤其期望优秀金融家讲授自己所在的细分金融领域的前沿经验。我们逐期积累这些成果并展示出来，这个系列讲座就会成为一个前沿的金融专业交流平台。

第四，希望把这个系列讲座打造成一个观察中国和全球金融市场新发展趋势的风向标。

有人说深圳是金融开放的前沿，同时离国际金融中心香港很近，两者之间的联系也越来越紧密，为我们举办这个系列讲座提供了坚实的市场基础。我认为确实是这样，在金融行业的许多细分领域，其他城市的金融企业可能规模较大，但是往往没有深圳的金融机构那么有活力，创新能力那么强。

香港作为国际金融中心，专业人才的优势十分突出，我们邀请他们前来参加讲座也比较方便。以珠三角和香港的金融专业人士与金融家为基础，延伸到全国的市场，我们就可以逐步把这个系列讲座办成观察中国和全球金融市场新发展趋势的风向标。通过这个讲座，我们可以大致了解国内外金融市场发展的新动向。

金融理论一般要等到金融实践或者一个金融市场现象发展得比较成熟稳定后才能被总结出来，进而写到教科书里。如果从时间上观察，这个实例写入教科书的时候，可能已经比市场一线晚了好几年。那么，从这个意义上说，北大汇丰金融前沿讲堂可以说是一部"活页版的金融前沿教科书"。

如果说组织系列讲座也应当不忘初心，那么以上一些设想和期许，就是我们当初组织讲座时经过多次讨论之后认定的初心。如今系列讲座已经持续进行了多期，我们有必要重温初心，一方面通过系统梳理现有的讲座内容，与更多的读者分享；另一方面也为下一步更好地组织讲座积累素材和经验。

是为序。

目 录

序 言　　站在金融的前沿

第一部分　宏观金融的前沿 /001

第 1 章　社会融资规模、广义货币与金融去杠杆 /003
盛松成 / 中欧国际商学院教授，
　　　　中国人民银行调查统计司原司长

第 2 章　从周期与结构视角看宏观金融 /020
彭文生 / 中金公司首席经济学家、研究部负责人，
　　　　光大证券原全球首席经济学家

第 3 章　中国经济增长曲线及新周期 /051
廖　群 / 中信银行（国际）首席经济师

第 4 章　拐点经济学与系统性风险 /070
朱小黄 / 中国建设银行原副行长，中信集团监事长，
　　　　中国行为法学会副会长，金融法律行为研究会会长

第 5 章　中国经济转型与升级中的投资机遇 /088
孙明春 / 海通国际首席经济学家

第二部分　金融市场的前沿 /109

第 6 章　固定收益产品的定价、交易与投资准则 /111
孟小宁 / 天风国际证券集团行政总裁

第 7 章　资产配置理论的实践 /130
唐毅亭 / 北京乐瑞资产管理有限公司董事长

第 8 章　期权市场的创新、合规与风控 /162
程　刚 / 天风证券自营投资总监

第 9 章　ETF 的价值与竞争力 /188
丁　晨 / 南方东英资产管理公司总裁

第 10 章　保险并购，完善健康保险生态圈 /204
赵晓京 / 安永亚太区保险业主管合伙人

第三部分　金融科技的前沿 /215

第 11 章　区块链、数字货币与 ICO /217
肖　风 / 通联数据董事长，万向区块链董事长

第 12 章　用户隐私、数据孤岛和联邦学习 /239
杨　强 / 微众银行首席人工智能官

第 13 章　数字金融的发展路径 /258
邱　明 / 罗汉堂资深专家，蚂蚁金服研究院前副院长

第 14 章　**智能化时代的证券投资** /285
　　　　　戴京焦 / 金贝塔网络金融科技公司前 CEO，
　　　　　　　　光大理财有限责任公司首席投资官

第 15 章　**拥抱金融科技** /304
　　　　　方兆本 / 中国科学技术大学统计金融系教授

第四部分　金融发展的前沿 /317

第 16 章　**现代投资银行的科技理念和改革方向** /319
　　　　　黄国滨 / 摩根大通全球投资银行部中国 CEO、
　　　　　　　　董事总经理

第 17 章　**中国香港资本市场，"超级联系人"角色的升级** /332
　　　　　丛　林 / 华兴资本集团总裁，华兴证券（香港）董事长

第 18 章　**站在十字路口的商业银行** /355
　　　　　毕明强 / 中信银行（国际）有限公司行长兼行政总裁

第 19 章　**民营银行再度启程** /386
　　　　　朱　韬 / 上海华瑞银行前党委副书记、董事、行长

第 20 章　**从历史中寻找金融的未来** /410
　　　　　洪　灏 / 交银国际董事总经理、研究部主管

后　记 /427

Fina

FORESIGHT LECTURES

第一部分
宏观金融的前沿

金融的根本任务是服务于实体经济。社会融资规模从全社会资金供给的角度反映金融对实体经济的支持，结构特征比 M2 丰富得多。

盛松成　中欧国际商学院教授，中国人民银行调查统计司原司长

第1章
社会融资规模、广义货币与金融去杠杆

盛松成

中欧国际商学院教授，

中国人民银行调查统计司原司长

社会融资规模是衡量金融支持实体经济的重要指标

2018年的《国务院政府工作报告》（以下简称《政府工作报告》）中提出："管好货币供给总闸门，保持广义货币（M2）[①]、信贷和社会融资规模合理增长，维护流动性合理稳定"。和前两年不同，2018年的《政府工作报告》没有对社会融资规模和广义货币提出具体的增速目标，而2016年、2017年分别提出将广义货币和社会融资规模的增速保持在13%左右、12%左右。随着金融运行情况的变化，社会融资规模和广义货币的决定因素也发生了变化。

近年来，社会融资规模已经被社会各界广泛接受，并且成为我国货币政策

[①] M2和M1、M3都是反映货币供应量的重要指标。M1指狭义货币，包括流通的现金和支票存款以及转账信用卡存款。M2指广义货币，包括M1和储蓄存款。M3则包括M2和其他短期流动资产，如国库券、银行承兑汇票和商业票据等。——编者注

和宏观经济金融的重要调控和分析指标。2018年《政府工作报告》除了提到广义货币和社会融资规模，还提到了"信贷"，说明信贷指标在我国货币政策实践中仍发挥着重要作用。社会融资规模和信贷密切相关，甚至可以说社会融资规模就是由传统的信贷指标发展而来的。

社会融资规模概念的形成过程

2010年11月，中国人民银行（以下简称"中央银行"）调查统计司开始研究、编制社会融资规模指标。之前我国一直将广义货币作为货币政策中间目标，广义货币是由金融机构负债方产生的，那么如何反映资金在资产方的配置呢？"社会融资规模"这个指标由此被提出来，它实际上是由金融机构资产方和金融市场发行方产生的指标。

2010年12月，中央经济工作会议首次提出，"要保持合理的社会融资规模"。迄今这个指标已连续8次被写进中央经济工作会议文件和《政府工作报告》。当然，这个指标的产生过程并不是一帆风顺的，而是经过了许多打磨和发展。因为指标中有存量和增量数据，有全国和地区数据以及月度、季度和年度数据，所以历经几年才全部编制完成。

自2011年起，中央银行按季度发布社会融资规模增量数据。2011年4月15日，我第一次组织召开新闻发布会，介绍了社会融资规模增量数据，这个指标才开始逐渐进入大家的视野，得到大家的关注和分析，成为国家宏观调控的指标。

虽然广义货币的概念是在20世纪五六十年代才真正提出来的，但是美国经济学家米尔顿·弗里德曼（Milton Friedman）根据广义货币的定义，把美国广义货币的数据倒推了100年。倒推的目的是得到历史数据，进而做时间序列分析。所以，我们也用倒推法，把社会融资规模数据倒推至2002年。

2014年起，中央银行按季度发布地区社会融资规模增量数据，也就是每个季度发布一次各地区（省、自治区、直辖市）的社会融资规模增量数据。社会融资规模有存量和增量数据,也有全国和地区数据,因而它提供了总量结构、地域结构、融资结构等多方面的信息。这对地方政府很有价值,因为地方政府无法控制货币供应量,而且货币供应量也无法区分地区边界,但社会融资规模可以为地方政府决策提供重要依据,这也是社会融资规模指标和广义货币的区别之一。

2015年起,中央银行按季度发布社会融资规模存量数据。这对社会融资规模指标来说,是一个里程碑,因为只有根据存量数据计算得出的同比增速才有实际意义。所谓"同比"就是今年与去年同期相比增加了多少。但是,增量分母太小,导致依据增量计算得出的同比增速波动很大,很可能某个月骤然上升50%,或突然下降60%,这不能说明实际问题。如果用社会融资规模增量计算同比增速,那么它就很难作为国家宏观调控的指标发挥作用,至少在增速上不值得参考。2016年1月起,中央银行开始按月发布社会融资规模存量数据。

社会融资规模指标编制的完成是非常重要的一件事,是我和调查统计司的很多同事在中央银行的领导下一起完成的,我们撰写了《社会融资规模理论与实践》。这本书系统地介绍了社会融资规模指标。

社会融资规模的定义和内涵

社会融资规模是指一定时期内(每月、每季度或每年)实体经济从金融体系获得的资金总额。这里的金融体系是指整体金融:从机构看,包括银行业、证券业、保险业等金融机构;从市场看,包括信贷市场、债券市场、股票市场、保险市场和中间业务市场等;从地域看,社会融资规模是实体经济从境内金融体系获得的资金总额。

社会融资规模的几种提法

社会融资规模也被称作社会融资总规模或社会融资总量。我认为使用"社会融资规模"这个名称比较合适。社会融资规模目前的统计中没有包括P2P

（个人对个人、点对点网络借款）、私募等，因为这些项目尚无法精确统计，所以如果称之为社会融资总规模或社会融资总量是不够准确的。统计工作是很严格的，可以有个别遗漏，但是纳入统计的部分必须精确，当然主要部分不能遗漏，也不能重复。其他指标也是类似的，这在统计工作中较为普遍。所以，我觉得用"社会融资规模"比较恰当，用英语翻译为 the Aggregate Financing to the Real Economy（AFRE）。

社会融资规模的构成

社会融资规模由四大类融资构成，共10个子项。

第一类是金融机构表内贷款，包括人民币贷款和外币贷款两项融资。

第二类是金融机构表外融资贷款，包括委托贷款、信托贷款和未贴现的银行承兑汇票这三项。因为这些表外融资贷款实际上也是影子银行[①]的一部分，所以"影子银行"应该是一个中性的名词。

未贴现的银行承兑汇票是什么呢？我举一个简单的例子。有一家钢铁厂和一家煤炭企业，钢铁厂要炼钢必须买煤炭，但钢铁厂当即付不出钱，只能两个月以后付钱。于是，钢铁厂给煤炭企业开了一张汇票，约定两个月后付钱，这就是商业汇票。但商业汇票有风险，煤炭企业要求钢铁厂到银行担保，找一家有信誉的银行签字，万一钢铁企业不能还钱，由银行来还，这就叫承兑。如果把这张银行承兑的汇票拿到银行贴现，那么它就进入银行的资产负债表，成为人民币贷款的一部分，所以未贴现的银行承兑汇票是银行体系的表外融资，实际上是商业银行的或有资产，但是与贷款不同，不计入商业银行资产负债表。银行不贷款只担保，但是担保也是有风险的，很可能会贴钱。

---

① 影子银行（shadow banking system）是指游离于银行监管体系之外，可能引发系统性风险和监管套利等问题的信用中介体系（包括各类相关机构和业务活动）。——编者注

第三类是直接融资,包括非金融企业债券和境内股票融资两项。

第四类是其他融资,包括保险公司赔偿、金融机构投资性房地产和小额贷款公司贷款三项。金融性公司包括银行、信托、证券、保险、基金等(见表1-1)。

表1-1 金融性公司概览(局部)

类别	基本项	细分项
负债	流通中的现金(M0)	
	本外币存款	活期存款
		(1)财政活期存款
		(2)居民活期储蓄存款(M2)
		(3)非金融企业及其他部门活期存款(M1)
		(4)非居民活期存款(M1)
		定期存款
		(1)财政定期存款
		(2)居民定期储蓄存款(M2)
		(3)非金融企业及其他部门定期存款(M2)
		(4)非居民定期存款(M2)
		其他存款
		证券公司客户保证金存款(M2)
资产	贷款(社会融资规模)	人民币贷款
		外币贷款
		委托贷款
		信托贷款
	有价证券	股票中的非金融企业及其他部门股票(社会融资规模)
		债券中的企业债券(社会融资规模)
		非股票证券中的银行承兑汇票(社会融资规模)
	国外资产	
	投资性房地产(社会融资规模)	

注:保险公司赔偿(保险公司的一种资金运用行为)以及其他经济部门持有的企业债和企业股票,是社会融资规模增量的组成部分,但不体现在金融性公司概览中。

先看负债端。第一类负债是流通中的现金,即中央银行的负债。第二类负债是狭义货币,我国的狭义货币是现金和企业活期存款的总和。这和美国不一样,美国的狭义货币是现金加各项活期存款,但是在我国只能加企业活期存款,不包括个人活期存款,因为我国个人活期存款不能开支票。但是现在大家都刷卡或微信支付,动用的是活期存款,因而中国的狭义货币其实漏掉一大块:估计20多万亿元。如今,我国的狭义货币是50多万亿元,加上漏掉的20多万亿元,就是70多万亿元。

广义货币则是现金加所有的存款,不管是个人的还是企业的。现在,广义货币的体量已经超过170万亿元。什么叫货币?存款就是货币,也是广义货币。为什么这么多存款放在广义货币当中?因为广义货币能够比较容易地转变为支付工具。目前中国储蓄增长多,所以广义货币体量大,杠杆率也高。

这样的货币层次构成与货币的基本定义有关。现金、狭义货币体现了货币是交换媒介和支付中介,广义货币则是价值储藏的手段。20世纪60年代前,几乎所有经济学家,包括卡尔·马克思(Karl Max)和约翰·凯恩斯(John keynes)[①]都认为货币就是支付中介,一直到20世纪五六十年代,货币才被认为不仅是流通媒介,还是价值储藏的手段。比如,某人拿到1万元工资,可能花5 000元买生活用品、付房租,剩下的5 000元可能存入银行,也可能买股票或者放在家里。这剩下的5 000元实际上是价值储藏,他没有使用。所以,货币首先是流通手段、交换媒介,其次是价值储藏手段。所以,广义货币的概念是20世纪60年代以后才产生的,在中国则是20世纪90年代以后才有的,我国在20世纪90年代中期才真正开始将广义货币作为货币政策的中间目标。

以上是负债端,再看资产端。人民币贷款、委托贷款、信托贷款、银行承兑汇票、企业债券等都是社会融资规模的组成部分,反映金融性公司的资产端;而货币供应量则反映金融性公司的负债端,两者相匹配。

---

① 约翰·凯恩斯,英国经济学家,现代最有影响的经济学家之一。——编者注

社会融资规模有着深厚的经济理论基础

从20世纪50年代开始,本·伯南克(Ben Bernanke)、约瑟夫·斯蒂格利茨(Joseph Stiglitz)和詹姆斯·托宾(James Tobin)等美国著名经济学家陆续提出并最终形成了货币政策传导的信用观点。该理论认为,以货币为代表的负债端并不能全面反映货币政策的传导过程及其影响,货币政策还可以通过影响商业银行信用以及其他金融机构的资产端(如债券融资、股票融资等资产端的变动),来影响实体经济。但是,在西方货币政策传导机制理论中占主导地位的始终是货币主义理论。

将社会融资规模作为指标是我国的独创,我国也是唯一统计这个指标的国家。国际货币基金组织、国际清算银行等组织也比较认可这个指标。

为什么在美国没有形成社会融资规模指标?为什么在中国会形成社会融资规模指标?实际上这有历史和现实的原因。从我国货币政策实践看,1998年以前,货币调控是以信贷行政分配方式进行的。尽管此后中央银行宣布取消信贷配额,以货币供应量作为货币政策的中间目标,但信贷指标在我国货币政策实践中仍发挥着重要作用。从某种意义上说,社会融资规模指标也是在这个实践基础上发展起来的。2008年10月,我在《经济研究》杂志上发表了一篇文章《中国货币政策的二元传导机制——"两中介目标,两调控对象"》,我在文中研究了货币和贷款,当时还没有社会融资规模的概念。

此外,因为我国产能过剩,需要去产能,但往往需要通过市场和行政相结合,所以我们不仅要研究货币需求,还要研究供给侧和资产端。也就是说,我们不仅要研究广义货币,还要研究社会融资规模以及在供给方面对实体经济的资金支持。

社会融资规模指标为地方政府和市场都提供了有效的参考。除了信贷,地方政府还可以通过社会融资规模指标的地区数据了解当地的融资总额。此外,社会融资规模指标也比较受金融市场人士的欢迎,因为它反映了市场流动性总量和结构。

社会融资规模的统计和分析

社会融资规模年度时间序列

从社会融资规模年度总量上来看（见表1-2），2002年的社会融资规模增量仅2万多亿元，

但是2017年的社会融资规模增量为194 430亿元，2018年1月至2月是4万多亿元，也就是说，2018年1月至2月的社会融资规模的增量，超过2002年全年增量的1倍多。这说明中国金融体量确实非常庞大，也说明金融对实体经济的支持力度很大。

表1-2 社会融资规模年度增量（亿元人民币）

指标	2018（1月至2月）	2017	2016	2015	2014	2013	2012	2011	……	2002
社会融资规模	42 303	194 430	177 101	154 063	164 773	173 169	157 631	128 286	……	20 112
人民币贷款	37 050	138 432	124 400	112 693	97 816	88 916	82 038	74 715	……	18 475
外币贷款（折人民币）	352	18	−5 640	−6 427	3 554	5 848	9 163	5 712	……	731
委托贷款	−1 464	7 770	21 900	15 911	25 070	25 466	12 838	12 962	……	175
信托贷款	1 115	22 555	8 593	434	5 174	18 404	12 845	2 034	……	—
未贴现的银行承兑汇票	1 539	5 364	−19 500	−10 567	−1 198	7756	10 499	10 271	……	−695
企业债券		4 495	30 000	29 388	24 329	18111	22 551	13 658	……	367
非金融企业境内股票融资	1 101	8 734	12 400	7 590	4 350	2219	2 508	4 377	……	628
投资性房地产	—	—	—	138	100	323	50	166	……	—
保险公司赔偿	—	—	—	4 922	4 347	3850	3 132	2 455	……	432
其他				−18	1 232	2276	2008	1 936	……	

注：1. "—"表示数据缺失或很小；2. 在2002—2012年社会融资规模中，人民币贷款为历史公布数，其余为核实数。

社会融资规模结构的历史演变

2002 年，人民币贷款占社会融资规模总量的 91.9%（见表 1-3）。在这种情况下，只需要统计人民币贷款，统计社会融资规模的意义不大，因为近 92% 的社会融资规模总量是人民币贷款。但随着我国金融市场的发展，人民币贷款已经难以全面反映资金的投向。例如 2013 年，人民币贷款在社会融资规模中的占比只有 51.3%，此外较大规模的融资是表外融资和直接融资。

表 1-3　社会融资规模年度占比（%）

指标	2018（1月至2月）	2017	2016	2015	2014	2013	2012	2011	……	2002
社会融资规模	100.0	100.0	100.0	100.0	100.0	100.0	100.0	100.0	……	100.0
人民币贷款	87.6	71.2	70.2	73.1	59.4	51.3	52.0	58.2	……	91.9
外币贷款（折人民币）	0.8	0.0	-3.2	-4.2	2.2	3.4	5.8	4.5	……	3.6
委托贷款	-3.5	4.0	12.4	10.3	15.2	14.7	8.1	10.1	……	0.9
信托贷款	2.6	11.6	4.9	0.3	3.1	10.6	8.1	1.6	……	—
未贴现的银行承兑汇票	3.6	2.8	-11.0	-6.9	-0.7	4.5	6.7	8.0	……	-3.5
企业债券	—	2.3	16.9	19.1	14.8	10.5	14.3	10.6	……	1.8
非金融企业境内股票融资	6.6	4.5	7.0	4.9	2.6	1.3	1.6	3.4	……	3.1
投资性房地产	—	—	—	0.1	0.2	0.0	0.0	0.1	……	—
保险公司赔偿	—	—	—	3.2	2.6	2.2	2.0	1.9	……	2.1
其他	—	—	—	0.0	0.7	1.3	1.3	1.5	……	—

注：1. "—"表示数据缺失或很小；2. 在 2002—2012 年社会融资规模中，人民币贷款为历史公布数，其余为核实数。

社会融资规模的结构趋势和近期特点

第一个特点是人民币贷款占比曾经大幅下降，但伴随金融去杠杆进程，表外融资表内化，人民币贷款近期明显回升。新增人民币贷款在社会融资规模中的占比由 2002 年的 91.9%，下降至 2013—2014 年的 55% 左右，2015 年恢复至 73%。2018 年 1 月至 2 月，人民币贷款占社会融资规模增量的 87.6%，比 2017 年全年水平高 16.4 个百分点。

第二个特点是实体经济通过金融机构的表外融资迅速缩减。

2006—2013 年，实体经济以委托贷款、信托贷款和未贴现的银行承兑汇票获得的融资的年平均增速为 39.5%，而 2002 年这些表外融资的业务量还很小。

近期表外融资急剧缩减，2018 年 1 月至 2 月，委托贷款、信托贷款和未贴现的银行承兑汇票在社会融资规模增量中的占比分别为 –3.5%、2.6% 和 3.6%，表外融资合计仅占社会融资规模增量的 2.8%。

第三个特点是直接融资占比提高，但 2017 年以来，直接融资占比大幅下降。直接融资股票和债券在 2002 年很少；2007 年，企业债券和股票融资占比超过 10%；2014 年，达到 17% 左右；2015 年，占比达到 24%；2016 年，非金融企业境内债券和股票合计融资 4.2 万亿元，是 2002 年的 42.6 倍，占同期社会融资规模的 23.9%，比 2002 年提高了 18.95 个百分点。但是 2017—2018 年的直接融资占比没有超过两位数，2017 年由于利率较高，我国债券发行不多。2017 年，直接融资占比骤降至 6.8%。2018 年 1 月至 2 月，非金融企业境内债券和股票合计融资 2 795 亿元，同比增多 2 653 亿元。

社会融资规模能反映出融资总量和融资结构每个月的变化，这也是社会融资规模指标的意义之一。同时，社会融资规模指标还提供了融资结构（如银行表内、表外和直接融资结构）等信息，有利于更全面地反映我国经济金融运行情况，比如不同区域、不同细分领域的特征以及实体经济融资规模、融资成本变化的方向，并前瞻性地反映经济运行的边际变化以及地区发展差异等。

社会融资规模与货币供应量是一枚硬币的两面

货币供应量是从存款类金融机构负债端来统计的社会整体货币总量，代表着金融体系为实体经济提供的流动性和购买力。而社会融资规模则是从金融机构资产端和金融市场发行端统计，从全社会资金供给的角度反映了金融体系对实体经济的支持。因此，从资产负债的角度看，社会融资规模和货币供应量能够相互补充和相互印证，二者并不是相互替代的关系。

从历史上看，社会融资规模存量增速与广义货币增速走势基本一致，两者相关系数达到0.88（见图1-1）。在几个月之内，两者的增速甚至完全一致，比如2016年第一季度末，两者的同比增速都是13.4%。

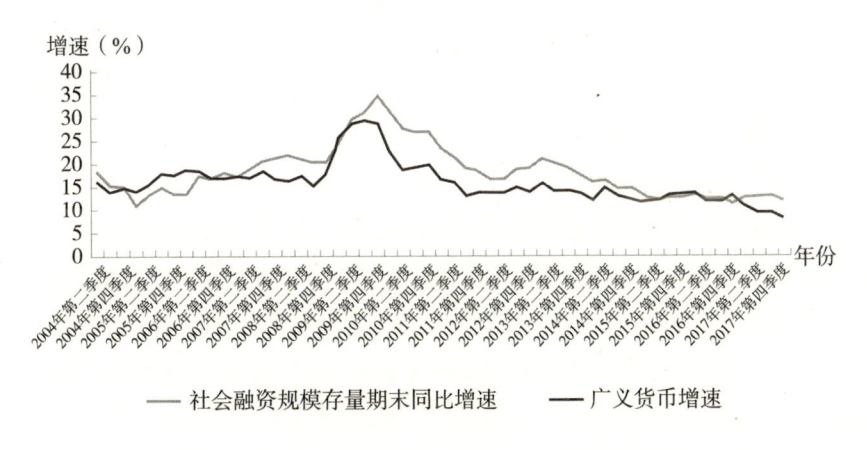

图1-1　社会融资规模存量增速和广义货币增速

近期社会融资规模与广义货币增速不一致的原因

2016年以来，社会融资规模和广义货币的同比增速相差很多。从2016年10月开始，两者增速逐渐背离。2017年8月末，社会融资规模同比增速为13.1%，而广义货币增速只有8.9%，前者比后者高4.2个百分点。根据2018年2月末的数据，广义货币同比增速为8.8%，社会融资规模的同比增速是

11.2%，两者的增速差逐渐缩小，收窄了1.4个百分点。我相信，随着金融去杠杆的逐渐深入，这两个指标会更加接近。

为什么2017—2018年社会融资规模和广义货币的同比增速不一致？主要原因是金融去杠杆。我于2017年10月在《中国金融》第21期上发表了一篇文章，并在文中阐述了这个观点。

在社会融资规模统计中，要扣除金融体系内部的资金往来，因而社会融资规模主要反映金融体系对实体经济的资金支持；而广义货币则既包括企业存款和个人存款，也包括非存款类金融机构在存款类金融机构的存款，但是后者常被人们忽视。

广义货币是由存款类金融机构发行的，因为只有存款类金融机构才可以接受存款，才会产生广义货币。但是，信托投资公司、保险公司、证券公司、基金公司等非存款类金融机构也持有广义货币。比如，客户保证金是证券公司存入银行的，这就是非存款类金融机构持有的广义货币。再比如，保险公司、信托投资公司、基金公司也把钱存入银行，这些也被计算为广义货币。所以，要准确预测广义货币非常难。例如2017年12月31日，某家银行给基金公司放款1亿元，这1亿元很快会成为基金公司在银行的存款；如果银行放款给信托投资公司，就会形成信托投资公司在银行的存款。放款的同时也产生存款，而存款是广义货币。再举一个例子，财政存款是不计入广义货币的，因为财政存款不是很活跃，全世界的情况都是如此。如果某一天某地方财政局通过采购等形式把钱转给企业或拨款给事业单位，这笔钱很快成为这家企业或者事业单位在银行的存款，这会被计入广义货币。这些变动是没法预测的。所以，不到最后一刻，没法准确预测广义货币。当然，广义货币增速变化的方向大体是可以预测的。最近，金融去杠杠的概念很热门。它的主要形式就是减少非存款类金融机构持有的广义货币。

举一个最简单的例子，现在表内理财不到5万亿元，表外理财24万亿元，总数近 30 万亿元。个人购买了理财产品以后，银行会支付 5% 左右的理财收益，同时，银行一定会拿这笔钱再去投资。银行可能投资债券、信托和委托贷款，最后也有可能投资房地产。这本来是很简单的一件事，即个人或企业把钱存到银行，银行贷给企业。这也是 30 年前最传统的唯一的通道。整个社会可以分成两个部门：一部分是资金多余的部门，包括个人和企业；另一部分是资金短缺的部门，也就是需要资金的企业和个人。所以，当时银行就是一个中介，既是信息中介又是信用中介。

如今不只有一个通道，银行可以不直接贷款，而可以投资于信托、资产管理计划、基金等，导致资金转来转去，整个链条越转越长。非存款类金融机构持有的广义货币也是广义货币，所以资金只要多转一圈，货币供应量就多一块，所以真正对实体经济有影响、对实体经济有促进作用的资金并没有那么多。其中一部分资金只是转来转去，这就叫通道。

目前金融去杠杆主要在压通道、减通道和强监管。所以，委托贷款、银行承兑汇票等表外业务减少了，资金回到银行表内，人民币贷款就增加了。

很多人理解政府、个人和企业去杠杆，但未必理解金融去杠杆。个人去杠杆就是个人贷款少一点。政府和企业去杠杆就是贷款、债务少一点。所谓的金融去杠杆，直观表现之一就是通道业务减少，金融直接向实体经济提供融资，而不是经由很多环节之后资金才能支持实体经济。当然，这些通道不可能完全杜绝，但是以前太多了。影子银行太多了，最后资金转来转去，不仅扩大了广义货币供应量规模，而且推高了贷款利率。资金每转一道就提高一道利率，最后将实体经济的贷款利率越推越高，广义货币供应量规模也越来越大。因为压通道、减通道和强监管，所以广义货币增速降低了，同时也有利于解决实体经济融资难、融资贵的问题。

2017 年 8 月正好是社会融资规模增速和广义货币增速差异最大的时候，相差 4%（见表 1-4）。广义货币供应量规模之所以下降，一是因为对政府债权下降，使得地方政府债务减少，或者债转股等；二是因为银行对信托、基金、证券等其他金融部门的债权大大下降。2016年1月至8月，对其他金融部门债权对广义货币增速的贡献率是63.2%，2017年1月至8月则是15.6%，相应地，2016年1月至8月对其他金融部门债权拉动广义货币上涨7.2%，广义货币增速为11.4%，其他金融部门的杠杆贡献了广义货币总体增速的一半以上！但是到了2017年1月至8月，对其他金融部门债权仅拉动广义货币上涨1.4%，说明我们其他金融债券的通道业务规模大幅下降，使得广义货币增速变慢了。2017年1月至8月与2016年1月至8月相比，对其他金融部门债权对广义货币增速的拉动下降了5.8%。

表1-4 各来源结构对广义货币变动的贡献率和拉动率（2017年8月末）

	贡献率（%）		拉动率（%）	
	2016年1月至8月	2017年1月至8月	2016年1月至8月	2017年1月至8月
广义货币	100.0	100.0	11.4	8.9
国外净资产	-8.3	-12.3	-0.9	-1.1
对政府债权↓	34.4	22.0	3.9	2.0
对非金融部门债权	66.0	95.3	7.5	8.5
对其他金融部门债权↓	63.2	15.6	7.2	1.4
冲销项：不纳入广义货币的存款	-2.2	-2.7	-0.3	-0.2
债券	-24.3	-21.4	-2.8	-1.9
实收资本	-1.7	-1.8	-0.2	-0.2
其他（净）	-27.1	5.1	-3.1	0.5

再看2018年发布的数据（见表1-5），2017年1月至2月对其他金融部门债权拉动广义货币上涨4%，而2018年1月至2月，仅拉动广义货币上涨0.9%，说明金融去杠杆在继续，这也是货币供应量减少的一个重要原因，只是已经不像一年前那么高。当然我们还处于金融去杠杆和强监管的进程中。那么，监管的边际强度是继续增强，还是有所减弱呢？我的个人观点是，边际强度不可能继续增强。

表 1-5　各来源结构对广义货币变动的贡献率和拉动率（2018 年 2 月末）

	贡献率（%）		拉动率（%）	
	2017 年 1 月至 2 月	2018 年 1 月至 2 月	2017 年 1 月至 2 月	2018 年 1 月至 2 月
广义货币	100.0	100.0	11.1	8.8
国外净资产	-8.1	4.8	-0.9	0.4
对政府债权↓	-18.2	5.4	-2.0	0.5
对非金融部门债权	71.9	71.1	8.0	6.3
对其他金融部门债权↓	35.7	10.2	4.0	0.9
冲销项：不纳入广义货币的存款	-6.6	2.0	-0.7	0.2
债券	-21.1	3.5	-2.3	0.3
实收资本	-0.8	0.0	-0.1	0.0
其他（净）	47.2	-14.1	5.2	-1.2

金融去杠杆在人民币贷款数据中也有所体现。社会融资规模中的人民币贷款和信贷收支表中报告的人民币贷款是有差异的。事实上，社会融资规模中的人民币贷款只是金融企业对实体经济的贷款，不包括金融体系内部的贷款。而信贷收支表中的人民币贷款，不仅包括对实体经济的贷款，还有存款类金融机构对非存款类金融机构的贷款，包括银行对信托、基金的贷款等。在正常情况下，信贷收支表中的人民币贷款规模更大，因为它包含两部分，一部分是对实体经济的贷款，另一部分是对非实体经济的贷款。但是，最近信贷收支表中的人民币贷款小于社会融资规模的贷款，说明存款类金融机构对非存款类金融机构贷款逐渐减少，呈负增长的趋势。

社会融资规模与主要经济指标具有较强的相关性

利用 2002 年以来的季度数据，我们对社会融资规模增量、广义货币新增额、新增人民币贷款与主要经济指标（如 GDP、社会消费品零售总额、固定资产投资完成额等）分别进行计量分析。研究发现，我国社会融资规模增量与主要经济指标，均具有很高的相关性（相关系数为 0.89～0.94），且相关系数均高于广义货币和新增人民币贷款约 0.1 左右，说明社会融资规模增量与 GDP、投资和物价等经济变量之间存在长期稳定的协整、显著的因果关系。

2017年以来，金融去杠杆和强监管导致广义货币增速大幅下降，但这并不意味着金融体系支持实体经济的力度不足。社会融资规模指标是衡量金融体系支持实体经济比较全面、客观的指标。2017年，社会融资规模增速为12%，增速较快。

图1-2中的第一条线代表社会融资规模增速，基本变化不大，保持在12%～13%；而2017年底广义货币增速只有8.1%，降为个位数，这是前所未有的。按以往经验，一般情况下，GDP增速加上CPI①，再加2～3个百分点，就是广义货币增速。例如，GDP增速是6.8%，CPI是1.6%，再加2～3个百分点，广义货币的增速应该会达到10%以上，但是2017年广义货币增速只有8.1%，广义货币波动非常厉害，相比之下，社会融资规模则比较平稳。

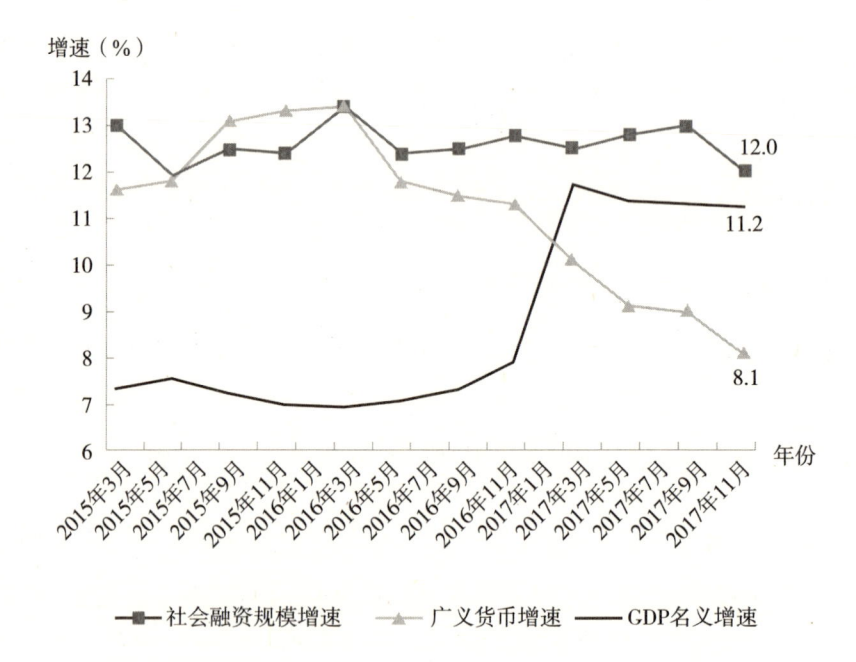

图1-2 社会融资规模增速、广义货币增速与GDP名义增速对比

① CPI（Consumer Price Index），居民消费价格指数，它反映居民家庭购买消费商品及服务的价格水平的变动情况，是宏观经济指标之一。——编者注

未来几年 M2 增速将高于 2017 年

2018 年《政府工作报告》未对 M2 和社会融资规模设定具体的增速目标。此前，2016 年设定的 M2 增速目标是 13% 左右，2017 年则是 12% 左右。现在有一种观点说，我们不提具体指标是因为 M2 与实体经济脱节，不能反映实体经济的真实运行情况，同时 M2 短期波动太大，很难掌控。但我觉得恰恰相反，未来的 M2 与实体经济的关系反而会更加紧密。因为以前 M2 有相当一部分在金融体系内部流转，原本 12% 的增速中可能有 2%～3% 是金融体系内部创造的，现在空转减少，M2 增速就下降了，这意味着 M2 与实体经济的相关性和拟合度提高，所以 M2 并没有脱离经济，也不是说 M2 不反映经济，我觉得恰恰相反，M2 更反映经济了，只不过我们对 M2 的研究还不够。

随着金融运行情况的变化，社会融资规模和 M2 的决定因素也发生了变化，一时很难预测这两个指标的增速。回过头来看，前几年的金融创新为实体经济服务不足，致使资金在金融体系内部空转，并积聚了较大风险。鉴于金融去杠杆的进程和大量融资回表，预计未来一段时间：

- M2 增速与经济增长的相关性会提高。我的观点和主流观点正好相反，主流观点都觉得这两者的相关性会减弱，但我觉得金融去杠杆以后两者的相关性会提高。
- M2 与社会融资增速的差异将会缩小。
- M2 增速或有所回升，将超过 2017 年。

本文根据作者2018年3月21日在"北大汇丰金融前沿讲堂"的演讲整理，经作者审阅。

第 2 章
从周期与结构视角看宏观金融

彭文生
中金公司首席经济学家、研究部负责人，
光大证券原全球首席经济学家

我讲的主要内容是"金融周期"，这个词听起来可能比较专业，其实金融涉及经济结构、经济总量、经济周期波动等理念，我希望从宏观视角讲一讲金融和实体经济的关系。

金融周期的历史背景

我从大家目前比较关心的一个问题讲起：美国金融危机后这一轮经济复苏已经超过 100 个月，是第二次世界大战后时间第二长的复苏期，但这次复苏还没有结束。从目前来看，在 2018 年底之前美国衰退的可能性比较小，也就是说这非常可能会成为第二次世界大战后经济复苏持续时间最长的一次。

美国迄今最长的一次经济复苏是 1991 年开始的那次。实际上，20 世纪 80 年代后，每次经济复苏持续的时间都比较长（见图 2-1）。从金融和经济的关系来看，20 世纪 80 年代后是金融自由化的时代，而第二次世界大战后到 20 世纪 70 年代是金融受压抑、受管制的时代，这两个时期的经济表现似乎不一样。

各经济周期复苏时间（月）

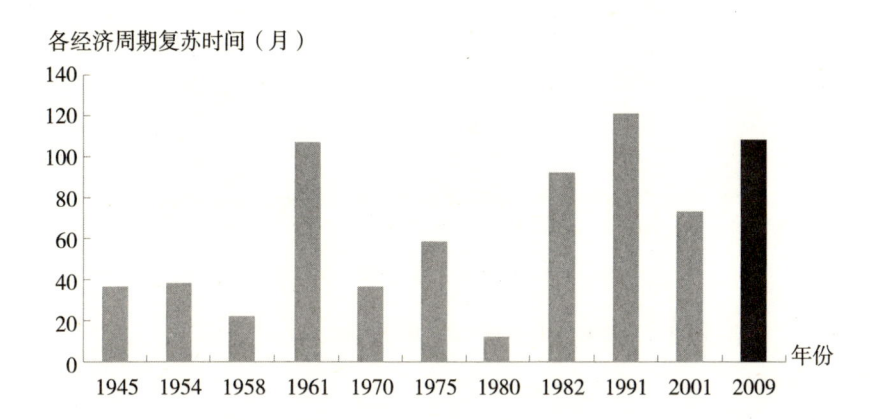

年份	月数
1945	37
1954	39
1958	24
1961	106
1970	36
1975	58
1980	12
1982	92
1991	120
2001	73
2009	108

图 2-1　第二次世界大战后各经济周期复苏时间长度（1945—2009 年）

资料来源：Wind 金融终端，光大证券研究所。

我们把第二次世界大战后分为两个时代：第一个时代是 1945—1981 年，第二个时代是 1982—2017 年（见图 2-2）。前者是金融受管制、受压抑的时代，后者是金融自由化的时代。我们比较一下这两个阶段经济扩张期的平均长度：金融自由化时代平均复苏时间是 8 年，金融受管制时代平均复苏时间不到 4 年。也就是说，在金融自由化时代，每一次经济复苏持续的时间更长。

那么，既然每次持续的时间比较长，是不是平均 GDP 增速也比较高呢？然而，图 2-2 中间的柱形图显示，并不是某个经济周期复苏的时间长，这个周期的平均 GDP 增速就高。严格来讲，金融自由化时代，平均 GDP 增速稍低。这是因为在金融自由化时代，经济的衰退往往和金融危机有关，而金融危机带来的经济衰退程度比一般的经济衰退要更深。换言之，在金融自由化时代，经济持续扩张的时间比较长，不容易衰退，然而一旦发生衰退，就将是大衰退。所以，2008 年全球金融危机以后的衰退被称为大衰退（The Great Recession），仅次于 20 世纪 30 年代的大萧条（The Great Depression）。

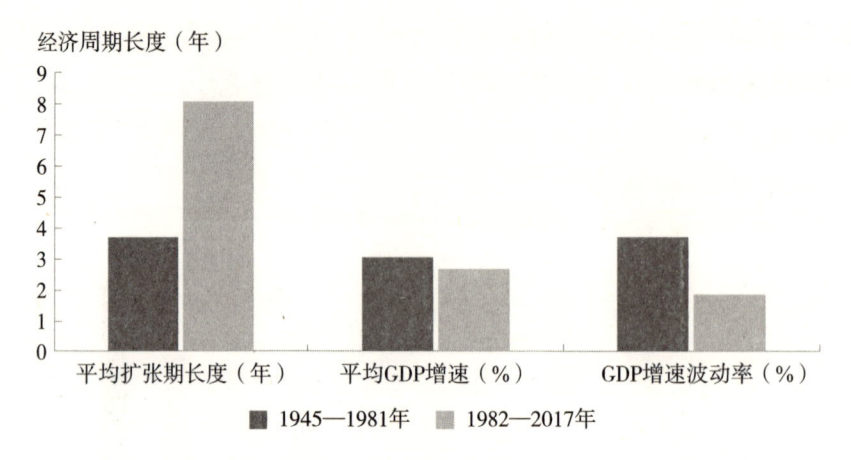

图 2-2 金融自由化时代的经济周期长度与 GDP 变化

资料来源：Wind 金融终端，光大证券研究所。

金融自由化时代：经济周期变长，波动下降

在金融自由化时代，GDP 增速波动率下降。金融资产的定价受风险偏好的影响，风险偏好又受未来收益不确定性的影响。在金融自由化时代，宏观经济环境变得稳定，对资产价格估值有促进作用。换言之，在金融自由化时代，资产估值相对较高一些，或者说出现泡沫的可能性相对较高一些。

经济学主流思想的周期轮回

为什么在金融自由化时代，经济周期变长，但容易出现大衰退呢？我将从金融周期的角度谈谈如何理解这个问题。首先，我把这个现象称为"思想的周期轮回"。我们来回顾一下经济学主流观点与政策框架的演变，这个演变过程的特征之一是几十年大周期轮回（见图 2-3）。

在 20 世纪 30 年代之前，古典经济学占主导地位。古典经济学有两个重要特征：一个是市场有效配置资源，政府干预是不好的或者是多余的；另一个是货币中性假说。对于第一个特征，古典经济学把经济形象地比喻成小孩的摇

篮，父母把摇篮推一下（经济受到外部冲击），小孩的摇篮就左右摇摆。但是父母的手停下来之后，摇篮就会慢慢稳定下来，回到原点。

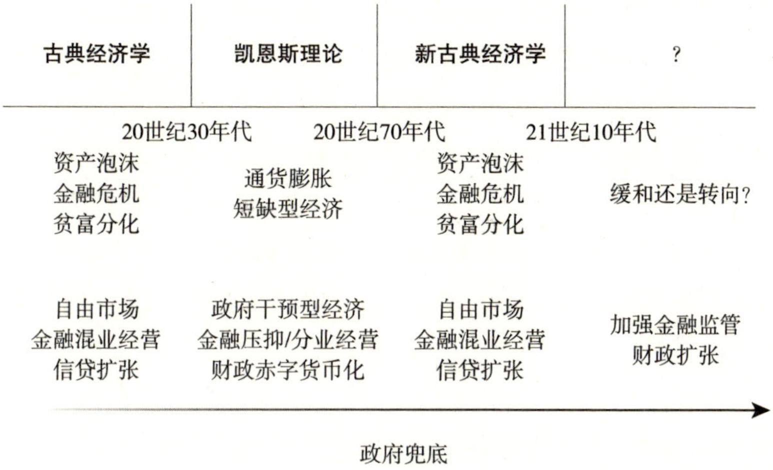

古典经济学	凯恩斯理论	新古典经济学	?
20世纪30年代	20世纪70年代	21世纪10年代	
资产泡沫 金融危机 贫富分化	通货膨胀 短缺型经济	资产泡沫 金融危机 贫富分化	缓和还是转向？
自由市场 金融混业经营 信贷扩张	政府干预型经济 金融压抑/分业经营 财政赤字货币化	自由市场 金融混业经营 信贷扩张	加强金融监管 财政扩张

政府兜底

图 2-3　经济学主流思想的周期轮回

所谓"货币中性"，是指货币的多少只影响物价而不影响实体经济。所以，根据货币数量论，"货币的量×货币流通速度=商品的量×商品价格"，给定货币流动速度，货币的增长、扩张只体现在物价上，不影响实际的产出。

根据货币中性假说，金融也是中性的，金融可以有效地把储蓄转化为投资。在古典经济学思想的引导之下，金融自由化的表现之一是混业经营，信贷的扩张比较快。信贷、金融的过度扩张，最后带来资产泡沫、金融危机和贫富分化。例如，1929年美国股市崩盘，随后进入长期的经济低迷，即大萧条。

1929年这次严重的金融危机引起了西方经济学领域的反思，凯恩斯理论应运而生。凯恩斯理论认为市场有时候是需要干预的，凯恩斯把经济形象地比喻成大海里的一条船，一阵风刮来（外部冲击），把船吹到另外一个地方，即使风停下来，这条船也不会回到原点，而是需要借助外力才能把它引导回原点。所以在市场失灵的时候，需要政府的干预。

那么市场为什么会失灵？这涉及对货币和金融的看法。凯恩斯理论的重要假设是货币非中性，也就是说货币扩张不仅仅影响物价，也影响经济结构和实体经济。凯恩斯的代表作《就业、利息和货币通论》，从货币经济学的角度解释了为什么经济有那么大的波动，以及为什么20世纪30年代会出现如此严重的萧条。凯恩斯对当时大萧条的假设是人们对货币的需求太强了，导致利率升高；过高的利率让经济长期陷入低迷，所以他主张政府干预。因为货币非中性，金融不能有效地把储蓄转化为投资，政府干预型经济一个最重要的特征就是对金融的管制，包括分业经营。例如，1933年美国发布的《国民银行法》使商业银行和投资银行分开了，JP摩根和摩根士丹利才由此诞生。

在金融受到严格管制的情况下，财政扩张是政府干预型经济的另一个重要特征。在第二次世界大战后一段时期盛行"财政赤字货币化"。这种思想理念和政策带来的是通货膨胀和短缺型经济：政府干预太多，供应不足，需求太强，物价大幅上升。其好处是没有金融危机了，所以哈佛大学教授肯尼斯·罗戈尔（Kenneth Rogor）在2011年与人合著了一本书《这次不一样》（This Time is Different），总结了人类过去几百年的历史，得出一个有意思的结论：全世界只有第二次世界大战后的二三十年没有金融危机，在此之前和之后都有金融危机。

但是这段时期出现了另外的问题——高通货膨胀、供给不足。20世纪70年代出现供给严重不足、经济增长放慢、通货膨胀上升的状况，人们开始反思凯恩斯理论，反思政府干预带来的问题，所以20世纪70年代末80年代初迎来了新古典经济学。新古典经济学实际上沿袭了古典经济学的精髓，二者的理念是一样的，只是前者在学术研究上有更微观的基础。

与此同时，还出现了新凯恩斯学派。这个学派为中央银行逆周期调控提供理论基础，认为货币在短期是非中性的，在长期是中性的，所以短期的非中性会带来经济短周期波动，这就需要中央银行货币政策的干预。因为中央银行偏好新凯恩斯理论，所以这个理论的主要代表人物为中央银行服务。如果严格按照新古典经济学的商业周期理论，那么中央银行是多余的。但是从影响经济行为、影响经济周期波动的角度来讲，新凯恩斯学派和新古典主义学派的理论在宗旨上是一致的。因为新凯恩斯理论本质上和新古典经济学差别不大，它主张自由市场金融，放松管制，回到混业经营状态，所以"新凯恩斯"这个名称实际上是有误导性的。1999年，在时任总统比尔·克林顿（Bill Clinton）第二任期将近结束时，美国国会废止了1933年的法案，重新回到混业经营局面。所以，2008年金融危机之后，人们开始反思美国金融出现的问题，不少人认为美国重新回到混业经营局面是金融行业过度扩张的一个重要原因。

随着金融的发展和金融自由化的延伸，我们似乎又回到了过去，再次面临资产泡沫、金融危机、贫富分化等问题。谈到金融危机，大家都会想到2008年，但其实不仅仅是2008年，早在20世纪80年代中期就出现了拉丁美洲债务危机，90年代后期（1997年、1998年）发生了亚洲金融危机。但美国主流思想认为这两次危机不是因为市场出了问题，而是因为这些新兴市场国家的治理机制不完善，宏观政策调控不到位。也就是说，这两次危机只是个例，不具有普遍性。直到2008年美国发生严重的危机之后大家才反思：金融危机可能是普遍性的，而不是某个新兴市场国家的治理机制问题。于是，开始新一轮的干预：加强金融监管，同时扩张财政。

经济学思维和经济政策没有绝对的对与错，任何经济理论、任何经济政策针对的都是当时社会的主要矛盾。不仅仅在西方是这样的，东方亦是如此，只是后者的表现更极端。第二次世界大战后，西方国家和地区实行政府干预型经济，金融受压抑、受管制；而东方国家和地区则采取计划经济，没有形成金融体系。当时中国只有一家银行：中国人民银行，它既是中央银行，又是财政部的出纳，还是所谓的商业银行。到了20世纪70年代末80年代初，西方国家开始市场化改革，如时任美国总统的罗纳德·里根（Ronald Reagan）和英国当时的首相玛格丽特·撒切尔夫人（Margaret Thatcher）推动的私有化改革。当时里根讲的一句话后来被很多人引用，他说英文中有9个词最让人害怕："I'm from the government and I'm here to help."（我来自政府，我来帮你。）他的意思是市场本身配置资源是有效的，政府的干预是多余的，甚至有害的。

同一时期，中国开始了改革开放。回头来看，历史似乎出现了巧合：东西方同时开始了市场化改革。原因在于当时社会的问题是供给不足、效率低、政府干预太多。全球的基本方向似乎是一致的，西方国家在2008年金融危机以后加强金融监管，财政政策在调节经济周期波动中的作用增强；中国似乎晚了一步，但是从2017年全国金融工作会议之后也开始加强金融监管。

以上是金融周期的大背景，我们处于金融自由化时代，在此背景之下更容易理解金融周期。所谓的"金融周期"，是指金融过度扩张带来的顺周期性。顺周期性是指信用和房地产互相强化，繁荣时向上的动力强，衰退后向下的动力也大，所以会给经济带来比较大的冲击。

如何理解金融周期

金字塔形货币体系

上文提到金融和经济的关系，其中一个重要的假设是如何看待货币在经济中的作用：货币是不是中性的？要理解这个问题，首先要看现在货币的形态和机制。根据美国经济学家海曼·明斯基（Hyman Minsky）对现代货币体系的描述，我们可以将其形容为金字塔结构（见图2-4）。

最顶层是本位币，也是最有货币性、最具流动性、最安全的货币形态。本位币由财政部和中央银行发行。

中间层是商业银行发行的广义货币，也就是人们在银行的存款。广义货币也很安全，流动性很高，随时都可以取出使用。所以，除了财政部和中央银行发行的纸币以外，银行的存款也是货币。

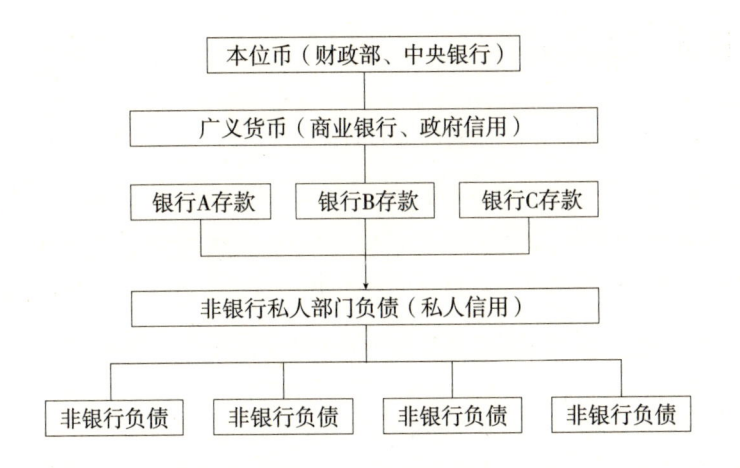

```
                  ┌─────────────────────────┐
                  │ 本位币（财政部、中央银行）│
                  └─────────────┬───────────┘
                  ┌─────────────┴───────────────┐
                  │ 广义货币（商业银行、政府信用）│
                  └─────────────┬───────────────┘
         ┌────────────┬─────────┴──┬────────────┐
    ┌────┴─────┐ ┌────┴─────┐ ┌────┴─────┐
    │ 银行A存款 │ │ 银行B存款 │ │ 银行C存款 │
    └────┬─────┘ └────┬─────┘ └────┬─────┘
                  ┌───┴──────────────────────────┐
                  │ 非银行私人部门负债（私人信用）│
                  └──────────────┬───────────────┘
      ┌───────────┬──────────────┼──────────────┬───────────┐
  ┌───┴────┐ ┌────┴───┐    ┌─────┴──┐    ┌──────┴─┐
  │非银行负债│ │非银行负债│   │非银行负债│   │非银行负债│
  └────────┘ └────────┘    └────────┘    └────────┘
```

图 2-4　货币金字塔

最底层是非银行私人部门的货币，它在特定环境下可以作为支付手段，比如京东白条以及一些企业的票据贴现、转让等。但是由于没有银行的政府信用，更没有财政部和中央银行的政府信用，私人部门的信用度相对较低，货币性相对较低，只能在小范围内使用。现在很多人问：比特币是不是货币，有没有一定的支付功能？答案是，比特币不是货币，但有一定的支付功能，不过局限于一个特别小的范围。

位于金字塔中间的广义货币，即商业银行存款部分，是现在经济领域中最大的一部分，由此带来一系列问题：在现代金融体系下，银行存款作为主要的广义货币，为什么会过度扩张？本位币和银行存款这两种货币对经济的影响有什么不同？这几年全世界货币都超发，但为什么没有产生高通货膨胀？美国著名经济学家米尔顿·弗里德曼说"通货膨胀在任何时间、任何地点都是货币现象"，是他这句话错了吗？直到最近美联储还在探索一个问题：为什么货币条件长时间宽松，通货膨胀没有上升？对于中国的CPI最新数据低于2%，有人提出疑问：现在的CPI能否真正反映老百姓的实际生活成本？这个问题当然可以探讨，但总体来看，货币快速增长没有带来恶性通货膨胀，却带来了房价的快速上升。

货币投放的两种渠道

要回答上述问题，就要提到货币的两种投放方式：一种是信贷投放，另一种是财政投放。如今大家习惯的投放方式是信贷投放，也就是银行贷款。银行对企业或个人放贷，贷款就成为你在银行的存款，你就可以用这些钱去支付。这是一种货币投放方式，也是过去的40年金融自由化时代货币投放的主要渠道。

财政投放是在第二次世界大战后的二三十年间货币投放的重要渠道。政府支出就是货币投放，政府税收就是货币回笼，财政赤字就是货币净投放。与之相对应，在银行信贷货币投放方式中，银行贷款就是货币投放，贷款还给银行就是货币回笼，每年新增贷款就是货币净投放。

在不同时期，两种货币投放渠道的重要性不同。在金融自由化时代，主要采取信贷投放货币；在金融受管制时代，主要方式为财政投放货币，当时的说法是"财政赤字货币化"。

这两种货币投放方式对经济的影响有何不同？大部分企业和个人从银行拿到贷款后进行投资。投资有两种方式：一种是建立新的资产，比如建新的高速公路、厂房和办公楼；另外一种方式是购买二手资产，比如买土地、房子和股票，甚至比特币。这两种投资方式的差异在于：新建资产拉动实体需求，比如投资建厂房、高速公路需要水泥和钢材，需要各种各样的原材料，拉动了需求。但这种投资的过度扩张会过度拉动需求，导致物价上升，通货膨胀。如果买二手资产，那么将直接拉动现有资产的价格，而不是实体需求。所以信贷投放货币太多，不一定会导致需求太强、通货膨胀，也可能带来资产泡沫。

财政投放货币的影响则有所不同。政府一般不炒卖资产，政府的支出有两类：一类是基础设施投资，这类支出会拉动实体需求；另一类是社会保障支出，这类支出的钱流入低收入家庭。因为低收入家庭的消费倾向很高，所以如果政府财政扩张投放货币太多，就可能拉动总体需求，导致物价上升和通货膨胀，而不大可能带来资产泡沫。

为什么现在货币超发带来的问题是资产泡沫，而不是通货膨胀？不是弗里德曼的"通货膨胀是货币现象"的结论错了，而是他讲这句话的时候是"财政赤字货币化"的20世纪60年代，那时政府支出投放的货币带来的问题是实体总需求太强，通货膨胀；而现在是金融自由化时代，货币投放的主要渠道是信贷，与信贷相关联的是资产的买卖，所以带来的问题是资产泡沫。

实际上，信贷投放货币带来的不仅仅是资产泡沫，还可能增加金融风险。信贷投放货币太多，意味着企业和家庭部门的负债增加过多，等到债务不可持续时，债务违约就可能带来金融风险和金融危机。与之相对比，你在政府工作，政府给你发工资；或者你的产品被政府采购了，政府付给你报酬；如果你是低收入群体，政府免费给你社会保障。这几种形式都意味着政府投放的货币到了我们手里，让我们的净资产增加，而不是使我们的负债增加。

所以，政府投放货币太多，不可能带来类似私人部门因债务问题而导致的金融风险。当然政府的债务可能会过多，但是政府可以印钞、收税，所以本币债不大可能违约。总之，如果政府的债务太多，带来的问题是通货膨胀；如果企业和家庭部门的债务太多，带来的问题大多是资产泡沫和金融风险。

金融为什么过度扩张

在金融自由化时代，为什么我们缺少一种制约金融扩张的机制？

现代金融体系的一个重要功能就是通过信贷创造货币，所以要想知道金融为什么过度扩张，首先要从货币需求来理解。由于货币需求缺少弹性，没有人觉得自己的钱太多了。这与其他实体行业不一样，比如人们对汽车的需求是有限的，所以汽车行业不可能持续过度扩张。但金融创造了货币，而货币是所有商品的购买力，没有人觉得自己的钱太多，货币需求是无限的。

既然货币需求不受制约，那么货币供给也不受制约吗？汽车行业产出太多，产品可能卖不掉，过度扩张就带来供给过剩，价格下降，利润下降，行业就要减少供给。金融行业有很大的特殊性，金融的产出是资金，资金多了，利率下降，也就是资金的价格下降。按道理，价格下降似乎应该减少产出，但金融行业很注重资产负债表，利率下降，资产价格上升了，净资产改善了，资产负债表反而更健康。于是，金融机构就更有能力、更有信心，也更有意愿扩张信贷。

金融机构的人都不理性吗？难道不知道金融的过度扩张最终会带来问题吗？其实个体都是理性的，个体商业银行信贷扩张是理性的，因为它要评估风险。信贷过度扩张和房地产有非常大的关系，因为房地产是信贷的抵押品。因为银行不知道借款人的还款意愿和还款能力，所以需要抵押品。而生命周期长的东西是最好的抵押品。用一辆高档车做抵押贷款，银行只给三四年的期限贷款，因为再好的车几年后折旧了也可能不值钱。但是土地是不可再生资源，它永远存在且用途广泛，所以土地是最好的抵押品。

房地产价格和银行信贷形成了一种相辅相成的机制：房地产是抵押品，信贷发多了，房地产价格上升；房地产价格上涨了，抵押品价格上升；抵押品价格上升，银行就更有能力、更愿意发放更多的贷款；而更多贷款进一步促进房价上涨，最终导致信贷过度扩张。在过去的40多年中，全球金融自由化的经验表明，没有哪个国家信贷的过度扩张不是和房地产泡沫联系在一起的。可以说，没有房地产泡沫，就没有信贷过度扩张；没有信贷过度扩张，也就没有房地产泡沫。这是我们现代金融体系存在的问题。

大家可能会问，难道没有政府政策的干预和调控吗？实际上，政府对金融体系提供的显性担保和隐性担保，导致金融体系缺乏市场机制的约束，同时与之对应的监管往往不到位。

土地的金融属性

金融周期与土地的金融属性极其相关。除了作为信贷抵押品，土地的金融属性还有其他方面的体现，比如地价对利率波动敏感。资产价格与利率波动的敏感性和资产回报期限相关，回报期限越长，把未来现金流通过利率折现成的一次性价格对利率波动就越敏感。因为土地的回报期限长，所以地价对利率波动敏感。

正是因为回报期限长，很少有人能够靠自己的资金买得起土地、买得起房子，所以房地产交易几乎都要靠外部融资。土地还有一个金融属性是我国特有的：土地出让金是房产税的资本化。中国房价高涨和土地的金融属性有关，也和税收制度有关。我们没有房产税，没有持有环节的税，但是有一次性交易的土地出让金。从金融角度来讲，这两个税收带来不同效果。假设政府不征收土地出让金，而是在未来70年通过房产税收回来这部分钱，那么很多年轻人就都能买得起房子了，因为将一次性土地出让金折算到未来70年，那么每个月只需要交几千元房产税。如果政府征收一次性土地出让金，大部分人就买不起房了，必须靠外部融资。所以，如果把土地出让金看作一种税，它加大了土地的金融属性，也加大了房地产的金融属性。这也是中国现存的问题。

金融的顺周期性驱动经济中周期波动

综上所述，金融周期就是信贷和房地产价格相互促进所带来的顺周期性，繁荣的时候越来越繁荣，自我强化；一旦拐点发生，就开始朝另一个方向调整，越来越下滑。和经济周期相比，金融周期的一个特点是持续时间比较长：一个完整的金融周期普遍持续 15～20 年，而一个经济周期只有几年时间。所以，一个完整的金融周期可能包含几个经济周期。金融的顺周期性导致的结果是一旦拐点发生，经济就会受到巨大冲击。

我们根据房地产价格和信贷估算了美国金融周期（见图 2-5），从 20 世纪 70 年代到现在，美国有两次完整的金融周期，最近一次顶部是在 2008 年的金融危机。经过几年的调整，美国现在处于新的金融周期的上升阶段，经过去杠杆、房价下跌以后，这几年美国房价又在上涨，信贷有所扩张。上一轮金融周期顶部是在 1989 年和 1990 年的"储贷危机"（Savings and Loan Crisis），那次危机也和房地产有关系。

接下来看日本近几十年内的金融周期（见图 2-6），1990 年和 1991 年是日本一次大的金融周期顶部，也和当时的房地产泡沫有关。此后，这次金融周期的下半场调整经历了 15 年，日本历次金融周期下半场持续的时间都比较长；而美国历次下半场调整时长大概是 5 年。因为美国实行市场化调整，市场出清的程度比较高；而日本市场出清比较慢，银行坏账并非通过危机爆发来化解，所以化解时间比较长。

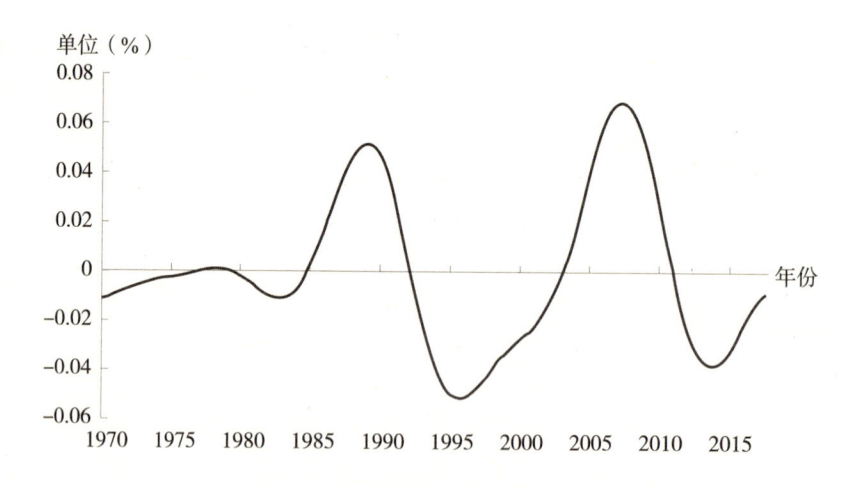

图 2-5　美国金融周期（1970—2015 年）

资料来源：国际清算银行，CEIC 经济数据库，Wind 金融终端，光大证券研究所。

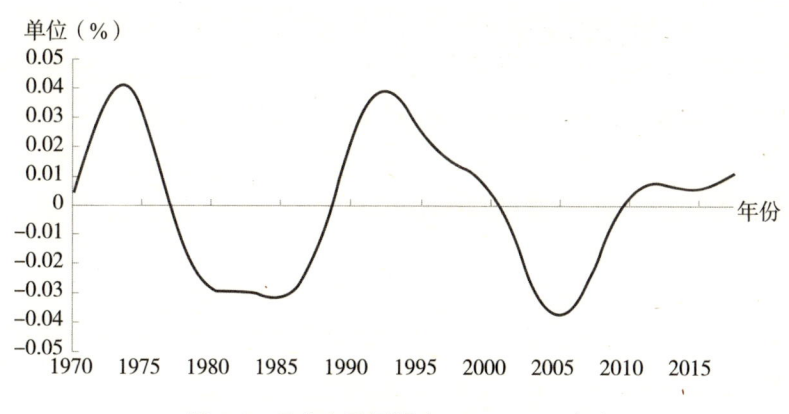

图 2-6 日本金融周期（1970—2015 年）

资料来源：国际清算银行，CEIC 经济数据库，Wind 金融终端，光大证券研究所。

我们也估算了中国的金融周期（见图 2-7），因为中国的商品房改革从 1998 年才开始，银行改革也是从 21 世纪初才开始，所以从 20 世纪 90 年代末到现在才是中国的第一个金融周期。中国现在处于一个金融周期的顶部，似乎拐点已经发生了，这与 2017 年加强金融监管和广义信贷紧缩有关。虽然房价没有调整，但是信贷已经在调整了。

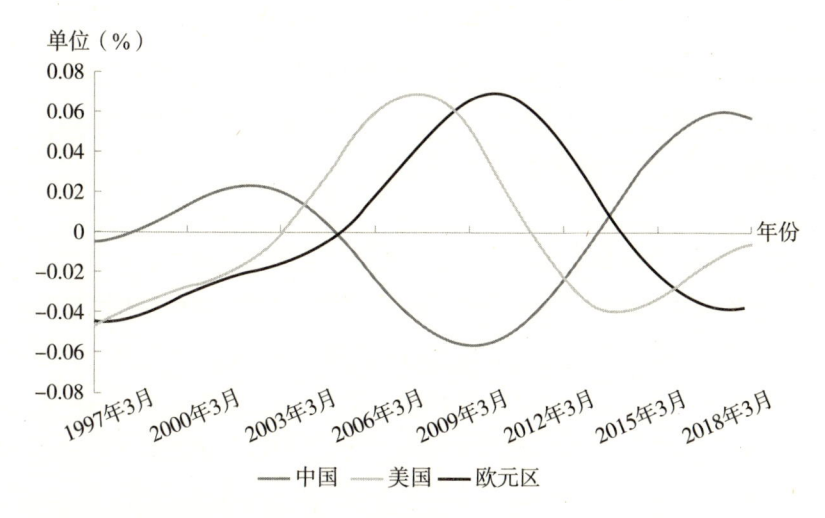

图 2-7 中国与美国、欧元区的金融周期对比（1997 年 3 月至 2018 年 3 月）

资料来源：国际清算银行，CEIC 经济数据库，Wind 金融终端，光大证券研究所。

从宏观政策角度看金融危机的调整

那么，如何看待未来的调整？我想先从宏观政策角度来讲。

全球金融危机后宏观政策新格局

全球金融危机以后宏观政策出现重大调整。它体现在两个方面。第一个变化是货币政策。货币金融调控从单一的货币政策调控转向货币政策和宏观审慎监管结合。近年的金融改革，不仅包括监管框架结构的改革，还包括监管理念和监管手段的改革，加强了审慎监管，尤其是宏观的审慎监管。

现在大家意识到物价稳定不代表宏观经济稳定。现实告诉我们，温和的通货膨胀之下，也可能发生金融危机，因而需要设定物价稳定和金融稳定双目标。而要实现双目标，只靠一个货币工具是不够的，至少要有两个工具，所以要加上宏观审慎监管。货币政策就是调控基础货币，调控利率；宏观审慎监管就是调控信贷条件。

第二个变化是财政政策。在2008年之前，金融自由化的三四十年中，财政强调审慎、平衡、不要有赤字，所以财政投放货币很少，货币的主要投放渠道是信贷。金融危机以后，财政大幅扩张，大家对财政赤字的看法也发生变化，认为财政可以起到逆周期的调控作用。

同时，财政政策和货币政策的边界也变得不那么清晰了。在金融危机之前，从整个债券市场看，二者之间的边界非常清晰，政府的债务管理是长期国债管理。中央银行货币政策体现在短期国债，中央银行做回购、逆回购等需要抵押品，这个抵押品就是短期国债，但是中央银行的利率调控不涉及长期国债，长期国债是政府做债务管理所涉及的。2008—2009年全球金融危机之后，美联储量化宽松政策就是购买长期国债，中央银行货币政策开始涉及政府的债务管理。实际上从某种意义上来讲，财政政策和货币政策的状态回到类似于第二次世界大战后20世纪50年代至70年代财政赤字货币化的状态了。

促进金融周期拐点的宏观政策

在目前框架下,要促进金融周期调整,可能有哪些政策?

一个政策工具是"紧货币",也就是中央银行加息。比如:2004、2006年美联储提高联邦基金目标利率,1989—1990年日本中央银行加息等。当时人们没有意识到宏观审慎监管的重要性,因而这次中国在促进金融周期的调整中,吸取了全球金融危机的教训,采取了"紧信用"、加强监管的举措。

还有一个可能的政策工具是"宽财政",也就是财政扩张。上文讲到货币投放有两种方式:信贷投放和财政投放。要降低信贷和房地产的顺周期性,除了加强对信贷的监管,还有一种方式就是降低对信贷的依赖。降低对信贷依赖的同时,还要把货币投放出去,这就需要财政扩张。这个政策工具目前还没有用到,但可能在未来使用。

降低宏观杠杆率

金融周期下半场调整的重要体现之一是化解债务问题,也就是所谓的去杠杆。去杠杆的重要体现是降低宏观杠杆率,企业和个人债务在 GDP 中的比例应该下降。美国的例子非常明显,金融危机后宏观杠杆率明显下降;欧洲债务危机以后,欧洲金融周期发生了拐点,调整不那么明显,但宏观杠杆率至少稳定了;中国现在处于高位,初步显现稳定的迹象,这反映了加强监管的效果(见图 2-8)。

怎么判断债务问题和杠杆率问题?除了宏观杠杆率本身,中国债务偿还负担在高位企稳(见图 2-9)。所谓的债务偿还负担是指每年应还债务占产生的比例,即债务的还本付息。美国在金融危机之前的还本付息负担达到 GDP 的 18%,危机之后债务违约、信用紧缩,加上利率下降,还本付息负担大幅下行。

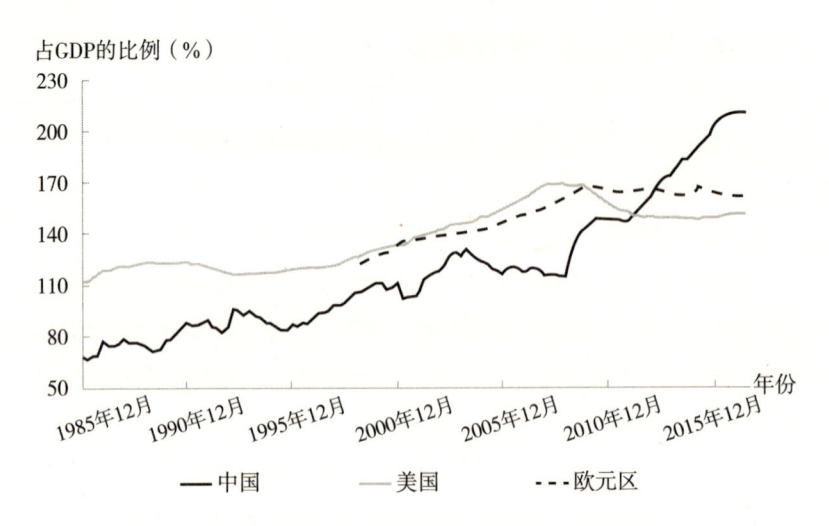

图 2-8　中国与美国、欧元区在降低宏观杠杆率方面的对比

（1985 年 12 月至 2015 年 12 月）

注：国际清算银行对 PNFS Credit 的定义是，从所有部门融资综合，包括国内银行、国内其他非银行金融部门、非金融企业部门和国外部门，融资工具主要包含贷款和债券两种。

资料来源：国际清算银行，CEIC 经济数据库，Wind 金融终端，光大证券研究所。

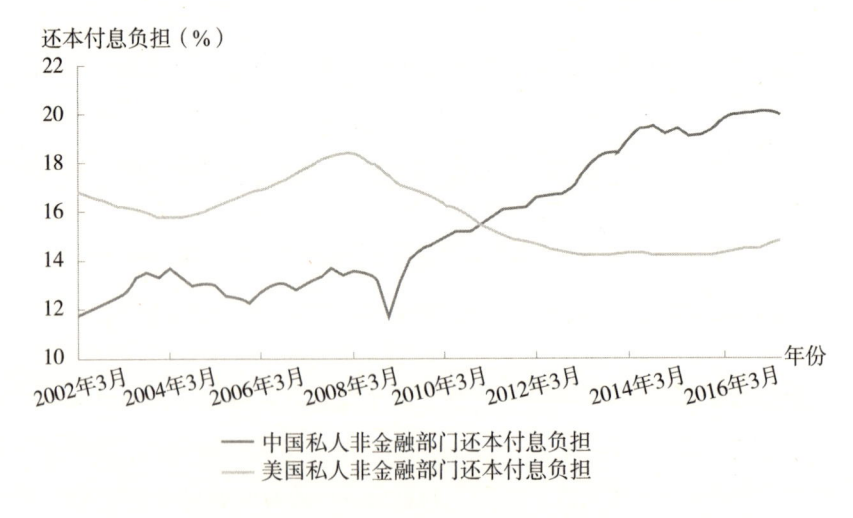

图 2-9　中国和美国的债务偿还负担（2002 年 3 月至 2016 年 3 月）

资料来源：国际清算银行，CEIC 经济数据库，Wind 金融终端，光大证券研究所。

中国在 2008 年之前还本付息是比较稳定的，2008 年以后信贷大幅扩张，还本付息负担持续上升，现在还本付息占 GDP 的比重超过 20%，超过了美国当年最高水平。当然最近开始有企稳的迹象，这是从 2017 年开始加强监管的作用。

上述是从 GDP 的比例来看的结果，如果从还本付息占新增贷款的比例来看，新增贷款中有多少钱用于旧债还本付息？现在是接近 90%（见图 2-10）。这意味着基本所有的新增贷款都用于旧债还本付息，说明中国的债务问题和杠杆率问题给整个宏观经济都带来了负担。

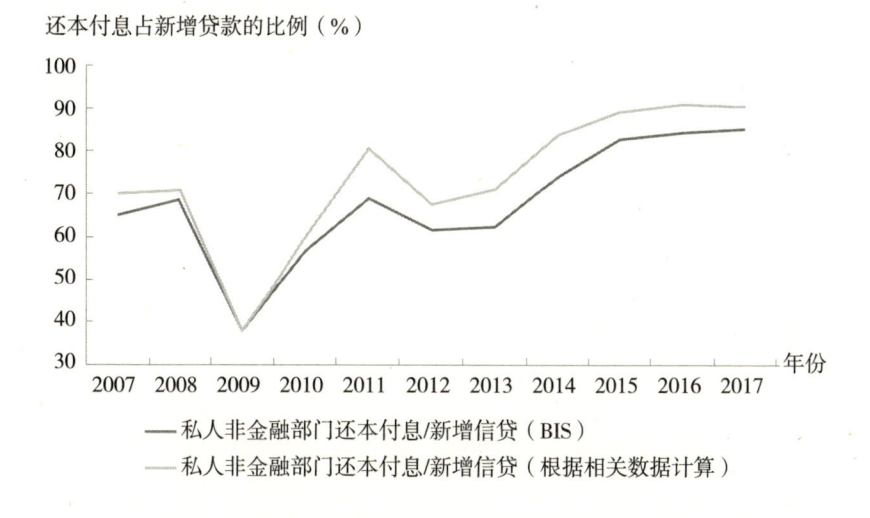

图 2-10　我国还本付息占新增贷款的比例（2007—2017 年）

资料来源：国际清算银行，CEIC 经济数据库，Wind 金融终端，光大证券研究所。

最近几年的政府工作报告和中央政治局会议都提到结构性去杠杆，抓住了问题的关键。其实杠杆都是结构性的，不存在总量的杠杆。在一个经济体中只要有负债就有资产，例如：我把钱借给你，我借出去的钱是我的资产，形成了你的负债。在总体经济中，不存在所谓总体杠杆率高的问题。虽然债务的杠杆是结构性的，但不代表其影响只局限在结构内部，某个行业或某个部门过度的债务带来债务违约，照样可能给整个金融市场风险偏好带来重大打击，给银行的健康运行带来破坏，进而对整个宏观经济产生冲击，这就变成了系统性风险。所以我们不能把系统性风险和其来源相混淆，债务永远都是结构性的。我们的杠杆率主要是什么问题？从所有制来讲，对比国有企业和民营企业的资产负债率，我们可以看到国有企业的杠杆率高，当然最近也开始调整了（见图2-11）。另外，我们还可以看出一个不良迹象：民营企业最近几年的资产负债率似乎在快速上升。

图 2-11 国有企业和民营企业的资产负债率（2002—2016 年）

资料来源：Wind 金融终端。

如果按照行业来划分，那么可以看到房地产行业的杠杆率持续上升，大大超过其他行业（见图2-12）。原因如前所述：房地产行业和信贷天然地联系在一起。同时，我们从图2-12中可以看到产能过剩行业的杠杆率也相对较高，但是最近几年已开始调整。非产能过剩、非房地产行业的实体部门杠杆率在过去10年比较稳定，所以按照行业划分，现在最主要的问题是房地产行业的高杠杆率。但市场可能低估了房地产行业高杠杆率的风险，一旦房地产行业开始降温，房地产行业的销售紧缩，不少开发企业的现金流可能会出现问

题，届时可能将暴露房地产行业的金融风险。

图 2-12　我国房地产行业、产能过剩行业及其他实体部门的杠杆率（2002—2017 年）

资料来源：Wind 金融终端。

地方政府的债务问题也值得重视。其实总体债务规模不是特别大，主要问题是信用条件和政府信用不匹配。从本质上讲，地方政府既享用了政府信用，又使用了商业性融资条件。不少贷款和融资以及一些理财产品的融资期限短、利率高，就像商业机构的借贷，但其背后是政府的信用。那应该怎么解决？就存量债来讲，要靠把期限延长、把利率降低，这是一种有序的债务重组。要做到这一点就需要债务置换，我们已经看到过去几年地方政府在债务置换方面所做的努力。

金融周期下半场调整路径

去杠杆的调整对经济的冲击力有多大？在信贷大幅扩张时经济增长较慢，甚至出现下滑，如果信贷紧缩，那么经济是不是就彻底崩溃了？其实不必这么悲观。美国经济在金融周期拐点前后的表现很有意思。金融危机之前（即拐点之前），出现了无增长信贷：信贷扩张快，但是对经济增长的拉动效应比较低。金融危机之后（即拐点之后），出现了无信贷增长：信贷紧缩，但是增长首先反弹了。中国会不会出现类似的情况？这涉及两个问题：一个是债务违约，另一个是宏观政策。

债务还本付息有以下四种方式。第一种方式是用盈利、收入还本付息。勒紧裤腰带，紧缩开支，但这对经济增长是不利的。第二种方式是靠新增贷款还旧贷。这种方式在短期内对经济增长是有利的，但是会增加债务。第三种方式是变现资产，卖掉资产还债。对个体来说这样是可以的，但如果大家都变卖资产就会产生严重的后果：资产卖不出去，价格就会大跌。第四种方式是违约，也就是不还本付息了。同样道理，违约对个体来讲可能是好的，不用还钱了，但如果大家都这样做，那整体经济就遭遇巨大困难了。

所以在现实中，这几种方式都是有必要的，不能仅依靠某一种方式。比如：不违约，也不变卖资产，仅靠紧缩消费、紧缩投资来还债，那经济也会遭遇麻烦。所以，债务违约实际上在整个债务调整中是不可避免的一部分。违约太多肯定有问题，甚至会引发金融危机，但如果所有的债务调整都由债务人承担，债权人不受损失，那么可能也有问题。以上是从微观层面来讲的。

从宏观层面来讲，根据凯恩斯的观点，先有投资，然后有收入，最后还债，所以政府的财政扩张、货币政策放松和促进投资是解决债务问题的宏观政策抓手。

总而言之，金融周期下半场的调整在微观层面体现为债务重组，比如，债转股、地方政府债务置换以及市场无序的违约。在宏观层面的理想政策组合是"紧信用、松货币、宽财政"。也就是，紧缩信用条件，在信贷紧缩的情况下考虑如何对冲其对经济的冲击，如何防止金融风险的化解导致系统性风险，所以需要放松货币，降低利率，同时宽财政。信贷紧缩之后，信贷投放货币的渠道就会受到损害，这时候就要靠财政来投放货币。

很多人会产生疑问："紧信用"和"松货币"是不是矛盾？我想由于大家的思维理念还在受过去金融自由化时代的影响，把货币和信贷等同起来，认为货币投放方式就是信贷。如果这样理解，那当然是矛盾的，这两个本来是一件事，怎么会一个紧一个松呢？我们要正确理解这个问题就要回顾历史，弄清财政政策和货币政策的差别。我们讲的"紧信用"和"松货币"，实际上是与货币投放渠道有关系的。

从价格来讲，"紧信用"，就是指信用条件紧了，信用利差上升，风险溢价上升。比如，现在债务违约多了，信用利差从2017年第四季度开始明显上升，这就是"紧信用"。

"松货币"体现在两个方面：从价格来讲，无风险利率下降；从数量来讲，在商业银行的资产负债表紧缩的情况下，中央银行资产负债表扩张。中央银行资产负债表的扩张和财政联系在一起，比如美国的中央银行资产负债表扩张就是量化宽松，是通过购买国债实现的一种财政行为。中国不是靠购买国债，似乎不是财政行为，但实际上也是财政行为，比如一些棚户区改造的贷款、PSL（Pledged Supplementary Lending，抵押补充贷款）、MLF（Medium-term Lending Facility，中期借贷便利）等。

在2008年金融危机时，美国"紧信用、松货币"的政策特点非常明显。在价格方面，无风险利率下行，风险溢价上升。在数量方面也有明显体现，2008—2009年，商业银行总资产对GDP的比例下降——"紧信用"；中央银行总资产对GDP的比例上升——"松货币"；然后财政扩张，用"宽财政"对冲私人部门的"紧信用"。

中国当前从"紧信用、紧货币"转向"紧信用、松货币"（见图2-13），尤其是考虑到最近债务违约增加，信用条件在显著地紧缩。这种情况下需要中央银行投放基础货币,或者降低基础货币的价格(比如降准),中央银行的利率调控需要有所放松。

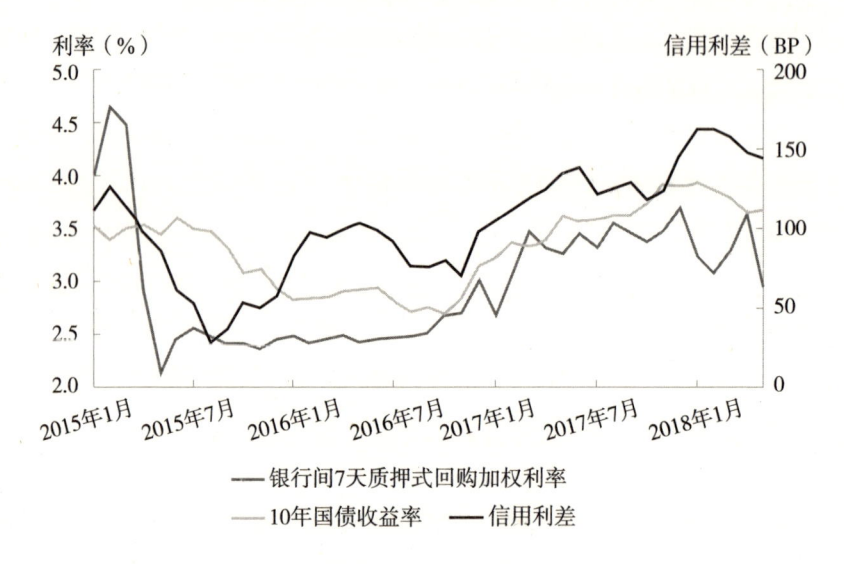

图 2-13 中国从"紧信用、紧货币"转向"紧信用、松货币"
(2015 年 1 月至 2018 年 1 月)

注:此处引用利率均为月度平均值,信用利差为 10 年 AAA 级公司债与 10 年国债收益率之差。

资料来源:Wind 金融终端。

我们看到一个很有意思的现象,中国商业银行的资产负债表对 GDP 的比例在过去十几年内首次出现紧缩,这是如今"紧信用"政策在数量上的明显体现。中央银行总资产一直在紧缩,因为我们过去用外汇占款投放货币,后来外汇占款少了。但是最近中央银行资产负债表紧缩呈现企稳的迹象,这也是"松货币"政策的体现。

三个热点问题

要理解当前金融周期，我认为要关注以下三个热点问题。

第一，财政是紧缩还是扩张

2018年预算内财政是紧缩的，预算外财政是不是能达到扩张？这是我们看下半年经济的一个重要观察点。广义的财政紧缩有两个含义：下半年经济下行力度较大，货币放松的压力会更大。财政如果不能支持经济，那唯一能提供支持的就是"松货币"。

第二，降准是否是中央银行货币政策放松的常态

2018年上半年中央银行下调了存款准备金率，这会不会成为常态？我相信这不会成为常态，"松货币"主要应该支持财政扩张。降准主要是通过商业银行的资产负债表扩张来影响实体经济，但面临困难，原因是：商业银行的资产负债表扩张虽然主要是市场行为，但在整个机制扭曲的情况下，信贷扩张很容易被引导到房地产行业。结果带来的不是对实体经济的支持，而是对房地产的刺激。所以，未来在降准之外，还是要靠扩大中央银行资产负债表，直接或间接地支持财政扩张，进而刺激经济。

第三，债务调整而房价不调整能否持续

我认为债务调整而房价不调整的情况是难以持续的。原因有二：一是如果房价不调整，那么所有调整压力就会转到实体经济上；二是如果房价不调整，去杠杆难以持续，那么我们从整体看待经济，负债端就是信贷，资产端就是房地产，只有负债端调整而资产端不调整是不可持续的。资产价格没有下降，债务负担降低了，就更有条件去借新债了；信用条件一旦放松，新的信贷很容易增加。地方政府债务置换就是一个明显的例子。前几年虽然地方政府债

务置换对降低地方政府债务负担有一些帮助，但是土地价格还在上升，所以很多地方政府或者融资平台认为自己更有能力借款。因此，在房价不调整的情况下，去杠杆很难持续。

金融周期的结构效应

前文讲从宏观的角度看金融危机的调整，最后讲一讲结构政策。其实金融周期不仅影响经济总量，还影响经济结构。

房地产行业最得益于信贷扩张

不是所有人都能拿到信贷。一般来说，银行的作用是锦上添花，而非雪中送炭。穷人想拿到银行贷款不容易，富人钱越多贷款反而越容易。所以，有的人能拿到贷款，有的人拿不到；有的人先拿到，有的人后拿到。这就造成了不同的效果：拿到贷款的人，或者先拿到贷款的人占有先机，以便宜的价格买资产、原材料和雇用工人。所以，信贷投放有很强的结构和收入分配的含义。那谁可以拿到贷款呢？两类人：一类是有政府信用担保的人，另一类是有抵押品的人。而房地产是最好的抵押品，所以，房地产和金融挤压实体经济是金融周期的一个重要体现。二者的相互作用带来了贫富差距、区域分化、环境污染等诸多问题。

信贷和房地产天然地联系在一起，这个结论不仅是理论推导得出的，还有实际数据的支持。我们的研究员梳理了近3 000家中国上市公司的财务报表，统计了这些上市公司的信贷占比（见图2-14）：排在第一位的是房地产行业，第二位是建筑行业，这两个行业占信贷比例最高。

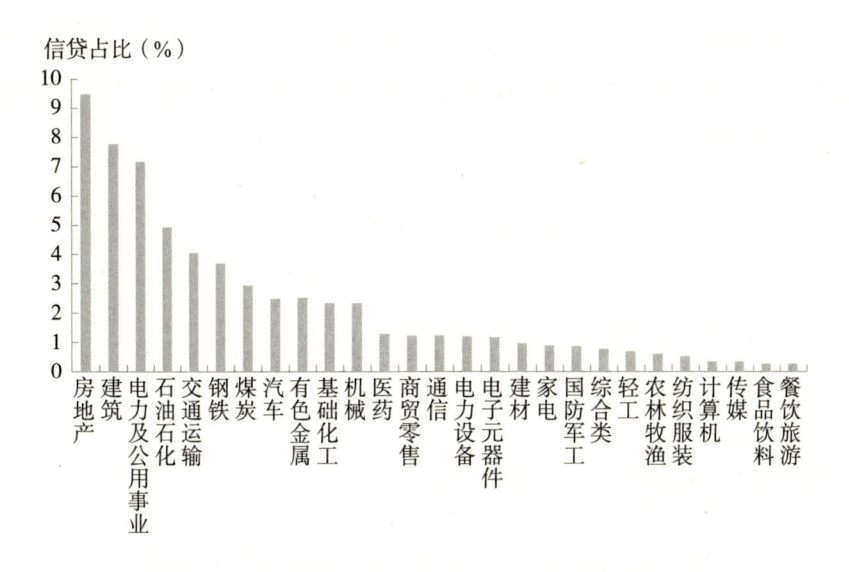

图 2-14 2016 年第一季度各行业上市公司的信贷占比

资料来源：Wind 金融终端。

信贷扩张加大贫富分化

信贷扩张还加大了贫富分化。虽然我们没有丰富的数据来观察各个行业的收入，但可以看到各个行业收入增长相对于广义货币（也就是信贷扩张）的弹性系数，即：广义货币每增长 1%，各个行业收入增长多少。从图 2-15 可见，在各个行业中，排在第一位的是金融行业，第二位是房地产行业。所以，金融周期的扩张，最受益的就是金融行业和房地产行业。

美国的情况更明显，我们从美国金融行业工资和全行业平均工资之比可以看出（见图 2-16），中间阶段金融行业工资和其他行业工资的差距比较小，而那时恰好是金融受管制时代，也就是第二次世界大战后几十年。在此之前或之后，也就是金融自由化时代，二者差距都比较大。

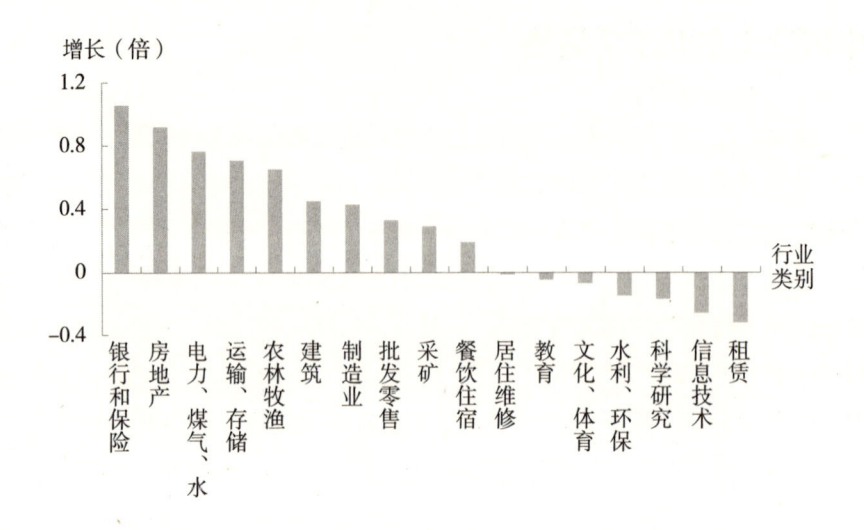

图 2-15　各个行业收入增长相对于广义货币的弹性系数

资料来源：Wind 金融终端。

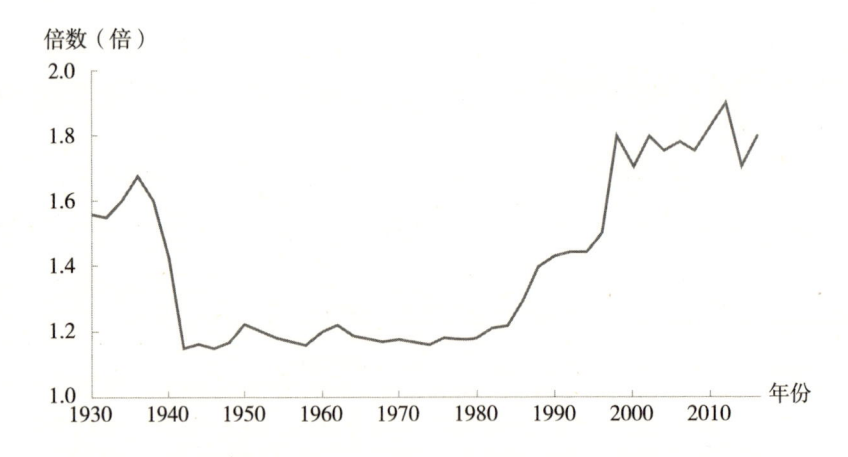

图 2-16　美国金融行业工资与全行业平均工资之比（1930—2010 年）

资料来源：托马斯·菲利普恩（Thomas Philippon），金融科技机会［J］，国际清算银行，2017，No 665.

中国社会主要矛盾转换

党的十九大报告指出，我国社会主要矛盾已转化为人民日益增长的美好生活需要和不平衡不充分的发展之间的矛盾，其中突出的问题是发展不平衡不充分。发展不平衡有多方面的体现：需求和供给不平衡，所以现在提出供给侧改革；金融和实体不平衡，所以我们在加强金融监管，金融要服务实体经济；上一代和下一代的不平衡，也就是人口红利的问题，社会财富主要掌握在中老年人手里（因为通过工作才能积累财富，但目前在我们的人口结构中，中老年人比例偏高，所以中老年人占有财富比例高的问题更加突出）；还有区域发展不平衡问题和环境污染问题等。我认为这些不平衡背后最根本的问题是收入分配问题。所以十九大报告中提到一系列的公共政策措施：公共服务均等化、普及高中教育以及医疗改革、扶贫等。

党的十九大报告提出，要坚决打好防范化解重大风险、精准脱贫和污染防治三大攻坚战。高质量的发展在宏观层面的体现是可持续和公平。这也是党的十八届三中全会讲的，让经济社会发展成果更多、更公平地惠及全体人民。

所以从历史大周期方向来看，一定要高度重视防控金融风险，这是一个重大的转折点；另一个重大的转折点就是促进社会公平。这是未来几十年一个大周期的方向，不是以某个人的意志为转移的，而是全球的现象。法国经济学家托马斯·皮凯蒂（Thomas Piketty）写了一本书《21世纪资本论》（*Capital in the Twenty-First Century*）。这本书学术性非常强，有翔实的科学的数据分析，需要有极大的耐心才能看完。但如此学术的书却成了全球的畅销书，因为它抓住了现在全球的主要矛盾。所以，美国唐纳德·特朗普（Donald Trump）上台、英国脱欧以及意大利"五星运动"等所有政治问题的背后，都是社会发展不平衡所带来的政治层面的调整迹象。

财政支出结构有待改善

那么应该如何促进社会公平？我认为财政税收制度改革是一个重要的方面。在税收支出方面，要增加一般性转移支付，也就是直接落到低收入家庭口袋里的转移支付。过去很多扶贫政策都是通过支持当地项目来实现的，比如投资工厂等，这就是所谓的专项转移支付。现在要降低这些专项转移支付，增加一般性转移支付。

税收结构有待改善

在税收结构方面，我们的流转税和增值税占比很高，将近2/3的税都是流转税，比美国、日本、瑞士等国家都要高很多。我认为这种税制非常不公平，因为流转税和增值税本质上是消费税，这意味着谁消费占收入比例高，谁的实际税率就高，而消费占收入比例高的是穷人。同时，我们的增值税是价内税，一般消费者不知道自己交了多少增值税，其实低收入家庭的实际税率很高。我们现在的税制问题是对劳动征税而对资本不征税，对消费征税而对投资不征税。这种税制在改革开放早期没有问题，因为那时大家都是凭劳动力吃饭，财富差距不大，但是现在就非常不合理。

所以，要增加财产税，降低消费税和增值税，这是一个大的方向。因此，我认为促进社会公平的重大转折点，必然会在财政税收制度中有所体现。在未来的一两年内，可能还不会推出房产税，但是我相信会推出税收改革。世界上所有的高收入国家，都有房产税，中国会成为例外吗？能够跨过"中等收入陷阱"而没有房产税？我相信中国不会是一个例外，贫富差距大就难以跨过"中等收入陷阱"。这也是我认为未来几十年会发生重大转折的一个方面。

最后，房产税实际上对降低金融周期的顺周期性是有帮助的，如果我们征收房产税，不收土地出让金，那么我们对金融的依赖就小，对财政依赖就大了，这样有利于降低金融的顺周期性。

金融结构有待改革

此外，金融结构本身也需要改革。金融自由化的一个重要体现是混业经营，关于混业经营，《金融时报》著名评论人马丁·沃尔夫（Martin Wolf）曾发表评论：现代金融体系的问题在于它是公用事业银行和赌场银行的结合。也就是说，金融行业有一些基础性金融服务，比如支付体系和存贷款业务，就像自来水公司和煤气公司一样，成为现代人基本生活的一部分，不能出问题。所以，政府需要加强监管，保障基础性的金融服务。但是金融行业还有另外一个方面——风险投资。风险越高，回报越高，但要风险自担。

这两种金融服务不能混在一起，否则就会带来很多问题。也就是说，基础性金融服务所享受的政府信用担保，不能延伸到风险投资部分，比如中国这些年出现的突出现象：刚性兑付问题。所谓刚性兑付，就是把享受政府担保的传统的存贷款业务延伸到风险投资。刚性兑付带来两方面问题：一是金融风险问题，二是收入分配问题。钱多的人买理财产品更多，回报率更高，但最后成本是由整个社会承担的。也就是说，这个项目出问题了，我的理财产品刚性兑付完成了，钱拿回来了，利率也拿回来了，但成本丢给了政府和社会，最后可能是丢给了穷人，所以刚性兑付实际上加大了贫富差距。

第一，金融重回分业经营

所以，要打破刚性兑付，因为它不仅仅涉及金融风险问题，还关系到收入分配问题。那么如何打破刚性兑付？答案可以是让金融重回分业经营：存款归存款，投资归投资。存款安全收益应该低一些，风险投资收益高，但也要自担风险。那么，怎么回到分业经营？其实分业经营和混业经营不是1和0的概念，也不是有和无的概念，它们是两个极端。我们在混业经营这个极端走得太远了，需要往回走一点，也就是要施行严格的牌照管理。实际上，分业经营就是牌照问题，拿什么牌照做什么事，不能相互渗透，这是我们现在要改革的方向。

第二，中央银行发行数字货币

另外一种金融结构改革的思路着眼更长远：中央银行发行数字货币。如前所述，货币有两种投放方式：财政投放和信贷投放。中央银行如果发行数字货币，那属于哪一个渠道？肯定不是银行信贷，因为这种方式实际上已经绕过了银行信贷，从根本上讲是财政行为。中央银行的货币投放方向是一种政策行为，比如：是每年每人免费送 2 000 元，还是支持一个投资项目？是通过社会保障支持低收入群体，还是减税？这些都是不同的财政行为。因为这些财政行为必然意味着对金融、信贷依赖的降低，所以有利于降低金融的顺周期性。因而，如果中央银行发行数字货币，那么不仅涉及技术问题，还具有非常重要的公共政策和经济金融的意义。

本文根据作者2018年5月18日在"北大汇丰金融前沿讲堂"的演讲整理，经作者审阅。

第3章
中国经济增长曲线及新周期

廖群

中信银行（国际）首席经济师

我要讲的主要内容是如何看中国经济增长曲线。其中"看"有两种含义：第一，"看"过去，特别是如何看待2011—2017年；第二，"看"未来，尤其是如何看今后20年。与此非常相关的子话题是近来关于新周期的争论，这与经济增长曲线直接关联。所以最后我将谈谈对新周期的看法。

生命周期的抛物线规律

生命周期曲线告诉我们，任何生物都将经历出生、成长、成熟、衰退与死亡的过程，分为成长、成熟、衰退三大阶段（见图3-1）。三大阶段的变化曲线呈抛物线状，成长期高速增长（曲线及其斜率均上升，即一阶导数、二阶导数均为正），成熟期增长速度放缓（曲线上升，斜率下行，即一阶导数为正，二阶导数为负），衰退期负增长（曲线下降，斜率为负，即一阶导数、二阶导数均为负）。

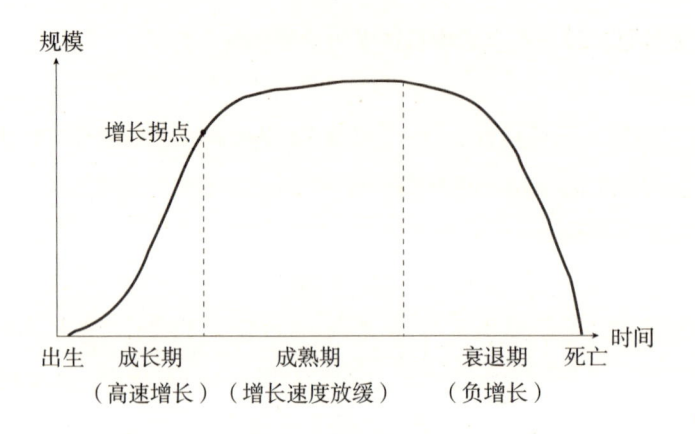

图 3-1　生命周期曲线

成长期与成熟期的连接处为增长拐点，我们通过类比个人身高曲线来加强对经济增长的理解。比如，在一个男孩的身高曲线中（图 3-2 为示意图），14 岁左右为身高增长的拐点，此前为快速长高阶段，此后长高速度放缓。女孩子发育可能早一点儿，我的女儿在 12 岁时长高了 11cm，但下一年只长高了 7cm。人到 45 岁左右，身高开始下降。个人身高曲线就是一个典型的抛物线。

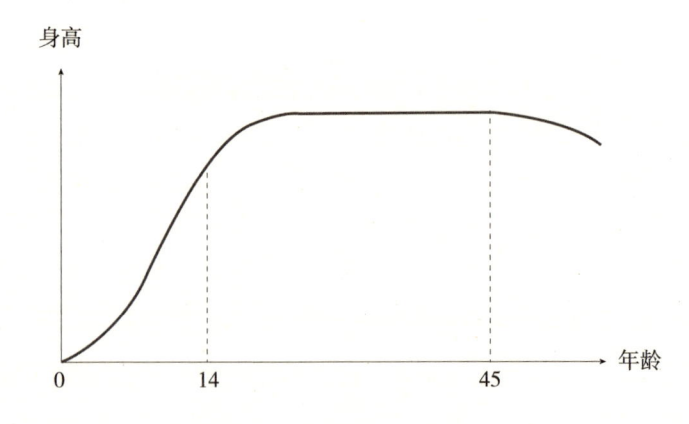

图 3-2　一个男孩的身高曲线

更重要的是，增长拐点后增长速度的放缓有两大特征：

一是不断性（不可逆性）。一个男孩 14 岁长高了 10cm，15 岁可能长高 8cm，16 岁可能长高 7cm，但不可能 17 岁又长高 10cm。过增长拐点后，增长速度的变化是不可逆的。

二是逐步性（非陡然性）。并不是说 14 岁长高 10cm，15 岁就突然不长了。健康情况下，超过增长拐点后的增长速度是逐步放缓的，不是陡然下降的。当然前提条件是健康生长，没有生病和受伤。

这两个抛物线放缓的特征，对于我们理解现阶段我国经济的增长有很重要的意义。

2010—2017 年 GDP 增速放缓是经济发展的必然现象

改革开放后我国的经济增长基本遵循生命周期的抛物线规律，增长速度不可能一直上升，必然有增长拐点，这个拐点已经在 2010 年出现。

从图 3-3 的曲线中可以看出，2010 年以前为高速增长阶段，1978—2010 年间，虽然有动荡，但是平均的经济增速接近两位数，GDP 曲线陡峭，平均斜率，即年均增长速度为 9.8%。2010 年拐点以后为增速放缓阶段，GDP 曲线趋缓，平均斜率，即年均增长速度为 7.6%。

这就是说，2010—2017 年间中国经济增长速度越过拐点后放缓，是其高速增长 30 多年后的阶段性必然现象。这并不意味着中国经济出现了特殊的问题。任何事物的发展过程都一样，总有拐点，就像男孩的身体到了 14 岁就开始成熟，此后身高的增长速度自然就放慢一样。我们不用担忧，拐点并非增长的末日。因为如前所述，过拐点后的特征是增长速度逐步放缓，未来还会有较快的增长，只不过没有拐点前那么快了。

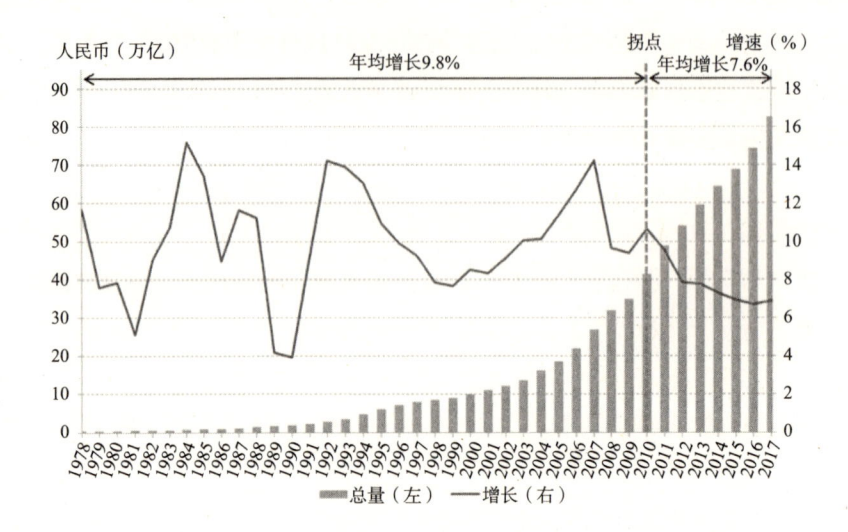

图 3-3　中国 GDP 增速（1978—2017 年）

资料来源：国家统计局。

由于 2007 年全球金融危机的冲击，全球经济至今还没有完全复苏。全球经济增长的减速与动荡，进一步降低了中国出口，也加大了中国经济增长放缓的力度。如果没有全球经济危机及经济放缓的影响，拐点后的增长情况会更好一些，GDP 增长速度可望企稳于 7.5%～8%，而非现在的 6.5%～7%。

今后我国经济的增长曲线将体现拐点后的两大特征：增长持续但逐步放缓。我国 GDP 增长速度不可能再达到 10% 了，甚至不可能达到 8%，但也不会马上到 5%、4% 或 3%。关键是，经济增长如何持续但逐步地放缓？这是大家关心的问题，也是我试图回答的问题。

2017 年中国经济增长企稳在望

2017 年前三季度的数据已经确定了，而且第四季度的 10 月份数据也出来了，表明 2017 年经济增长企稳在望。所谓企稳是说 2016 年 GDP 增长 6.7%，2017 年增长 6.7% 或以上。从目前来看，2017 年全年增长 6.8% 可能性很大，差一些也能是 6.7%，因为前三季度已经奠定了 6.9% 的高台阶。如果全年增长达不到 6.7%，那就说明第四季度会放缓到 6% 以下，但即便第四季度差一些，实现 6.7% 的增长也是概率很大的。所以全年 GDP 增长肯定在 6.7% 及以上，也就是说企稳。

2017 年外围的情况在改善，全球经济复苏步伐加快，当然也有风险和不确定性。美国经济复苏逐季加速，但政策不确定性上升。2017 年第一、二、三季度美国 GDP 分别同比增长 2.0%、2.2% 与 2.3%，全年大概增长 2.2% 至 2.3%，2016 年仅增长 1.5%。

但鉴于美国的政治生态，特朗普经济新政推行困难，减税、增加基建投资与放松监管等措施能否顺利推出难以预料。如果特朗普能够顺利推出这几项措施，美国经济肯定会上一个台阶，GDP 增速达到特朗普的目标 3%。但是从特朗普执政半年多的表现来看，要实现这个目标很难。因为特朗普既要减税、增加基建投资、增加军费开支，又要保持赤字不变，肯定要削减很多其他方面的开支，但是削减开支肯定会得罪相关利益集团，所以非常困难，存在很大的不确定性。最终特朗普能否顺利推出这几项措施，对于 2018 年美国经济和全球经济都非常重要。

美联储的货币政策是比较独立的，2017 年 10 月开始缩表[①]，并将于 12 月再次加息。现在的美元指数、人民币汇率已经体现了 12 月加息的因素。如果不加息，美元指数肯定往下降，人民币汇率肯定往上升。但是从现在的情况来看，加息的可能性很大。

---

① 缩表指压缩资产负债表，与加息同为货币政策收紧工具，美联储通过加息和缩表，使金融机构可用资金减少，市场流动资金减少。——编者注

2018—2019 年美联储加息及缩表的步伐尚不明确，但应该不会太快。如果经济增长慢，那么加息肯定减慢、缩表也会放慢。特朗普任命杰罗姆·鲍威尔（Jerome Powell）担任美联储主席。因为美国总统的权力仍然很大，所以美联储很难做到完全独立。特朗普肯定不希望加息过快，也不希望缩表太快。对于特朗普来讲，发展经济是其优先目标，只要经济增长了，政权就是稳固的。因此，加息缩表不会太激进。同时，美国贸易保护主义的力度也不确定，这是影响美国经济和全球经济的又一个变量。

欧元区经济在持续的货币宽松政策下加速复苏，但英国强硬脱欧、加泰罗尼亚独立公投以及奥地利右派政府上台等政治经济事件酝酿新的风险。2017 年第二季度以后，欧元区的情况好于预期。欧元区 2016 年的 GDP 同比增长是 1.5%，2017 年第一季度是 1.6%，第二季度是 2.1%，第三季度在 2% 以上，全年可能是 2.1%，已接近美国的增速。

欧元区表现较好，首先是由于基数效应，前几年表现较差，其中也有政策的原因，主要是量化宽松政策的作用。美联储早就开始缩减量化宽松的规模，现在量化宽松已停止，而开始缩减资产负债表规模了。欧洲的量化宽松也投放了大量货币，但是还没有缩表，只是减量化宽松，每个月还在买债券，只不过买的数额比以前少一半，所以货币政策还是宽松的。2018 年欧元区的货币政策正常化仍会比较缓慢，经济增速可能保持在 2% 左右。这个数字对于欧元区来说已经算是不错了。

日本的超级量化宽松与负利率仍在持续，加之日元贬值与奥运工程启动，经济在摆脱衰退，但仍存在通货紧缩风险。日本首先推行量化宽松政策，宽松的程度非常高。日本的全国债务余额占 GDP 比重已达到 300% 以上，为全世界最高，其中政府债务余额与 GDP 之比已逾 240%，是当今发达国家中情况最糟糕的。然而到目前为止，日本银行从未提及何时开始缩表或减表。2017 年日本首相安倍晋三实行大幅度宽松的货币政策，日本经济增速可能达到 1.5%。对中国来说，1.5% 是一个很可悲的增长数字，但是对于经历过"失去的 20 年"的日本，增速能达到1.5%是很好的结果，所以，日本目前并不想结束货币宽松。值得关注的是，为什么日本的债务水平很高，但是却没有爆发危机？这是因为日本的债务都是内债而非外债，很少被其他国家追债。但由于政府负债高，利率如果上升，政府财政就会很艰难，所以政府难以接受货币宽松的结束。

在新兴市场方面，主要经济体内部需求企稳，对外则仍面临新一轮资本外流及其衍生风险。

总之，2017年外围整体改善，全球经济复苏步伐加快（见图3-4）。预计2017年全球经济增长3.6%，较2016年的3.1%高0.5个百分点，应该来说，这是相对较强劲的复苏。

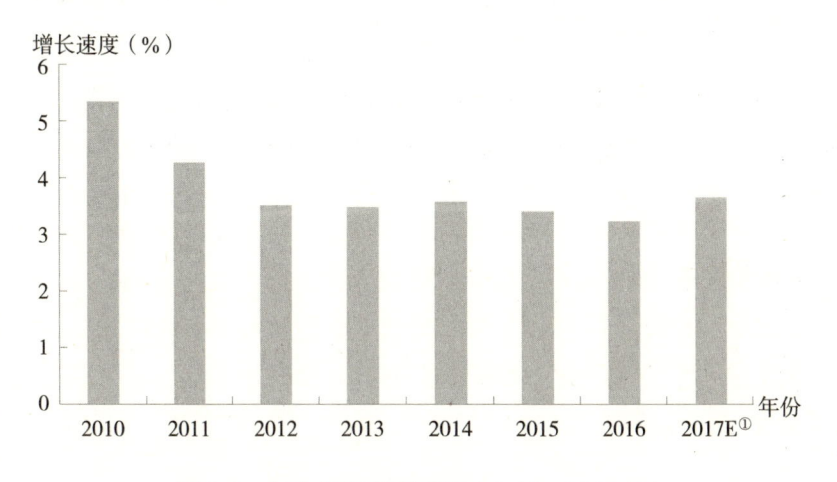

图 3-4 全球 GDP 增长速度（2010—2017 年）

资料来源：国际货币基金组织。

现在来看我国经济。2017年上半年经济增长超预期稳健，第一、二季度 GDP 均增长 6.9%，比 2016 年全年和第四季度分别高 0.2 个和 0.1 个百分点，明显超过政府 6.5% 的最低增长目标（见图 3-5）。

① E 表示 Estimate，预测。全书适用，下不另注。——编者注

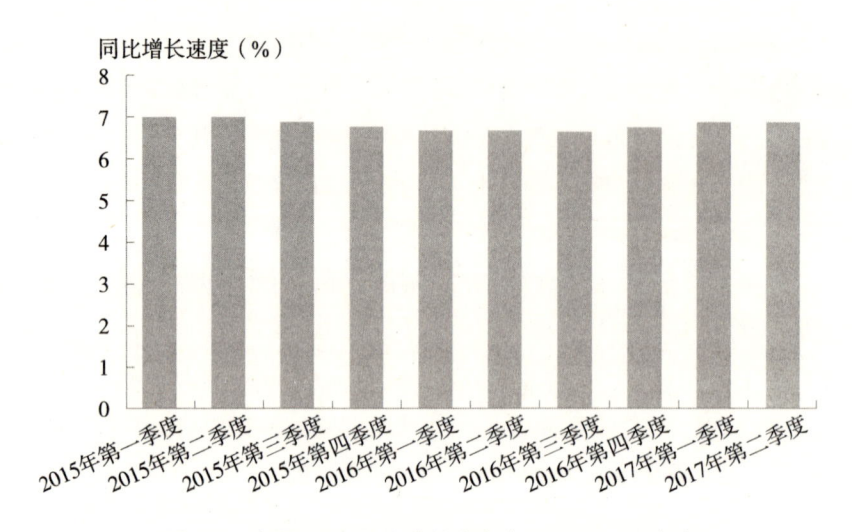

图 3-5　中国 GDP 同比增长速度（2015—2017 年）

资料来源：CEIC 经济数据库。

经济增长全面复苏，三驾马车均有所加速，由图 3-6 和 3-7 可以看出，中国社会商品零售总额稳步上升，固定资产投资增速企稳，进出口增速均呈现向上的态势。

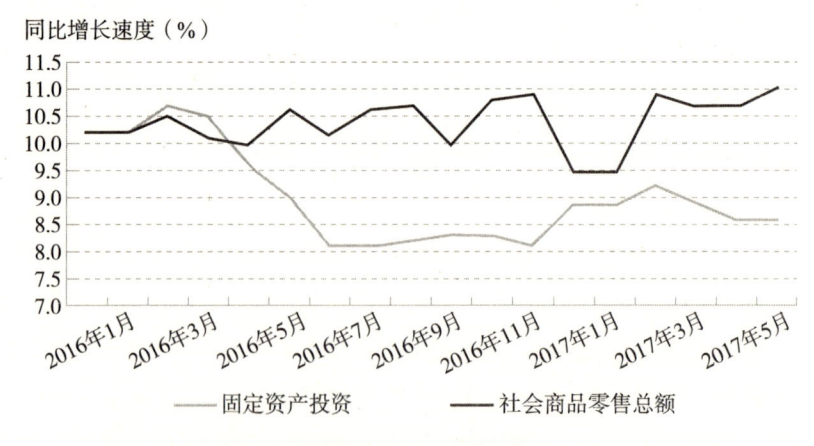

图 3-6　中国社会商品零售总额与固定资产投资同比增长速度
（2016 年 1 月至 2017 年 5 月）

资料来源：CEIC 经济数据库。

图 3-7　中国进出口同比增长速度（2016年1月至2017年5月）

资料来源：CEIC 经济数据库。

2017年第三季度经济增长轻微减速，但好于市场预期。第三季度GDP增长6.8%，比2017年上半年的6.9%低0.1%，社会商品零售总额基本平稳，但固定资产投资增速明显放缓。基础设施投资从21.1%放缓至17.2%，制造业投资从5.5%放缓至1.6%，房地产开发投资从5.5%放缓至1.6%。由于全球贸易波动、人民币升值以及基数效应，出口增长也有所减速，但进口放缓更快，因此贸易顺差增长及其对GDP增长的贡献由负转正。

基础设施投资放缓表明财政政策温和收紧。2017年上半年经济形势较好时，我曾预测中国2017年经济增长会前高后低，由于上半年GDP增速已经达到6.9%，而政府的增长目标是6.5%，政府肯定没有动力继续宽松。这是因为，当前主要的任务是结构性改革，增长速度和改革之间存在一定矛盾。如果增长过快，商品都能卖出去，大家就不积极改革了，也不去产能了，同时杠杆肯定要增加。既然6.9%已经比6.5%高很多了，那么2017年下半年的宏观经济政策自然温和收紧。作为中央政府稳增长最重要的手段，基础设施投资就没必要再增加了，第三季度的基础设施投资增速为17%左右，虽然还是较高，但比上半年低了几个百分点。同时货币政策的公开市场操作也是偏紧的。

因此第三季度出现轻微减速是可以理解的。

第四季度经济增长将继续轻微减速。宏观经济政策在全年增长远超政府目标的形势下温和收紧，从而为结构性改革留出更大空间。零售总额保持平稳，但在房地产销售放缓形势下，家电、家具、装修等支出减少。出口随全球经济改善而反弹，但人民币升值的负效应可能进一步显现。固定资产投资进一步放缓，基础设施投资随财政政策温和收紧而继续放缓，房地产开发投资随房地产销售走软而转弱，制造业投资短期难以反弹。因而预测第四季度GDP增长继续轻微减速至6.7%。

基于以上分析，预计2017年GDP增长6.8%，略低于上半年的6.9%而略高于2016年的6.7%。这表明中国经济增长2017年企稳，并可能于今后几年软着陆于6.5%～7.0%的L型新平台。2017年中国将超越印度，重回世界主要经济体增长速度第一的位置。

印度2017年GDP增速约为6.3%，低于中国，但是前几年持续高于中国。2017年由于莫迪政府实行货币改革，将大额纸币取消了，GDP增速受到一些影响。印度和中国处于不同增长阶段，如果说中国现在是十六七岁，那么印度可能是十一二岁。但即使这样，印度的GDP增速也没有超过8%。刚刚改革开放的时候，中国和印度的经济发达程度差不多，但印度的改革从20世纪90年代初开始，比中国晚了10年。印度高速发展了将近30年，但其GDP年均增速不到7%，中国则是近10%。正是由于这个差异，现在印度经济较中国经济存在很大差距。如果印度GDP年均增速达到10%，其追赶中国的步伐就会较快，但是要做到这一点是很困难的，所以，印度追赶中国依旧道阻且长。

现在一个非常重要的问题是，2017年中国经济企稳了，以后会怎么样？十几年前就有人问，中国经济已经增长20多年了，是不是要结束了？但一转眼过了十几年，现在又有人说中国经济要"硬着陆"，甚至"崩溃""垮台"

等。日本经济高速增长了 20 年左右，韩国经济高速增长了 30 年左右，GDP 年均增速也达到了 9% 以上，但是没有达到过中国 1978—2010 年间的 9.8%。到目前为止，中国经济年均增长 9.6% 左右。从有统计的数据来看，这是人类历史上最大的经济增长奇迹。但是中国经济的快速增长期还没有结束。

今后 20 年潜在经济增长率仍处于中高水平

"潜在经济增长率"是指在各种资源被正常充分利用的情况下所能实现的经济增长率，"正常"指无外界冲击与政策干扰，"充分"指无资源浪费与误用。"潜在经济增长率"也可以理解为应有的或自然的经济增长率，"应有"指由经济体本质决定的增长率，"自然"指周期波动结束后回归的增长率。

潜在经济增长需要潜在需求与潜在供给两个方面的支撑。我认为中国今后 20 年的潜在经济需求仍然强劲，这是相对于发达国家的优势。一个国家的经济发展水平在达到发展中国家高端水平之前，在需求方面会高速增长，之后在达到发达国家平均水平之前具备中高速增长的需求条件。这是一个向发达国家水平追赶的过程。

中国经济仍然"年轻"。2016 年我国人均 GDP 为 8 123 美元（见图 3-8），仅为发达国家平均水平的 1/5 左右，我国经济发展水平与发达国家经济发展水平尚有很大差距，所以从发展阶段来说，我国尚处于发展崛起的"年轻"阶段。这就决定了我国人均 GDP 肯定要向发达国家人均 GDP 水平追赶。追赶性需求表明潜在需求仍然强劲，是中高速经济增长的需求端动力。

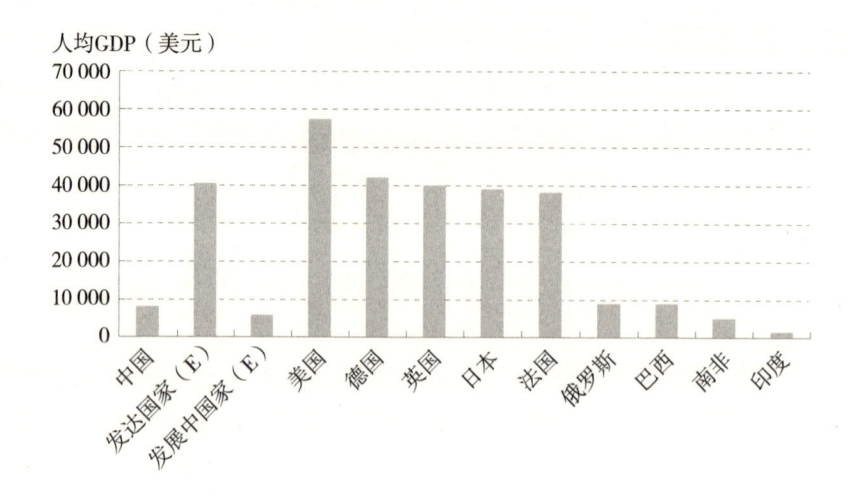

图 3-8 2016年各国人均 GDP 对比

资料来源：国际货币基金组织。

追赶性需求具体表现在以下七个方面：

第一，城镇化

目前我国的城镇化率是 56%，真实城镇化率仅 40%，城镇化肯定会继续推进。目前许多农民工并没有成为城市居民，我国社会今后 20 年仍将经历农村居民向城镇转移的过程。这从消费和投资两个方面都形成了追赶性需求。在消费需求方面，农民在农村的消费水平比较低，到城市后消费水平会大大提高；在固定资产投资方面，农民进城需要住所和配套基础设施，因此中国房地产市场仍有发展潜力。

第二，经济结构升级

经济结构升级包括：从外需导向向内需导向升级；从投资主导向消费主导升级；从第二产业主导向第三产业主导升级；从劳动力或资本驱动向科技进步或创新驱动升级。

第三，消费升级

消费升级包括：从商品消费向服务消费升级；从中低档消费向高档消费升级。

第四，产业升级

产业升级包括：从传统型、劳动密集型、中低增加值产业向新兴、资本密集型、高增加值产业升级。大力发展七大战略性新兴产业、高端服务业、现代化农业和绿色经济等。

第五，技术升级

技术升级包括：从中等科技水平向高科技水平升级（互联网、物联网、人工智能、生物制药、新材料、3D打印及其在各行业的应用）。目前，中国是世界工厂，但与发达国家相比，在工业水平、产业水平等方面都还有差距，各方面都需要升级。

第六，区域平衡化发展

中国国土面积广大，但地区发展极不平衡，将呈现中西部、东北地区在经济发展上追赶东部经济发达地区，同时区域内各省市之间你追我赶的地区发展格局。即使中国东部地区经济发展达到发达国家水平，经济年均增速降至3%左右，但中西部及东北地区的经济发展尚未达到发达国家水平，正处于发展崛起的"年轻"阶段，还会保持6%～7%的经济增长速度。实际上，中国东部地区目前仍维持着6%～7%的经济增长速度。2017年上海、北京的经济增长速度都很高，深圳更为突出，有很多具有创新活力的企业和新兴产业。

第七，改革开放红利

中国的改革开放已经取得了巨大的成就，但是其红利还没有完全释放，应深化改革与扩大对外开放，进一步解放生产力。在改革方面，国有企业改革、金融改革和行政体制改革还有很大深化空间；在对外开放方面，需要加快人民币汇率自由化、国际化进程，并促进资本的国际流动。

20 世纪 70 年代末以来，中国通过改革解放了生产力，今后还将深化改革，不断提高效率。在潜在供给方面，中国相对于其他发展中国家具有优势，即潜在供给"量足质升"。

根据新经济增长理论，三大供给要素是劳动力数量、物质资本总额和人力资本，其中人力资本决定科技进步。当今我国劳动力与物质资本都数量充足吗？有人说中国现在的人口红利消失了，这种说法并不准确，只能说人口红利在减少。人口红利对经济增长的作用有两方面：一是提供充足的劳动力。二是社会上处在工作状态的人多。未来是属于互联网、物联网和人工智能的时代，可能根本不需要这么多的劳动力，所以人口红利减少对劳动力的影响不大。物质资本充足，实际上产能过剩，已成为负担。

有人问，我国人力资本还能不断提升吗？人力资本能不能提升取决于参与经济活动的人是否具备经商、发展经济的品质。为什么中国经济能发展起来，而其他发展中国家不行，最重要的原因在于国人具备经商、发展经济的若干重要品质，诸如有很强的致富欲望和吃苦精神，有很高的学习热情和储蓄 / 投资意愿，还有强烈的不甘人后意识，等等。

基于以上关于潜在需求与供给的分析，我估计今后 20 年中国经济的年均潜在增长率能维持在 5.5% 左右的中高水平。如果实现此经济增长速度，并假设年均通货膨胀率为 2% 左右，则名义潜在经济增长率为 7.5%。我国将在 2020—2025 年跨越"中等收入陷阱"（人均 12 500 美元），2035 年左右达到中等发达经济体的经济发展水平。虽然预计年均经济增速为5.5%，但鉴于生命周期的抛物线规律，今后20年的潜在经济增长速度将呈前高后低的逐步放缓之势。

展望：中期L型，长期阶梯式放缓

中期指2016—2020年，也就是"十三五"规划期间，经济增长速度稳定于6.5%～7%。中期的增速曲线呈L型，当然不可能是完全的L型，而是大体上的L型。L型指经济增速曲线的L型，而非经济规模曲线的L型，描绘的是增速曲线从10%左右的高位滑落，但随后稳定于6.5%～7.0%的形态。即一直到2020年，经济增长速度维持在6.5%～7.0%。保持这样的增速就能达到预期翻番的目标。L型符合我国现阶段潜在经济增长率的水平，体现了政府稳增长政策的效果。

长期来看，经济增长速度呈阶梯式逐步放缓，每五年下一个台阶，降0.6%左右（见图3-9）。"五年一个台阶"的判断是基于我国的一个特殊国情，即政府制定并有很强的能力来推进"五年规划"。政府制定目标后就采取各种政策去实现这个目标，波动时促使经济增长及时企稳，所以增速曲线呈现L型。没有政府的干预，就难以实现L型，预计2015—2035年的经济年均增速为5.2%。前10年为6.1%左右，为中高速；后10年为4.7%左右，为次中高速（见图3-10）。到2035年，中国将进入发达国家行列。

今后20年经济中高速增长，同时经济结构加速升级，体现在宏观经济结构、产业结构、地区结构、城乡结构等多个方面。

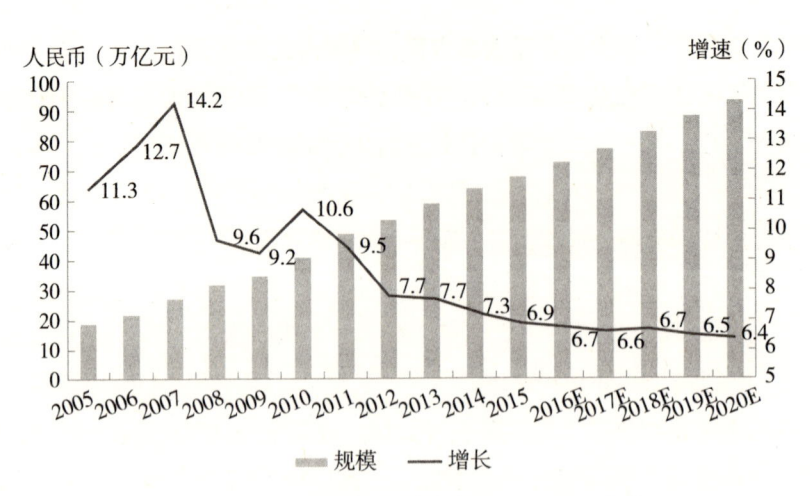

图 3-9 GDP 规模与增速（2005—2020 年）

资料来源：中信银行（国际）。

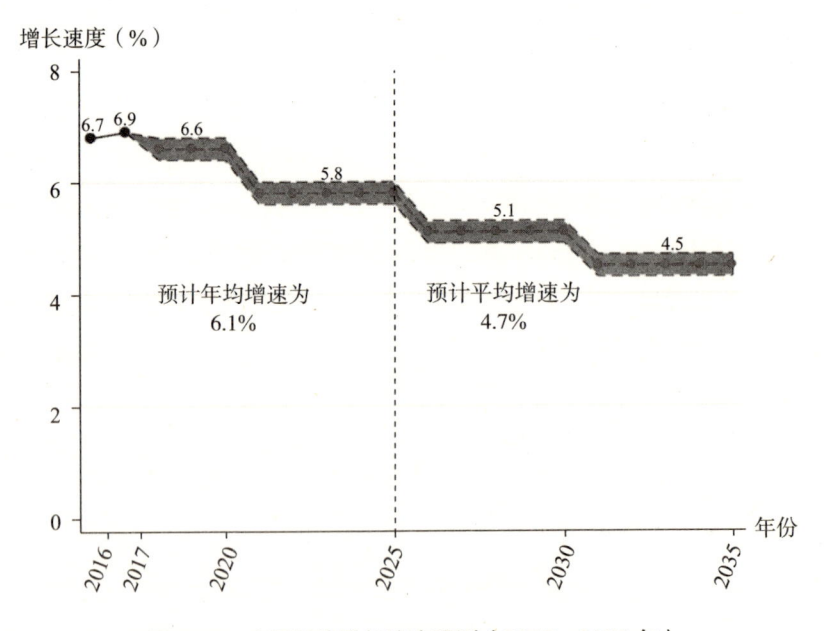

图 3-10 中国经济增长速度预测（2017—2035 年）

资料来源：中信银行（国际），国家统计局。

（1）宏观经济结构。在需求端方面，内需占比将从目前96%升至99%；消费占比将从目前52%升至65%。在供给端方面，第三产业占比将从目前的53%升至70%；第一、二产业占比将分别从5%与42%降至3%与27%。在对外经济结构方面，出口高端化；进口的高端产品逐渐被国内产品替代；对外直接投资持续高于外商直接投资，海外并购快速扩张；"一带一路"沿线国家日益成为我国对外投资与贸易的主战场。

（2）产业结构。新兴产业崛起，七大战略性新兴产业占经济比重将从目前的10%升至30%以上。"互联网、物联网、人工智能+"改造各个产业，推动产业全面升级。"互联网、物联网、人工智能+"开启人类第四次产业革命，是今后经济增长的主要引擎。

（3）地区结构。中西部、东北地区崛起，大部分中西部与东北省份保持年均6%以上的经济增速。"一带一路"、京津冀协同发展、长江经济带、粤港澳大湾区等新战略举措优化经济发展的空间布局。

（4）城乡结构。城镇化率将从目前的56%升到75%。新型城镇化形态浮现，今后城镇化的方向是形成以城市群为主体的城镇化空间格局，促进大中小城市和小城镇协调发展。人们大都想去最繁荣的城市发展，理解这一点对于理解房地产市场和粤港澳大湾区非常重要。

我对中国经济一直持乐观的态度。当然风险也很多，关键是风险是否致命、是否不可防范。

中长期风险包括：地缘政治博弈不断加剧；全球化大倒退，贸易战争爆发；企业债务高企与流动性过剩持续恶化；产能过剩问题仍形成拖累；国有企业改革失利或停滞；行政体制改革受阻不前；金融改革造成金融市场与人民币大幅动荡；房地产市场硬着陆，股票市场持续低迷；新经济崛起受阻，旧经济下滑过快。

中长期经济增长曲线的实现有赖于政府能否有效地应对与化解上述风险。根据中国前40年的经验，我是有信心的，相信以上各项风险可以得到有效的控制。

开启新周期，还是软着陆于新平台

新周期观点认为，中国经济正在开启一个10年左右的新发展周期。依据是经过2012年至2016上半年长达54个月的去产能调整，落后的中小企业退出，大企业淘汰过剩产能。市场自发调整去产能，促进市场出清。同时，2016年中国政府启动的供给侧改革和环保督查加快了这一市场出清的进程。这一轮产能出清在2017年接近尾声，导致企业盈利状况改善，银行不良贷款率下降，资产负债表修复。这些成果正在开启新一轮的产能扩张，进而开启一个新经济周期。

新周期观点的确抓住了我国经济正在发生的一个积极变化。产能出清意味着新一轮的产能扩张，新一轮的产能扩张意味着制造业投资的新一轮增长。制造业投资占我国整体固定资产投资的31%，工业增加值占GDP的35%。鉴于制造业投资对于我国经济的重要性以及多年来产能过剩对于工业与经济增长的拖累，制造业投资的新一轮增长对于今后我国经济的发展无疑具有重要意义。新一轮制造业投资周期的确是可喜的，令人鼓舞的。其实，近年来中国经济的积极变化不仅局限于此，还体现在其他多方面。从这个角度来讲，新周期观点值得称道。

但是，去产能是否意味着正在开启内地经济增长的新周期？新周期的含义不甚明确，是仅指制造业的新周期，还是指整个经济的新周期？对于这一点，新周期观点的正方没有专门讲清楚，也没有画出一条曲线来讲。反方也没有在这方面追究，正方继续说有新周期，反方说没有新周期，但我觉得问题是：新周期是指经济增长呈现"上升、平缓、回落"的典型周期形态，还是指经济增长呈现不同于前一个时期的形态或不同于悲观预测的形态？

根据阶梯性放缓原理，开启"上升、平缓、回落"形态的典型中期经济新周期是不可能的。今后30年中国经济增长曲线将呈现"每五年下一个台阶，每五年内大致为L型"的阶梯式放缓形态。就其中10年左右的中周期而言，不能指望出现一个数年上行的情况，所以也就不能指望今后10年的经济增长呈现典型的"数年上升、几年平缓、数年下降"的经济周期形态。

比较现实的是，由于产能出清与供给侧改革带来的制造业投资加速，在政府宏观经济政策和其他因素的配合下，我国经济在今后10年的增长速度将实现上面所预测的情景，即2018—2022年运行于6.4%～6.9%的L型平台；2023—2027年运行于5.9%～6.4%的L型平台。

因此，产能出清与供给侧改革的贡献，与其说开启了一个经济新周期，不如说促使经济增长进入一个新平台。进到新平台，说明经济增长从前一个时期的下行到实现软着陆，避免了很多人预期和担心的硬着陆。即使没有新周期，仅这一点也是一个可喜的成就。

本文根据作者2018年5月18日在"北大汇丰金融前沿讲堂"的演讲整理，经作者审阅。

第 4 章
拐点经济学与系统性风险

朱小黄

中国建设银行原副行长，中信集团监事长，
中国行为法学会副会长，金融法律行为研究会会长

拐点经济学

说到风险问题，就要从拐点讲起。最近几年，业界越来越重视对风险的研究。我此前是中国建设银行总行第一任首席风险官，所以这些年研究风险问题。有一次我为了写一篇文章，想知道"风险"一词在中国传统文化观念中的定义。正好家里有两本辞典：《辞海》和《辞源》。这本《辞海》是1993年版，我查"风"字部，查到很多有"风"字的词，如"风车""风马牛""风水"等，但没有"风险"。我很吃惊，因为20世纪80年代我在北京大学听海事法律课时，老师一定要从风险开始讲起，但是在社会治理的话语体系中，或者正规的文化书典里，并没有这个词。我又翻了《辞源》，居然也没有，我更加吃惊。所以风险作为经济学概念，应该是20世纪90年代中叶之后才进入中国，最近两年才进入顶层话语体系，提升到国家层面的。那么到底怎么定义风险？怎么研究风险？

我将先从两个概念讲起，一是拐点，二是风险，然后再介绍应该怎么去认

识系统性风险。

"拐点"这个词对于我们来说并不陌生。历史上存在拐点，比如滑铁卢战役是拿破仑政治生涯的一个拐点；经济领域则有更多拐点，如刘易斯拐点体现了劳动力从过剩到短缺、工资从不变到增长的转折点，库兹涅茨拐点则是指收入分配差距从逐步扩大到趋于减小、环境质量随经济增长从不断恶化到逐步改善的临界点。所有的周期都是不同拐点之间的状态，所有的周期都是可以计算的，因此可以说存在"拐点经济学"。我们想通过大量的拐点研究，最后建立一整套拐点经济学体系。

经济学角度的拐点一

刘易斯拐点是指：具有二元经济结构的国家，一开始处于农村劳动力过剩阶段，由于农村沉淀了大量劳动力，而且农业生产的低效率导致农村劳动力仅能获得维持生存的平均工资，此时，工业部门仅需付出略高于维持生存水平的工资即可吸引农村剩余劳动力。因为农村存在大量剩余劳动力，所以工业部门支付的工资保持不变就能吸引农村劳动力从农业转移到非农产业，劳动力供给曲线（见图4-1）在此时是保持水平状态的。此后伴随着农村剩余劳动力的大量转移，农业生产率开始提高，农村剩余劳动力供给紧张，处于劳动力短缺阶段，其工资水平将出现上涨。因此，刘易斯拐点可以理解为剩余劳动力从无限到有限、剩余劳动力工资从不变到增长的拐点。

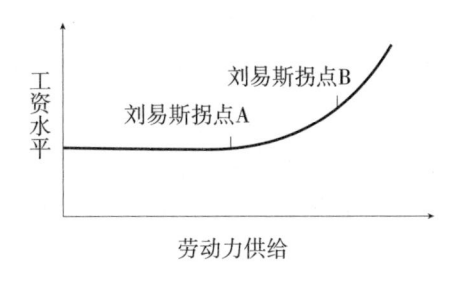

图4-1 劳动力供给曲线

经济学角度的拐点二

库兹涅茨曲线是指一个国家的收入分配与经济增长、环境污染问题之间存在倒 U 形关系。在一国收入分配与经济增长的关系方面，随着国家收入水平的上升，收入分配差距将趋于扩大；当经济水平达到较高程度时，收入差距将开始缩小。这显示经济发展的关注点从注重效率到注重公平的转化，库兹涅茨拐点就是倒 U 形曲线（见图 4-2）的顶点。"环境库兹涅茨曲线"是指随着人均收入的增加，环境污染程度也将经历从较轻、逐步加重、达到临界点，然后逐步减轻的倒 U 形变化过程。

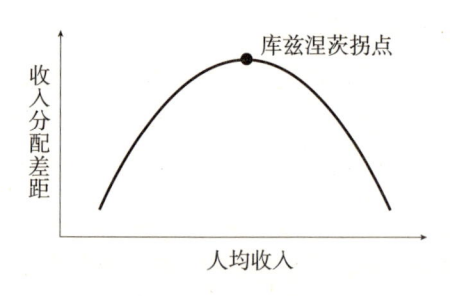

图 4-2　倒 U 形曲线

传统经济学家在分析某一问题时（如人口发展所处的阶段、国民经济负债率的程度等），经常只是简单地统计分析，或者凭各类印象找到一些结论，企图用这些结论来指导经济生活和社会治理。我认为这个做法有很大偏差，缺少算法和模型这个逻辑中介。风险管理实际上是要预测未来不确定性中包含的损失，以及我们有没有承受这个损失的能力。这种对未来不确定性的管理需要建立在数据模型的基础上，仅仅用分析、统计归纳的方法是不行的。只有建立在数据认知的基础上运用模型或算法，才能够真正贴近事实，判断事物的真相。

所以我们需要通过计算来确定拐点。拐点是很重要的观察问题的维度，也是一种客观存在。我们现在常说"黑天鹅来了",如果缺少这种判断"黑天鹅"拐点的方法,大家也许还在高兴地给"黑天鹅"喂食呢。2018年中国建设银行董事长田国立就说得很对,"我们不能站在灰犀牛背上狂欢"。

关于拐点,有很多值得研究的问题。首先,拐点揭示了经济现象的本质,区分了经济的不同发展阶段,比如过了拐点,性质就不一样了。其次,拐点也为现状判断提供基准,我们现在处于什么水平?处于什么状态?是否过了这个拐点?最后,拐点可以为未来的走势提供参考,比如在风险方面提供参考。

目前,我们团队已经开展了包括系统性风险、智能社会发展、债务、实体经济与虚拟经济的黄金比例、企业成长规模、城市发展规模、贫困救济等拐点问题的研究。

就债务而言,我们认为如果过了最佳的拐点,那么债务对国民经济就没有正面推动作用了,所以"去杠杆、调结构"都是正确的决策。中国总体的债务在2014年左右已经过拐点了,所以纯粹的规模扩张、加杠杆已经无助于国民经济的实质性增长。

对于实体经济与虚拟经济的黄金比例,我们计量的结果是16.7∶1。但是现状比例在30∶1左右,偏差度很大,意味着虚拟经济的泡沫化程度比较严重。

我们也希望找到城市发展规模的拐点,即城市发展规模多大是最经济、效率最高的。另外,扶贫的实现要通过公共产品(即财政转移支付)的供给,公共产品的供给应该处于什么水平?应该持续到什么时候?要解决这些问题,都需要找到理论上的拐点。

为此,我们发布了《蒙格斯报告》。"蒙格斯"是獴科动物(mongoose)的英文音译。獴有一个特点,在日常活动中会留一只獴充当哨兵,一旦看到老鹰等危险情况，哨兵便发出特殊的叫声来提醒所有同伴，以此预警。我们的研究成果报告以"蒙格斯"命名，意在提醒政府、企业和个人对潜在的风险充分警惕，并采取适当行动。

风险及风险管理一般原理

拐点和风险系数密切相关，接下来谈谈风险管理的基本概念。风险问题比较难处理，因为风险管理要解决的是未来的不确定性。我们只有搞清楚未来可能发生的问题的风险成本，才能保障未来承受风险可能带来的损耗和问题。要做到这一点，就要考虑长远，但在目前浮躁的环境下，大部分人都只盯着眼前的问题。

风险源于事物的不确定性，是一种损失或获益的机会。不确定性可分为不可计量的不确定性和可计量的不确定性。无法计算的不确定性不是风险管理的对象，比如地震等自然灾害；另外一些已确定的事物，也不是风险管理要研究的，比如太阳每天从东方升起。

风险是客观存在的。总有人说我们要消灭风险，"零忍受、零风险"，这是对风险的误解。零风险是不可能的，因为几乎所有的事情都存在不确定性。

风险管理不是消灭风险，而是想办法缓释或者分散风险，找到我们能够承受的边界。比如个人投资，我在一本书中讲了 10 条投资建议，其中一条就是不要突破自己的财务能力，假设你有 20 万元存款，如果用全部存款投资，那么你的孩子上学就没有保障了，所以绝不能将自己的所有存款孤注一掷。

风险管理的本质是收益和风险的平衡，目标是收益覆盖风险。一项业务即使不良率比较高，但只要收益高，能够覆盖风险，这项业务就是好业务。有一次，银监会向我征求意见：小企业贷款不良率应该是多少？我回答：对于一般的批发业务、零售业务，贷款不良率应控制在 1% 左右；但在小企业市场规范性不足的环境下，既然让利率上浮 30% 以上，那么不良资产率完全可以以 3% 左右为标准来考核，这样收益能够覆盖风险，对企业来讲自由度稍微大一些，创业只要收益能够覆盖风险就是可行的。当然，完整的投资成本包括财务成本、机会成本和风险成本。人们一般认为投资成本是指财务成本，往往计算收益能够覆盖财务成本后，就觉得能赚钱。实际上投资成本还包括机会成本，只是"如何量化机会成本"这个问题还需要解决，但是风险成本可以计量，技术也比较成熟。

风险管理的一个难点是要厘清风险承担的问题。没有人承担的风险才是真正的风险。有人说中国房子的空置率太高，风险很大，但空置率一定构成风险吗？未必，关键要看是否卖出了，如果没有卖出去，现金流不能回流，银行的债权受到影响，可能是一个风险问题。但是业主付钱购房后未入住，这种空置就不是风险问题，因为业主已经付了对价，风险已经被承担。

有时候风险表面上有人承担，但是实际并没有人承担。有的金融机构很擅长做通道业务，表面上是通道业务，实际上做了假动作，悄悄签了"抽屉协议"，即：没有拿到桌面上，放到抽屉里面了，风险由客户来承担，还要收手续费。还有的业务管理机构收了很高的手续费，然后不承担风险，说自己承办的只是中介业务。但是手续费高达 5%，这显然已经不是中介业务的正常收益，而是风险收益了，如果管理机构这样做，风险就转嫁到客户身上了。

此外，还要注意趋势化的偏差难逃经济周期的检验。金融业在转型中出现了"保险银行化""银行投行化""投行公关化""证券业务短期化""互联网金融中介化"等趋势化偏差。前几年有人找我谈中国前 10 年的风险问题，我当时讲银行金融转型出现了大量偏差——"保险银行化"，比如安邦保险，结果不幸言中。靠发理财产品来融资，搞的不是保险产品，而是融资产品，这就脱离了基本原理。商业银行这几年搞资产管理业务，投行化了。投行化主要是要追求非市场化的套利空间。正常的套利是存在的，市场化套利是允许的，比如地区差、时间差、汇率之间的差异以及衍生产品、期货产品、汇率产品之间的利益差异，这些是市场创造的。但是我们这些年的套利是靠政策套利，比如在中国人民银行制定的利率基础上，做一个货币基金，以更高的利率卖给商业银行，这就是政策套利。"商业银行投行化"基本到此为止了，资产管理新政针对的就是这些问题。新政挤掉了政策套利空间，回归到一些基本原理，对此我很赞成。同时，银行也要回归"三性"（安全性、流通性、效益性），前些年没有人讲"三性"了，这是有问题的。

另外，还有"投行公关化"。过去我们开玩笑讲华尔街不过是大骗子和小骗子而已，实际上就是公关化造成的。华尔街有强大的数据分析能力，但是在推销一个产品时，它截取了让人眼睛一亮的一段收益曲线。然而如果我们延长曲线的两端，那么会发现不确定性是非常大的，收益看起来一直涨，实际上不可能一直涨。当然那段曲线也是真实数据，只不过是那三五年一直涨，但是它没有告诉你后来会跌。你买完之后收益刚开始也涨，后来就下跌，最后你就被套住了。这就是"投行公关化"，投行通过公关手段，利用信息不对称和其品牌，赚取了客户的手续费。

再来看"证券业务短期化""互联网金融中介化"。两三年前互联网金融异常火爆，我在一个论坛上说如果互联网金融的风险问题和管控问题得不到解决，将来一定是一个风险的发源地带，正在兴致勃勃谈论互联网金融的网民看到我的观点全都鸦雀无声了。然而，一年之后P2P、众筹跑路统统出现了。所以，研究风险管理的人容易得罪人，对未来的判断偏保守，不容易被浮躁的现状接受。

在和华尔街机构交易的过程中，我们亲历了华尔街金融危机。事后贾森·福曼[①]说："也不能怪我，魔鬼的音乐一起，大家都起舞。"但是作为风险管理专家和银行家，你不能这么说。作为社会治理者，你对大众负有责任；作

[①] 贾森·福曼（Jason Furman）是美国财政部前部长、原奥巴马政府经济顾问，现为哈佛大学教授。——编者注

为风险管理专家和银行家,你对你的客户也负有责任。

还需要注意的是,前十几年经济快速增长,流动性充裕掩盖了大量的风险问题,出现了一些风险敞口。

我们还要警惕风险转移打破行业底线。比如大家熟悉的资产证券化 ABS（Asset-backed Securities）,本来是解决风险的办法,是为了分散而转移,而不是以邻为壑,但是现在大量高转移风险以邻为壑,比如在时间和空间方面想办法转移风险,让别人接手,结果最后接手的人面临烂摊子。又比如有些在任市长大兴土木,工程结束后升官了,剩下的风险敞口留给下一任市长,下一任市长也为了升迁,又建了一个工业园区。很多工业园区就是这么出现的,都是时空上的不合理转移。

退潮之日,风险的礁石终将露出水面。前十几年量化宽松货币政策下水涨船高,但现在全球的量化宽松已经结束。2017 年,中国的广义货币增速不超过 10%,2018 年第一季度在 8% 左右,而前几年广义货币增速为 14%、15%、16%。潮落石出,很多问题就会暴露。

另外,智能化等新科技的出现,也会带来很多新的风险问题。

系统性风险课题的提出

系统性风险在全世界都受到高度重视,中国也有一些系统性风险,比如影子银行、房地产泡沫等。于是,大家觉得风险问题是个大问题:黑天鹅事件会不会出现?政府的判断也是很正确的:别光注意黑天鹅,黑天鹅背后是灰犀牛[1]。如果一个企业、一个国家快速发展,但是最后崩盘了,出现系统性

---

[1] "黑天鹅"与"灰犀牛"是互补的概念。黑天鹅事件是指极其罕见的、出人意料的风险。而灰犀牛事件是指太常见以至于不会引起人们充分重视的风险,比喻大概率且影响巨大的潜在危机。——编者注

风险，导致资产产权发生变化，就是本末倒置了，所以我们还要注意灰犀牛的问题。

目前学界有一些误区，比如提到系统性风险，大家就认为要盯住金融，这是盯错了地方。系统性风险"原发病灶"不在金融，而在产业。

还有一个误区是寻找危机标志来预警风险，这会让我们错过时机。很多文章提出，如果出现企业倒闭、政府救济等情况，就说明系统性风险来临了，但这个时候再出手解决已经晚了。因为系统性风险不是一个事件，而是一个有始有终的过程，黑天鹅背后的灰犀牛到底怎么回事？除此之外，灰犀牛背后还涉及经济结构、文化等很多方面，所以我们首先要消除对系统性风险的误区。

我们3年前开始研究系统性风险，一开始没有搞清楚系统性风险的理论逻辑，后来明白了：系统性风险实际上从风险的逆运行开始。在正常情况下风险是分散的，风险处于分散状态时，大家各自承担，不会对整个社会构成危害。但当风险开始逆运行不再分散时，突然往集中的方向运行，这就是出现系统性风险的一个特征，意味着开始要出问题了。因此，我们把出现逆运行的状态叫作A点，也就是第一个拐点。

可能有人会问：如何逆运行？在哪儿逆运行？我怎么才能发现？答案是要寻找观察指标。我们认为所有那些发展速度快、规模大、泡沫大的部门都是逆运行开始的一些主要地带。要观察并找出这些部门的经济指标，比如在房地产、电商等领域。以电商为例，电商增长快速，如果我们只看到它的收益性，看不到风险性，那么风险就会悄悄积累。

第二个拐点叫B点，是系统性风险在某些部门已经明显集中的点。这时，我们能够清晰判断系统性风险出现在哪几个地带，有多大的规模以及风险敞口。

第三个拐点叫 C 点，这时系统性风险发展到了极端，出现一些标志性现象。所以，我们从 A 点开始就要预警，而不是到 C 点才发预警说系统性风险来临了。在 C 点时，我们应该做的是危机处理，而不是风险防范。

金融部门只是系统性风险的一个导火索，而不是唯一的源头。它在系统性风险传染机制中起到放大器的作用，因为发展快的行业（如房地产）主要靠信贷推动，也就是说，如果信贷规模增速过快，那么房地产泡沫就会迅速产生。金融就是一个放大器，加速了风险因素的积累，所以是需要警惕的。

另外，系统性风险传染机制存在非平衡的演进路径。内生的系统性风险会受到外生风险的影响，如心理因素、国外资本市场波动等，这些因素都要纳入监测指标，纳入函数中。

我们的研究课题就是要按照基础理论、指标设计、模型构建、实证分析的逻辑顺序，建立一整套涵盖量化测量、拐点计算、现状分析、传染机制和预警的体系。

系统性风险的理论

和系统性风险相关的理论是"明斯基理论"[①]。明斯基理论是指在经济稳定时随着对冲性融资的增加，收益的投机性也增加，投机性增加到一定程度会出现庞氏状态，也就是收益不能覆盖财务数据的状态，最后导致经济不稳定（见图 4-3）。

---

① 明斯基理论（Minsky Theory）是指美国已故经济学家海曼·明斯基（1919—1996 年）提出的理论，他的主要贡献是将金融与经济周期联系起来，强调信贷的顺周期特性对金融体系的冲击。——编者注

图 4-3　明斯基理论

现在很多人动辄使用"明斯基时刻"这个词①，所谓"明斯基时刻"是对明斯基理论的部分解读，是经济在没有受到干预的情况下以稳定状态为起点发展的最终结果，但并未嵌入动态机制。对系统性风险的科学研究理应抓住明斯基理论的内核，不应仅片面关注"明斯基时刻"，而更应重视"明斯基时刻"之前的从正常状态到危机爆发的整个系统性风险动态演进路径。

我们在前文提到系统性风险的三个拐点，系统性风险从分散到集中的 A 点，经过传染机制、加速器，变成了 B 点或 C 点（见图 4-4）。需要说明的是，这个非均衡性传染机制是比较隐蔽的，很多时候不易被觉察，风险总是掩藏在收益之后。所以在传染机制、金融部门的加速器作用下，就会产生 B 点或 C 点的问题，当然其中也要考量心理账户和行为学的一些问题。

"心理账户"是由诺贝尔经济学奖得主理查德·塞勒（Richard Thaler）提出的，是指投资者根据个人资金来源、存放地和用途等因素，无意识地在个人内心对资金进行归类管理。主观上的心理账户加上客观上的信息不对称，使个体决策表现出各种违背传统经济学原理的非理性，助推系统性风险。比如，在经济繁荣阶段，市场参与者对市场的各种认知偏差及过度自信在正反馈机制作用下助推投机泡沫的产生，投机性融资和庞氏融资在经济中的比重不断上升，系统性风险不断积累并引发由分散到集中的逆向运动；同时，"羊群效应"使系统性风险在各个经济部门中广泛传染，投机泡沫越变越大，系统性风险越

---

① 明斯基时刻（Minsky Moment）是指海曼·明斯基所描述的时刻，即资产价格崩溃的时刻。——编者注

第 4 章　拐点经济学与系统性风险

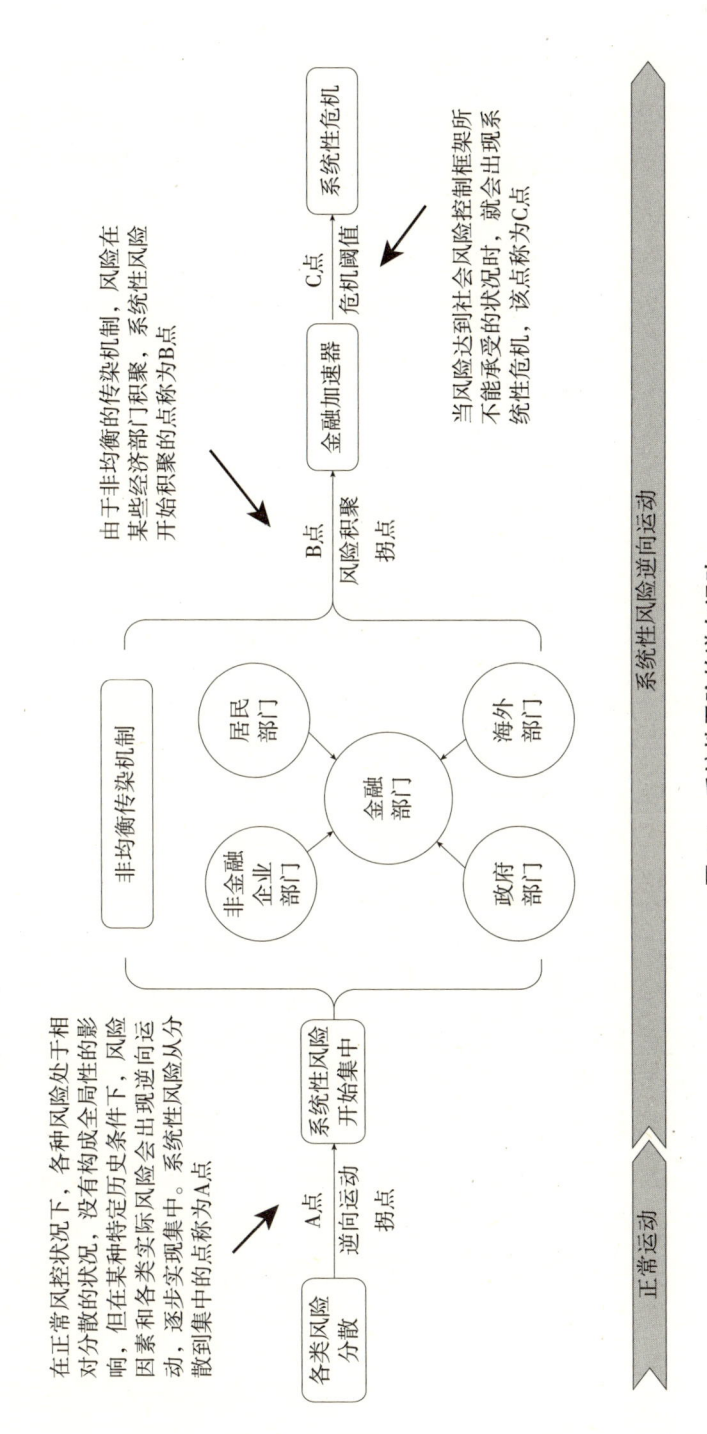

在正常风控状况下，各种风险处于相对分散的状况，没有构成全局性的影响，但在某种特定历史条件下，风险因素和各类实际风险会出现逆向运动，逐步实现集中。系统性风险从分散到集中的点称为A点。

由于非均衡的传染机制，风险在某些经济部门积聚，系统性风险开始积聚的点称为B点。

当风险达到社会风险控制框架所不能承受的状况时，就会出现系统性危机，该点称为C点。

图 4-4　系统性风险的逆向运动

积越多；在特定条件下庞氏融资不能维持，经济进入被迫去杠杆阶段，投资者的禀赋效应使得他们对损失厌恶至极，导致市场信心缺失和银行挤兑，投资泡沫破灭，最终系统性危机爆发。图 4-5 展示了系统性危机的爆发过程。

图 4-5 系统性危机的爆发过程

系统性风险指数体系

系统性风险指数的建立很复杂，主要是通过逻辑回归，把政府部门、非金融企业部门、金融部门、居民部门、海外部门的数据归集到一起，再计算出指数（见图 4-6 和图 4-7）。

系统性风险是经济全局所面对的风险，其对应的收益应是经济整体的产出，也就是 GDP。A 点之前的系统性风险尚没有全局性影响，收益激励不明显，表现为随着综合系统性风险指数的增加，GDP 未见增加；A 点之后的系统性风险开始有全局性影响，收益激励显现，表现为随着综合系统性风险指数的增加，GDP 开始增加。

利用综合系统性风险指数，构建拐点模型，找到其使 GDP 趋势发生改变的点。根据上述算法，我们得出 A 点大概在 0.388 的位置。一些经济总量大、规模扩大速度快的经济部门，占 GDP 比重过大的经济部门，都是我们要关注的。

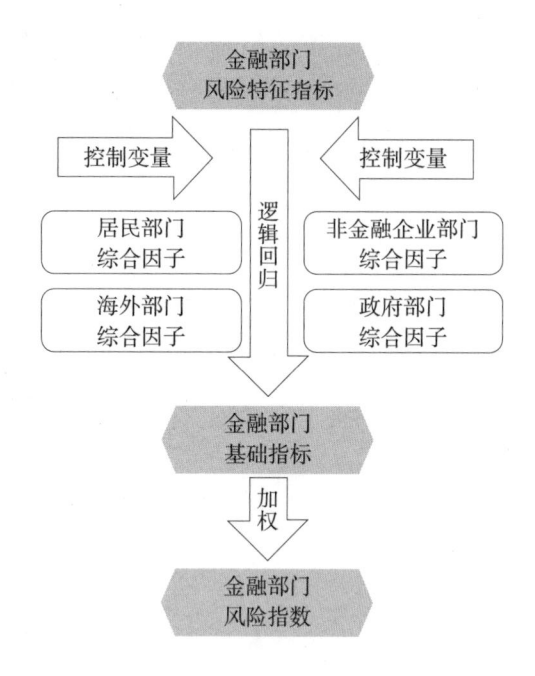

图 4-6　分部门风险指数的构建（以金融部门为例）

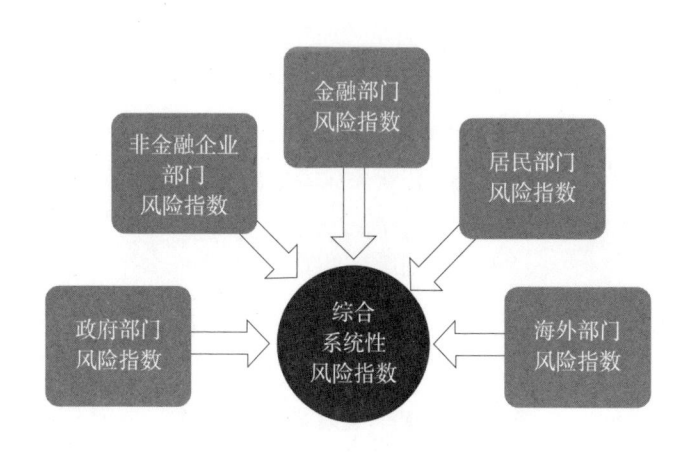

图 4-7　综合系统性风险指数的建立

B 点大概在 0.459 的位置，如果指数已经接近 0.388，也就是 A 点的水平，那么照此趋势发展很快就会到 B 点，实际上系统性风险已经在向我们招手。非金融企业部门的风险积聚拐点，大概在综合性风险指数 0.436 的位置，过了该点后积聚在非金融企业部门的系统性风险会溢出或传染到金融部门。我们认为 B 点是系统性风险在金融部门开始积聚的点，0.459 是个危险点。

C 点是一个阈值，危险点是 0.6。那么，怎么判断是不是到了 C 点？在一般情况下，如果满足两个条件之一，就可能已经发生了系统性风险。第一，五个部门指数中的四个或以上都超过各自阈值，就比较危险，基本上可以报预警了。第二，综合指数超过 0.6，这时一定是风雨欲来了。各部门的系统性风险指数阈值见表 4-1。

表 4-1　各部门的系统性风险指数阈值

指标	金融部门	非金融企业部门	政府部门	海外部门	居民部门	综合指数
系统性风险指数阈值	0.68	0.5	0.44	0.66	0.68	0.6

接下来，观察中国系统性风险的现状（见图 4-8）。2006 年，综合系统性风险指数是 0.392，2008 年是 0.473，按照这个指数体系，2011 年是 0.429，和 0.6 还有一定距离。但 2017 年是 0.384，和 0.388 很近了。实际上就过了 A 点，开始有风险逆运行了。测算出未来风险指数后，就要报预警。比如一旦到了 A 点，就需要调整政策，防范后面可能出现的风险。

2005 年以来我国的系统性风险演变情况分为以下几个阶段：

- 第一阶段：顺周期因素累积，风险初现（2005—2006 年）。
- 第二阶段：调控先行，风险转向（2006—2008 年）。
- 第三阶段：内外焦灼，风险激增（2008—2011 年）。
- 第四阶段：积极应对，风险趋缓（2011—2015 年）。
- 第五阶段：转型矛盾凸显，审慎防范系统性风险（2016 年以后）。

第 4 章 拐点经济学与系统性风险

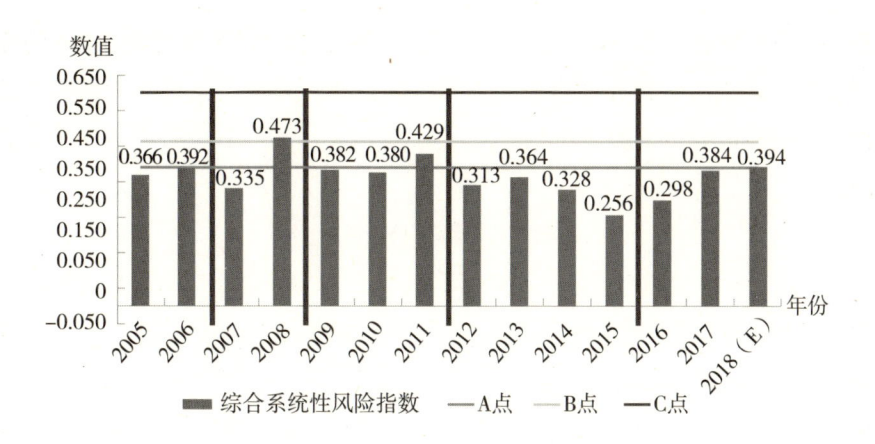

图 4-8 中国系统性风险现状

在此专门讲一下金融加速器的作用。金融加速器理论是 1989 年由本·伯南克和马克·格特勒（Mark Gertler）提出的：在经济运行中，当实体企业受到市场的正向冲击或负向冲击，进而资产净值升高或降低时，信贷市场会通过金融部门对实体企业的信贷活动产生杠杆效应，将这些冲击对金融的效应加速放大，这种现象被称为金融加速器效应（见图 4-9）。金融加速器，用通俗的话来讲，就是银行信贷的作用，银行对一些经济部门授信太多，使这些经济部门的风险增加。不过，有些经济部门投进信贷后，如果出问题却首先反应在金融领域，比如债务违约，债务违约看起来是金融领域出现危机了，实际上是产业危机造成的。

高储蓄率下的中国特色金融加速器和西方社会低储蓄率下的金融加速器不同。我认为，中国特色下的加速器更强大，因为储蓄率高，这样银行能力强，进而放大能力也强。反过来，如果释放的能力加大，流动性一旦不足，就会导致整个行业流动性不够，马上发生衰退。所以金融扮演了一个很重要的角色。

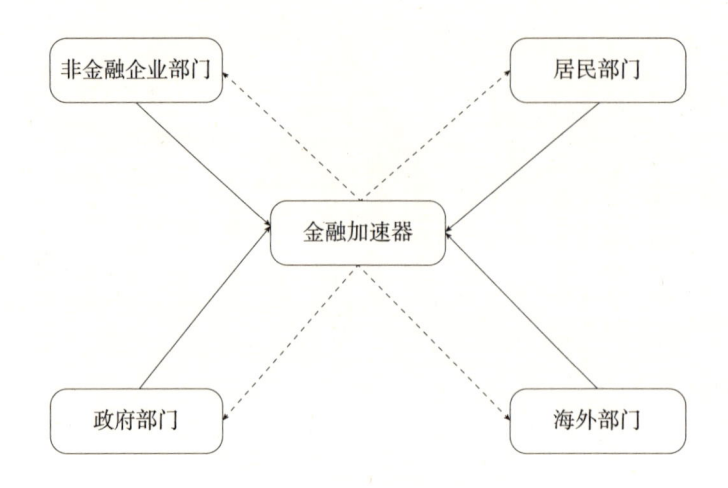

图 4-9　金融加速器效应

结论

金融部门是系统性风险的导火索，而不是唯一的源头。系统性风险广泛存在于各经济部门，一旦风险在一些部门处于逆运行状态，构成系统性风险，就需要及时预警或处理。

另外，在系统性风险演进路径上，非金融企业部门也会积聚系统性风险，并且达到一定水平之后，会溢出到金融部门。如果我们只关注金融部门积累的风险，往往会忽视系统性风险的真实状态。

我们要警惕金融杠杆放大器的作用，而不能只关注金融风险。我们的预警体系大体上有三个层次：一是一般性预警，即 A 点；二是中高级预警，即 B 点；三是高级预警，即 C 点，红色警报（见图 4-10）。我们的研究成果除了公开发表，也希望提交给金融决策或经济决策部门，希望能够引起重视。

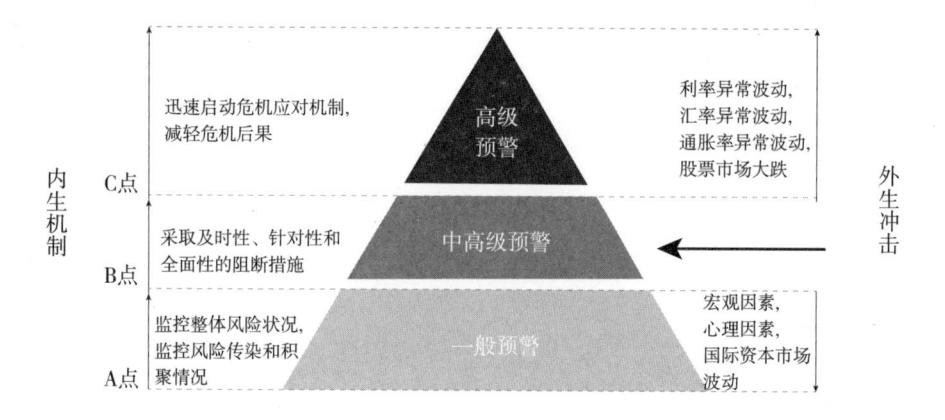

图 4-10　预警体系的三个层次

另外，建议金融部门控制银行存款适度规模，不要完全搞规模化，要坚持去杠杆。在债务拐点的研究中，我们的结论是煤炭行业去杠杆幅度最大，房地产行业去杠杆额度最大，此外，还要关注居民的隐性负债。政府部门要推进地方财税体制改革，以有效发挥财政资金的补短板作用。另外，"一带一路"政策要保持适度贸易顺差。

本文根据作者 2018 年 5 月 4 日在"北大汇丰金融前沿讲堂"的演讲整理，经作者审阅。

第 5 章
中国经济转型与升级中的投资机遇

孙明春
海通国际首席经济学家

我从事资产管理，所以从投资界的视角来讲中国今后几年的机遇与挑战。

历史背景

中国经济的历史性崛起

我们要意识到，中国经济现在已经不同以往了。作为拥有 14 亿人口的世界第二大经济体，中国无疑称得上是经济大国。但是接下来，中国的使命不只是要做大、变富，更要做强，要由大国变强国，这样国家发展才可持续。

在这个过程中，中国今后在各个领域会更多地强调质量或者竞争力，而不是数量。世界上有很多国家或经济体的 GDP 总量非常小，但是你不得不承认它是强国。所以实现中国经济的历史性崛起既是国家的历史使命，也是每个企业、每个企业家乃至每个人的历史使命。

在中国经济实现历史性崛起的过程中，短期的挑战非常多也非常大。中国经济接下来几年要经历一段非常痛苦的调整期和转型期，但从中长期来看，有着非常好的前景。

中国经济转型与升级面临的挑战

为了让之后的中长期经济发展更可持续，我们在短期内可能必须承担一些必要的痛苦，也就是转型的痛苦。

具体而言，短期的挑战包括防范系统性的经济风险和金融风险。我们最近一直在强调底线，经济增速的底线就是不能发生系统性的经济危机和金融危机。2017年，全国金融工作会议召开，成立国务院金融稳定发展委员会，就是要应对短期的挑战。

中期的挑战在于跨越"中等收入陷阱"。中国人均GDP已经达到中等偏上收入水平。"中等收入陷阱"这个话题我们已经谈了很多年，全世界也有各种各样的现象，中国能不能跨越这个陷阱？党的十九大报告中提到中国要在21世纪中叶建成社会主义现代化国家的目标，那么中国能否顺利实现这一目标？

波澜壮阔的中国经济转型与升级

中国经济转型与升级早已开始，最近这几年，大家能非常明显地感觉到转型与升级在加速，在大幅度地改变社会，改变每个人的生活方式。

经济转型包括四大方面——新技术、新行业、新商业模式和新的生活方式。这些年我们的生活方式发生了很大变化，前几年，微信对很多人来说还是陌生的新鲜事物，玩微信者更是少之又少。以前也没有滴滴出行、共享单车、微信支付等，但是如今大家似乎离不开它们了。近几年，转型升级开始加速了。2013 年是互联网金融元年，现在我们已经不再探讨互联网金融了，而是开始关注金融科技。

经济转型是新事物不断出现的过程；经济升级是对传统行业和行为的改造，包括产业升级、消费升级和对外开放的升级。这两年涌现的牛股除了有新经济的股票，还有很多传统经济的股票，原因就是经济升级。

如今，我们对中国经济转型与升级的信心越来越强，虽然经济体量还不够大，还不能完全抵挡传统经济的快速衰落，但是中国经济在很多领域已经走在世界前沿。过去十几年，中国政府在软件和硬件的基础设施方面的投资，已经慢慢地体现出效果，在中国的企业和个人所享受的基础设施完全不同于在海外的企业和个人。放眼未来，中国企业在基础设施方面的竞争优势已经很明显了。完善而领先的基础设施为中国经济和企业在今后几十年发挥后发优势，提供了良好的基础。未来 5 年或 10 年，中国经济在全世界的竞争格局中将是相当领先的。我相信中国经济的潜力是非常大的。

图 5-1 展示了中国经济和美国经济的体量，即名义 GDP，现在中国的 GDP 比美国低 30%。在今后的 15 年、20 年，中国只要以年均 5%～6% 的速度增长，到 2030 年前后就能追上美国了。中国成为世界第一大经济体，已经是一个相当大概率的事情，并不是遥不可及的，但前提是一切顺利，不发生金融危机和经济危机，要避免发生系统性的危机。

图 5-2 展示了中国 GDP 的增长率，中国 GDP 在不同阶段的增长速度有明显的区别。之前 30 年，中国经济增长的内生动力非常强。以前经济经常过热，每两三年国家就要实行一次宏观调控。从 2011 年开始，高增长的潜能消失了，GDP 增长率开始下行。经济已经不可能像过去 30 年那样，增长率达到 9.8%。从 2007 年全今，GDP 增长率下行的大趋势已经持续近 13 年了。

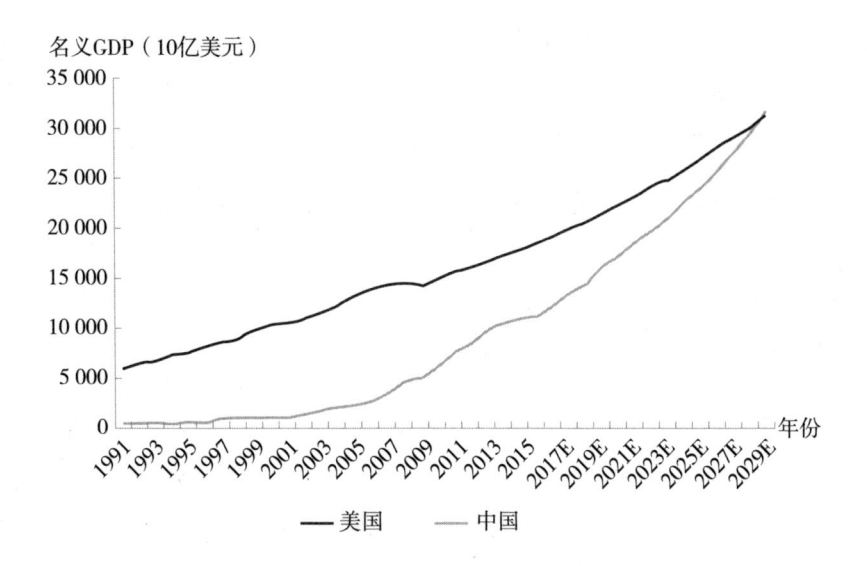

图 5-1 中国经济和美国经济的名义 GDP（1991—2029 年）

资料来源：CEIC 经济数据库，博海资本。

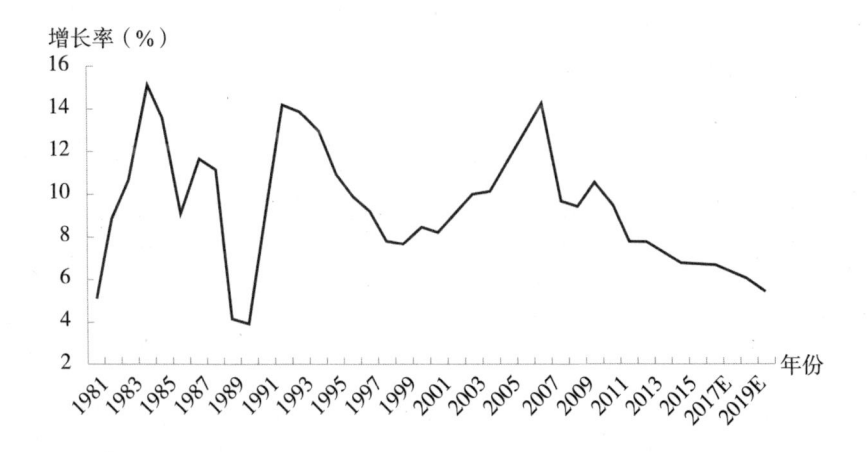

图 5-2 中国 GDP 的增长率（1981—2019 年）

资料来源：CEIC 经济数据库，博海资本。

图 5-2 展示了中国当代领导人面临的问题与挑战完全不同于以往。对于我们 14 亿人口的大国来说，在经济增长不断下行的过程中，要保证就业和社会稳定，实现社会平稳发展，是个重大的挑战。

中国不需要高增长，只要保持 5%～6% 的增长率，就可以很快占据世界经济体量第一位。但是对于许多微观的主体来说，在经济增长减慢的情况下，会面临困境。我们一方面要维持一定的增长，但增长率不可能过高；另一方面微观主体不得不面对一些问题。因为中国有 14 亿人口，哪怕百分之几的人都是很大的群体，这是一个非常大的挑战。以往中国是在经济增长中、发展中来解决问题的，现在增速放缓了，不能仅靠经济增长解决问题，还要靠社会政策、分配政策来解决，比如应对贫富分化、收入不平等的问题。

以前，收入分化拉大也影响不大，即使最贫穷的人收入增长也很快，但现在情况发生了变化，所以需要越来越强大的社会政策来解决这些问题。过去几年政府出台了一些新政策，党的十九大报告中也提出了很多关于幸福生活的内容，比历史上任何一个报告都更贴近每个人真实的需要。

我国过去有很多改革，包括反腐倡廉、军队体制改革、户籍制度改革、精准扶贫等，在这些方面我们取得了很大的成就，中国社会在经济稳定和社会稳定之间的那道"防火墙"比以前更高、更坚固。在精准扶贫的改革下，近几年中国的贫困人口下降了 7 000 多万，目前低于贫困线的人口不超过 3 046 万。这一系列的改革巩固了社会稳定的基础，使我们在经济层面可以承受更大的波动性。

中国在应对短期挑战时如何防范系统性经济风险和金融风险？从 1980 年至今，中国经济大起大落，实际 GDP 增长率达到过 14%、15%，也曾低至 4%。这一轮的顶点在 2007 年，但是从企业的角度来讲，顶点不在 2007 年，而在 2011 年。

从增量上来讲，2011 年的名义 GDP 增长额高达 1.2 万亿美元，之后就降低了，每年新增加的 GDP 基本维持在八九千亿美元（见图 5-3）。

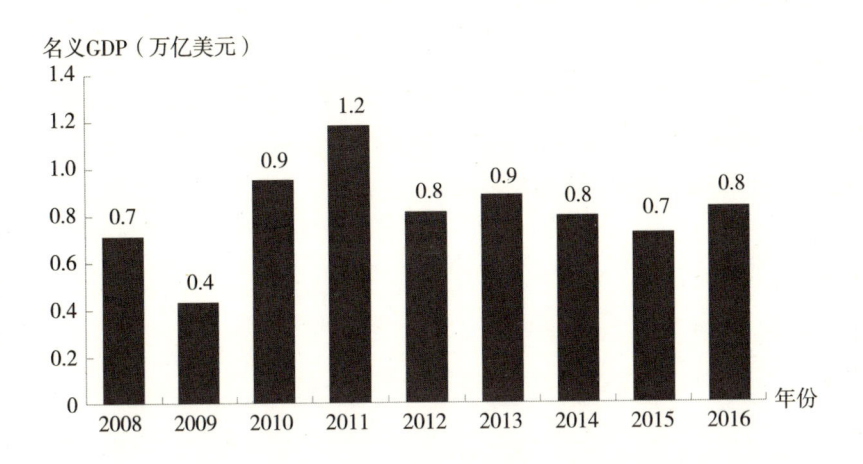

图 5-3 名义 GDP 增长额（2008—2016 年）

资料来源：CEIC 经济数据库，博海资本。

对于工业企业来说，从 2011 年开始盈利就越来越难了。工业企业的利润率包括资产回报率，资产回报率在 2016 年回到 2004 年、2005 年的水平，所以工业企业不愿意再投资，因为利润薄（见图 5-4）。

图 5-5 显示资本形成总额。2008 年中国的投资额是 1.5 万亿美元，美国是 2.8 万亿美元，欧盟是 4.1 万亿美元。中国的投资比例偏高，但是总量偏低。

2016 年，欧盟的资本形成总额降至 3.3 万亿美元，其中既有投资增长乏力的原因，也有欧元汇率贬值的因素。美国实行量化宽松政策，推出很多刺激措施，资本形成总额在 8 年的时间里涨了约 10%，其中没有汇率的原因。日本实行超量化宽松政策，资本形成总额未涨。中国资本形成总额从 1.5 万亿美元升到 5.0 万亿美元，远远超过美国、日本以及欧盟。

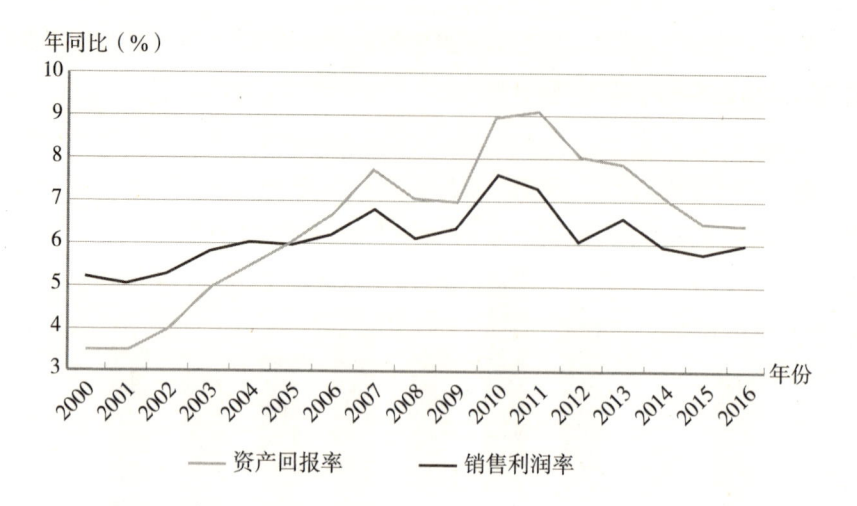

图 5-4 中国工业企业销售利润率与资产回报率（2000—2016 年）

资料来源：CEIC 经济数据库，博海资本。

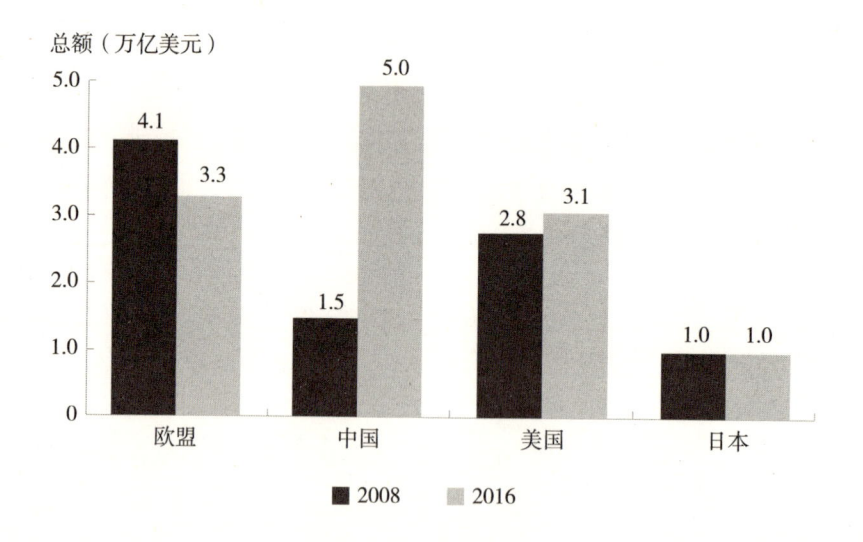

图 5-5 资本形成总额对比

资料来源：CEIC 经济数据库，博海资本。

从 2017 年到 2021 年，要实现 6.5% 的 GDP 增长率，每年应该投资多少？我们可以从表 5-1 的假设进行分析。

假设 2017—2021 年，投资的增长率低于 GDP 增长率。2016 年的固定资产投资额是 61 万亿元，假设 2017 年上涨 6%，就是 64 万亿元；2018 年再上涨 6%，就是 68 万亿元，持续上涨至 2021 年是 81 万亿元，5 年共 362 万亿元左右。

在 1981—2016 年的 36 年中，固定资产投资额共 430 万亿元，而接下来的 5 年就要投 362 万亿元，这就是中国面临的挑战。

表 5-1　1990—2021 年的实际 GDP 增长率与固定资产投资数据

年份	实际 GDP 增长率（%）	名义固定资产投资增长率（%）	名义固定资产投资总额（万亿元人民币）
1990—2014	9.9	21.8	
2015	6.9	10	56
2016	6.7	8.1	61
2017	6.5	6	64
2018	6.5	6	68
2019	6.5	6	72
2020E	6.5	6	77
2021E	6.5	6	81

资料来源：CEIC 经济数据库，博海资本。

图 5-6 是固定资产投资及其主要资金来源。投资很重要的一个渠道是银行贷款，全国一年新增银行贷款是 12 万亿元，其他的资融主要靠企业利润。但是大多数企业是薄利多销型，企业很大、收入很多，但是利润很少。根据财政部的企业所得税数据倒推，将银行等金融机构也计算在内，企业利润一年不超过 12 万亿元。假定利润继续上涨，也依然是不够投资的。

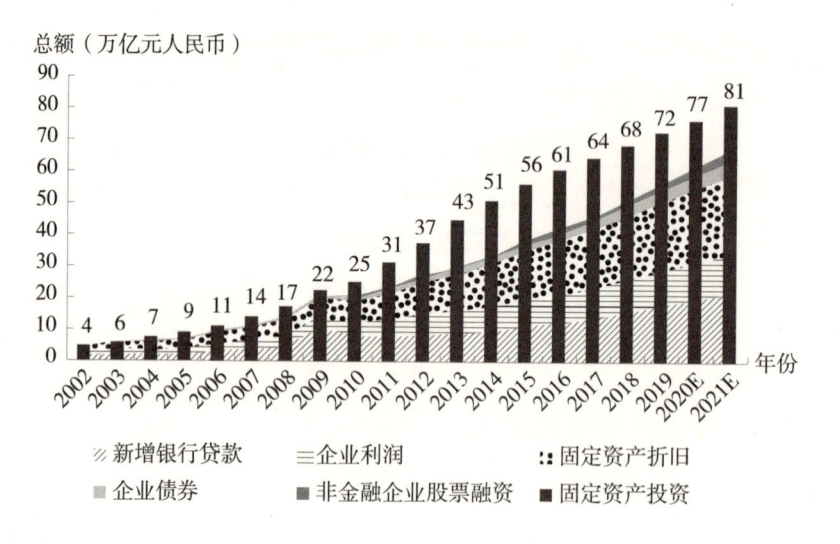

图 5-6 固定资产投资及其主要资金来源

资料来源：CEIC 经济数据库，博海资本。

资金来源中有一个"大头"，即固定资产折旧，因为中国的固定资产不断增加，所以固定资产折旧也不断增加。但是加上企业利润，现金流还是短缺。我们一年可利用的外资是 1 200 亿美元，折合人民币 7000 亿～8000 亿元，但这相对于 60 万亿～70 万亿元的体量是很小的。其他投资就依靠股票市场、IPO、再融资、发债等，加上各种各样其他小的资金来源，粗略估算，每年的融资缺口大概有 20 万亿元。

2009 年之前，基本上没有融资缺口，从 2010 年开始有一个小缺口，2011 年之后缺口变大，信贷缺口也越来越大。那么这个缺口是如何填补的呢？2010 年以后出现了一个新名词——影子银行，影子银行填补了融资缺口，防止了经济硬着陆。影子银行包括信托贷款、委托贷款、票据融资、租赁、小额贷款、P2P 等各种各样的新模式。所以在过去几年，金融创新的新工具帮助很多企业进行了融资，对中国经济增长起到了重要的稳定作用。

但是，影子银行也带来了金融风险。经济风险和金融风险就像跷跷板的两端，要让经济硬着陆风险降下来，代价是将金融风险升上去。

所以过去几年中国经济的成长不是内生的、自发的、有效率的成长，很多投资项目是不赚钱的，但还需要投资。结果是投资到位了，就业得到了保证，经济实现了增长，但是埋下了金融风险的隐患。当然不是马上出问题，可能3年、5年、10年之后才有问题，我们还可以不停地创新，不停地延迟解决一些问题。幸而中国经济的起点比较好，金融市场以前发展不充分，过去这些年虽然加了很多杠杆，做了很多影子银行，但是至少现在总体的风险得到了控制，不过后面的风险不容忽视。

图5-7是国际清算银行公布的信贷与GDP的比率，信贷缺口下面是趋势，如果缺口增长很快，延续时间较长，很容易发生金融危机。按照这个指标，很多经济学家早在几年前就预测中国会发生金融危机。

图 5-7 信贷与 GDP 的比率（2000—2017 年）

资料来源：国际清算银行，博海资本。

---

① HP 滤波法是一种时间序列在状态空间中的分析方法，相当于对波动方差的极小化。这种方法被广泛地应用于对宏观经济走势的分析研究。——编者注

2017年，穆迪①和标准普尔都下调了中国评级，上一次穆迪下调中国评级是在 1989 年，所以这一次的降级意义非常重大。党的十八届六中全会强调把防控金融风险放在更加重要的位置，2017 年 5 月成立了金融稳定发展委员会。目前如果处理妥善，风险是可以控制住的。存量的问题都有办法解决，而增量的问题比较难解决，这是中国接下来面临的挑战。

如果要维持高投资，那么不可能降杠杆，因为投资的回报是有限的，目前投资回报率在下降，我们只能靠信贷来增加投资，所以风险是在增加的。

人民币汇率何去何从？如果中国走一条内生式的经济增长道路，提升竞争力，人民币不仅不必贬值，还可能升值。如果投资过度、杠杆率过高，投资更多靠发行货币来解决，那么人民币贬值的压力就会越来越大。

主动降杠杆已经开始

造成金融风险的原因多种多样，为了维持传统的经济增长路线，哪怕平均投资增长率从原来的 25% 降到现在的 6%，还是太高，副作用非常大。但是情况已经发生变化了，在党的十八届六中全会上监管层已经意识到风险非常大，因而对"降杠杆、控制金融风险"前所未有地重视。

中国银行间拆借利率（3 个月）从 2016 年 11 月开始上涨，半年左右上涨 200 多个基点。美联储加一次息加 25 个基点，从 2015 年 12 月第一次加息，到 2017 年，两年加息 4 次，共 100 个基点。而中国在短短 7 个月内加息 8 次，共 200 多个基点。

债券市场打破刚性兑付是市场的共识，民营企业打破刚性兑付早已出现。长期以来，中国债券市场，尤其是地方政府融资平台与国有企业的债券一直采

---

① 穆迪是一家国际信用评级机构，另外两家是美国的标准普尔和欧洲的惠誉。它们是金融市场上重要的服务性中介结构。——编者注

取刚性兑付。但是 2016 年，东北特钢、广西有色等国有背景的公司债券发生了违约，打破了刚性兑付。

经过近几年一系列政治、经济、社会等方面的改革，我们在经济稳定和社会稳定之间构筑了更坚固的"防火墙"，决策者有胆量、有能力、有实力来承受更大的短期阵痛，更专注于实现中长期的目标。

经济波动、经济周期甚至于经济危机，并不可怕。美国之所以最早从那次巨大的金融危机中走出来，是因为在危机过程中，美国的经济调整、市场出清是最彻底的。

金融风险已上升到不得不认真对待的地步，决策者必须小心谨慎地采取预防性措施，主动、有隔离、有序地挤压泡沫，但是底线是不要出现系统性问题。中国经济的基础还是足够稳固的，虽然这些年杠杆在不断增加，但是整体上来讲还是可控的。决策者防患于未然的政策措施（如主动去杠杆）有可能导致经济与金融体系出现阵痛，但系统性风险可控。投资者要明白这一点：没有系统性风险不等于没有风险，每天都有企业关门，银行每天都在生成新的坏账，意味着每天都有风险。

所以我们要关注未来的投资。从短期来讲，我的观点是密切关注，可以稍微谨慎一点，但不是全局性的谨慎，而是要仔细想想，哪些地方风险大，哪些地方不可投资，哪些地方有机会？

经济的转型与升级是唯一出路。中国企业想要做强，不能通过扩大体量，只有通过转型与升级提升竞争力。

首先，经济增速从以往的 10% 左右逐渐下降至 5% 左右。其次，在经济结构方面，出现新兴行业的崛起与传统行业的衰落，但传统行业衰落不等于传统行业的所有企业都衰落。再次，经济体制将更市场化和更高层次地对外开放。然后，增长动力从投资驱动转向消费驱动。最后，增长潜力从生产要素投入转向创新驱动。现在，传统行业中规模较大的企业大都转变方向了，拿着钱找 PE（私募股权投资）、VC（风险投资），以前的"融资难"变成最近三四年的"资产荒"。以前是想方设法借钱，借到钱就可以投资了，现在是有很多钱，却不知道往哪儿投，只能找有科研能力、创新能力和想象能力的新一代。

我国提出经济转型已经有 20 年了，但真正的转型出现在过去六七年，投资比例下降，净出口占 GDP 的比例也从最高的 9% 降到 2%，对外贸易也平衡了（见图 5-8）。

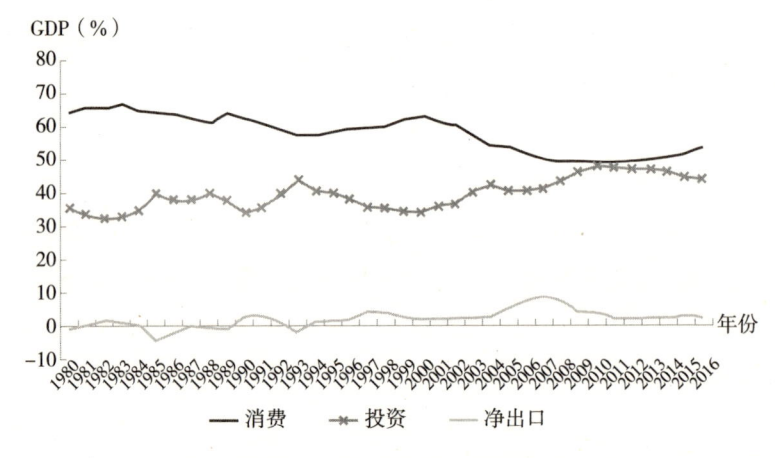

图 5-8 中国 GDP 的组成比例（1980—2016 年）

资料来源：CEIC 经济数据库，国家统计局，博海资本。

经济结构转型带来新经济的快速崛起。3D 打印、纳米材料、云计算、生物芯片、量子通信、大数据、页岩气、智能电视、煤制油 / 天然气、分布式发电、5G 网络、智能电网、人工智能（AI）、虚拟现实（VR/AR）、无人驾驶、语音识别、人脸识别等新技术产生，新技术的产生带来了很多新的行业。

● 家用轿车的普及
   汽车销售与维护、汽车旅馆及廉价连锁酒店

- 网络购物与互联网金融的兴起

  物流、快递、仓储及相关设备制造

  互联网／手机支付、P2P 贷款、互联网基金销售、众筹融资

- 高铁在中国的迅速开通和普及

  前期的设备制造、工程建设、系统设计以及后期的系统管理与维护、城市基础设施配套、相关服务产业

- 智能手机技术的成熟与应用

  电子零部件生产、智能手机生产与装配、智能手机的软件开发（包括游戏开发）

- 对环保的关注和节能环保技术的完善

  污水处理、垃圾处理、土壤修复、环保设备制造、新能源汽车生产与应用、光伏发电

以前说中国是世界的代工厂、加工厂，加工贸易占出口的 55%，自主生产的一般贸易占出口的 40%。现在相反，自主生产的一般贸易出口占总出口的比重越来越大，从外贸能看出中国的产业升级很明显（见图 5-9）。

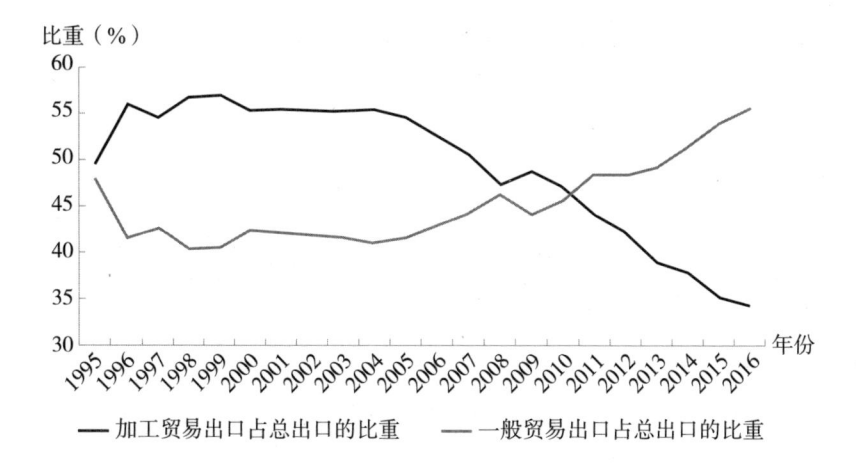

图 5-9　中国外贸出口的结构（1995—2016 年）

资料来源：CEIC 经济数据库，博海资本。

商业模式在升级。电子商务、金融科技、互联网+、共享经济、无人超市、网络直播、电子竞技等新的商业模式不断涌现。2007年，电商在零售行业中只占1%，而截至2016年底，电商零售在整体零售中的比重已增长至约18%，而且在不断扩大（见图5-10）。作为拥有14亿人口的国家，中国还有很多农村人口没有享受到电商服务。等手机支付逐渐普及、供应链服务完善以后，电商的发展还有很大的空间。

图 5-10 电商零售的增长（2007—2016年）

资料来源：CEIC经济数据库，博海资本。

消费也在升级，自驾游、出境游、网络购物、网络订票、手机支付、手机导航、滴滴出行、移动视频、电子阅读、视频通话、微信等新的生活方式改变了人们的生活。现在中国出境旅行的人数已经远远超过欧美国家和地区以及日本。截至2016年，中国出境旅行人数估计在1.4亿人次左右，相对于14亿的庞大人口，还有很大增长空间（见图5-11）。

中国基础设施的跨越式升级有后发优势，移动支付也显现出后发优势（见图5-12）。现在中国金融科技加速"出海"，抢滩东南亚等市场。在基础建设方面，无论是高铁建设，还是金融领域，中国企业与海外企业相比，都享有很大的基础设施优势。

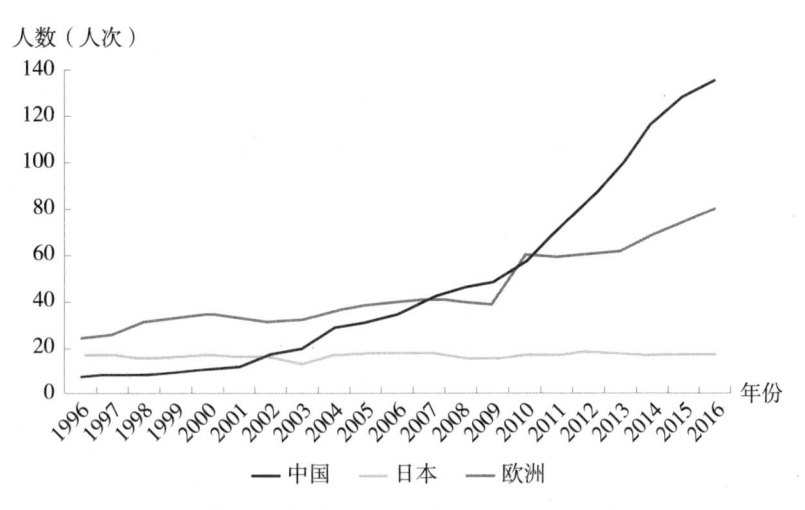

图 5-11 海外旅行人数（1996—2016 年）

资料来源：CEIC 经济数据库，博海资本。

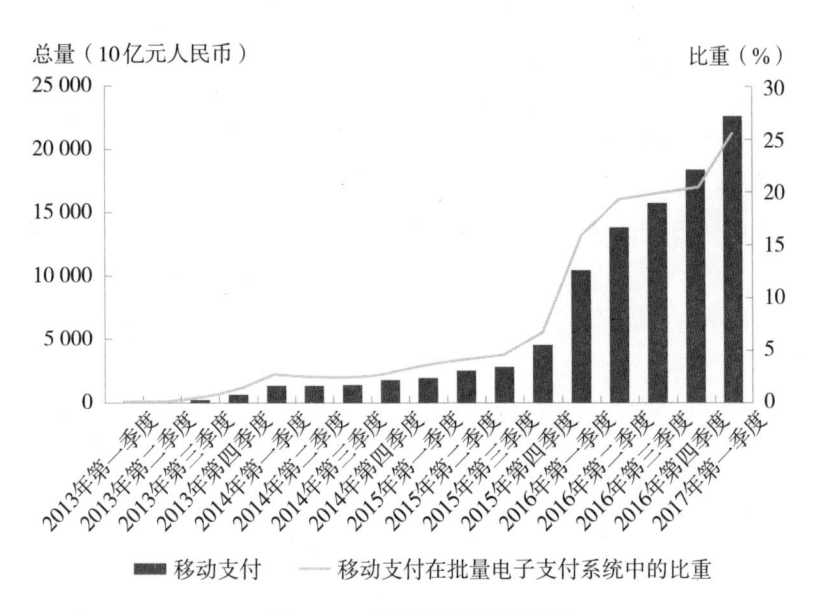

图 5-12 中国移动支付的发展

资料来源：CEIC 经济数据库，博海资本。

面对挑战，中国确实有很多优势，只要将旧经济在衰落过程中可能产生的不良的社会影响控制住，慢慢地以 4%～5% 的经济增长速度往前走，十九大报告中提到的本世纪中叶建成社会主义现代化强国的民族复兴的梦想，完全可以实现。所以，我们既不能盲目乐观，也千万别被短期的困难影响了长期视野。

经济转型中的投资机遇

在这种情况下，投资机遇有非常多的含义。比如，在经济结构转型过程中，新经济会增加，旧经济会减少，你要知道该投哪些行业，不该投哪些行业。

第一，无论从行业层面还是公司层面来看，在转型过程中必然出现受益者和受损者。但在行业衰落的过程中进行整合，对于行业的龙头企业来讲，是一件非常好的事，因为整合之后，龙头企业就有了定价权和利润。有了定价权和利润，它们就可以投入产品研发。

以前企业只能力求维持生存，而现在有了利润就可以考虑发展了。所以在股票市场上，投资者越来越清楚地展现出投资的思路。举个最简单的例子，房地产行业的销售成长率为个位数，但是龙头企业的成长率是 40%、50%，甚至 100%，很多股票的价格翻了好几倍。虽然整个行业可能会经历一些痛苦，但是对于领头羊企业来讲不一定是坏事，这都是投资机会。

第二，转型不会一帆风顺，经济和市场必然有上升期和下降期。经济有波动很正常，市场出现波动也很正常，关键是要看到远景。

第三，在转型成功之前，中国经济必须完成一场全面、彻底，但也非常痛苦的市场出清。要让经济真正有竞争力，转型真正成功，我们就必须把一些"包袱"甩掉，把一些"癌症病灶"切除。2016 年中国采取了一些去产能过剩的措施，有些是通过市场进行的，有些是通过政策来实施的，这些措施已经发挥了作用。

第四，中国作为世界第二大经济体，经济转型无疑会对世界经济产生正面或负面的溢出效应。投资者要将视野放宽，看到海外投资机会，中国今天买卖的东西和以前不一样，以前买货物，现在还买技术、买企业等。今后几年，中国经济转型将给投资者带来更多机遇（包括实业投资、兼并收购、股票投资、股权投资等）。

成功的经济转型会改善中国经济的长期前景，使经济增长更有可持续性，使中国有可能在2030年前赶超美国，成为世界第一大经济体。

中国经济升级中的投资主题

在中国经济转型与升级中产生了很多投资主题，产业升级的主要领域包括先进制造业、工业4.0、互联网+、传统行业改造等。消费升级的主要领域包括大健康、旅游、文化、体育、传媒、地产、汽车、家具、家电等。技术或模式升级的主要领或包括智慧城市、AR/VR/AI、共享经济等。"美丽中国"建设涉及节能环保、新能源、轨道交通、园林、旅游、环保家居等领域。

创业板：经济转型与升级的代表

现在，很多投资机会都在中小板、创业板，其中确实存在很多经济转型升级的机会。2017年创业板的指数从7月底开始上涨，涨了差不多20%，但是整体来看，下跌的股票也不少，市盈率应该是42倍或43倍，到底高不高？这是一个重要的问题。

如果你相信中国经济转型与升级的方向，那么无论是创业板还是中小板，还是三板，抑或是主板中类似的公司，都是值得关注的。现在大家普遍关注一线的龙头股，其实二线股票也有很多机会，因为中国市场实在太大了，在转型中很多新的市场现在还非常小。比如，电商已经发展了很多年，最近以翻番的速度在发展。大家仔细去筛选，还是有很多值得选的股票。

市盈率40多倍是较高的，从历史上看基本上是底部，市盈率基本保持在2013年初的水平。而创业板指数比2013年涨了3倍。市盈率是价格除以盈利的结果，价格涨3倍，市盈率不变，那意味着盈利平均也涨了3倍。2013—2017年，5年涨了3倍，复合成长率应该超过了20%，40多倍的市盈率可能高了一点，但不算太高。

如果你相信中国经济的转型与升级是真实的，那么再做点功课，把伪成长股剔除，我相信你会发现很多非常好的值得留下的股票。很多股票确实是成长类的、新经济类的、创业类的，其业绩成长是真实的，会给你带来很多倍的回报。

结论

机遇与挑战并存。只要不影响社会稳定，经济的周期性波动和市场出清对中国经济的长期可持续发展非常必要。汇率贬值、行业整合、优胜劣汰都会提升中国企业的国际竞争力。

经过多年的大规模投资，中国的企业目前比世界上绝大多数经济体的企业都有更好的基础设施服务，尤其是新行业内的公司，比起其他国家的同类公司来说有很大的优势。良好的基础设施服务可以帮助中国的企业在接下来一轮的全球产业竞争中占据优势。

经济调整会提供绝佳的兼并收购和抄底的机会。当前的投资策略是，要做好应对经济调整、穿越周期的准备。企业在这个过程中，要抓住经济转型与升级的机会，开拓新的领域和能力，增强核心竞争力。只依赖扩大规模是绝对靠不住的，绝对不可持续的。同时，企业要抓住经济调整的历史机遇大举扩张，兼并收购，抄底建仓。

即使风险来了，也千万别害怕。如今经济比较好，股市也比较好，大家也别太乐观。之后万一调整了，或者有波动，大家也别惊慌。

本文根据作者2017年10月20日在"北大汇丰金融前沿讲堂"的演讲整理，经作者审阅。

Fina

FORESIGHT LECTURES

第二部分

金融市场的前沿

固定收益产品是金融市场上一个具备债务财务属性的大类资产的总称，这类金融工具最大的共同点，即其现金流是已知的。

孟小宁　天风国际证券集团行政总裁

第6章
固定收益产品的定价、交易与投资准则

孟小宁

天风国际证券集团行政总裁

固定收益产品的含义

固定收益产品在金融市场中占有非常重要的地位，属于非常专业的领域。对于整体金融市场的各方参与者来说，固定收益产品的利率曲线和定价是非常基础又十分重要的概念。我将对固定收益产品最基础、最核心的知识进行梳理和阐述，以便我们更好地理解与把握金融市场中固定收益产品的定价、交易和投资的基本准则。

固定收益产品是金融市场上一个具备债务财务属性的大类资产的总称，其中既包括我们熟悉的债务性工具，如债券、回购协议、商业票据等，也包括一些在原有的固定收益产品基础上派生出的衍生产品，如远期利率协议、债券远期、利率掉期，甚至期权等。这些金融工具最大的共同点，即其现金流是已知的。

所谓现金流已知，即这种产品从问世之日起，在未来哪个时刻和收付多少现金流这两个条件都是已知的，而且不会改变。以债券为例，任何一只债券都具备明确的还本付息的时间表，而且本息都是事先规定好的，不随市场行情的改变而改变。如果将债券市场与股票市场进行比较会发现，我们在股票市场中关注的重点是发行股票企业的盈利能力、具体的财务状况和每股的收益，据此来预测股票的价格，这个过程实际上是对未来现金流的预测。因此，我们对股票的研究主要是研究个体未来现金流的多少。然而固定收益产品却不一样，其未来的现金流不需要预判。

那么面对这类产品现金流已知的特性，我们究竟要研究什么来判断它的价格属性，进而可以把宏观市场的变化和个体债券的价格变化关联起来呢？

固定收益产品的利率曲线和定价

首先，我们引入折现率的概念。其实在金融市场中，固定收益产品、股票、房地产投资等都可以用未来现金流折现的方法，计算出它今天的理论价格或者价值。以固定收益产品中的债券为例，在计算债券价格时，运用的未来现金流折现公式如下：

$$P_x = \sum \frac{CF_i}{1+R_i}$$

在上述公式中：P_x 代表债券的理论价格；CF_i 代表债券未来的现金流；R_i 代表未来现金流的折现率。

对于债券来说，未来的现金流是已知的，那么债券的价格取决于未来现金流的折现率，也就是公式中的 R_i。怎么理解 R_i？未来每个时刻都存在 R，它表示未来这个时刻的任意一个现金流和今天其理论价格之间的折现关系。通俗地讲，未来的 100 块钱不等于现在的 100 块钱，那今天值多少钱，要看在当前这一时刻的 R 是多少。R 本身只因时点变化而变化，在这个固定的时间点，现金流是多少，或者某工具或载体所产生的现金流，其折现关系都是 R，并不会有变化。当然我们也许会联想到在现实市场环境中对流动性和信用的议价，但是在这里我们只讨论最基础的理想市场环境下的无风险利率。

对于在债券价格中起着至关重要作用的折现率，我们通过举例对它以及它和债券的价格、收益率之间的关系，进行进一步的解释。

例 1：2017 年 6 月 3 日上午，在债券市场同时有以下 3 只债券发行：

- 债券 A，期限 1 年，票面利率 4%。
- 债券 B，期限 2 年，票面利率 6%。
- 债券 C，期限 3 年，票面利率 7%。

债券发行完毕之后，3 只债券未来的现金流就是已知的了。如果我们把发行完毕这一时刻的时间静止，再来看现在市价 100 元的 3 只债券，以及这 3 只债券的现金流分布，可以看到下面的情况：

债券 A：1 年之后，会收到 4 元的利息和 100 元的本金（见图 6-1）。

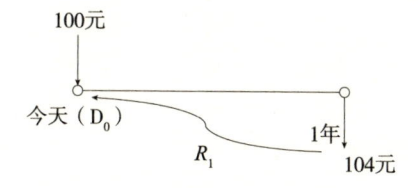

图 6-1　债券 A 的现金流

$$P_x = \frac{104}{1+R_1} \qquad R_1 = 4\%$$

债券 A 之所以值 100 元，说明存在 R_1，将一年后 104 元的现金流折现到今天价值的 100 元。我们通过简单的计算可以得到 R_1=4%。这里有两个问题要阐明。第一，这里的 4% 和前面说的票面利率不是一个概念。票面利率是这个债券具备的参数特征，只跟随这个债券。债券从发行到消亡，它的票面利率都不会改变。而 R_1 属于市场变量，是在这一时刻下，未来 1 年和现在时点之间现金流的折算关系。第二，既然 R_1 属于市场变量，则 R_1 不仅影响债券 A 在 2017 年 6 月 3 日还本付息这个时点的现金流，还影响发生在这一时刻的任何其他的现金流。

债券 B：1 年之后会收到 6 元的利息，再过 1 年之后会收到 6 元的利息和 100 元的本金（见图 6-2）。

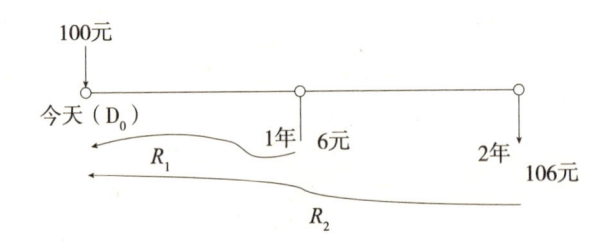

图 6-2 债券 B 的现金流

$$P_x = \frac{6}{1+R_1} + \frac{106}{(1+R_2)^2} \quad R_2=6.06\%$$

我们用同样的折现公式代入债券 B 中，可以看到：既然在同一市场环境下，那么未来一年这个时刻的 6 元现金流也同样会受 R_1=4% 这个折现关系的影响。在 R_1 是已知的情况下，假定债券 B 现在价值 100 元，我们可以推算出 R_2=6.06%。同理，我们再看债券 C。

债券 C：在前两年会每年收到 7 元的利息，第 3 年收到 7 元的利息和 100 元的本金（见图 6-3）。

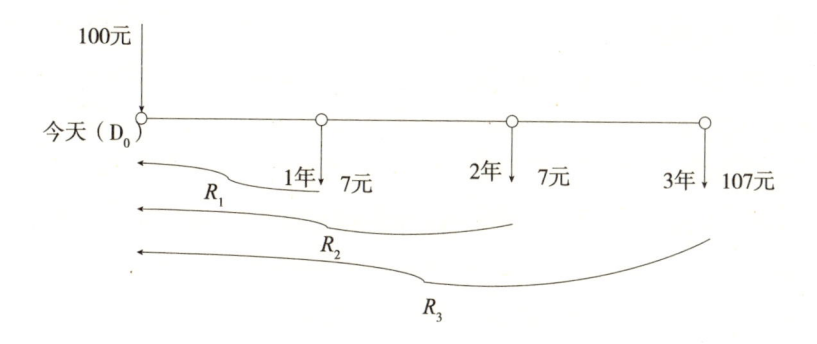

图 6-3　债券 C 的现金流

$$P_x = \frac{7}{1+R_1} + \frac{7}{(1+R_2)^2} + \frac{107}{(1+R_3)^3} \qquad R_3 = 7.12\%$$

折现率在其适用的时间范围内具有普遍适用性，对于 A、B、C 这 3 只债券，是在同一个市场环境下同一时刻所具备的定价关系。

债券 A 在 1 年之后现金流的折现率是 4%，这个折现率也适用于债券 B 和债券 C 1 年之后付息所产生的现金流。对于债券 B 而言，1 年之后付息产生的现金流对应的折现率是 4%，那么 2 年之后到期，会产生付息和偿还本金的现金流总共 106 元。这 106 元现金流的期限是 2 年，那么对于超过 1 年的期限，我们用平方的形式来对现金流进行折现。由于市场上对于债券 B 的价格（假定市场接受价格是 100 元），以及其未来的现金流和在 1 年之后现金流的折现率 R_1 是确定已知的，那么我们就可以推算出其 2 年之后所产生的现金流的折算率 R_2。同样对于债券 C，其 3 年之后产生的现金流的折现率 R_3 也是这样确定的。

我们用一个极其普遍的例子演示了折现率在固定收益产品定价中的作用和方法：固定收益产品的现金流都是已知的，因此定价的方法是找到每一个未来现金流时点所对应的折现率 R。这样折现相加得到的净现值就是该产品在今天的理论价格。而通常我们会从一个简单的、只具备单一时刻的现金流的债券入手，用现价推出 R_1，再把 R_1 迭代到另一只债券中，推算出下一个时刻的 R_2，周而复始，迭代计算出更多的 R，反过来这一系列 R 可以用来为未知价格的产品进行定价。

理解了折现率的概念后，我们再来看利率曲线。对于固定收益产品债券来说，因为其未来的现金流是已知的，所以债券的价格取决于其现金流对应的折现率，这也是固定收益产品的核心。对于债券 A、B、C，我们可以通过成交价格可以计算出三个不同期限对应的折现率，同样可以推之至整个债券市场。在相同的某一时刻，根据此时刻债券的价格，我们可以计算出债券的每一个现金流所对应的折现率，从理论上来讲，将这些折现率的点在图中连成的曲线就是一个简单的利率曲线。

利率曲线在债券市场中是一个非常重要的工具。所有的金融机构都应该重视利率曲线。境外投资银行在交易业务设置中的每个 Sales and Trading（销售和交易）业务最核心的就是这个利率曲线，比如利用真实的日元市场利率互换生成利率曲线的 Boot Strapping 模型[①]。Boot Strapping 模型的功能在于将市场上的活跃工具（一般是国债、利率掉期）的价格输入模型，再对每个工具发生现金流收付所对应的未来具体时点进行折算（排除假期等因素），最后再运用 Boot Strapping 模型得到每个时点对应今天（D_0）的折现率。得到这些折现率之后，我们就可以对市场上所有已知现金流的债券和其他固定收益率工具进行定价判断，甚至可以组合出一些更为复杂的产品，例如结构性产品。总之，利率是固定收益市场中最为重要的概念，而折现率则是利率微观体系中的精髓，是反映现金流跨期交换这一金融本质的重要参数。因此，这类知识和工具对于获取固定收益的投资者来说是宝贵的东西。图 6-4 展示了 Boot Strapping 算法的运作流程。

---

① Boot Strapping 模型有时被称为"自动法"，指利用有限的样本资料，经由多次重复抽样，重新建立起足以代表母体样本分布的新样本。——编者注

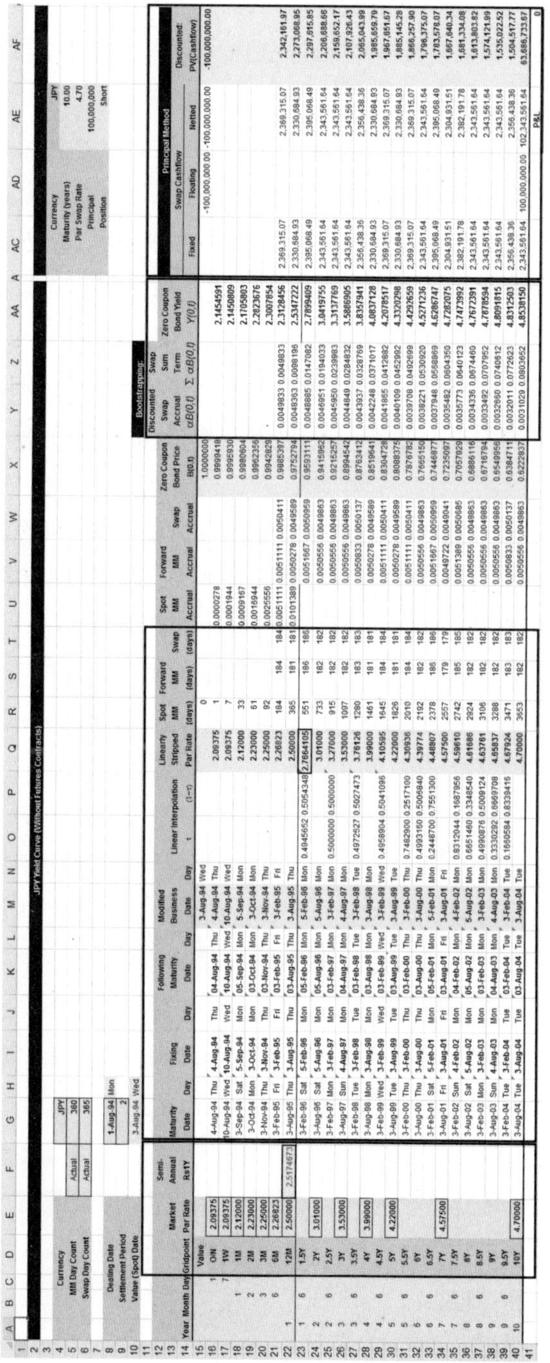
JPY Yield Curve (Without Futures Contracts)
1. 市场特定期限标的抓取（案例中用的是日元市场利率互换）
2. 对每一个标的未来到期现金流时间进行处理
3. 运用 Boot Strapping 模型计算出对应时点的折现率
4. 对现金流折现以检验

图 6-4　Boot Strapping 算法的运作流程

折现率和债券的到期收益率、票面利率是截然不同的概念，折现率是独立存在的概念，它对债券未来现金流换算成现值的折算关系起决定性的作用。而利率曲线是由不同的未来时间点对应今天（D_0）的折现率所构成的，根据利率曲线，我们可以找到固定收益产品自身现金流对应时点的折现率，进而通过折现率的计算，判断其未来的现金流在今天的理论价格或者价值。在实际的金融市场交易中，我们可以据此来判断交易对手的报价对于交易者持有的固定收益产品的预估价值的偏离程度，进而对交易的方向和交易是否盈利进行判断。

利率曲线的构成及其形态的影响因素

上文中对利率曲线概念的引入，是在通过数学计算得出现金流的折现率的基础上进行的简单的线性变换，而在实际的金融市场中，利率曲线的构成和形态受到很多因素的影响而发生变化，这就涉及根据不同的细分市场对利率曲线进行定量的选择和分析加工，是非常复杂的，要具体问题具体分析。本文仅从定性的角度来分析影响利率曲线的关键因素：利率曲线的起始数值和长期走势。

对于利率曲线的起始数值，我们可以将"期限"这一时间横轴不断地向坐标轴原点逼近，最终得到最小的横轴单位，即期限为一天（这也是实际金融交易中最短的付息周期），那么其对应纵轴的折现率就是隔夜利率，所以利率曲线的起始数值就是隔夜利率，但是隔夜利率又是如何决定的呢？这是需要我们探讨和思考的一个关键问题。从美元的利率曲线和美元的固定收益市场来看，真正的隔夜利率一定是货币政策利率（Monetary Policy Rate）。而美元的货币政策利率是由美联储通过设定一个联邦基金利率（Fed Fund Rate）目标，并运用公开市场操作等货币政策手段，引导市场机构通过回购等方式确定的真实成交的融资隔夜利率。这就是将货币政策利率转化成市场化利率曲线起始数值的一个传导机制和过程。

利率曲线由原点向中短期的走势受众多因素影响，其中最关键的因素就是市场对于货币政策利率变化的预期，也就是市场对于美联储加息或减息的具体预测和判断。简单来说，美联储的加息与否影响着利率曲线的前端形态，假定 6 月 3 日这一天利率曲线的起点是今天的联邦基金利率的数值，而在 3 个月之后的 9 月，市场很确定美联储不会加息，那么从定性的角度看，3 个月之后的利率和目前的隔夜利率的数值相差不大，即从今天来看 3 个月时点的利率数值应该很接近 D_0 这一时点的数值，利率曲线的前端应该较为扁平；如果市场对 3 个月之后的 9 月有明确的加息预期，实际上利率曲线会向陡峭的形态方向发生变化，而市场预测的加息之后的利率会成为 3 个月之后利率曲线的起点。因此，当下政策利率的数值和市场对货币政策的预期实际上影响了利率曲线的前端形态。

除了分析利率曲线的起点和前端形态，我们还需要分析它的中长期走势。利率曲线的中长期走势实际上受到了经济基本面的影响。而经济基本面一般是指对名义利率、实际利率、增长率、价格指数等有影响的经济数据。通常来讲，在经济增长快、通货膨胀高的情况下，利率曲线的长端会上扬。因此，利率曲线的两端实际上是由货币政策和经济基本面决定的。但是问题的关键在于这些体现经济基本面状况的各项指标数据，如何量化传导到利率曲线的具体走势和形态。能不能运用辅助工具和依靠自己对具体市场认识的深入分析，通过宏观经济形势、货币政策的变化直接量化利率曲线数值的变化，进而量化分析交易中头寸的变化，这是决定交易员在金融市场交易中能否获利的关键。

下面我通过举例来说明，在过去 20 年的经济周期中，美元利率曲线是如何变化的，以及这些变化代表了哪些经济基本面状况和信息。

例 2：图 6-5 体现了美元国债利率曲线 2000 年、2001 年、2008 年、2016 年和 2018 年的变化。从 1998 年开始，美国经济形势向好，互联网科技蓬勃发展，纳斯达克指数在 2000 年创 4000 点新高，美联储从 1999 年开始通过 6

次加息把联邦基金利率提高到 6.5%，2000 年的利率曲线短端利率甚至高于同期的长端利率，曲线是倒挂的，这一般是只有在加息比较极端的环境下才可以见到的现象。

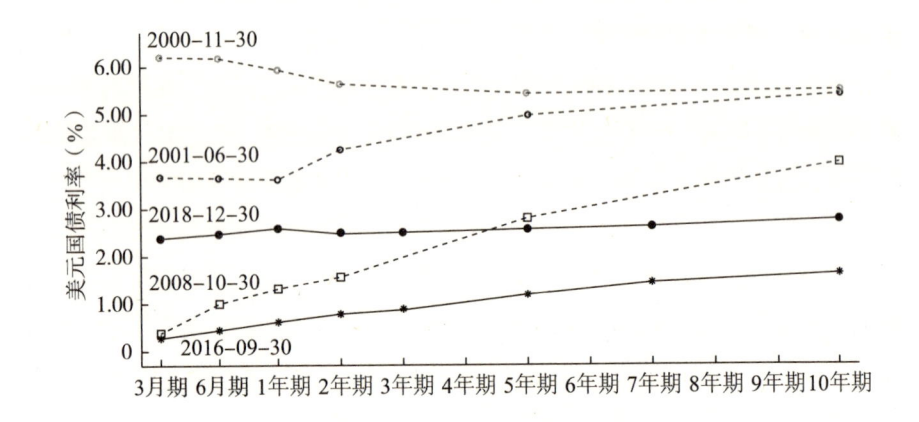

图 6-5　美元国债利率曲线的周期变化图

资料来源：彭博社。

到了 2000 年底，互联网科技泡沫破灭，经济出现下行。美联储则在 2001 年初开始减息，在一年内将美联储联邦基金利率从 6.5% 降到 2% 以下。由 2001 年利率曲线可见，短端利率已较 2000 年利率曲线大幅下移，反映了货币政策利率的调整；曲线长端变化并不大，这说明市场认为目前互联网泡沫的破灭是一个相对短的经济周期调整过程，并不会对中长期经济发展有质的影响。

到了 2008 年 10 月，次贷危机全面爆发，加上雷曼兄弟公司倒闭事件，金融市场，甚至整个经济基本面都出现了剧烈的调整和变化。美联储很快将联邦基金利率调整至 0，2008 年 11 月 25 日美联储又首次公布将购买政府机构债券（Agency Bond）和抵押支持债券（Mortgage-Backed Security，MBS），标志着首轮量化宽松政策（QE1）的开始。由 2008 年利率曲线的形态可见，短期利率极度下移，利率曲线陡峭化加剧，由于市场预期未来经济前景会向低增长、低通胀演化，长期利率也较过去 10 年有了大幅下移调整。

2016 年的利率曲线反映了在应对次贷危机和欧债危机等一系列全球金融动荡之后，市场预期的调整。这其中，美联储又在 2010 年启动了第二轮量化宽松计划（QE2），随后又有若干轮货币政策的调整计划，货币政策利率一致趋近于 0%。同时，随着全球经济进入低增长、低通胀、低利率、低波动环境，市场对长期利率走势的预期也发生了变化，长期利率也大幅下行。

2018 年的利率曲线反映了市场对经济危机后经济出现复苏和利率反弹的预期。在经历了漫长的调整和修复后，全球经济在 2018 年前后出现复苏迹象，美联储也开始讨论货币政策回归正常和量化宽松后时代央行缩减资产负债表等操作。随着 2016 年末开始加息，市场普遍认为 2018 年后加息速度将加快，幅度将加大，因此从利率曲线形态上看，短期利率大幅上移，甚至又出现倒挂的现象。[1]

到期收益率的含义

债券的到期收益率（Yield to Maturity，YTM）是日常交易过程中对债券及市场行情本身应用最多的一个描述性参数。债券现在的市价与到期收益率有特定的计算公式。而下文会更多地从其与债券的折现率之间的比较关系来说明债券到期收益率的特点和意义。

上文中举例讲到的 3 只债券 A、B、C，其背后不同的现金流对应不同的折现率，而正是折现率决定了债券的价格，决定债券 A 价格的是折现率 R_1，决定债券 B 价格的是折现率 R_1 和 R_2，决定债券 C 价格的是折现率 R_1、R_2 和 R_3。

---

[1] 而真实情况是，随着 2019 年经济情况转差，美联储迅速调整了货币政策方向，转为减息。在受到 2020 年新冠肺炎疫情的影响之后，全球各国央行又开启"放水"模式，利率又创新低且极度扁平化。

在实际的金融市场交易中，交易双方就某一债券进行报价时会报一个利率数值，来代表这个债券目前的市场价格。因为每一只债券期限和付息频率不同，单只债券未来会产生若干不同时点的现金流，而根据我们前面所讲的概念，每一个时点到今天的折现率是各不相同的，即 R_1、R_2……R_i，而交易员如果真的要以折现率去报价，那么他要对每一只债券报一组数（R_1、R_2……R_i），还要讲明每一个折现率所对应的具体时点，这显然是不现实的。因而，在实际的日常交易环境下，交易员会以到期收益率这一个数值进行报价，可以将到期收益率理解为对这只债券背后所有现金流所在每一个时点对应的一组折现率的"简化平均"。

从数学上来看，我们最原始的定价公式为：

$$P_x = \sum \frac{CF_i}{1+R_i}$$

其中折现率 R_i 因时点的不同而各不相同，因此在日常使用过程中我们将每一个不同的 R_i 简化为一个类似于"平均值"的 R_{YTM}，这样上面的多项式公式就变成一个只有二元变量的函数公式：

$$P_x = \sum \frac{CF_i}{1+YTM}$$

到期收益率虽然是折现率的"简化平均"，但是和折现率在含义上又完全不同。折现率是在时间轴上独立存在的变量，它不是某一只债券所特有的，它是整个市场环境在一个时点下所对应的未来所有时间线的集合。而到期收益率却是将每一只债券背后所对应的一组折现率"平均"之后产生的一个参数，这个参数只代表这只债券在当前市场行情（或当前折现率参数环境下）的价格要素。

债券的到期收益率在日常市场活动中被广泛应用，它有以下特点：

（1）用来表示债券报价时简单直观，比如，一个数值4.12%就可以表示一只债券现在这一时刻的价格信息。

（2）由价格与到期收益率的函数关系可见，每一个到期收益率对应且仅唯一对应债券的一个价格数值。

但是到期收益率也是存在局限性的，从实际意义上来讲，到期收益率体现了投资者从以某一价格买入债券，考虑所有中间现金流收入以同一个到期收益率进行再投资，到最终持有到期之前的综合投资回报率，即以初始价格买入的话，一直持有到期，将到期收益率作为持有期的投资回报率（复利）呈现，应该等于债券到期的本金加上所有中间产生利息（将相同到期收益率作为投资回报率）再投资的总和。这说明了到期收益率的另一个特点，即这个数值代表的是静态的财务回报率，而且要加上再投资这一难以在现实环境中实现的假设。到期收益率不像折现率那样具备对时间轴上的现金流进行折现这一作用和意义。

在财务回报率这一概念中，具体债券是以本金摊余和票息收入两部分共同计入的，即这两项在财务数值上共同作用，综合影响到期收益率。

例如，债券D，票面利率4%，到期收益率3.5%，在现在这一时点，投资者以到期收益率3.5%所对应的价格买入债券，则可能会发生以下3种情况：

情况一，若未来投资者以3.5%的价格卖出债券，在这种情况下，则投资者在持有期内恒常地获得了3.5%的投资回报率，也可以理解为投资者在票息收入上获得了4%的收入，而从本金摊余角度看，买入的价格一定大于卖出的价格，且都大于100元。可以肯定地说，投资者在买卖后核算，是赚钱的。

情况二，若未来投资者以3%的价格卖出债券，在这种情况下，从投资者买入到持有至卖出，除了获得债券票息 4% 的收入，卖出的价格应该大于买入的价格，因此资本利得为正。投资者也是赚钱的。从另一个角度考虑，投资者以低于 3.5% 的价格将剩余期限内的投资回报转让给了下家（交易对手），那么下家作为新持有者只能获得 2.5% 的回报（持有到期的话）。低于原先 3.5% 的回报率的这部分数值，正是在买和卖的交易时刻，让原先的持有者以高过摊余成本价的价差从下家的未来投资回报中拿走了。

情况三，若未来投资者以 4.5% 的价格卖出债券，在这种情况下，投资者获得了比平均投资率 3.5% 低的回报，甚至低过票息 4% 的水平。然而对投资者来讲，他依然可能是赚钱的（即持有期的票息收入累计数值大过资本利得上价差亏损的数值），当然大多数情况下他也可能是亏钱的，因为交易的价格吃掉了他过去所有的利息收入，使得投资本金受损。

固定收益市场交易的模式

讲到交易，我们通常的理解是低买高卖，或者买入债券，持有到期，靠收息来实现盈利。其实在固定收益市场交易实践中，特别是针对金融机构的销售与交易部门，交易的方式和盈利点还有很多。

下面通过香港数码港麦当劳店铺的套餐、汉堡、薯饼、咖啡的例子进一步说明。我们把这家麦当劳所有食物的价格列在表 6-1 中。

通过表 6-1 我们可以清楚地看到，在 7 号餐中，买一个猪柳蛋汉堡套餐的价格是 26.8 港币，单买一个猪柳蛋汉堡的价格是 16.8 港币，也就是说，在这个套餐中，薯饼与咖啡（下面统称小食）的定价为 10 港币；而在 1 号餐中，买一个鱼柳堡套餐的价格是 26.2 港币，单买一个鱼柳堡的价格是 16.5 港币，小食的定价为 9.7 港币。通过这个对比，我们就会发现，在不同的套餐中，通过买卖套餐与汉堡，可以获得不同定价的小食。

表 6-1 麦当劳套餐和单品价格对比

编号	名称	套餐总价 a（港币）	汉堡 b（港币）	薯饼 + 咖啡 (a−b)（港币）
1	鱼柳堡	26.2	16.5	9.7
2	火腿扒芝士汉堡	24.7	10.8	13.9
3	精选早晨套餐	28.5	21.5	7.0
4	热香饼精选套餐	28.5	21.5	7.0
5	猪柳蛋扭扭粉	29.8	21.5	8.3
6	板烧鸡腿扭扭粉	31.8	23.5	8.3
7	猪柳蛋汉堡	26.8	16.8	10.0
8	猪柳汉堡	25.2	12.8	12.4
9	腌肉蛋汉堡	26	16.5	9.5
10	珍宝套餐	32.5	25.5	7.0

一个交易员可能从这样的角度出发去考虑这个问题：以28.5港币的价格买入3号套餐，再将其中的汉堡以21.5港币的价格单独卖掉（相当于以7港币的成本买入第一份小食）；以28.5港币的价格买入4号套餐，再将其中的汉堡以21.5港币的价格单独卖掉（相当于以7港币的成本买入第二份小食）；以32.5港币的价格买入10号套餐，再将其中的汉堡以25.5港币的价格单独卖掉（相当于以7港币的成本买入第三份小食）。通过上述步骤，我们以7港币的价格买入了3份小食。然后，我们以10.8港币的价格买入2号餐的汉堡，再以24.7港币的价格卖出2号套餐（相当于以13.9港币的价格卖出第一份小食）；以12.8港币的价格买入8号餐的汉堡，再以25.2港币的价格卖出8号套餐（相当于以12.4港币的价格卖出第二份小食）；以16.8港币的价格买入7号餐的汉堡，再以26.8港币的价格卖出7号套餐（相当于以10港币的价格卖出第三份小食）。通过上述操作，我们以12.1港币的平均价卖出了3份小食。显然，通过这样的操作，交易员可以实现盈利，而且交易员并没有承担等待价格上涨或下落的市场风险，如果可以以买和卖的方式进行交易，且汉堡、小食的流动性充足，这个交易可以以极低的风险实现极大的收益。

让我们思考这个案例，将麦当劳套餐中定价与交易的思路应用于债券交易之中：债券实际上可以看作一个由不同期限的现金流组成的套餐，而每一个现金流的成本价格对应的参数就是该时点的现金流和折现率，类似于套餐中的汉堡、薯饼、咖啡的单价；在对债券整体进行买卖时，其价格以到期收益率的形式表示，类似于套餐的价格。如果我们既可以交易债券（套餐），又可以买卖其中的现金流（汉堡和小食），那么在现实的市场环境中一定有很多可以套利交易的机会，但前提是你既要能获取债券套餐的价格，也要能通过前面讲的方法获得现金流和折现率的价格。

所以，可以理解在现代FICC（Fixed income, Currency and Commodities，即固定收益、外汇及大宗商品）市场中，存在着这样一类金融机构，它们努力去寻找客户买卖债券的需求，通过建立销售网络、电子化平台来尽可能多地获取交易的流量（Flows），而交易员通过模型迅速对债券和现金流进行拆解，在过程中进行套利交易。表面上，这类金融机构以买卖报价来服务客户，获得交易流量和债券价格信息，实际上，它们是运用专业技能，在实现债券买卖的同时，通过对现金流解构来实现价格发现，这就是我们所讲的做市商的角色，它们是现代FICC市场的核心。

久期和风险对冲

久期

债券的到期收益率和债券的价格是一一对应的函数关系，那么如何理解债券价格变化与到期收益率变化之间的关系呢？这里引入久期的概念。

如果我们研究一个债券，就可以发现到期收益率的变化和价格的变化大体呈一条稍微弯曲的曲线，类似于反比例函数的图形（见图6-6）。我们发现在比较小的范围内，到期收益率的变化和价格的变化呈一种近乎线性的关系。也就是说，用到期收益率的变化值，乘一个比例系数，就能得出价格的变化值。这个线性系数实际上就是久期。

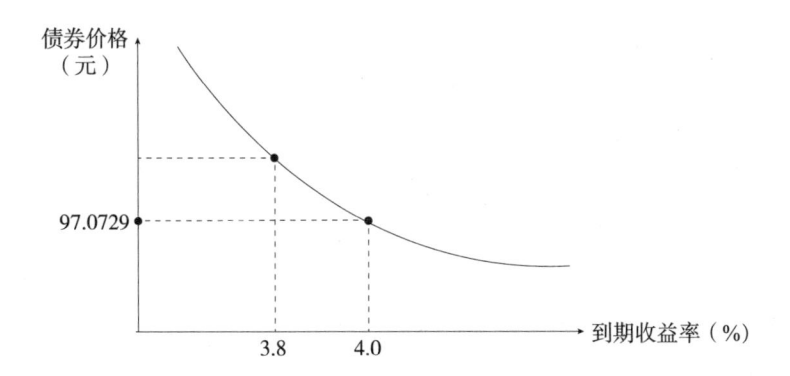

第6章 固定收益产品的定价、交易与投资准则

图 6-6 债券价格与到期收益率的变化关系

为了让你更容易理解和运用久期，我们以当前 5 年期国债 16007 举例，当已知久期（修正久期）是 4.23 的时候，如果你掌握了久期的概念和方法，就可以简单地推算出债券利率和价格变化。如果市场收益率下降了 5 个 BP（基点）[①]，那么对于久期是 4.23 的债券来说，每 100 元本金的收益大概是 5×4.23=21.5（单位是分），即赚了大概 0.215 元。如果是 1 亿元本金的债券，那么就有 21.5 万元的利润。

如图 6-6 所示，在到期收益率是 4.0% 的情况下，该债券的价格是 97.0729 元；当市场利率下行，到期收益率是 3.8% 的时候，债券的价格应该变为：

$$97.0729 \times [1+(4\%-3.8\%) \times 4.23]=97.8941$$

这个计算值和实际真实价格 97.9070 元是非常接近的，因此久期在日常交易中可以帮助我们快速地对利率变化产生的价格、盈利变化进行估算。

影响久期的因素有：债券的期限、票面利率、债券的付息频率等。

[①] BP（Basis Point）意为基点，债券和票据利率改变量的度量单位。——编者注

久期在金融市场中具有如下几个方面的实际意义：

当利率变化不是很大时，久期是一个价格与利率近似线性变化的比例，不单对单只债券，对于债券组合，整体的经济价值与利率变化的关系也都可以用久期来衡量。

对于债券，其所包含的现金流是分布在一条时间轴上的，实际上每一个现金流在时间维度上都是相互独立的，无法把不同时间点的现金流相加减。但久期实际上起到了把不同时间维度上的现金流降维压缩成一个没有时间坐标的参数的作用。在实现对时间坐标降维后，久期就变成了一个可以线性加减的参数，也就是说一般而言5年期债券（假设久期是4.3）和10年期债券（假设久期是7.8）是没办法相互加减发生运算关系的。然而，如果我们持有价值1000万元的该10年期债券，同时持有价值1814万元的（7.8除以4.3等于1.814）该5年期债券，那么在相同的市场环境下，无论利率上升还是下降，在一个较小的范围内，两个债券的价格变动都是非常接近的。

由此，我们可以把久期想象成物体的质点，无论一个物体的形状是什么样的，质量如何分布，我们都可以在物理上将其等效为一个质点，以质点的质量作为其力学参数。同样，久期则是一个蕴含时间坐标和现金流的"物体"的"质点"，质量之间加减如同天平上砝码的增与减，如果天平两端的质量（久期）相同，那么无论利率上升还是下降，它对两端价格变动的影响都是一致的，天平仍会保持平衡状态。

天平这个例子很好地解释了对冲这一金融学概念的本质。就好像曹冲称象这个故事告诉我们的一样，当我们想获取一个复杂物体（大象）的信息时，我们是没办法直接计量的，要通过一个等效的方法，即将象的质量等效成水的浮力和船吃水的深度，来用已知的容易计量的物体（石头）进行有效的计算。也就是说，石头和大象的质量形成了对冲关系，因为它们的浮力和吃水深度一样。换作债券或是投资组合，可能我们没办法得知一个复杂产品的现金流、折现率，也因流动性等原因没办法在市场找到其他参考报价，这时我们就可以利用久期作为等效关系，找到这只债券或投资组合的久期，再利用已知价格和流动性好的工具（一般是国债、利率互换、期货）等进行对冲，确保在市场变化的环境下，该债券或投资组合因市场变化所产生的价格变化与对冲工具的价格变化几近相同。这就是风险对冲的概念与方法。

综上，我们讲了固定收益产品的概念，即它们是现金流已知的一类金融工具，而对这类产品进行定价的首要方法是找到现金流背后所对应的折现率。折现率是一个在时空中分布，反映现金流跨期交换量化关系的参数，一般要通过已知市场环境下的价格行情以及模型运算获得。而从定性的角度去看，反映折现率的利率曲线的短端利率受中央银行货币政策利率和变化预期所影响，长期利率受宏观经济基本面影响。除了用现金流折现这一方法进行定价和交易，我们也看到在固定收益市场中，存在着做市商这一角色，他们通过积极挖掘客户的买卖诉求，对债券和背后的现金流进行解构与套利，进行交易报价并实现成交。在市场静态环境下，我们可以用到期收益率来描述一只债券的价格信息，到期收益率更多指的是财务投资回报的概念；在市场动态变化的环境下，久期是衡量利率变化与价格变化的重要参数，也是可以用来对冲债券或投资组合整体风险的重要参数。

本文根据作者 2017 年 10 月 30 日在"北大汇丰金融前沿讲堂"的演讲整理，经作者审阅。

第 7 章
资产配置理论的实践

唐毅亭
北京乐瑞资产管理有限公司董事长

我分享的主要内容包括资产配置在中国如何操作、落地、深耕,如何发挥它的效果以及在不远的将来如何大放异彩。

机构资产配置理论

哈里·马科维茨(Harry Markowitz)于 1952 年首次提出现代投资组合理论(Modern Portfolio Theory),指出通过对低相关性资产的分散化配置,可以降低投资组合的风险。通过在组合内配置低相关性的资产,投资者可以在同等风险水平下获取更高的收益率,或者在同样的收益率下降低资产波动。

资产配置理论提出以后,资产管理进入专业化发展道路。资产配置理论不断发展,在实践运用过程中逐步完善(见图 7-1)。均值方差模型理论被提出来以后,在三个不同的方面得到了优化。

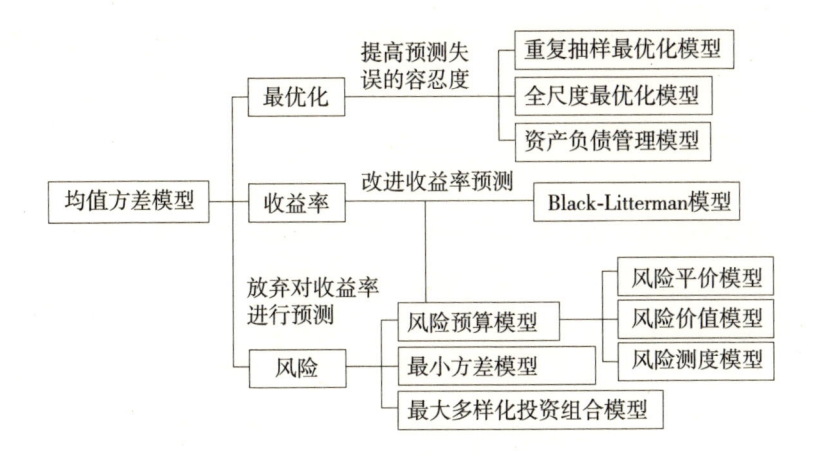

图 7-1　资产配置理论的发展

首先，在提高预测失误的容忍度方面发展出三个模型。大家在做均值方差模型的时候，很难预测未来资产的回报率和波动率。对此，有的学者提出能不能模糊地预测的问题，我认为这是可以的。

其次，在改进收益率预测方面发展出 Black-Litterman 模型（简称 BL 模型），重点在于收益率的预测，包括如何预测收益率、每个资产该配多少比例等。

最后，从风险角度出发，获得了资产管理理论在实践方面最大的突破，即放弃对收益率进行预测，只预测风险即波动率有多大。相关模型第一类是风险预算模型，其中包括非常有名的风险平价模型。现在，全球规模最大的宏观对冲基金桥水基金，实施的正是风险平价模型。这个模型不是桥水基金创始人瑞·达里奥（Ray Dalio）创建的，但是达里奥将其发扬光大。这个模型将预测风险放到了首位，而最小方差模型、最大多样化投资组合模型等都是从风险角度出发的。

风险平价模型的根本是风险平价。我们如何决定两类资产之间的投资比例？答案是只需要看风险。风险小，就投入多一点；风险大，就投入少一点，这是风险平价的理论来源。如果我们能对每一类资产风险的水平预测到位，自然就能配置好资产。

为什么不预测收益率呢？因为当你想达到高收益的时候，一定不要去想达到高收益，而要反过来想如何预防风险。所有资产的收益都来源于实际经济的发展，如果名义 GDP 的增速是 7%，那么从长期来看，资产的平均长期收益率应该是 7%。波动率决定了资产夏普比率[①]（以下简称"夏普比"）的好坏，如果波动小，又能达到与名义 GDP 相当的投资收益水平，那么这项资产就是好资产。

研究表明，对收益的贡献来源，在资产配置方法之外，其他策略均属择时和择券之列。由于择时和择券贡献超额收益的规模有限，规模较大的投资组合无法依靠其作为主要的收益来源。因此，历史上依靠择时、择券长期持续盈利者少之又少。

加里·布里森（Gary Brinson）等学者发现，投资组合收益和波动的主要来源是资产配置，即投资策略的有效性关键在于资产配置。布里森等对 1977—1987 年的 82 个美国大型养老金季度数据研究结果显示，资产配置对投资组合收益方差的解释度高达 91.5%，而叠加择时和择券后解释度仅分别提高 1.8%、4.6%。整体收益为 13.49%，分解来看，择时为负的贡献，占 -0.26%，择券贡献非常有限，为 0.26%。罗杰·伊博森（Roger Ibbotson）和保罗·卡普兰（Paul Kaplan）的研究也表明，投资组合的长期投资回报几乎完全由整体的资产配置所决定。

择券的问题在于，如果资产组合的规模非常大，那么择券就没有作用了，比如中国债券市场有几十万亿元的规模，每个月买进卖出一两百亿元的规

[①] 夏普比率（Sharpe Ratio），又被称为夏普指数，是基金绩效评价标准化指标。——编者注

模，不会影响价格。当资产规模高达几千亿元，甚至上万亿元的时候，择券和择时都变成不可能的事，而资产配置有助于获得长期持续的盈利。

资产配置在海外的应用

在以美国、日本、欧洲为代表的发达国家和地区，金融市场非常成熟，资产管理业的起步也早于中国。其中资产配置的应用以主权财富基金、保险、养老和捐赠基金等大型机构投资者最具代表性。

这几类基金都有一个共同的特点，它们都是规模非常大的长期基金。规模最小的基金，即捐赠基金，也有上百亿美元，规模稍大的主权财富基金有1万亿～2万亿美元。大型机构投资者作为各类资产的最终持有者，强调长期绝对收益。资产管理机构更多追求相对收益，共同基金、对冲基金等接受委托。两种机构存在显著差别。不同类型的大型机构投资目标各异，故资产配置存在区别（见表7-1）。

表7-1　不同类型的大型投资机构的投资目标

机构类型	投资目标
养老金	获取覆盖养老金负债的回报，降低养老金盈余的波动
捐赠基金	保持基金的购买力，向教育相关活动提供永久性的资金支持
保险公司	满足赔付需求，覆盖运营支出，增加股东盈余
银行	获取正的利差收益

养老金的投资目标是获取覆盖养老金负债的回报，降低养老金盈余的波动，将盈余波动控制在比较小的平缓的范围内。

捐赠基金的投资目标是保持基金的购买力，这类基金每年从自己的基金份额中拨取一定的款项，交给学校，对教育活动提供永久性的支持。国内很多大学也开始设立捐赠基金，但是国内的资本市场与海外差别很大，如何运作才能够提供永久性的支持，这确实是一个值得研究的课题。

保险公司的投资目标是满足赔付需求，覆盖运营支出，增加股东盈余。

银行的投资目标是获取正的利差收益。国内的商业银行推出资产管理业务，即人民币理财计划，资产配置的目标是资产端的收益要覆盖负债端的成本，同时盈余要稳定。

资产配置流程

大型机构投资者的资产配置，可以概括为以下五个步骤。

第一步，设定投资目标。根据投资者的风险承受水平及收益要求，设定投资目标。投资目标设定主要受到三个因素的影响。第一，监管要求：需满足法律法规和监管限制。第二，资产负债匹配：根据负债端久期、现金流要求等，实现资产负债的久期匹配。一般负债久期越长，投资期限则可越长，风险承受能力越强。负债的期限越长，资产的期限就越长，流动性就越差。期限越长，风险也越高。第三，流动性要求：流动性要求越高，则需要保持的流动性资产比例越高，能从资产流动性溢价中获得回报的比例越低。负债的流动性要求越高，比如现在银行理财的负债都是银行的人民币理财计划，以 90 天的负债期限为主，在配资产的时候，一定要配高流动性的资产，否则会造成资产负债期限错配严重，导致在关键时点上产生巨大的流动性风险。

第二步，制定与目标相配合的中长期的资产配置策略。在设定的投资目标基础上，根据历史收益率、波动率、相关系数等参数呈现资产的基础特征，结合对未来经济环境、资产走势等的主观判断，确定大类资产的中长期配置比例。

例如，如何判断港股和 A 股未来的回报率？假设港股的市盈率比 A 股低，同时假设未来港股平均回报率 10%，那么 A 股的未来回报率可能是 8%。

我们在制定资产配置方案时，首先需要深刻理解传统资产，这可以通过对历史数据的梳理和分析实现。以美国为代表的发达国家有长达百年的历史数据，但是中国股票和债券等市场仍处于发展期，该类资产存在数据缺失。但随着时间推移，历史数据规模不断扩大，数据质量也在不断提高。

第三步，执行与短期环境相适应的择时策略。在通过资产配置策略确定各类资产的比例后，根据对经济所处周期、估值和市场情绪等因素的判断，对已经明确的中长期资产配置比例进行有约束的调整，以达到收益增厚目的的短期行为，即为择时。

大型机构投资者觉得这个阶段适合债券，就把债券的比例调高一点；适合股票，就把股票比例调高一点。择时对投资人的能力要求非常高。由于难度过高，耶鲁大学首席投资官大卫·史文森（David Swensen）不建议资产规模较大的长期投资者择时。择时策略需保证投资组合整体风险水平维持在目标范围（中长期资产配置目标）内。

例如，假设股票的配置是 10%，但是可以在 8%～12% 浮动，投资者看好股票的时候，把它调到 12%，不看好股票的时候，把它调到 8%。这叫择时，择时策略需要保证投资组合整体风险水平维持在目标范围内。

第四步，在给定资产范围内选择具体证券。在特定的资产类别内，通过个券选择获得超额收益，从而超越业绩比较基准，即择券。背后的假设是：市场是非完全有效的、不理性的，或者不完善的，因而我们一定会有打败市场的机会。

一般流动性强的公开市场定价效率要高于流动性差的非公开交易市场。在流动性较高的市场，高度的流动性导致高度的博弈和信息的不透明化，任何信息立刻就消失了，这种情况下投资者不需要择券，主要承担的是贝塔值（Beta）[1]来回波动所带来的风险。

比如私募股权投资，投不同项目的差别很大，如果成功，就会收到几十倍、上百倍的回报，如果失败了，就没有回报了。所以在信息不对称、流动性很差的非公开市场上，择券是非常有优势的。

通常，国债，尤其是10年国债，是交易非常活跃的品种，择券的可能性就小。择券的有效性排序是：高质量的固定收益类证券＜大盘股＜小盘股＜另类资产（绝对收益类、房地产、杠杆收购和风险投资）。

第五步，跟踪评价和优化资产配置策略。这五个步骤构成了一个循环。跟踪和优化这个步骤在投资组合管理中的重要性常常被弱化。投资组合配置完成后，仍需密切关注直接持仓、委托的外部管理人及各类策略的表现。

我们曾与海外大型机构的投资者进行交流，海外基金公司做投资管理时关注基金的业绩和风险，也关注公司状况，甚至关注这段时间公司高层的家庭生活状态，包括是否幸福、是否离婚、离婚原因、是否再婚、财产有没有什么问题，这就是跟踪优化针对的一个方面。

随着资产价格的涨跌，各类资产持仓比例偏离投资目标时需执行再平衡（固定周期或设置阈值）。比如股票，确定上涨10%的目标后，实际上涨了一倍，也就是上涨近20%了。按照资产配置的要求，股票越涨，你越要卖，涨完了，就要把涨的那部分卖掉，然后买入跌的股票，或者投到没有涨的资产上，这就是再平衡。再平衡其实是一个非常"傻瓜"的操作方法，但是效果很好，甚至优于择时的效果。

---

[1] 贝塔值（Beta），用来量化个别投资工具相对整个市场的波动，将个别风险引起的价格变化和整个市场波动分离开来。——编者注

可以在一年这个周期内再平衡。比如，年末我发现偏离指标了，就再平衡一下，也可以一个月内再平衡，有的捐赠基金甚至能做到一天之内再平衡，那么它们是怎么做到的？假设你持仓中有 100 只股票，那就卖掉涨的股票，买入跌的股票。股票价格当日会来回波动，比如有 2% 的波动，一天之内再平衡就是赚取当日的差价。这就相当于做市商，紧盯数据，为了再平衡，达到原来的目标。通过这一招，每年的收益率能够增加一两个百分比，再平衡就是一种"傻瓜"操作。

投资组合管理人应定期评估投资业绩，以便了解策略执行情况、是否存在异常情况，以此作为组合调整和优化的决策依据。总的来说，即便亏了也不能置之不理，我们应该思考一下，到底是为什么亏了，为什么赚了？自己是不是有什么地方做错了，以便考虑和安排如何进行下一期的投资决策、再平衡，或者是择时、择券。

资产配置在海外的应用：大类资产特征

表 7-2 是全球主要资产历史表现的风险收益特征，由此可以看出，1992—2017 年底，美国股票、发达国家股票和新兴市场国际股票的夏普比逐次下降，从 0.26 下降到 0.14。这就是美国股市是全球投资圣地的原因之一，夏普比高代表风险回报的比例合理。这类股票的收益率还不够高，平均收益率从 5.2% 到 7.3%，波动率从 14.6% 到 17.6%，最大回撤率从 57% 到 66%，这是股票投资的巨大风险。但是如果拉开 20 年来看，平均年收益率高达 7% 以上。

从 1992 年开始，10 年美债的夏普比居然非常高，这跟统计时间有关系，如果调整统计时间，这个数字会不同。从 2010 年起，美国投资级债券的夏普比非常高，2009 年以后都是量化宽松政策时期，债券市场一定是上涨的，所以夏普比的代表性不强。

表 7-2　全球主要资产的历史表现

资产类别	资产	夏普比	收益率（%）	波动率（%）	最大回撤率（%）	起始时间
股票	美国股票	0.26	7.3	17.6	57	1992-01-02
	发达国家股票	0.17	5.2	14.6	59	1992-01-02
	新兴市场国际股票	0.14	5.2	18.0	66	1992-01-02
债券	10年美债	0.54	6.1	6.3	10	1992-01-02
	美国投资级债券	1.23	5.5	4.3	6	2010-01-04
	美国投机级债券	2.44	8.0	3.2	12	2010-01-04
	新兴市场投资级债券	1.70	5.8	3.3	9	2010-01-04
	新兴市场投机级债券	1.98	8.5	4.2	15	2010-01-04
大宗商品	黄金	0.15	5.1	16.0	45	1992-01-02
	原油	0.03	3.7	36.7	82	1992-01-02
	CRB指数	−0.04	2.4	6.7	38	1992-01-02
其他	美国REITs	0.49	11.09	18.8	68	1992-01-02
现金	3MT-Bill（美短债）	—	2.7	0.6	—	1992-01-02
通胀	美国CPI	—	2.3	—	—	1992-01-02

注：无风险收益率＝美国3个月国债收益率水平。
资料来源：彭博社，Wind金融终端，乐瑞资产。

美国投资级债券的夏普比是1.23，投机级债券的夏普比是2.44，收益率从5.5%到8%，最大回撤率是12%。新兴市场投资级债券的夏普比是1.7，新兴市场投机级债券的夏普比是1.98。

大家经常说黄金是优质资产，1992—2017年底，黄金的夏普比低至0.15，平均收益率只有5.1%，最大回撤率为45%，风险不小。

原油的夏普比更低，只有0.03，大宗商品也都基本如此。

CRB指数[①]和大宗商品指数一样，这说明大宗商品主要是循环往复的波动

[①] CRB指数：20世纪初以来的CRB指数是由美国商品调查局依据全球市场上19种基本的经济敏感商品价格编制的一种期货价格指数。——编者注

性的商品。从长期来看，大宗商品对投资配置来说价值不大，但短期来看有价值，比如说从一年或者两年来看，供求关系逆转的时候，做多做空大宗商品是非常有价值的。

其他资产类别，如美国的房地产信托投资基金（REITs）的夏普比很高，为 0.49；收益率更高，为 11.09%。这是所有资产中夏普比、收益率最好的一类资产。

对于现金，我们按照 2.7% 的收益率计算，通货膨胀率大概为 2.3%，大家可以对比一下，这时就应该投资美国股票。REITs 的夏普比很高，故投资 REITs 更靠谱。

表 7-3 是 2010—2017 年上半年全球大类资产的相关系数。相关性最高的是股票，尤其是发达国家的股票。相关性低的是股票和债券。二者之间的相关性是负的，10 年美债和美国股票之间的相关性是 −0.46。负的相关性项目可以相互抵消风险，形成非常好的投资组合。股票与股票、债券与债券、股票与商品的相关性很高，股权与债券负相关，所以我们给债券取名为"安全资产"，称股票为"风险资产"，因为股票波动性大。股票和商品几乎都是同向运动的，而大宗和债券是反向运动的，这是一个常识。

资产配置在海外的应用：多资产组合优势

不同的资产承担不同的风险，获取不同的风险溢价。我们通过简单实证检验可得出结论：相对于单一资产，多资产组合的夏普比更高。

如果我们采用投资组合，会有什么效果？我们做了三个组合——保守组合、平衡组合和激进组合。在三个组合中债券、股票、大宗和现金的比例如表 7-4 所示，保守组合的债券多，股票少，激进组合相反。

表 7-3 全球大类资产的相关系数（2010—2017 年上半年）

	MSCI美国股票	MSCI发达国家股票	MSCI新兴市场股票	10年美债	美国投资级债券	美国投机级债券	新兴市场投资级债券	新兴市场投机级债券	黄金	原油	CRB指数	美短债	美国REITs
MSCI 美国股票	1.00												
MSCI 发达国家股票	0.91	1.00											
MSCI 新兴市场股票	0.49	0.70	1.00										
10 年美债	-0.46	-0.42	-0.23	1.00									
美国投资级债券	-0.39	-0.31	-0.09	0.92	1.00								
美国投机级债券	0.35	0.48	0.56	-0.12	0.08	1.00							
新兴市场投资级债券	0.06	0.20	0.43	0.44	0.60	0.60	1.00						
新兴市场投机级债券	0.30	0.44	0.60	-0.10	0.07	0.80	0.70	1.00					
黄金	0.02	0.07	0.10	0.23	0.22	0.01	0.19	0.05	1.00				
原油	0.39	0.43	0.33	-0.25	-0.21	0.27	0.09	0.26	0.17	1.00			
CRB 指数	0.22	0.29	0.30	-0.11	-0.05	0.21	0.14	0.22	0.14	0.27	1.00		
美短债	-0.06	-0.04	0.02	0.21	0.22	-0.01	0.17	0.03	0.13	-0.04	0.04	1.00	
美国 REITs	0.77	0.69	0.37	-0.19	-0.14	0.25	0.16	0.20	0.08	0.26	0.13	-0.01	1.00

注：MSCI，即摩根士丹利资本国际公司，美国著名的指数编制公司，在我国一般译为"明晟"。

资料来源：彭博社，Wind 金融终端，乐瑞资产。

第 7 章 资产配置理论的实践

表 7-4 不同资产的风险类型

	保守组合	平衡组合	激进组合
债券占比（%）	75	55	20
股票占比（%）	15	30	60
大宗占比（%）	5	10	15
现金占比（%）	5	5	5

注：无风险收益率 =2.7%。
资料来源：彭博社，Wind 金融终端，乐瑞资产。

图 7-2 中的三个点代表激进组合、平衡组合和保守组合。这三个点组合在一起，夏普比都得到了非常大的改善，从延伸的资产的 0.2%、0.3% 直接跳升到 0.5%、0.6%（见表 7-5），收益率降低非常有限，就会导致它在虚线之上（见图 7-2）。这说明它改进了，你得到了一份"免费的午餐"，即这三个点和虚线之间的距离。

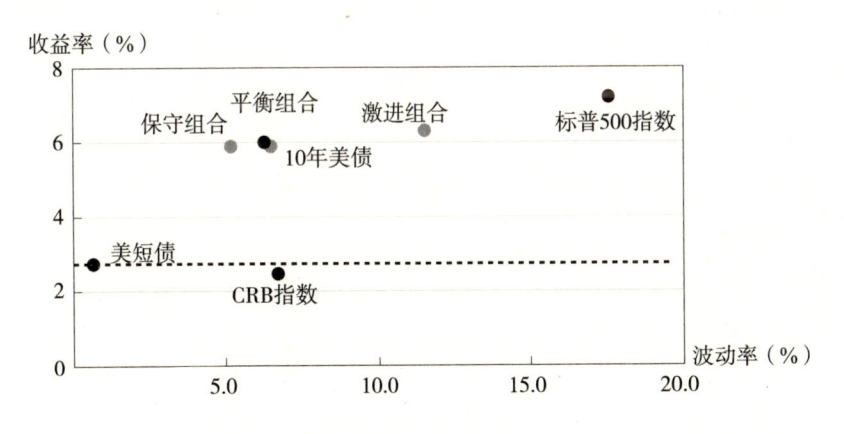

图 7-2 多资产组合

以平衡组合为例，简单地调整以后，夏普比为 0.52%，平均收益率为 6.0%，波动率是 6.3%，最大回撤率降低到 15.5%。

表 7-5　改进后的组合

	保守组合	平衡组合	激进组合	标普500	CRB指数	10年美债	美短债
夏普比	0.62	0.52	0.31	0.26	-0.03	0.49	—
平均收益率（%）	5.90	6.00	6.30	7.20	2.50	5.90	2.70
波动率（%）	5.20	6.30	11.5	17.6	6.70	6.50	0.60
最大回撤率（%）	8.10	15.5	39.5	56.8	37.9	10.4	0.20

机构资产配置在海外的实践

耶鲁捐赠基金

耶鲁捐赠基金是最早进行大类资产配置、机构资产配置的机构。耶鲁大学首席投资官大卫·史文森是投资界的"大牛"，其20年前撰写了《机构投资的创新之路》一书，这本书非常经典。现在中国刚刚开始运用这本书中的内容，说明中国的资产管理比海外落后了20年，所以资产管理行业在中国是大有前途的。

耶鲁捐赠基金的投资目标是为教育工作的正常开展提供现金流，对通货膨胀较为敏感，要求实现较高收益。耶鲁捐赠基金每年都有各种教育工作支出，必须要覆盖各种通货膨胀，所以投资收益率的第一目标是要打败通货膨胀，如果没有打败通货膨胀，就说明虽然账面上是盈利的，但其实是亏的。

20世纪80年代中期以来，耶鲁捐赠基金的年化收益率惊人，达到12.6%，排名美国第一。这家公司以投资另类资产而闻名，1996—2016年，其风险投资资产的年化收益率高达93%。2001年以来，耶鲁捐赠基金的另类资产比例由40%逐步提高至近60%，通过承担流动性风险来获取更高的收益。

第一，耶鲁捐赠基金中几乎没有长尾的债券；第二，股票占比很高；第三，比股票流动性更差的风险投资更多，这表明耶鲁捐赠基金充分利用了捐赠基金负债端非常稳定的特点，通过承担流动性风险来获得高于市场的平均回报率。所以这个基金的资产组合充分利用了自己的特点。在具体配置资产时，采用直接投资和间接投资相结合的形式。

表7-6是耶鲁捐赠基金2016年6月的资产配置执行情况和目标比例，绝对收益的目标比例是22.5%，股权投资是16%，全球股票是15%，杠杆收购是15%，房地产是12.5%，自然实物资源是7.5%，固定收益类资产是5%，美国股票是4%。这种组合是我们从来没有见过的，可以说是一个非常极端的风险组合，但是它获得了非常好的回报率。

表7-6 耶鲁捐赠基金2016年6月的资产配置执行情况和目标比例

资产类别	执行情况（%）	目标比例（%）
绝对收益（事件驱动、价值驱动）	22.1	22.5
股权投资	16.2	16.0
全球股票	14.9	15.0
杠杆收购	14.7	15.0
房地产	13.0	12.5
自然实物资源	7.9	7.5
固定收益类资产	4.9	5.0
美国股票	4.0	4.0
现金	2.3	2.5

挪威主权基金

挪威主权基金成立于1990年，是世界上最大的主权基金之一。挪威的北海石油及油田被发现之后，石油收益全部转到了主权基金，形成了一个非常庞大的主权基金。2017年6月，挪威主权基金资产总规模超过1万亿美元，持有的全球股票高达6 500亿美元，占全球股票市值约1.3%。因为该基金主要投资的是发达国家市场，在美国等发达市场的比例会更高。

挪威主权基金的投资目标是强调资产的代际传承，财富从这一代转移到下一代。由于高度稳定的负债端，主权基金有更大的风险承受能力，同时流动性要求相对弱化。因此，挪威主权基金的全球股票投资比例一直维持在较高的水平。基于对股票和债券的长期回报与风险判断，2009年金融危机后，挪威主权基金进一步加大股票投资比例，成为相对标准的"60/40组合"。"60/40组合"是一个非常标准的教科书式组合，即债券占组合的60%，股票占组合的40%。不过后来，2009年挪威主权基金的资产管理战略经过重大调整，股票在这个组合中的占比大幅度增加了。

挪威主权基金最近几年回报率不错，主要回报来自股权投资，固定收益类资产的投资回报一直非常少。

日本养老基金

日本养老基金的投资目标是在本金安全的前提下获取投资收益，维持养老体系的长期稳定。日本是老龄社会，养老金对于国家来说非常重要，如何让大家退休之后老有所养？答案是养老基金。

2014年以前，日本养老金的固定收益类投资占比较大，2013年固定收益类投资占比为70%，股票占比为24%（见图7-3）。但是金融危机以后，由于以日本为首的全球负利率环境，日本养老金于2014年后基于金融经济形势进行中期调整，加大股票比例（提升至50%）、调低债券比例，上下波动区间也有所扩大，以增强策略灵活性。日本养老金的投资策略是直接投资和间接投资相结合。

从表7-7中可以看出，在日本养老基金中，国内股票的比例从原来的12%调到25%，翻了一倍，国外股票的比例从12%调到25%，也翻了一倍。

2014年，日本首相安倍晋三实施"三支箭"经济刺激方案，日本国内的流动性大幅充裕，日元贬值，日股爆涨。在这个过程中，日本养老基金增持了1倍的日本股票的比例，应该说这也是国家QQE[①]政策与中间环节之一。

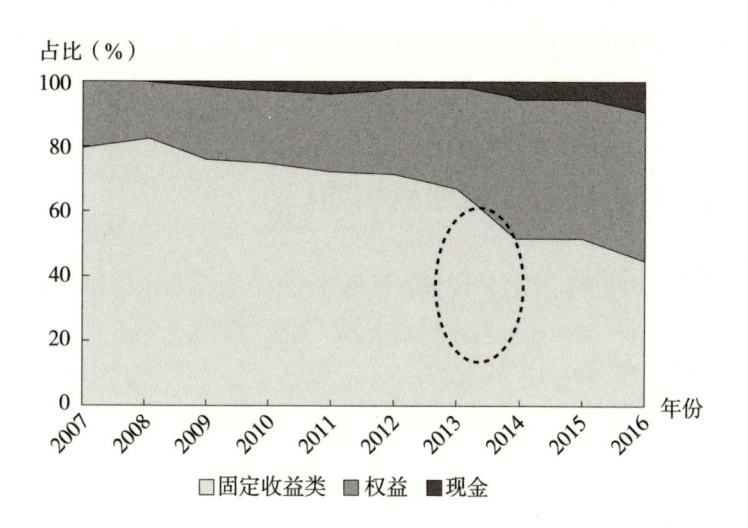

图 7-3　日本养老基金的各项投资占比（2007—2016 年）

表 7-7　日本养老基金的各项投资占比

旧投资政策	国内债券（%）	国内股票（%）	国外债券（%）	国外股票（%）	现金资产（%）
目标配置	60	12	11	12	5
可接受偏离度	±8	±6	±5	±5	—

新投资政策	国内债券（%）	国内股票（%）	国外债券（%）	国外股票（%）
目标配置	35	25	15	25
可接受偏离度	±10	±9	±4	±8

[①] QQE（Qualitative and Quantitative Ease）定性和定量宽松，也被称为双宽松。——编者注

但是，由于日本汇率的波动非常大，回报基本上被配到海外股票的资金抵消了，所以汇率问题也变成非常重要的问题。

挪威也有汇率问题，挪威主权基金会认为虽然汇率在短期内可能有巨大波动，但长期来讲汇率是均衡的，所以会考虑美元资产的收益率、回报率，直接投美元资产，不考虑汇率。

海外实践对中国资产管理机构的启示

机构投资者恰当运用资产配置，可提升投资组合的稳定性和长期收益。通过分析海外具有代表性的大型机构投资者，得出以下结论：

第一，在负债端相对长期稳定的前提下，适当增加风险资产配比，获取更高的风险溢价。

第二，在监管允许的范围内，探索其他高夏普比、与传统资产相关性低的资产投资，如房地产 REITs、股权投资等另类资产。每一类资产都有一个特点：在大型机构投资者进入之前，这一类资产都不被人关注，而且其内生回报率很高，一旦进入之后，就变成一个通行的配置品种，其优势也随之丧失。每一类新的资产都会给创新者带来新的回报，整个行业充满了创新。

第三，根据传统资产的市场有效性和定价效率，选择直接或间接配置获取 Beta 或者 Alpha 收益[1]。中国市场定价效率偏低，依然存在 Alpha 收益。

也就是说，在配置的过程中，将资产分为两类。第一类是高流动性的资产，如债券资产、大盘股，机构投资者直接买这类资产，或者买一个被动积极

---

[1] Beta 收益：来自市场的平均效益，即投资组合承担市场系统风险而获得的收益。Alpha 收益：独立于市场的超额收益，即投资组合超越市场基准的收益，表现管理者的能力。——编者注

指数，比如沪深 300 指数或标普 500 指数，因为从中间拉回 Alpha 收益的难度非常低；第二类是低流动性的资产，比如私募股权投资，但如果选择私募股权投资，那么大多数需要委托外部投资者，比如耶鲁捐赠基金委托张磊[①]投京东、滴滴出行等公司。所以，越是非流动性的、高风险的、不发达的领域，越需要委托外部管理者来管理。这也是为什么我认为中国未来 10 年是优秀的私募基金外部管理人的春天。

第四，加强投后管理，强调投资组合长期盈利的稳定性和外部管理人的长期业绩。

资产配置在中国市场的可行性探讨

中国大类资产特点

中国资本市场起步较晚，参与者结构、投资理论等方面仍未成熟。中国资产波动大、夏普比低。因此长期持有单一资产虽然可以获得风险溢价，但其间需要承受较大波动，长期夏普比偏低。

从表 7-8 中可以看出，2006—2017 年，股票的夏普比为 0.26，平均收益率为 11%，波动率 29.4%，相当于平均收益率的 3 倍，最大回撤率为 72.4%。这充分体现了中国新兴市场的特点——波动大。

中证 500 的夏普比为 0.47，相对偏高，原因在于中证 500 都是小盘股，小

---

① 张磊是高瓴创始人兼首席执行官，他坚持价值投资理念，在 15 年间将高瓴打造成亚洲资产管理规模最大的投资机构之一，实现资产规模从 2000 万美元到 5000 亿元人民币的增长。2005 年，耶鲁捐赠基金的首席投资官大卫·史文森亲自带队，在考察之后向高瓴投资 2000 万美元，这是张磊创业后募集的第一笔资金。此后，耶鲁捐赠基金向高瓴持续追加投资，截至 2020 年 4 月，高瓴已让耶鲁大学累计获得了 24 亿美元的投资收益。张磊先生在《价值》一书中首次系统阐述他对于投资和商业的全方位思考，也倾情分享了他与大卫·史文森及耶鲁捐赠基金的渊源。本书由湛庐策划，浙江教育出版社于 2020 年 9 月出版。——编者注

盘股效益主要是壳资源[1]的价值，所以收益率高一点。

表7-8 中国大类资产特点（2016—2017年）

资产类别	指数	夏普比	平均收益率（%）	波动率（%）	最大回撤率（%）	起始时间
股票	上证50	0.26	11.00	29.40	72.40	2006-01-04
	沪深300	0.33	128.00	29.10	72.30	2006-01-04
	中证500	0.47	18.70	33.10	72.40	2006-01-04
	上证综指	0.23	9.40	27.20	72.00	2006-01-04
	恒生指数	0.09	5.30	24.90	65.20	2006-01-04
债券	中债国债总财富	0.11	3.50	2.40	5.90	2006-01-04
	中证企业债	0.27	4.30	3.90	9.60	2006-01-04
大宗	南华工业品指数	-0.04	2.30	20.20	60.30	2006-01-04
现金	中债总财富（1～3年）指数	—	3.20	0.80	1.70	2006-01-04
其他	百城住宅价格指数	1.03	5.80	2.50	4.00	2010-06-30
	一线住宅价格指数	1.17	7.28	3.48	7.97	2006-07-31
通胀	中国CPI	—	2.80	—	—	2006-01-04

恒生指数的夏普比为0.09，平均收益率更低，为5.3%。2006年恒生指数经历了股灾以后，指数一直是横盘走势，所以恒生指数的平均收益率更低。

中债国债总财富的夏普比为0.11，比股票还差，平均收益率为3.5%。

中证企业债的夏普比为0.27，平均收益率为4.3%。

南华工业品指数的夏普比为负，平均收益率很低，波动率很高，最大回撤率高达60.3%。

---

[1] 壳资源是指股份制公司的股票具有在二级市场流通的资格，该公司也同时享有上市公司的相应权利和义务。但一般经营较好的公司是不会随意放弃这一资格的，只有经营亏损、面临退市风险的公司，才有意退出市场。其他想上市而无法获批的公司，此时可通过股权收购等手段成为已上市公司的大股东。这就是所谓的"借壳上市"。——编者注

现金在 2017 年前 10 年的平均收益率为 3.2%，波动率为 0.8%。

上述所有投资回报率都要减去现金的收益率，才能计算出夏普比，现金是基准。

其他类中，百城住宅价格指数的夏普比为 1.03，平均收益率为 5.8%。一线住宅价格指数的夏普比为 1.17，平均收益率为 7.28%，波动率为 3.48%，最大回撤率只有 7.97%。总的来说，房地产是非常好的资产。

中国大类资产的相关性与海外资产共通性比较强：一是股票之间的相关性很高，二是股票和商品之间的相关性很高，三是股票和债券之间是不相关的。

美国的股票和债券是负相关的，但是在中国股票和债券的相关性基本是 0（见表 7-9）。这导致我们在进行中国的资产配置的时候，简单地把两个资产组合在一起，就能达到 0.3 的夏普比，因为不相关，所以改善程度有限。而美国的市场股票和债券负相关，所以改善程度较高，夏普比提高了一倍。美国市场普遍采用"60/40 组合"，夏普比直接提高到 0.5 的高水平。

表 7-9 中国大类资产相关系数（2006—2017 上半年）

	上证 50	沪深 300	中证 500	上证综指	恒生指数	中债国债总财富	中证企业债	南华工业品指数	中债总财富（1~3年）指数
上证 50	1.00								
沪深 300	0.96	1.00							
中证 500	0.75	0.89	1.00						
上证综指	0.95	0.98	0.88	1.00					
恒生指数	0.50	0.49	0.38	0.49	1.00				
中债国债总财富	−0.03	−0.02	−0.01	−0.03	−0.04	1.00			
中证企业债	−0.01	−0.00	−0.00	−0.01	−0.05	0.14	1.00		
南华工业品指数	0.33	0.33	0.28	0.34	0.42	−0.10	−0.01	1.00	
中债总财富（1~3年）指数	0.03	0.04	0.04	0.03	0.01	0.64	0.15	−0.04	1.00

中国的市场相关性也是一样的，股票、商品和债券分成两大阵营，股票和商品通称风险资产，债券相当于安全性的资产，所以两者涨跌通常是不一致的，但是股票和商品通常是一致的。

1. 股票

中国股票资产具有"牛短熊长，短期波动剧烈，极端损失较大"的特点。股票的夏普比较低，仅中证500比较高，它的夏普比是0.47，平均收益率大概为10%，但是风险巨大，最大回撤率高达72%。

在相关性上，A股内部指数相关性非常大，A股和港股的相关性略弱；股票和商品指数也有一定的正相关性；股票和债券具有负相关性，但负相关性不如发达国家股票和债券的负相关性显著。

A股、上证50、沪深300、中证500、创业板之间的相关性很高，但是2017年下半年不高了。恒生指数和国内指数的相关性很弱，主要是因为两个市场的投资者结构差别很大，海外有很大的一部分投资者是全球的机构投资者，做新兴市场资产配置。国内的股市投资者基本上是散户，波动特点和海外差别很大。但是随着沪港通、深港通的开通，相关性会直线上升。

2. 债券

中国债券的特点是波动率、最大回撤率等指标明显优于企业债券（见表7-10），但是扣掉无风险收益后的超额收益较低，导致夏普比偏低。如果不扣掉现金收益率，只计算债券的信息比，则信息比高达0.5%，那么意味着债券资产的波动比较小。这就导致你能够获得的平均国债收益率为3.5%，平均企业债收益率为4.3%，但大多数企业债是中石化、中石油这种高等级的企业债，如果中低等级企业债收益率能达到6%、7%，那么中国十几万亿企业债的平均收益率可能会高于6.5%。

表 7-10 债券的特点

资产类别	夏普比	平均收益率（%）	波动率（%）	最大回撤率（%）	起始时间
中债国债总财富	0.11	3.5	2.4	5.9	2006-01-04
中证企业债	0.27	4.3	3.9	9.6	2006-01-04

为什么大家在理财投资的过程中都把主要资产放在债券上？原因在于虽然债券的夏普比不高，但是信息比很高，波动性很小。如以 3 年为周期来看，那么投资债券资产可以获得接近 20% 的平均收益率，但是如果中间的波动较大，3 年后的平均收益率接近 7%，如果没有信用风险，那么相当于波动全部被消化掉了。

债券资产有一定的分散化效果，也就是说，国债和企业债的波动不完全一致。债券市场分为两类。一类是国债、金融债等利率债以及 AAA 等级的中石化、中石油的债券。这类债券的特点是信用风险非常小，主要受利率的波动影响，面临利率风险。另一类债券则面临信用风险，到期收益率可能平均高达 6%～8%，但是信用风险比较大。所以，信用风险波动、利率风险波动的不同，导致这两类债券之间有一定的分散化效果。债券相关系数如表 7-11 所示。

表 7-11 债券相关系数

	上证50	沪深300	中证500	上证综指	恒生指数	中债国债总财富	中证企业债	南华工业品指数	中债总财富（1～3年）指数
中债国债总财富	-0.03	-0.02	-0.01	-0.03	-0.04	1.00	0.14	-0.10	0.64
中证企业债	-0.01	-0.00	-0.00	-0.01	-0.05	0.14	1.00	-0.01	0.15

资料来源：彭博社，Wind 金融终端，乐瑞资产。

3. 大宗商品

大宗商品的特点是超额收益为负，波动率和最大回撤率较大，夏普比非常低，同时和股票资产有一定的相关性（见表 7-12 和表 7-13）；通货膨胀时期表现较好，可以抵御通货膨胀给投资组合带来的负面冲击。

比如，在通货膨胀阶段，大宗商品的涨幅大于股票，在通货紧缩阶段如果做空，就可以获得较高的回报，这是大宗商品的特点，大宗商品是阶段性的应用商品。

表 7-12 大宗商品的特点

大宗商品	夏普比	平均收益率（%）	波动率（%）	最大回撤率（%）	起始时间
南华工业品指数	−0.04	2.3	20.2	60.3	2006−01−04

表 7-13 大宗商品和股票债券的相关系数

	上证50	沪深300	中证500	上证综指	恒生指数	中债国债总财富	中证企业债	中债总财富（1～3年）指数
南华工业品指数	0.33	0.33	0.28	0.34	0.42	−0.10	−0.01	−0.04

资料来源：彭博社、Wind 金融终端、乐瑞资产。

4. 非标资产

非标资产是中国一个比较特别的大类资产，是相对于标准化融资（即贷款）而言的一种对企业的债权性融资。中国非标资产呈现如下特点：投资比例受监管约束，流动性较差，没有可以公开交易的市场；收益率的差异取决于主动获取项目的能力。

从图 7-4 中可以看出，在 2012 年之前，非标资产的平均回报率为 9%，即便到 2017 年也高达 6%～7%。中国保险公司资产端的平均回报率只有 5%，所以保险公司用很多钱投非标资产，因为非标资产能提升资产总值。

整体来看，中国市场的定价效率很低。随着中国市场的开放和参与者的多样化，传统资产的特点还在不断变化，我们需密切关注由此带来的机会和变化。

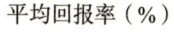

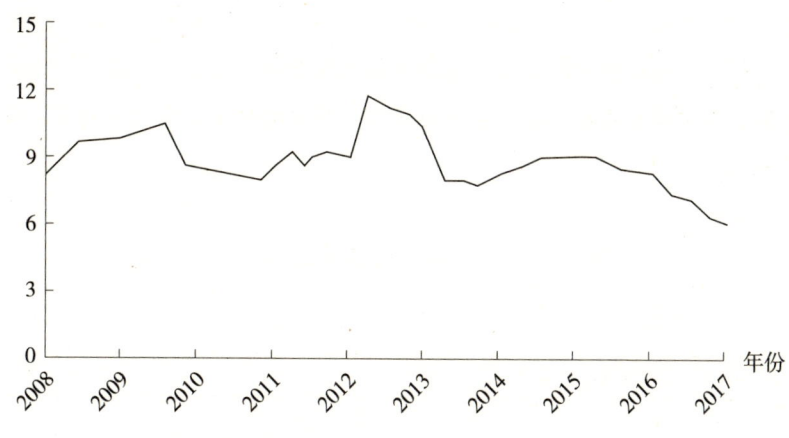

图 7-4　非标资产回报率（2008—2017 年）

资料来源：Wind 金融终端，乐瑞资产。

2003 年公募基金真正进入历史舞台，股市才迎来价值投资的理念。股票市场的积极管理依然非常有效，股票市场的 Alpha 收益很高，原因是目前投资者结构依然以散户为主，海外很多股票基金或机构投资者非常希望进入中国市场。我们问他们，中国股票市场的市盈率那么高，你们为什么要进来？他们说，中国市场散户比例非常高，历史上韩国以及中国台湾的散户的比例都曾经非常高，散户比例高导致定价效益非常低，中间的 Alpha 收益非常高。也就是说表面上看整体的市盈率非常高，但是如果投资恰当，那么综合回报率将远远超越发达国家市场。

债券市场目前面临比较大的变革，专业化程度越来越高。过去投资债券的时候，只需要考虑利率风险，不用考虑信用风险。现在多了一个维度——信用，相当于变成了两维，原来是一维世界，现在是两维世界，专业度和难度大大增加了。债券市场较长时间以配置型机构为主，最近几年参与者结构多样化并出现交易型机构；叠加刚性兑付打破，基本面决定债券价值的时代刚刚拉开序幕。

大宗商品的投机力量显著，且以高投机性散户和产业投资者为主。但近年来，以私募基金、资产管理产品等为代表的机构投资者开始入场，市场风格发生变化。市场在资产配置上最大的问题是容量非常有限。如果你有 30 亿元的资金，你想投入更多，但投不进去，因为市场规模就是 30 亿元。

另类资产是以获取租金收入为标的的房地产市场，投资收益率及夏普比较为适宜，且与其他资产相关性较低。中国市场缺乏标准化 REITs 产品，虽然现在市面上有很多产品叫 REITs，但本质上是策略，不是真正的 REITs，普遍尚未被纳入主要配置资产的范畴。不过，另类资产是一个非常值得探讨的方向。

资产配置：市场特征决定简单组合效果偏弱

现在，主流机构在进行配置时主要以股票和债券为主。

但是股票和债券的夏普比很低，略高于 0.2，它们的平均收益率则差距较大，分别是 5% 以上和 10%，资产配置以后的结果怎么样？

首先，做简单的资产配置，我们将债券、股票、现金、黄金按照保守、平衡、激进三个方式配置（见表 7-14），结果和美国市场配置的结果天差地别，差别就是保守组合、平衡组合和激进组合的夏普比只提高了 0.1，但是收益率明显下降。

表 7-14 简单配置后的组合

资产在组合中的占比（%）	保守组合	平衡组合	激进组合
债券	75	55	25
股票	15	30	60
黄金	5	10	15
现金	5	5	5

注：无风险平均收益率 =3.2%。

资料来源：彭博社，Wind 金融终端，乐瑞资产。

这导致最大回撤率也没有得到明显的改善，类别改善不小，从 70% 以上降到 20%、30%，但还是不可承受。图 7-5 显示，不管是原生的资产，还是经过配置的资产，夏普比（收益率/波动率）都在这条线附近，说明配置前后的差别不大。

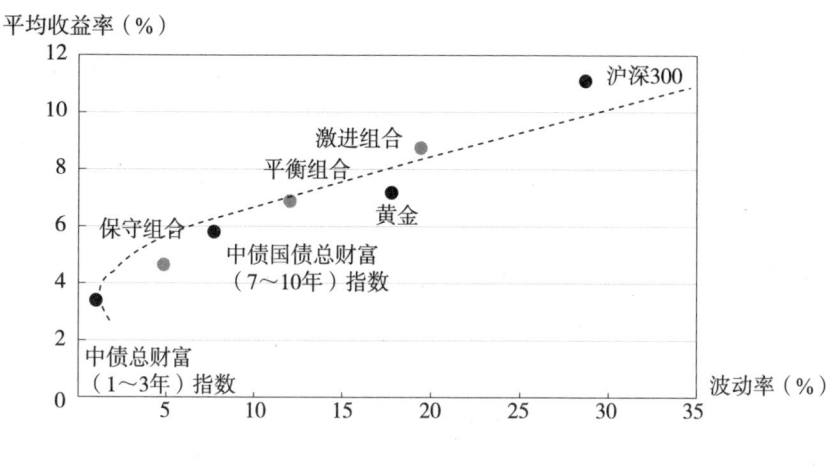

图 7-5 资产配置前后对比

相对于传统的股债更具分散化效果

大型机构投资者负债端久期较长、较为稳定，因此可以更多配置于权益、非标（含 PPP[①]、房地产项目、股权）等低流动性资产，以获得更高风险溢价，同时增加配置资产类别，相对于传统的股债更具分散化效果。

我们主要模拟了两种有代表性的配置方法，检验资产配置在中国的有效性。一种是恒定比例组合，包括传统的 60/40 组合和永久组合。另一种是均值方差组合，包括传统的被动型均值方差组合以及加入部分主动管理后的均值方差组合。

[①] PPP（Public-Private Partnership），又称 PPP 模式，意即政府和社会资本合作，是公共基础设施中的一种项目运作模式。投资 PPP 资产，即投资 PPP 模式的项目。——编者注

方案1：恒定比例组合——60/40组合

在恒定比例组合中，债券还是用债券指数，但是股票换成了A股和港股。这个组合的实操性很强，因为有港股通，就完全可以投港股，A股占40%，港股占20%，债券占40%。配置之后，平均收益率提高到11.13%，波动率为13.69%，夏普比提高到0.56，最大月度回撤率降低到22.68%（见图7-6和表7-15）。

表7-15 60/40组合配置后的特点

平均收益率（%）	波动率（%）	夏普比	最大月度回撤率（%）
11.13	13.69	0.56	22.68

注：无风险平均收益率=3.5%。

资料来源：Wind金融终端，乐瑞资产。

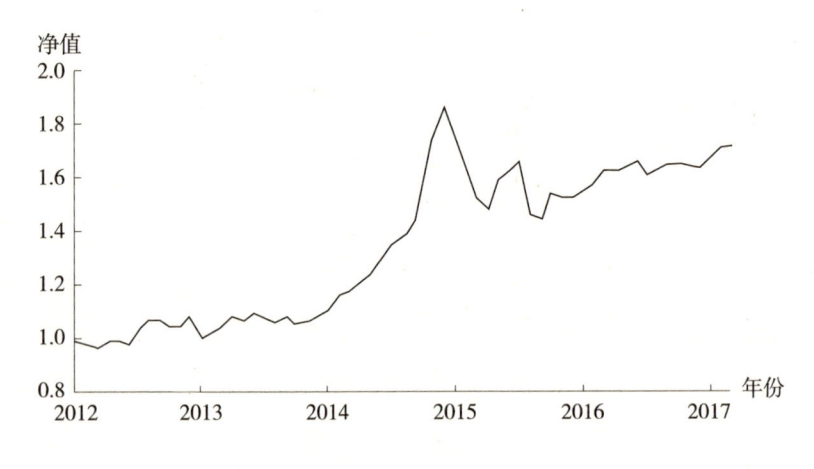

图7-6 60/40组合净值趋势（2012—2017年）

资料来源：Wind金融终端，乐瑞资产。

对国内大部分机构投资者来说，股票和债券仍是主要的资产配置类别。由于股票权重较大，因此60/40组合的波动率和最大月度回撤率也较大，虽被国外机构投资者所运用（如挪威主权基金），但当前环境下不适合中国机构投资者。

方案 2：恒定比例组合——永久组合

太平洋高地资产管理公司成立于 1982 年，在经常运用永久组合策略方面是最具代表性的机构。

在这个组合中，A 股占 15%、港股占 5%、债券占 20%、黄金占 20%、房地产占 20%、REITs 占 20%、非标资产占 20%，配置后的回报率为 8.49%，但是波动率更低，为 0.47%，夏普比达到 0.86，最大月度回撤率降低到 0.51%（见图 7-7 和表 7-16）。这是一个非常具有现实意义的配置方案，按照这样的方案配置，基本上能够比较稳定地获得 8% 左右的回报率，我们又成功了一步。

表 7-16 永久组合配置后的特点

平均收益率（%）	波动率（%）	夏普比	最大月度回撤率（%）
8.49	5.77	0.86	5.51

注：另类资产以非证券投资类信托为代表，无风险平均收益率 =3.5%。

资料来源：彭博社，Wind 金融终端，乐瑞资产。

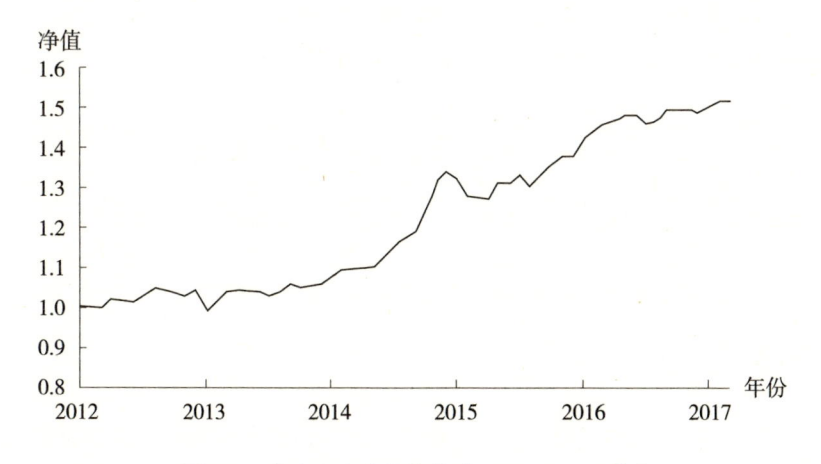

图 7-7 永久组合净值走势（2012—2017 年）

资料来源：彭博社，Wind 金融终端，乐瑞资产。

由于更加分散，永久组合控制了波动和最大月度回撤率，提高了夏普比。但由于对代表大宗商品的黄金投资比例较高，永久组合在调整前不适合中国机构投资者。

方案3：均值方差传统组合

使用均值方差模型，以2006年6月至2012年6月的历史数据为样本计算各类资产的相关参数，并根据管理人的主观预判对参数修正，执行年度再平衡。此外，根据监管对银行投资比例的限制，对黄金、REITs、非标资产设置投资上限，上限是10%。

我们把上限设置为：房地产REITs 10%、非标资产10%、债券64%、黄金2%。非标资产配置是根据前6年数据的合理估计，估计了结果以后再代入参数，通过均值方差值优化，之后债券重新回到64%，最后结果是什么？

在回测检验期，均值方差传统组合提高了平均收益率，同时降低了波动率，获得了较高的夏普比。平均收益率进一步降低到7.7%，波动率降低至3.78%，夏普比达1.1，最大月度回撤率降至2.6%，这个组合基本上处于非常优秀的投资回报水平（见图7-8和表7-17）。

表7-17 均值方差传统组合配置后的特点

平均收益率（%）	波动率（%）	夏普比	最大月度回撤率（%）
7.70	3.78	1.10	2.60

注：另类资产以非证券投资类信托为代表，无风险收益率=3.5%。

资料来源：Wind金融终端，乐瑞资产。

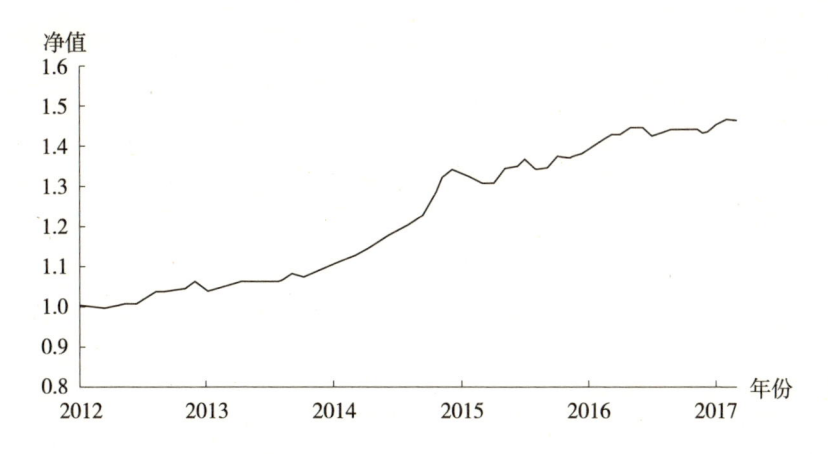

图 7-8　均值方差传统组合净值走势（2012—2017 年）

资料来源：Wind 金融终端，乐瑞资产。

方案 4：均值方差增强组合

在均值方差传统组合中，保持各大类资产的权重不变，将间接配置能带来的超额收益纳入考虑。基于数据可得性考虑，此处以乐瑞纯债产品替代信用债指数，以乐瑞房地产基金代替房地产指数。

假如投资者除了配置以外，在优选管理人时还选了一些优秀的基金经理，在某些部分比如债券基金、房地产基金方面得到了更高的回报，我们称之为"增强组合"。在均值方差增强组合中放入优秀的基金以后，组合投资收益得以增强，同时波动率下降、夏普比提升较为明显，平均收益率提高到 9.64%，夏普比提高到 1.63，最大月度回撤率降低到 1.86%（见图 7-9 和表 7-18）。

表 7-18　均值方差增强组合配置后的特点

平均收益率（%）	波动率（%）	夏普比	最大月度回撤率（%）
9.64	3.74	1.63	1.86

说明：另类资产以非证券投资类信托为代表，无风险平均收益率 =3.5%。

资料来源：Wind 金融终端，乐瑞资产。

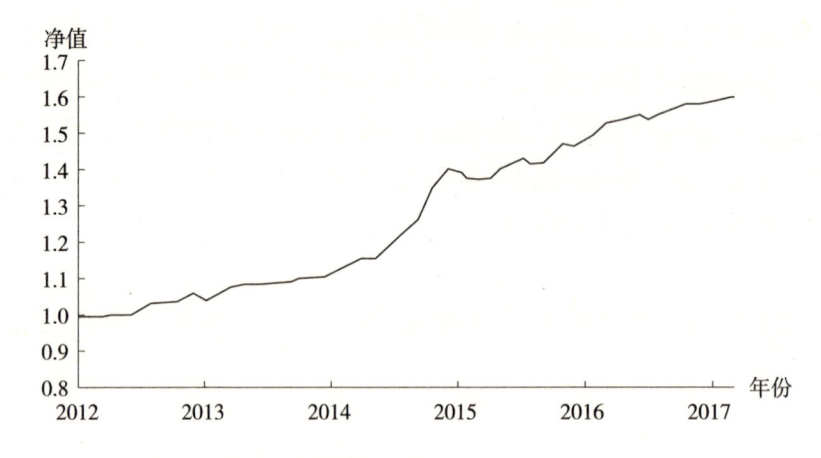

净值走势图（2012—2017年），净值从1.0上升至约1.6。

图 7-9　均值方差增强组合净值走势（2012—2017 年）

资料来源：Wind 金融终端，乐瑞资产。

应该说，整体市场的基金中只有 5 只基金能超过这个水平。表 7-19 列出 2012 年 6 月至 2017 年 6 月资产及模拟组合表现，最初的夏普比很低，股票只有不到 1，债券收益略高。债券的夏普比高是因为我们预测未来 5 年的市场是债券牛市多、熊市少的市场。

表 7-19　2012 年 6 月—2017 年 6 月资产及模拟组合表现

资产及组合	夏普比	平均收益率（%）	波动率（%）	最大回撤率（%）
A 股	0.39	14.80	28.59	44.57
港股	0.20	6.68	15.61	32.07
债券	0.65	5.00	2.27	1.79
黄金	−0.41	−2.80	15.42	39.76
房地产	2.12	11.68	3.85	4.52
非标资产	9.66	7.88	0.45	0.00
现金	—	3.53	—	—
乐瑞债券组合	1.87	8.04	2.41	0.44
60/40 组合	0.56	11.13	13.69	22.68
永久组合	0.86	8.49	5.77	5.51
均值方差传统组合	1.10	7.70	3.78	2.60
均值方差增强组合	1.63	9.64	3.74	1.86

资料来源：Wind 金融终端，乐瑞资产。

黄金的夏普比是负的，房地产的夏普比是 2.12，非标资产的夏普比是 9.66。乐瑞债券组合的夏普比是 1.87，60/40 组合的夏普比是 0.56，永久组合的夏普比是 0.86，均值方差传统组合的夏普比是 1.10，均值方差增强组合的夏普比是 1.63。所以，通过简单的资产配置，就能打败绝大多数的传统基金，这就是资产配置的魅力所在。

为什么房地产资产项目的夏普比是 2.12，平均收益率是 11.68%，这个数据怎么来的？

在收益模拟测算时，采用的房地产 REITs 收益率指标为一线城市房价涨幅，主要原因是该指数为目前可得时间区间最长、公布频率相对较高且数据质量相对可靠的数据。一线城市房价涨幅可以作为机构投资者投资房地产收益的代表性指标。主要原因在于通过将其与股票市场房地产指数的净资产收益率（ROE）水平、商业地产租金的内部平均收益率对比，平均收益率水平较为接近。

中信一级行业房地产 ROE 水平在 2006—2017 年上半年的均值约为 12%。假设商业地产首年租金占其投资成本的比率，即投资回报率为 4%，租金年均涨幅为 3%（与通货膨胀水平相当），周期为 40 年，则平均年化收益率是 7.5%。

本文根据作者 2017 年 12 月 22 日在"北大汇丰金融前沿讲堂"的演讲整理，经作者审阅。

第8章
期权市场的创新、合规与风控

程刚
天风证券自营投资总监

期权的基础概念

期权在生活中无处不在。以看涨期权为例,一个期权指的是期权合约的持有者有权利而非义务在到期日以约定价格买入基底资产。其中涉及几个关键点。首先,"期权"的核心是权利而非义务。"期权"是一种选择权,是在特定日期以特定价格买入特定东西。其次,期权是一份合同或合约。既然是一份合约,就有甲方和乙方,或者有买方和卖方,对此我们有相应的叫法。比如,我们通常把买方叫作持有方或权利方、持有人(holder),把卖方叫作发行方或义务方、期权卖方(writer)、发行机构(issuer)。我们通常场外说你作为卖方能不能写一个期权,发行一个期权供买方购买。

期权概述

期权本身有两大基本要素。一个要素是基底资产,也称为挂钩资产、标的资产等。如果把期权看成赌博,基底资产就是赌博的对象,就像赌马、赌球一样。基底资产是多种多样的，股票、债券、期货、外汇、固定收益都可以作为基底资产。另一个要素是回报公式，即当基底资产发生变化时，如何获取回报。这个回报公式要规定时间和价格。在明天到来之前，我们不知道股票究竟会怎样。期权就是我们对未来的赌博。

所以，我们需要规定一个时间和一个专门的价格。比如，我们约定好3月31日你可以用500元买一股贵州茅台，500元就是一个专门约定好的价格。因为约定的价格不一样，合约的价值就不一样。约定的价格越便宜，对持有这个合约的人越有利，这个合约就越有价值，这就是期权。

期权的种类

上文讲的是最普通的期权。我们在现实中经常碰到的期权有如下几种：

"普通期权"（vanilla），这个词的英文意思是香草冰激凌，所以又称"香草期权"。它就是最基本、最普通的期权，比如欧式期权、美式期权和亚式期权。期权是权利而非义务，以某个特殊价格买到某种东西是典型的欧式期权。欧式、美式、亚式期权都是约定买某种东西的价格，但它们在时间上有所不同。对于欧式期权，如果约定3月31日买，就必须3月31日当天买，其余任何时间都不行。对于美式期权，如果到期日是3月31日，那么在此之前的任何一天，只要你愿意都可以买。因为美式期权在到期日之前任意一天都可以行权。美式期权和欧式期权哪个更贵一些？肯定美式期权贵，因为美式期权的权利更多一些，或者说美式期权包含欧式期权。对于亚式期权，在到期日之前，不是以最后价格来算价格，而是以平均价格来算。也就是说，假如现在离到期日还有5天，每天都买20%，而不是最后一天把100%全部买完。所以，亚式期权的核心价格指平均价，而不是某一天的点价。

还有一种期权叫"奇异期权"（exotique）。这个词的英文意思是异域风情。与常见的期权相比，奇异期权的基底资产不同，常见的普通基底资产大多数是股票、债券、黄金、汇率、人民币、美元等，但奇异期权的基底资产可以是任意一种东西，比如天气。未来4个月平均温度是多少度？如果事实上平均温度是25℃，那么设定期权执行价格是一个数值；如果事实上平均温度是26℃，那么设定执行价格则是另一个数值。农业产量和温度有非常明显的相关性，平均温度只要高0.5℃，产量可能提高10%，就能产生更高的盈利。农民肯定想将天气作为基底资产，假设因为厄尔尼诺现象，平均温度低了0.5℃，可能就会直接导致庄稼收成减少10%，农民的收入减少10%，那么农民肯定希望得到赔偿。所以，他们可以做一个期权，如果平均气温低到一个数值，就能获得赔偿。

还有一些奇异期权可以把股票、黄金、人民币、美元等一篮子资产放一起，用非线性函数计算，取最大值，把这一篮子东西中最大的变化率作为基底资产，进而预测这种基底资产的数值并设定期权价格。比如，如果基底资产数值超过了1.1，那么设定期权执行价格是某个数值。

另外，奇异期权还体现在回报公式上。普通的回报公式简单易懂，只看最终价格和执行价格的大小关系。而奇异回报公式会比较复杂，可以是不连续函数，可以有多个执行价格，可以是触碰式，或者是路径相关的形式，不仅看最终价格，还看从头到尾某些约定时间段里的价格。

接下来讲"场内"和"场外"。所谓"场内""场外"主要是从交易场所的角度划分的。中国金融市场官方认证的只有六大交易所：上交所、深交所以及四个期货交易所，分别是大连期货交易所、郑州期货交易所、上海期货交易所和中金所。除此之外的交易都是"场外交易"，最常见的是交易商与客户之间双边签订的合约，此外还有其他非官方交易所里的交易，如古玩交易所、字画交易所、不锈钢交易所、股权交易所。

场内是指在正规交易所挂牌的、有代码的、交易的产品，股票、基金、债券、转债都是场内产品。场内期权的特点是合约是标准的，比如，场内现在交易 50ETF（Exchange Traded Funds，交易所挂牌基金）期权，今天正好是到期日，价格有 2.9 元、2.95 元、2.8 元不等，但都是标准合约。

如果是场外的期权，业内人士常用的一个词叫"非标"，也就是非标准合约、非标准业务。债券中的非标期权很多，因为债券做的就是典型的非标准合约市场。场外有无穷种变化，各种方式都可以约定。场外期权特点是变化多，奇异期权基本都是场外期权。场内只提供最普通、最常见的期权，只能交易这些有限的品种。

期权：风险的搬运工

接下来讲如何理解"期权"。从投机角度来说，它和一盆郁金香或者一枚比特币没有差别，可买可卖。但是，为什么证监会要大力发展多层次的资本市场？因为期权是有很多实际意义的，可以为我们做很多风险转移工作。

什么叫风险转移？首先，我们要认识风险，风险在每个人眼里是不一样的。在金融投资领域，风险的本质是价格的波动，或者说是未来面临的因波动而产生的不确定性或损失。仍以茅台为例，假如我现在持有一股茅台，我实际上就持有了一股风险。因为虽然现在每股是 600 元，但是未来股价可能跌到 500 元，我可能因此亏损 100 元。同时，风险是一个主观的东西。假如我们每个人都持有一股茅台，各自对风险的评价不一样，有的人认为这很安全，有的人认为这很危险。如果大家认知都不一样，那么社会福利最大化的情况就是做交换和交易。有人持有茅台而心有不安，觉得有巨大风险；有人可能认为持有茅台没有风险，相反会有收益，这样就产生了交易。

其次，我们要理解风险。期权帮助我们把风险分解成很多层次，比如 α、β、δ、γ、ν、θ，这些希腊字母在数学领域是一些导数，在金融学领域表示我们所持有产品的风险暴露程度。比如，房子是一种很复杂的资产，各种情况变动都会影响房价波动，比如发生一次地震、整个宏观经济变好或变坏、中美打贸易战，都会引起价格变动。所以，房子的风险暴露很多。根据这些风险暴露的因子，我们可以把风险暴露程度进行分门别类。比如，战争的风险暴露是多少钱？地震的风险暴露是多少钱？地铁的风险暴露是多少钱？这就相当于敏感度，用数学的观点来看其实就是导数的概念。我用价格对因子 X 求导数，这一步就是我们识别风险和理解风险的过程。

再次，做出选择，哪些风险是想要的，哪些风险是不想要的。比如，如果我对亚马逊公司的业绩很有信心，但是人民币兑美元汇率的风险是我不想要的，那么就要把它拆出来。在传统的股票中，持有一只股票，意味着全部持有各种风险。假如我持有茅台股票，就意味着我持有了白酒行业的风险，持有了中国整体经济的风险，还有人民币汇率的风险。这些风险中可能有两种风险是我特别想要的，另外一种是我不想要的，我自然要留下想要的两种风险，拆出另外一种风险卖给别人。这就是期权的作用，期权对时间、价格、汇率等各个风险有不同导数，借助期权可以拆开这些风险，然后就可以做交易了。不论是场内还是场外，是买期权还是卖期权，这笔交易就意味着把一个风险转移到另外一个地方。我付一笔钱买期权时，肯定希望风险和收益是对等的，把不想要的风险卖出去。同时，我为了处理这个风险，需要给别人一笔钱。

买卖期权实质上是在做风险的交易。一开始我们手上都持有具有各种不同风险的资产，后来因为主观需求不一样，大家进行交易之后，每个人都能用手中的资产置换更理想的资产，使风险在自己的可接受范围内，这样整个社会福利就会提高。比如，如果你看好茅台，就可以通过期权交易去置换持有很多茅台股票。如果你对人民币兑美元汇率有更清楚的判断，就可以通过期权交易去置换持有更多人民币兑美元汇率的资产。如果我对宏观经济更有信心，就可以通过期权交易去置换持有很多与宏观经济强关联的资产。最终每个人都拿到了自己想要的东西。

最后，就是验证判断的时刻。比如，我判断中国的宏观经济还会持续向好，于是手中持有很多与中国宏观经济强关联的资产并承担相应的风险，只要宏观经济真的向好，我就能赚很多钱，反之，我也可能亏很多钱。风险和收益是同源的，我们需要真正识别自己持有的资产的风险是什么。

所以，期权根本上是一个中性的工具。风险是基底资产本身就有的，期权只是风险的搬运工，把各种风险从不想要的人手里转移到想要的人手里。

中国衍生品市场发展现状

接下来介绍现在国内的衍生品市场，也就是期权市场的情况。

国际期权市场的历史和现状

图 8-1 和图 8-2 是期权在海外市场的发展情况。海外比国内发展得早，20 世纪 70 年代场内期权市场就开始发展，经过了加速发展、指数增长的过程，到 2007—2008 年之后发展曲线趋于平缓。期权市场蓬勃发展的一个很大助力是计算机的出现。因为期权对计算要求比较高，20 世纪 70 年代还没有好的算法，所以计算期权的方法是：由几个人提出期权的定价公式，然后在草稿纸上算出来。20 世纪八九十年代，随着计算机的普及，大家可以放弃这些数学公式，直接用模拟等数学方法来计算，期权随之迎来大发展。期权发展受到挫折是因为 2008 年的金融危机，那时期权为千夫所指，用巴菲特的话说是"大规模杀伤性武器"，所以随后期权的发展曲线基本上是平的，还曾小幅下降，后来基本上维持水平。

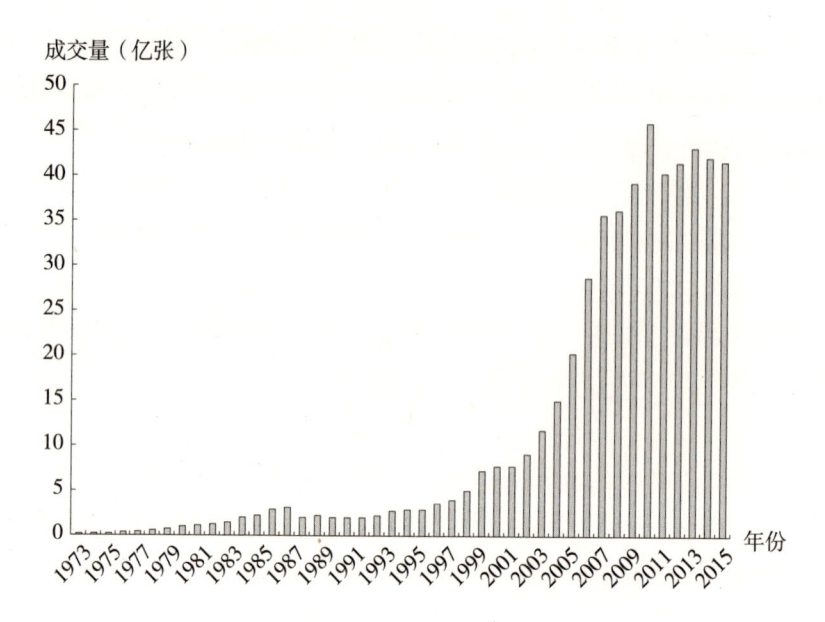

图 8-1　美国期权成交量（1973—2015 年）

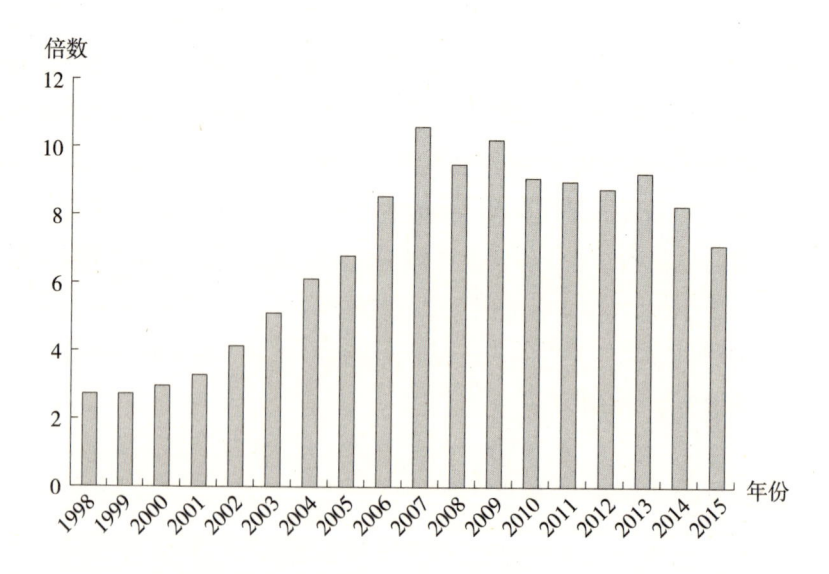

图 8-2　全球场外期权名义价值对全球 GDP 的倍数（1998—2015 年）

- 2015 年，根据全球最大股票衍生品清算机构 OCC 的清算量，美国市场共有 4 531 只标的存在期权交易，全年成交 41.4 亿张，日均成交量 16.44 万张。
- 全球场外期权的规模更大。截至 2015 年 12 月，全球场内期权总持仓的名义价值为 38.4 万亿美元；场外期权总持仓的名义价值为 494 万亿美元。
- 2006—2015 年，全球场外期权名义价值大概是当年 GDP 的 9 倍左右；其中，利率期权的占比最多，大约为 83%。

需要注意的是，期权名义本金远远超过我们的想象，甚至比全球 GDP 还要大很多倍。中国 A 股的市场容量大概是 10 万亿元，和中国的 GDP 差不多在同一个数量级。而期权名义本金是全球 GDP 的几十倍甚至上百倍，非常惊人。其实，有一些夸大了。

名义本金和期权是两个概念，期权有一个很突出的特点：杠杆很高。比如，同样为了买 100 元的东西，可能花 5 元期权费，真正用的资金不像名义本金这么多。那么名义本金为什么这么高？因为大多数期权是按名义本金来算的，并且大多数期权是汇率和利率的期权，也就是固定收益的期权。如果我们做债券，债券价格单位都用 BP（基点），百分之一的百分之一，也就是名义本金为 100 元的债券，观察它有几个 BP 的变化。因为名义本金可能是期权费的几千倍，甚至几万倍，所以名义本金可以做得很大，比如我做了 1 000 亿元名义本金，实际上交易规模只有 1 亿～2 亿元。期权在海外经过悠久的发展历史（见表 8-1），规模很大。

接下来看期权在场内的历史和在场外的历史。场外市场发展肯定早于场内市场。任何事物发展都是这样的，先出现不正规的场外市场，大家先在家里做，然后拿到自由市场上卖，接下来才推出正规的场内市场。关于场外市场的历史有各种说法，有些书上说古罗马时代就有期权了。但比较正式的场外市场出现在荷兰和英国等贸易发达的国家。

表 8-1　期权在海外市场的发展情况

阶段	时间	事件
场外市场的出现	18 世纪	在工业革命和运输贸易的刺激下，欧洲出现了有组织的期权交易，标的物以农产品为主
	1733 年	英国颁布《巴纳德法》宣布期权非法。1860 年撤销该法案。这段时期期权交易从未停止过，只是交易量很小
	1792 年	纽约证券交易所出现场外期权交易，期权经纪商与自营商协会形成
	20 世纪 30 年代	在 20 世纪 30 年代大萧条期间以及第二次世界大战后的一段时间，期权市场受到英、美政府干预而禁止买卖。不过，期权交易实际上从来没有停止过
场内市场的形成及发展	1973 年	4 月，芝加哥期货交易所（CBOT）开始期权交易，并于 4 月 26 日分离出独立的芝加哥期权交易所（CBOE），进行统一化和标准化的股票看涨期权合约买卖，标志着场内期权的诞生 5 月，Back-Scholes 期权定价公式正式发表
	1975 年	美国股票交易所（AMEX）及费城股票交易所（PHLX）也开始交易股票期权，场内期权市场更具规模
	1977 年	CBOE 开始看跌期权的交易，美国证监会（SEC）发布禁令，明确要求不得上市新期权品种
	1982 年	CBOT 推出了长期国债期货的期权交易
	1982—1983 年	美国芝加哥商业交易所（CME）在 1982 年推出标准普尔 500 指数期货买卖，交易活跃，带动了 1983 年各种股票指数期权合约纷纷在芝加哥期权交易所、美国股票交易所及纽约证券交易所（NYSE）上市交易
	1985 年	外汇期权开始在芝加哥及费城交易
	20 世纪 80 年代	债券、农产品及原油期货的期权合约也相继面世，带来百花齐放的景象

期权最初是基于实物的，后来发展到基于股票，之后慢慢进入场内市场。交易所发现做期权有利可图，做期权的人很多，于是订立一个标准化合约，让大家都到交易所来做，这样交易所还可以挣到手续费。所以，从 20 世纪 70 年代开始，期权逐渐进入场内市场，随后场内推出越来越多的标准产品。每一只个股、每一只债券，从理论上来讲都可以推出期权，比如上交所、深交所有 3 000 只股票，至少可以做出 3 000 种场内期权；整个商品市场有四五十种商

品，至少可以推出四五十种场内期权。实际上，在美国的发展也是如此，美国有非常多的个股期权，大概有两三千只，基本只要有期货的商品都有期权。

国内期权的历史和现状

目前，中国市场上只有三种场内期权：上交所推出的50ETF期权（见图8-3），大商所推出的豆粕期权，以及郑商所推出的白糖期权。其中，中国真正意义上的第一只场内期权是2015年2月9日上交所推出的50ETF期权。50ETF是一个基于跟踪50指数的基金的期权，非常有代表性。

场内期权在我国市场的发展状况

- 2008年，上交所决定将期权工作作为重点工作推进。
- 2015年2月9日，我国第一只场内期权50ETF期权上市（上交所）。
- 2017年3月31日，我国首只场内商品期权豆粕期权上市（大商所）。
- 2017年4月19日，白糖期权上市（郑商所）。

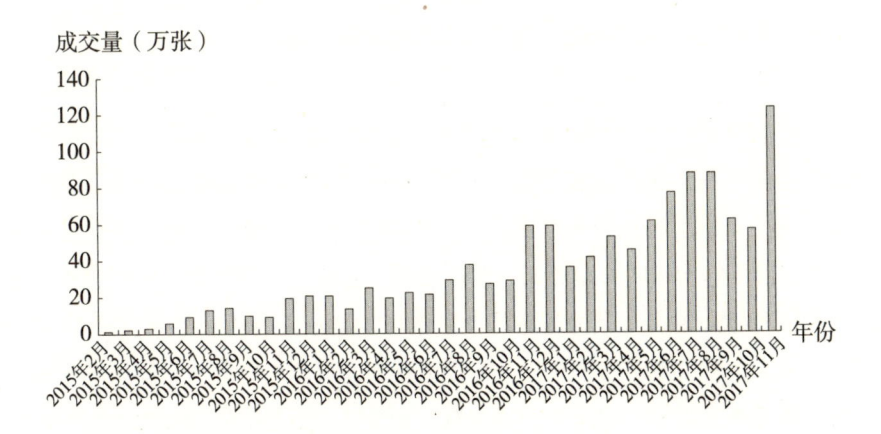

图8-3 50ETF期权日均成交量（2015年2月至2017年11月）

从 2008 年开始，上交所决定大力推进期权发展，但实际上到 2015 年才正式推出，中间经历了不少曲折。当然也有运气不佳的成分，因为 2008 年上交所刚做出这个决定之后就发生了全球金融危机，衍生品成了替罪羊。此外，在中国市场，每个产品推出的背后都有非常多的博弈，交易所也要做出很多努力。所以，这个进程没有大家想象的那么快。但是，一旦推出之后，就出现了爆炸性的增长。2015 年到 2018 年 3 月，50ETF 期权的交易量在 3 年多的时间里至少增长了 1 000 倍。

中国场内期权市场目前处于什么阶段？50ETF 期权表现好的时候排到全球第二名、第三名，虽然离第一名标普 500 还有一定差距，但是至少稳居前五名。然而，我们只有这一棵"树"，其他国家有几千棵"树"。所以，我国的场内期权发展现在只是处于起步阶段。

场外期权在我国市场的发展状况

- 规模发展迅速，场外期权占半壁江山。
- 场外期权业务集中度高，行业翘楚差距大。
- 交易对手以私募基金、期货公司和商业银行为主。

场外期权是一个相对更加自由的市场。中国发展场外期权的过程和海外的过程是相反的：场内期权带动了场外期权。因为期权在很大程度上是舶来品，以前大家不了解期权是什么，场内期权出现后，随着场内期权交易的发展，大家慢慢熟悉了期权是什么，然后发挥了创造力、想象力，同时再加上规则上的便利越来越多，中国的场外期权市场才真正开始活跃起来。早在 2014 年，中国就在做场外期权了，甚至很多国有企业可能在更早的时候就开始和海外企业做场外期权了。但是，业内通常一致认为 2017 年可以被称为场外期权的"元年"，场外期权真正迎来大爆发。

2017 年，场外期权的成交量，无论是笔数还是金额都增长很快，最终名义本金存量达到了 5 000 亿元的规模。这个数字还不全面，因为这是证券业协会的统计结果，期货业协会也统计得出了 5 000 亿元的规模。也就是说，2017 年中国整个市场名义本金存量规模为 1 万亿元左右。在此期间，有新的期权进来，也有旧的期权退出，但是整体规模基本维持慢慢向上的势头。

那么市场中都有哪些玩家？有银行、期货公司、私募基金、券商、保险公司等。其中，券商是最大的玩家，银行、私募基金、期货公司这三类也都比较大。具体来讲，券商和期货公司主要充当的是中介的角色，大概占市场的 50%；其他的银行、保险公司和私募基金，主要是真实的需求买方和卖方，占市场另外的 50%。这是我们常说的：合约有买就有卖，一定是一半对一半的情况。

个股场外期权在我国市场的发展状况

图 8-4 中个股场外期权的数据是证券业协会统计的。目前国内场外期权中最多的两种就是个股场外期权和期货场外期权。二者分别对应以券商为主导的期权和以期货公司的风险子公司为主导的期权。2017 年是个股场外期权快速发展的一年，最后存量规模大概是 5 000 亿元。按照基底资产来分，场外期权的两大部分是指数期权和个股期权，所谓指数期权，常见的是基于沪深 300 的期权或者基于上证 50、中证 500、中证 800 或中小板的指数期权。

另外一种重要的场外期权叫"商品类场外期权"。它是基于铁矿石、螺纹钢、油等大宗商品的期权。它在 2017 年也实现了快速增长（见图 8-5）。我们看到商品类场外期权分为期权、互换和远期。互换是另外一种比较简单的交易，目前期货期权和个股期权基本上各占半壁江山。这就是中国市场的现状。

图 8-5 中的每个图柱都表示新增期权，每个月新增四五百亿元的规模，2017 年全年达到 3 000 亿～5 000 亿元的量级。

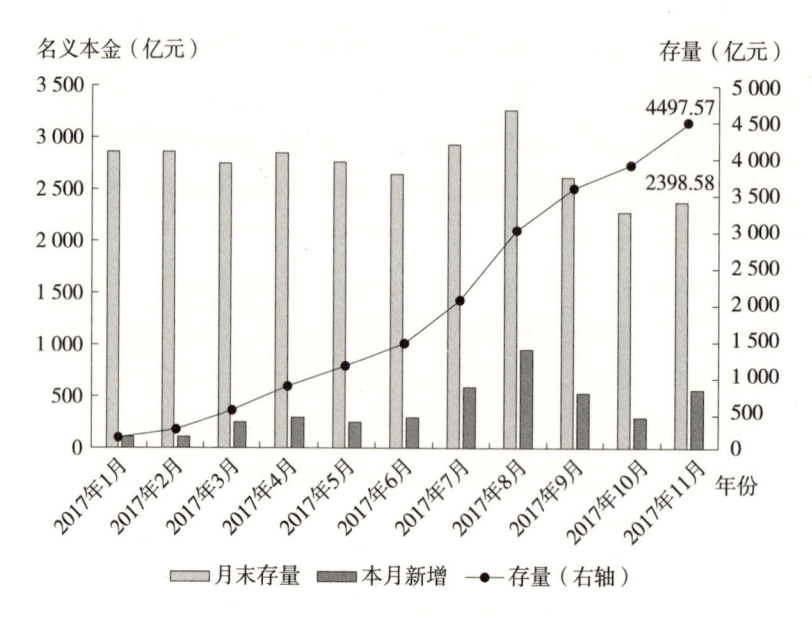

图 8-4　证券公司场外期权交易名义本金情况
（2017 年 1 月至 2017 年 11 月）

资料来源：证券业协会。

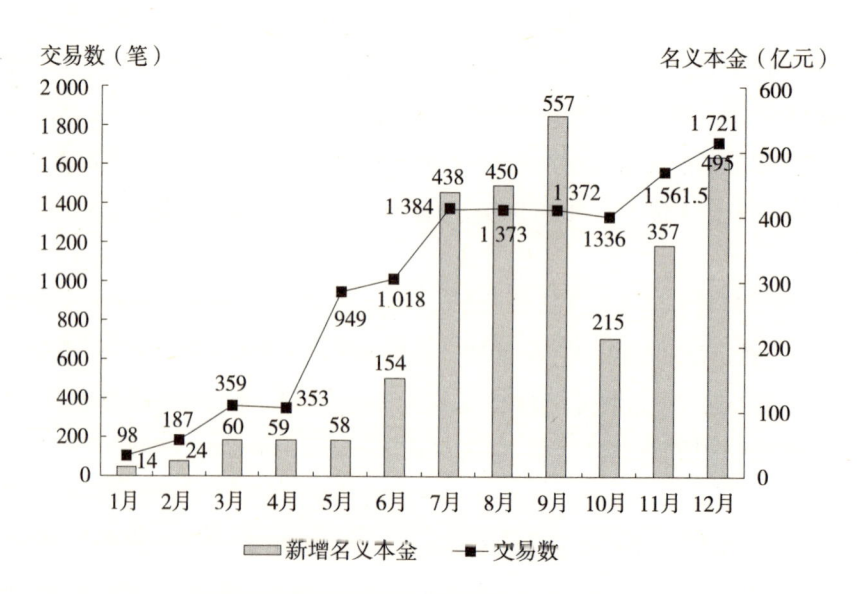

图 8-5　商品类场外期权变化情况（2017 年）

资料来源：期货业协会。

人才和监管

市场中的重要因素除了业务，还有人才。以前，因为中国没有期权，所以中国就没有期权人才，期权人才都在美国纽约、英国伦敦。金融领域之中有些业务更依赖于语言、文化、风俗、背景，比如股权投资、并购等，法国人到英国做股权投资和并购就很难做好；而另一些领域则更依赖于技术和判断，比如期权领域，俄国人到美国做期权也能做得很好。

近几年来，中国场内期权快速发展，吸引了很多高级人才的回归。我几乎每天都能得到同学、校友回到国内设立私募基金，或者在某家券商开展期权业务的消息。

另外，中国的技术也在发展。因为期权的发展极其依赖计算机技术，目前中国的互联网技术已经慢慢从追赶阶段进到超越，甚至领先的水平。现在很多金融App或金融科技公司都做得很好。

如果大家将来有志于从事期权业务，那么一定有机会发展壮大。这种趋势在近几年特别明显。前两年，大家都觉得只有海归才能做期权。如今，期权业务已经非常普遍。中国人追赶海外领先者的脚步真的非常快。只要政策没有大的变化，中国期权市场未来就拥有广阔的前景。

既然谈到现状，就不能不谈监管。无论在哪个国家，监管对市场的影响都是至关重要的。监管不仅影响价格，在宏观上也会左右业务能否很好地开展。

现在场内期权监管的主要目标是平稳发展。因为中国期权市场之前经历过暴涨暴跌，比如2015年的"股灾"，上证指数上半年暴涨到5 000多点，7、8月立刻跌回4 000点以下，最低跌到2 850点。以前中国曾经有类似于期权的权证，因为管理不到位也经历了爆炒。场内产品最危险的情况就是突然增大交易。

政府监管主要追求平稳增长，现在采取措施提高了交易者的门槛。一方面，如果投资者要交易期权，就先要通过考试。另外，还需要有一定的资金实力。另一方面，交易所限制报单手数，控制做特别高频的交易。2018年1月底2月初新推出了一些限制政策，限制交易持仓比。现在限制交易持仓比为3倍。也就是说如果我今天晚上持仓1 000手，那么今天白天的交易就应该少于3 000手，不能多于3 000手，这项措施主要是为了防止大家过多交易。

此外，iVX指数（中国波动率指数）也暂停了发布，这些都是给市场降温的举措。上交所表示："我们可以做到追求马上超越，成为世界第一，但是我们不需要当世界第一，而是需要期权能够平稳发展，不要大起大落。因为我们还有很多其他的交易所期权排队等着发行，如果上交所期权被搞坏了，那么可能深交所期权就发不出来了，我们期待的欣欣向荣的中国期权市场就无从谈起了。"

场外期权政策的方向是坚持去杠杆。这是2017年全年金融监管的主旋律——"去杠杆、降风险"。一方面，提高参与人的投资门槛，原来允许个人参与，从2017年9月之后不允许个人参与了，必须以机构名义参与投资，或者通过资产管理计划和理财计划等参与投资。另外，资金规模门槛提高后，现在大多数名义本金可能在100万元以上，最低30万～50万元。

另一方面，限制变相配资。期权是比较高杠杆的行为，很容易变成为股票配资等行为服务。这是监管现在着力要控制的方向。不过，一些正常的期权，比如银行要做的期权不会受到限制。在金融市场中监管无处不在，无论做什么业务，我们都一定要清楚监管的动向，这样才能将业务长久地经营下去。

场内期权专题

场内期权是一个工具，可以帮我们实现很多精确的想法，比如：价格上，可以具体到比较明确的价格；时间上，可以有特定的时间长度。例如，我认为未来茅台酒可能会涨，这是一个模糊的想法；我觉得未来两周茅台可能会大涨20%，这是一个精确的想法，它把时间和上涨幅度都精确化了。我也可以说未来两周会大涨，但未来3个月又会跌回去，这也是一种精确的想法。

以前，我们实现这种精确想法的工具比较少，只能通过多卖少卖或者早卖晚卖来操作。但是，我们根据对3月和4月的看法可以敲定究竟做3月期权，还是做4月期权。比如，现在价格1元，根据你看好的是小涨还是大涨，是小跌还是大跌，你可以选择1.2元、1.3元、1.4元或0.9元。

期权提供了丰富的对冲手段。期权交易不是单纯的交易，而是为了对冲某种风险的交易，投资者可以利用看跌期权进行"半对冲"，利用深度实值期权取代期货，利用组合进行有限对冲。比如，我已经持有某只股票，明白有某种风险，其中有些风险是我不想要的，我肯定想把这个风险去掉，我既不想因此赔钱也不想因此赚钱，期权就能够帮助我对冲这些风险。

期权不仅可以交易一个东西，还可以通过灵活的组合方式来交易。比如，我在价格1元的时候看涨，但只是温和地看小涨，到了1.1元我看平，不再看涨，我可以做一个这样的模式。在这样的模式下，如果价格实际涨到1.5元，我也没有赚更多的钱。但是，如果实际上涨的这0.1元是我想赚的部分，这样通过几个期权组合我就降低了成本，因为我还卖掉了一个期权，如果价格涨到1.05元或者1.08元这种符合预期的情况，我就能够更加有效地赚到钱。

立体交易

期权交易是一种立体交易。股票交易是单一维度交易，只交易价格本身；相比之下，期权不仅交易价格（方向），还交易波动和时间。我们能直观感受波动，但是很难精确描述它。比如，我们随便看一只股票的走势图，一眼就能看出其波动情况。

我们有几种描述波动的方式，比较通用的方式是收益率的标准差，比如波动率是 20%。另外，还有更直观的描述方式——振幅，也就是最高值和最低值之间的差，波动最高的股票可能一天波动 2%～3%，波动小的股票可能一天波动小于 1%。

波动本身也是有变化的。有的股票某个月内波动一直很小，但是忽然波动变大了，接下来的两三个月都波动很大。我们可以通过期权捕捉这种波动。因为期权很重要的一个特点是它是为波动率定价的，它的价格中包含了对波动率的定价。比如，如果现在茅台波动不太剧烈，这个期权可能只卖 10 元，但是如果接下来茅台波动比较大，这个期权可能卖 20 元。也就是说，我们对这只股票未来的波动有一定的预期。比如，我预计它未来波动很大，就花 10 元买期权，未来波动增大的话我可以 20 元卖出去，就能赚 10 元。

图 8-6 纵轴表示波动率，横轴表示价格，其中每一个元素都是一个具体的组合方式。在教科书中有骑式、跨式、宽跨式、牛市价差、熊市价差等概念。图 8-6 要求我们对价格有清晰的认识，比如，对股价有预期，可以做预计大涨的股票，不做不太涨的股票，反过来是一样的。

另外，如果判断波动率要上升，就可以做跨式、宽跨式，或者蝴蝶式。反之，如果我认为波动率要下降，就反向操作。期权为我们提供了非常丰富的交易工具，使我们可以把自己的观点表达得更加清楚。可以说，每一个观点都能找到一个适合的工具去表达。

在方向性交易方向，至少有三种常用的观点，分别是"强烈观点""温和观点"和"否定性观点"。

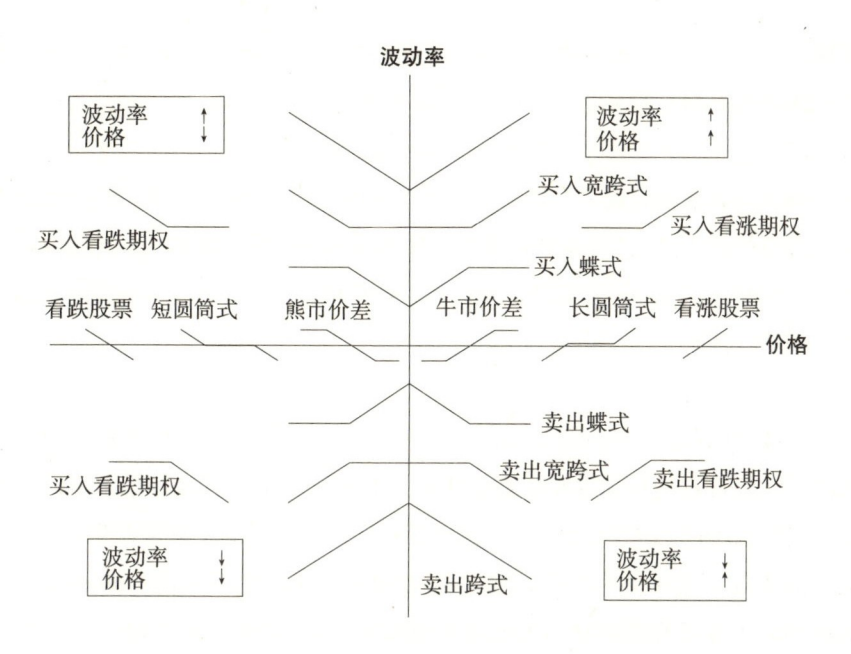

图 8-6 组合策略的波动率和价格特征

"强烈观点"是指强烈看涨，往往直接买一个看涨期权。比如，现在价格是 1 元，我们就买一个执行价格在 1 元以上的看涨期权，这个看涨期权很便宜，可能只要 5 分钱。我们的成本就是这 5 分钱，最后到期时如果价格没有涨到 1 元以上，我们肯定亏钱，只要价格超过 1.05 元就进入了获利的阶段。这个获利是一个斜率为 1 的线性获利，如果价格涨到 1.2 元，我们获利多少？获利是 0.15 元。投入 0.05 元获利 0.15 元，获利是成本的 3 倍。获利来源于我们用的杠杆。当我们强烈看多或者强烈看跌的时候，直接买看涨期权或者看跌期权，这是最直接的方式。

所谓"温和观点"，举个例子，现在价格是 1 元，如果我们不觉得它能涨到 1.2 元、1.3 元，只觉得它能涨到 1.1 元，那我们等到它涨到 1.1 元为止就行了，这时候我们可以截断。截断的办法是将两个期权组合起来，这就叫"牛市价差"。我可以为了做截断卖掉一个执行价格为 1.1 元的期权，收入 0.01 元，这样结合我前面付出的 0.05 元，我的全部付出变成 0.04 元。最后，如果

179

价格在 1～1.1 元，这种情况和刚才讲到的强烈看涨期权是一样的。比如，如果价格涨到 1.08，我就赚了 0.04 元，因为我的成本是 0.04 元。所以温和的观点利用的是市价差。因为我选择温和地看涨，所以只赚这一段，过了这一段我就不赚了。如果我看错了，价格涨到 1.3 元、1.4 元，也没关系，我的期权买家会行使权利，以 1.1 元的价格从我手中买入标的，我赚的跟 1.1 元是一样多的。综上所述，通过温和看涨，我们可以把价格在 1～1.1 元这一段的利润抓住，也可以赚不少钱。

"否定性观点"不一定是指看空，更多时候是卖一个看跌期权，这样更保险。它的特点是更加安全、赢率更高。我们做期权，可以做很多方向性调整。我们 2016、2017 年卖了一个看空期权，因为当时的观点是否定性的，我们认为市场不太可能再跌了，也不太可能涨，我们把它叫作"broken wing butterfly"（折翅的蝴蝶），这种做法一直效果很好，我们也从中赚了不少钱。

波动率交易及案例

波动率交易涉及两个因素：方向和波动率。波动率交易涉及一个隐含波动率，我们会根据专门软件分析波动率究竟是多少，是 15% 还是 20%，然后再做相应的交易。

举个例子，我们采用的这个结构叫跨式期权（straddle）。其特点是：如果今天价格为 1 元，0.95～1.05 元可能是我的亏损空间，假定 10 天之后是到期日，如果到期时的价格是 0.95～1.05 元，我就会亏损。那盈利空间呢？盈利空间在两边，低于 0.95 元或者高于 1.05 元，都是我的盈利空间。价格越低于 0.95 元或者越高于 1.05 元，我就获利越多。换言之，价格波动越大，我的盈利就越高（见图 8-7）。

举一个我们在 2016 年做的案例：当时美国大选，谁都不知道特朗普能否当选。根据市场分析，如果希拉里当选，则市场看涨，如果特朗普当选，则市场看跌。我们不知道谁会当选,但对波动率有一个基本判断,总会有一个人当选,结果不是大涨就是大跌,所以在这个过程中我们做多波动率。我们认为未来波动率会增大,向哪个方向增大不确定,但肯定的是波动率会增大。所以,我们买了上文所说的那个结构,只持有了一天,就赚了大约 10%。这个就是期权能实现的,但普通股票交易肯定无法实现。

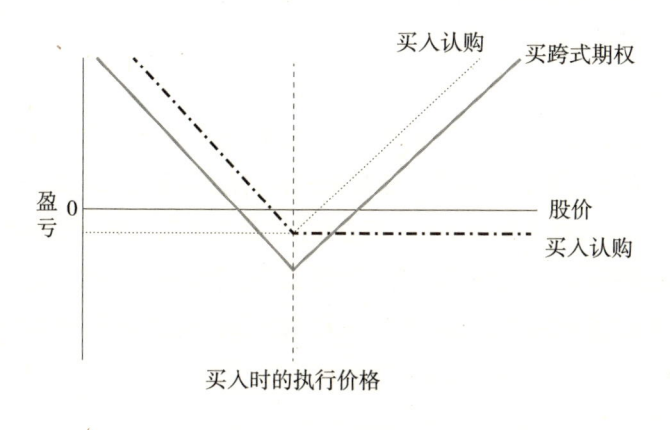

图 8-7 跨式期权结构

VIX 及 2018 年案例

接下来介绍一个专业分析波动率的工具,VIX[①],它是美国芝加哥期权交易所提供的指数。

2018 年春节之前,发生了一次"血案"。2 月 7 日至 9 日 3 天内美股经历了一次暴跌。暴跌之后,很多做期权的人"死掉"了。因为之前美股一直很平稳地上涨,很多人做卖空 VIX 这个策略,并持续做了四五年。很多人从 50 万元做到 1 200 万元,借机发财致富了。但做的是卖空 VIX,VIX 在什么时候会大涨?第一次是 2008—2009 年金融危机,第二次是 2010—2011 年美国

---

① VIX 指数(Volatility Index,波动率指数),用以反映标准普尔 500 指数期货的波动程度,测量未来 30 天市场预期的波动程度,通常用来评估未来风险,因此也有人称之为恐慌指数。——编者注

股市的"闪崩"事件发生期间，最近一次是 2018 年 2 月。每当市场有动荡的时候，VIX 肯定涨，这时如果做空 VIX，那么肯定会亏得很惨。之前我们通过卖空享受了很长时间的红利，2018 年 2 月遭受了一次深刻的亏钱爆仓教训。实际上，标普 500 那 3 天跌了 4% 左右，几个股指都跌了 3%~4%，直接导致波动率迅速增高，之前水平大概是 15%，最高点是 50%，所有做空的基金等不到波动率达到 50% 就被"灭掉"了。

这里有一个相反的指数叫 XIV，顾名思义，是通过做空 VIX 获利。以前，通过做空 VIX，我们一直赚钱，但是到 2018 年 2 月 8 日，做空的人几乎全亏了。很多专门做空的产品，一天内全部亏掉，亏到清盘，甚至个人破产。很有意思的是，2 月 9 日，很多人又重新开始做空 VIX。这个也可以理解，因为股市已经跌到这么低了，适合重新开始了。我看到一篇新闻，它的标题挺有意思，叫作《"韭菜"的记忆只有一秒》。我们做期权始终要和波动率打交道。如果大家将来真正从事期权，就会有越来越多的感触。

随着新的期权上市，我们将来会有越来越多这样的机会可以利用。最近我们期盼的机会是深交所的 100ETF 期权、上交所的 300ETF 期权、中金所的 300 指数期权上市。如果顺利，那么未来会有越来越多的期权上市。对比欧美韩市场，我国场内期权市场还有巨大的发展空间。各方应共同努力维护市场秩序，促进场内期权循序渐进地发展。

场外期权

场外期权主要有三种模式：理财产品模式、期权+保险模式和企业套保模式。

场外期权概述

表 8-2 对场外期权和场内期权进行了对比。

表 8-2　场内期权和场外期权对比

	场内期权	场外期权
产品特征	标准化	个性化
产品设计灵活性	小	大
产品设计流动性	高	低
交易场所	上海证券交易所 大连、郑州商品交易所	证券公司场外柜台市场
主要风险	市场风险	市场风险、流动性风险、信用风险、结算风险
市场监管体系	政府监管与行业自律	以行业自律为主导，政府监管作为补充
主要满足功能	投资、投机、避险	避险、产品开发、投机

首先两者的交易场所不一样，随之产生很多其他的不同。场外期权的规模更大。而且它更灵活，想签随时都可以签，不像场内期权只有一个固定的签约日期。但同时，场外期权也更加危险，危险不仅来源于价格本身的危险，还来源于场外的一系列危险。因为合同是双方签订的，存在很大的信用风险。而在交易所的合同是标准合约，会强制履约。但是，场外期权的合约在交易所是没有的。场外期权的流动性风险更大一些。场外不一定能找到对手方，往往想买的时候没有人卖，想卖的时候又没有人接盘，场外交易往往是两个人之间交易，不会在全世界范围内大家公平竞争、自由选择。场外期权可以很好地帮助实体经济，而场内期权在这方面比较薄弱。另外，场外期权还是风控工具。

模式一：理财产品模式

第一种模式是挂钩型银行理财的模式（见图 8-8）。银行所销售的挂钩型理财产品，比如挂钩黄金，如果价格涨了，买家可以拿到 10% 的利息，如果没涨，买家能拿到 2% 的利息。实际上，银行将和买家签的这个产品转手给了券商、私募基金或者其他的金融机构。客户在银行柜台花 5 万元买了一个理财产品，银行把这个理财产品总共卖了 1.5 亿元，再把这 1.5 亿元打包和券商做一个期权，把风险转手给券商，实际上这个风险转来转去最后转到愿意接的人手里，这个人可能来自券商，也可能来自私募。这是我们常见的场外期权模式，叫批发零售模式。这个名称很形象：券商和银行一次性做价值 1.5 亿元的"批发"交易，然后银行将产品"零售"给散户，每个散户买价值 5 万元或 10 万元的产品等。这个模式被验证是非常有效的。

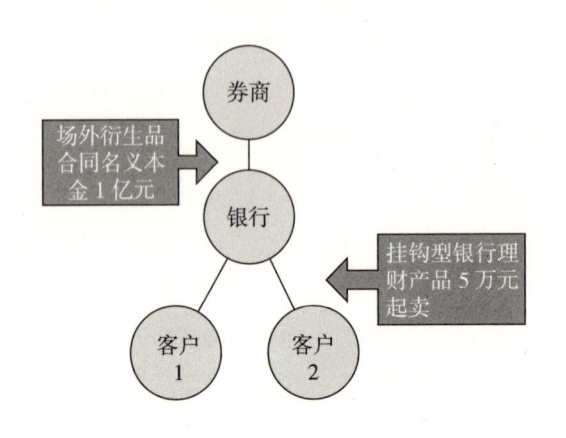

图 8-8　挂钩型银行理财模式

每个人都有自己的观点，会进行各种各样的操作。但是，银行的理财产品中也包括一些臭名昭著的衍生品，比如雷曼迷你债券。这是 2007—2008 年发生的事情，当时银行卖债券的时候，吹牛说这个产品保本，结果亏钱了，买债券的老年人到银行门口抗议，最后银行赔了这笔钱。

现在中国的商业银行，比如民生银行、工商银行、招商银行、华夏银行等，都有这类衍生品。我们最近做的一个衍生品叫作 Auto callable，我给客户的收益可能是 5% 或者 6%，但是这个收益不一定实现。在什么情况下可以实现呢？在它超过平时价格的 102% 时，画一条"横线"，选择 3 个观察日期，当 3 个观察日期的价格超过这条线时，客户就可以按照 6% 收到利息，否则客户收不到利息。客户可能只能收到 3.8% 的利息。看起来客户赢面很大。因为客户有 3 次机会，如果第一次没有在这个线以上，第二次到这个线以上也可以。如果第二次没有到这个线以上，第三次到这个线以上也还是可以的。只要到这个线以上我们就结束，就可以获得比较高的收益。

模式二：期权 + 保险模式

第二种模式是"期权 + 保险"模式。这个模式侧重于保险，主要帮助农民脱贫。农业实体经济风险管理的需求日益提高，衍生品市场的功能作用和与之结合的金融创新服务已经成为国家推进农业供给侧改革、加快农业现代化建设的抓手。国家现在的政策重点之一就是"定点扶贫"。我们把这两者结合在一起，"保险 + 期货"的模式就被创造出来了。这个模式被大家认为是一种比较好的模式。每年的中央"一号文件"都是涉农文件，"期权 + 保险"也被写入农业现代化规划。现在的做法是通过保险公司、期货公司、银行一起合作，通过引入保险、期货等金融工具提升各市场主体规避市场风险的能力，稳定农民的收入，建立农业补贴、涉农信贷、农产品期货和农业保险联动机制，撬动金融协同服务"三农"发展的合力，为供给侧改革奠定基础。国家每年会下发给每个农户 60 元当作风险金，农户可以拿这 60 元找保险公司或者银行、期货公司购买期权。这种期权实际上是看跌期权，也就是价格下跌的时候会补偿给农户的衍生品。

举个例子，新疆是产棉大区，有很多种植棉花的农民，他们怕棉价下跌，就想买保险保棉价。但是保险公司没有这个能力，或者它们也不想持有棉价下跌的风险。于是，保险公司就找期货公司来消化这个风险。这样，大家既在商业上有利可图，同时又符合国家大政方针。所以这是现在很流行的模式。

模式三：企业套保模式

第三种模式是企业套保模式。这是实实在在帮助实体经济的模式。比如，上汽集团这样的企业应该专心生产汽车，而不是整天关心钢材价格、铁矿石价格或者油价。我们通过期权做套保，首先，可以帮助企业专心地做好主营业务，把企业不想管的事和不想面对的风险直接套保。

其次，可以帮助企业做好生产规划。比如，油价很难预测，我们可以通过套保定油价，如果油价跌到每吨60元以下，企业可以获赔，这样就不怕油价低了，生产企业也就可以安排生产了。因此，这个模式是一个很好的生产规划工具。

最后，这个模式可以帮企业节省很多财务成本。以从事涉外贸易的企业为例，如果这家企业用人民币买原材料，用人民币发工资，产品的成本是用人民币计价的，但产品卖到国外赚回来的是美元。因此，美元和人民币的汇率对这家企业至关重要。如果企业的收益率是5%，假如美元跌了25%，那么就没有利润了。而企业套保可以解决这个问题。这就是场外期权可以帮助实体经济的地方。

我们和个人做期货、期权的案例很少，基本上都是和企业做，比如宝钢、中铝、东方航空、上汽集团、中石油、中石化等。

以前我在高盛的时候，我们与航空公司做一个关于原油的项目。当时油价从50～60元涨到90元，接着快速涨到147元，然后猛然跌回40元，最后稳定在60元左右。这是那两三年间发生的事情。航空公司的成本有很大一部分是油价，对于油价的动荡，航空公司非常脆弱，因为如果原油油价上涨，航空公司基本就亏损，如果油价下跌，航空公司就可以赚钱，所以航空公司必须通过原油来做套保。由于有些航空公司的生产规划做得不好，导致最后结果并不太好。这些航空公司大多数亏了不少钱，其中很多航空公司选择了违约，起诉高盛、摩根士丹利，闹得沸沸扬扬。

总体而言，做场外期权特别需要企业对自己的生产有非常清楚的规划。银行或者券商也要帮助企业管理风险，因为很多时候企业对自己的承受能力并不那么清楚。

给期权人的建议

最后，我想给希望从事期权行业的学弟、学妹们一点建议。

做期权在技术方面的要求主要是数学和信息技术。无论世界哪个领域都需要 STEM 人才（S 代表 Science，科学；T 代表 Technology，技术；E 代表 Engineering，工程；M 代表 Mathematics，数学）。理工科学生会在这个领域更加顺手，因为期权的专业化程度在各种金融产品中确实是比较高的。

另外，当今时代，编程越来越重要，无论如何你都要会编程。编程简直成了另外一门外语。如果你在这方面有专长或爱好，欢迎你到期权世界来试一试。

如果大家真的成为"期权人"，我给出三点建议：一是创新，在这方面中国人其实非常厉害；二是合规，这是比创新更重要的；三是风控，一定要做好风控。

本文根据作者2018年3月28日在"北大汇丰金融前沿讲堂"的演讲整理，经作者审阅。

第9章
ETF 的价值与竞争力

丁晨
南方东英资产管理公司总裁

ETF 基础知识

ETF 定义

世界最大的和第二大的资产管理公司，主要管理的产品都是 ETF[①]。

1990 年，全球第一只 ETF 在加拿大多伦多股票交易所上市，而市场上最成功的一只 ETF 诞生于美国，是 S&P 500，即标准普尔 500 指数的 ETF。目前，这只 ETF 的规模已经超过 2 000 亿美元，比桥水基金的总规模还大，它于 1993 年正式挂牌上市。

我认为，ETF 的发展像病毒的传播一样快，在过去的几十年间飞速发展、成熟。原因很简单，和我们中国的资本市场一样，国外的资本市场也经

---

① ETF 是 Exchange Traded Funds 的简称，是指交易型开放式指数基金，通常又被称为交易所交易基金。——编者注

历了从信息不对称、不规范到逐渐规范的过程。投资者发现，原来在市场中ETF是更具有价值和竞争力的投资工具。

20世纪80年代之前，海外资本市场并不透明和规范，投资者获得的超额收益大多来自内幕信息和交易，信息很不对称。

随着资本市场的进步和发展，行业逐渐正本清源，市场中不规范的行为越来越少。但此时大家发现了一个现象，那就是从3年或5年的时间来看，能战胜市场指数的产品非常少，大概不到30%。也就是说，不到30%的基金经理带给投资者的收益能够高于市场组合，如沪深300、上证50等。如果情况是这样，那么大家为什么不直接购买市场指数呢？

ETF的特点

ETF就是这样逐步发展起来的。ETF的特点是便宜、管理费低。大家都很信任桥水基金，它带给投资者的超额收益很高，但管理费也很高昂，其中有2%的固定管理费用和20%的超额收益费用。相比之下，ETF的管理费很低，每年只有万分之几。另外，如果投资共同基金，就需要交一笔手续费，而投资ETF则不需要，个人投资者也可以直接投资。

除此之外，ETF还具备以下几个特点：ETF是交易所挂牌的，所以投资者可以自由买卖，而且它具备透明度高、投资分散、交易方便等特征。

实际上，在牛市中很难有基金经理能够跑赢指数，即使有也十分罕见。所以，一旦你认为现在处于牛市，那么请立刻赎回所有基金并购买ETF指数，那样一定会比购买基金赚钱。但熊市则不同，在熊市中基金经理可以调整仓位，但一般ETF不能调整，所以ETF一般无法跑赢主动管理型基金。

ETF与共同基金有哪些相同点和不同点呢？ETF可以由一篮子股票或者

债券构成，它可以在二级市场挂牌并在交易所上市，投资者可以自由地在二级市场中进行买卖交易，清算方式是 T+2 或者 T+3。

共同基金，在香港被叫作"单位信托"，一般不在交易所上市，投资者的主要交易渠道是银行，银行作为中间商提供服务，但需要收取一定的手续费。此外，共同基金经理不会详细地向投资者告知自己的仓位，最多会说明购买的是蓝筹大盘股或高成长性的股票。但 ETF 投资者很清楚地知道自己跟踪的指数是什么。

比如，我们在香港发行了一只 ETF，富时 A50，投资者会清晰地知道这只基金的第一权重股是平安保险，而且能知道平安保险的权重是 7.92，中国工商银行的权重是 6.35，这些在 ETF 的指标中写得很清楚。

另外，ETF 十分便捷。有一段时间，微信的热门话题是越南，由于中美贸易战，中国的一部分制造业可能要转移到越南，投资者都认为现在是投资越南的最佳时机。

当下的越南有点像20世纪70年代末80年代初的中国，产业正在升级，并面临新一波改革开放的浪潮，因而越南的资本市场很可期。想当年在上海炒老八股的投资者们纷纷发达了，所以现在大家想要参与越南股市。但作为投资者，我们怎么参与呢？越南的公司有哪些？很少有人知道。但南方东英目前在做越南蓝筹股的 ETF，投资者通过购买这类 ETF，便可以参与到越南资本市场中。

所以说 ETF 十分便捷，如果你有一个好的投资想法，那么 ETF 便可以根据你的描述帮助你去实现。比如，我在香港面对的投资人主要是外国的机构投资者，他们认为经济腾飞使中国的资本市场发展很快，想要投资中国 A 股，但是不了解具体有哪些值得投资的股票。在这种情况下，外国机构投资者通常会购买 ETF 产品。港股投资也是如此，大家对于好的港股了解得并不多，这时港股 ETF 同样是一种很好的选择。

债券也是如此。个人投资者购置债券是一件很麻烦的事情，因为可以在国内银行柜台购买的债券种类很少，个人投资者很难入市交易，这时投资者购买债券 ETF 即可。此外，还有大宗商品、黄金、原油等，投资机构将这些复杂的投资概念包装成 ETF，投资者可以通过购买 ETF 参与到这些商品的发展中。

在长期投资中，管理成本会消耗掉很多收益，而 ETF 的成本比其他产品低很多，这也是巴菲特看好 ETF 的原因。对冲基金的费用过于高昂，在与 ETF 的竞争中处于劣势。

ETF 交易机制概览

ETF 的交易机制较为复杂（见图 9-1）。大家可以看到虚线框内，ETF 的交易方式与买卖股票几乎相同，其中现金和 ETF 等都是通过交易所在买入方和卖出方之间流通的。

此外，与股票不同的是，ETF 还有一级市场交易，这与传统的公募基金一样，但 ETF 在一级市场和二级市场之间还有一个参与证券商，它参与做交易。需要注意的是，ETF 在一级市场和在二级市场的价格可能会不一样，因为只要有交易就有价格，有价格就可能出现不一样的情况。这个机制使 ETF 除了可以满足我们的投资需求之外，还存在套利的机会。

ETF 的分类

ETF 可以分为实物型 ETF 与合成型 ETF 两类。实物型 ETF 的底层资产以实物金融资产为主。目前国内的 ETF 主要是实物型 ETF。国外有合成型 ETF，其底层资产是将金融衍生工具作为主要标的。

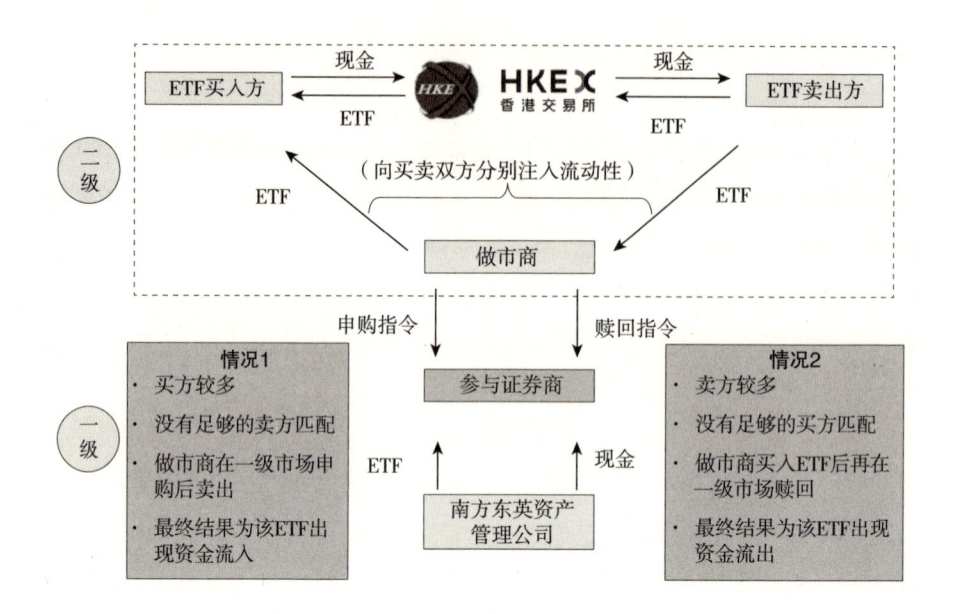

图 9-1　ETF 市场交易机制概览

很多人认为，ETF 是做沪深 300、上证 50、中证 500 等指数基金的，未来可能没有新发展。但在我看来，新发展空间很大。虽然 ETF 只有短短 20 多年的历史，但它已经从传统指数 ETF 发展到了精明指数 ETF，例如 Smart Beta ETF 等。二者的区别主要是：传统指数 ETF 一般采用市值加权，以成分股的市值为基准，旨在反映某个市场或某个板块的表现；而 Smart Beta ETF 则以非市值加权为代表，通过透明的、基于规则或量化的方法，投资特定领域或目标，以捕捉风险溢价，获取卓越的风险调整收益，实现组合分散化的目的，为投资者提供更合理的风险回报比。

如上所述，在成熟的市场中，进行主动管理的基金经理在 3～5 年内很难战胜指数，这是为什么呢？要回答这个问题，我们首先要知道什么是指数。指数就是股票市场中有代表性的一篮子产品的市值加权。简单地说，在各个行业挑一两只"领头羊"就可以了，比如在白酒行业中挑茅台股，在银行中挑中国工商银行股、建设银行股、招商银行股。所以传统的指数其实就是在各个市场或者各个板块中挑选出"领头羊"。

由于传统 ETF 配置的大多是大盘蓝筹股或经营状况较好的公司，这些公司的表现优于一般市场表现。牛市时很多股票都在涨，但很难判断哪一只涨幅最大，因为各个板块都会轮动，基金经理很难把握所有板块的轮动。而传统的指数基金却可以将所有"领头羊"都放在一篮子配置里，不错过每一次上涨的轮动。这也就是牛市时基金经理很难战胜 ETF 的原因，这是有科学研究基础的。我们一般称这种描述市场的指数为宽基指数或大盘蓝筹指数。

那现在为什么要发展 Smart Beta ETF 呢？其实 ETF 还有另一个特性，和互联网经济很像，叫"赢者通吃"。也就是说，在 ETF 这个行业，一旦某个 ETF 产品规模变大了就很容易形成垄断，第二名很难超越第一名。就像微信、淘宝一样，一旦有一个 ETF 产品的垄断地位固定了，其他机构便很难参与到市场竞争中。

但是市场上想要参与 ETF 的人很多，于是大家另辟蹊径，创造出了 Smart Beta ETF。目前典型的 Smart Beta 策略包括分红加权、波动性加权、价值加权等。

全球 ETF 市场概述

全球 ETF 市场

1993—2018 年，全球市场 ETF 的数量接近 6 000 只，根据独立研究机构 ETFGI 调查显示，截至 2018 年 9 月底，全球 ETF 总量早已超越对冲基金，突破 5 万亿美元。ETF 的发展有以下两个特点：首先，资产管理的投资者对资产配置的需求在增加，全球 ETF 资产管理规模在过去 3 年几乎翻倍，从 2015 年的 3 万亿美元增加到 2017 年的 5.5 万亿美元（见图 9-2）；其次，三大巨头的市场份额超过了 70%，其中美国的资产管理规模占据全球的半壁江山。

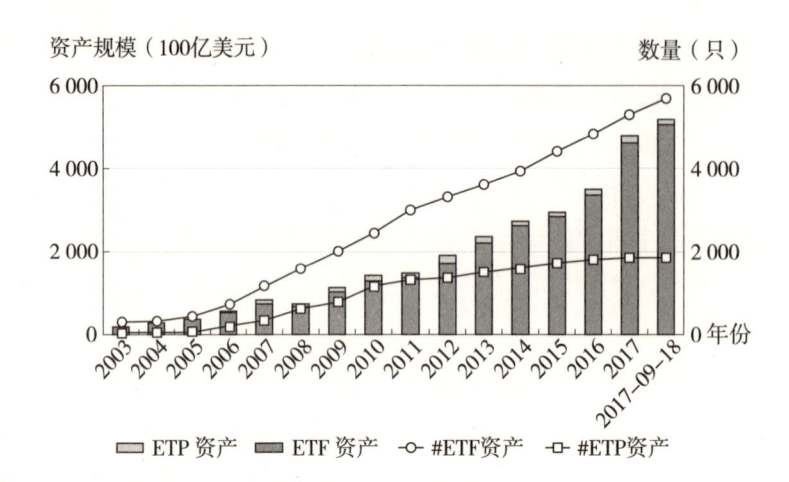

图9-2 全球ETF和ETP的规模及数量变化图（2003年至2017年9月18日）

在过去的八九年，为什么我国投资者大多被"割韭菜"，而美国投资者却赚取了可观的投资回报呢？这是因为美国投资者在牛市中大量投资了ETF产品，目前仍在持续增加，在牛市时期主动管理型基金几乎无法超越ETF。

全球ETF市场发展特点

首先，投资者对资产配置的需求在增长。这些年，美国的个人投资者兴起，他们具备一些金融知识，并对资本市场有一定理解，他们会在各个区域内设立类似于私募基金工作室或者私募投资理财平台的工作室或平台来帮助客户投资。他们在向客户推荐投资策略时，明显偏好运用ETF，而且美国长达9年的牛市使这种产品的认知度越来越高，产品推陈出新。在这个过程中，美国人觉得ETF产品又有趣又赚钱，所以助推它发展得更快。

安永会计师事务所曾经预测，到2020年，整个ETF市场将达到7.6万亿美元的规模，客户将不断增多。在金融科技、智能投顾或人工智能等领域，投资者在选股运用下层工具时一般不用个股而用 ETF，这也是 ETF 发展迅速、各家基金管理公司都在做 ETF 的重要原因之一。如今在中国香港，ETF 公司像雨后春笋一般涌现。

亚洲 ETF 市场概况

亚洲 ETF 规模逐年上升

与美国和其他市场相比，亚洲市场 ETF 的规模与数量逐年上升，目前有 1 000 多只 ETF 产品，但规模远远小于美国市场（见图 9-3）。其原因在于：第一，美国资本市场的资金更充足；第二，ETF 从美国兴起，其投资者教育更成熟，市场透明度更高，不管机构还是个人，对于 ETF 的接受程度都比亚洲高很多。

图 9-3 亚洲市场 ETF 规模与数量（2006 年至 2017 年 9 月 18 日）

换一个角度来看，在未来 10～20 年，我认为亚洲会是 ETF 成长的一片沃土。首先，亚洲的经济水平日益提高，资金越来越充足；其次，亚洲市场逐渐走向公平、公正、开放，通过运用内幕信息来操纵市场的赚钱方式越来越少，ETF 一定会大行其道，其他有纪律性的投资亦是如此。

亚洲 ETF 市场格局

截至 2017 年底，上海和深圳的 ETF 资产管理规模大概为 56 亿美元，总数量是 160 只。

另外，日本 ETF 数量为 176 只，资产管理规模为 2 400 亿美元，规模很大，原因在于日本中央银行购买了 2 000 多亿美元的 ETF，作为国家救市的手段。2015 年，中国政府救市时购买个股的股票，而 2018 年，中国政府的 ETF 申购量大大增加，我们也在进步中。

在日本的 ETF 产品中，交易较为活跃的是杠杆型 ETF、反向型 ETF 和原油 ETF。日本是一个岛国，科技业和汽车行业很发达，但自然资源如原油很稀缺，所以日本人喜欢投资原油 ETF。

杠杆型 ETF 和反向型 ETF 属于一种 Smart Beta 策略，是新兴的 ETF。传统的 ETF，如沪深 300 ETF，价格上涨 1%，投资者便赚取 1% 的收益。大概五六年前，日本、韩国和美国率先推出了杠杆型 ETF，即如果价格上涨 1%，运用 2 倍杠杆，投资者的收益便上涨 2%。反向型 ETF 是如果价格下跌，投资者便可以获取收益。南方东英资产管理公司在香港推出的杠杆型 ETF 和反向型 ETF，深受香港市民的喜欢。

另外，日本中央银行一直持续购买 JPX- 日经 400 指数的 ETF，截至 2015 年末，已有 18 只追踪这支新指数的 ETF 上市，其总资产管理规模达 5 880 亿日元，约合 54 亿美元。在过去很长一段时间，日本政府不断购买 ETF 来刺激经济，并持续减息甚至减到负利率。购买 ETF 对维护市场稳定起到中流砥柱的作用，所以 ETF 是政府救市的首选。

在中国台湾，ETF 市场正变得越来越活跃。其 ETF 市场主要分为离岸 ETF 和联接基金 ETF 两种。其中，沪深 300、富时 A50 是中国台湾最热门的 ETF 产品。在中国台湾，反向杠杆 ETF 是最受投资者欢迎的。2011 年，中国台湾 ETF 的成交量占市场总成交量的 1%，2014 年开始出现反向杠杆 ETF 之后，成交量占 1.88%，2016 年，反向杠杆 ETF 的成交量达到市场总成交量的 10% 左右。

再来看韩国的 ETF 市场，韩国 ETF 的平均交易成交额和市值都在迅速增长，杠杆型 ETF 和反向型 ETF 分别于 2009 年和 2010 年上市，成交量显著上升。在亚洲市场，如果从零售投资者、机构投资者对 ETF 的认同程度来看，日本和韩国是最高的，其次是中国香港。其中，韩国的零售客户最了解并接受 ETF，尤其是离岸 ETF，很多韩国投资者和基金公司通过投资南方东英的 ETF 产品参与到中国市场的成长之中。

新加坡有点乏善可陈，目前还在进行投资者教育，整个市场也很小，没有太多好的产品，流动性也不强。新加坡政府反复进行投资者教育的目的在于扩展产品线，希望可以使 ETF 市场发展壮大。

目前，中国 ETF 市场增长快速，但与证券投资市场整体规模相比仍较小。2017 年，中国内地的 ETF 总数量是 141 只，总规模约 2 320 亿元，同比增长 13%。我认为，其中隐含一些原因：一是机构和个人投资者对 ETF 的接受程度较低；二是在发达、透明的市场，基金经理想要战胜指数并不容易。

未来中国内地 ETF 的发展除了空间巨大之外，还有三个有利因素。第一，人工智能会刺激其发展，比如智能投顾、机器人选股、机器人投资等技术。第二，全球配置理念的兴起会带动一些境外 ETF 产品在国内的投资，比如用 QDII（Qualified Domestic Institutional Investor，合格的境内机构投资者）的方法。第三，由于目前中国的资本市场和全球发达市场相比仍存在差异，很多富裕的中国人有配置海外资产的需求，如购买海外 ETF 产品。

很多人可能说，我的孩子将来要去美国读书，需要给他攒点学费。虽然人民币汇率比较稳定，但存在波动，可以购买一只美元债券 ETF 来规避将来的汇率风险，还可以做对冲。我个人认为，像这种全球配置的需求会促进 ETF 产品在中国的发行，并让中国投资者渐渐有机会接触到更多的 ETF 产品。

中国香港地区 ETF 概况

中国香港地区主导中国 RQFII ETF 市场

下面我想着重介绍中国香港地区 ETF 市场的情况。中国香港地区是亚洲第三大 ETF 市场，这对于一个只有 700 多万人口的城市经济体来说很不容易，第一、第二大市场分别是日本和韩国。中国香港 ETF 市场在最近一段时间价格增长显著。

RQFII（RMB Qualified Foreign Institutional Investor，人民币合格境外机构投资者）的搭建让 ETF 市场发生了翻天覆地的变化。2012 年，南方东英资产管理公司获得 RQFII 资格，很快成长为全球最大的 RQFII 机构。那么，RQFII 是做什么的呢？首先介绍一下 QFII（Qualified Foreign Institutional Investor，合格境外机构投资者）。

2003 年，为了让外国投资者参与中国股市，我们制定了 QFII 制度，即让外国投资者把美元汇入中国国内投资。之后出现一波 A 股大牛市，大家开始提倡价值投资。QFII 制度推出之后，价值投资和有纪律性的投资逐步深入中国的整个资本市场。

那 RQFII 是什么呢？R 代表人民币。之前，外国投资者把美元投入中国市场，将美元换成人民币进行投资。而现在，随着中国经济实力的提升和"一带一路"倡议的推动，我们希望人民币可以走出国门，走向全球。

人民币走出国门之后，需要将其用于外汇市场投资中。中央外汇局提出了一个方法"RQFII"，即把外汇投资到国内。2012—2015年，RQFII ETF有大幅增长，因为当时大家预期中国资本市场会越来越向海外开放，有越来越多的海外投资者进场。后来大家还称 RQFII 是"金融市场的熊猫"，因为我国领导人接见外国领导人时会送出 RQFII。近年来由于港股通、债券通的出现，RQFII 的历史作用下降了，实际上在 2012 年之前，海外投资者想要进入中国，但 QFII 制度很不方便，而 RQFII 则方便得多，所以海外投资者越来越多地用 RQFII 来投资中国市场。

中国香港地区是全球 RQFII ETF 的主导市场。在中国香港市场中，规模最大的 ETF 都是投资中国内地的。在图 9-4 中我们可以看到，南方东英的 RQFII ETF 规模最大，为 460 多亿元，第二名易方达大约 270 亿元。从产品来看，在海外投资中国的产品中，主动管理型产品非常少，基本都以 ETF 的

香港RQFII ETF额度持有者 （截至2016年4月2日）	额度规模 （10亿元）
1 南方东英资产管理有限公司	46.1
2 易方达资产管理（香港）有限公司	27.2
3 中国资产管理（香港）有限公司	21.8
4 嘉实国际资产管理有限公司	14.7
5 海通国际控股有限公司	10.7
6 博时资产管理（国际）有限公司	9.6
7 泰康资产管理（香港）有限公司	7.4
8 国元证券（香港）	7.3
9 国泰君安金融控股	6.9
10 中国人寿富兰克林资产管理有限公司	6.5

前十大RQFII ETF （截至2016年5月25日）	规模 （10亿元）
1 南方富时中国A50 ETF	19.14
2 华夏沪深300指数ETF	11.10
3 南方东英中国5年国债ETF	0.42
4 南方东英中国创业板指数ETF	0.35
5 海通沪深300指数ETF	0.32
6 恒生中国A股ETF	0.24
7 嘉实MSCI中国指数ETF	0.19
8 价值中国A股ETF	0.14
9 安硕MSCI中国A股国际	0.13
10 易方达沪深100 A股ETF	0.13

图 9-4　RQFII 持有者与 RQFII ETF 规模分布

形式投资。因为相较于主动管理，ETF 更透明，海外投资者可以清楚地知道自己的资金投向哪几个产品以及权重是多少。另外，在香港市场中，A 股和香港权益类 ETF 主导成交量，其他 ETF 成交量较少。

里程碑：从 RQFII 到杠杆和反向产品

中国香港 ETF 交易市场的里程碑事件发生在 2016 年，杠杆和反向 ETF 正式问世，目前，它们的市场规模在逐步扩大。南方东英杠杆和反向 ETF 的市场成交量占杠杆和反向 ETF 成交总量的 90%，其持有的杠杆和反向 ETF 的资产规模占整体规模的 65% 左右。整个香港市场杠杆和反向产品的规模不到 60 亿港元，而南方东英大概有 30 多亿港元。展望未来，我认为中国香港 ETF 市场会更分散化和多元化。如果大家想要投资境外市场，那么香港市场中的 ETF 产品是很好的选择。

中国香港、中国内地与美国 ETF 市场的比较

总结各个 ETF 市场的情况，美国拥有最大规模的 ETF 市场，是中国内地和香港地区总和的 70 倍，我们还有很长的路要走。

从产品类型来看，在 ETF 市场中主要是权益类产品，其中美国的权益类产品占 ETF 所有产品的 80%，中国香港地区占 90%，中国内地占 53%。另外，中国内地有一个有趣的现象：货币资产基金占据半壁江山，货币 ETF 也是如此。也就是说，美国 ETF 市场相对均衡；香港地区"一边倒"，权益类产品居多；在中国内地市场，货币市场基金与权益类产品是主流。

未来 ETF 产品发展趋势

未来 ETF 产品会非常多元化，主要有以下三类：一是全球 Smart Beta ETF；二是策略型 ETF，比如有些投资者喜欢分红高的公司，便以分红为指

标配置 ETF，有些投资者喜欢财务指标良好的公司，便以财务指标为基础发行 ETF；三是多因子模型 ETF。

纵观全球市场，不同类型的 ETF 市值各不相同，比如多因子模型的市值大于以分红为指标的 ETF，以分红为指标的 ETF 的市值又大于以价格为指标配置的 ETF。

趋势一：全球 Smart Beta ETF 增长迅猛

近年来，ETF 的发展主要呈现三个趋势。第一个趋势是美国和欧洲的 Smart Beta ETF 迅速增长。在图 9-5 中，黑线是欧洲的一个半导体指数的表现，灰线是标准普尔 500 指数，即市场的表现。虽然在历史上标准普尔 500 指数一直表现不错，但可以看出，半导体行业指数要更优于市场。

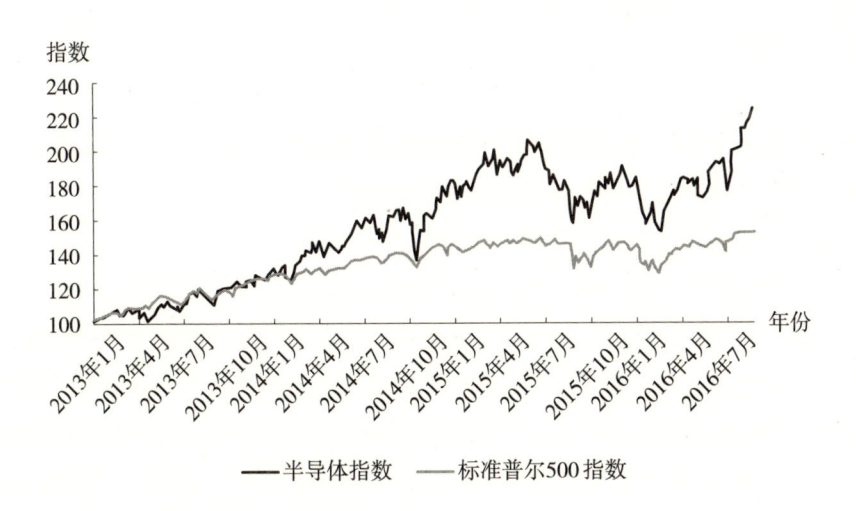

图 9-5　半导体指数与标准普尔 500 指数（2013 年 1 月至 2016 年 7 月）

另外，中国香港 Smart Beta ETF 起航。例如，2016 年底，南方东英与中国工商银行一起推出了"工银南方新经济 ETF"，代码是 3167。我们设计这个产品是因为很多投资者认为沪深 300 等大盘指数 ETF 过于陈旧，其中不包含像腾讯、阿里巴巴、京东等新兴互联网巨头，无法体现中国"互联网+"的新经济。也有人认为，我国一直提倡"独角兽"产品，但 ETF 不包含"独角兽"公司，投资者如何投资？

于是，我们运用一些数学模型来表示中国新经济，尤其是"互联网+"和消费类的产品，并选取在美国、中国香港地区和中国内地上市的一些代表中国新经济的公司，在标普 500 公司的协助下做出了"中国新经济指数"。其中，1/3 的公司来自港股、1/3 来自美股、1/3 来自 A 股。港股中有腾讯、香港地铁等与消费、互联网相关的公司；美股包括阿里巴巴、百度、携程等公司；A 股主要包括国内白酒、中医药等消费行业的领头企业。我们认为这些主题或者公司代表中国的新经济，所以称为"中国新经济指数"。这只指数的表现非常好，2017 年，这只指数的收益高于 60%。

趋势二：杠杆反向型产品潜力巨大

ETF 发展的第二个趋势是杠杆反向型产品潜力巨大。上文提到，反向杠杆可以作为投资组合的辅助。如果你认为今天股市要大涨，那么可以立刻买一个 2 倍杠杆的 ETF，在较高点出售之后再购买一个反向的 ETF，等股市稍微下跌便可以把反向平掉，从而再次盈利。

南方东英在香港地区有两款杠杆和反向的产品：一款是恒生指数每日杠杆（2x），即 2 倍杠杆，如果市场上涨 1，购买这个产品你便可以赚 2；另一款产品是恒生指数每日反向（-1x），即反向杠杆，如果市场下跌 1，购买此产品便可以赚 1。这两款产品被投资者喻为"天灵灵、地灵灵"，因为不管市场涨还是跌，投资者都可以盈利。

趋势三：非权益类与汇率对冲主题型 ETF 日渐增多

ETF 发展的第三个趋势是非权益类 ETF 日见增多。之前，个人投资者很难参与到原油、黄金等商品的交易中，但现在我们把这些商品包装成ETF，使投资者能够参与交易。固定收益类产品也是如此。

目前在中国香港地区，非权益ETF产品已经占领了ETF总管理资产的近一半市场份额，尤其是杠杆反向产品。因为其推出时间较短，现在还处于成长的过程中。

此外，汇率对冲主题型ETF产品的发展也是未来的一个趋势。比如，美国的一家ETF公司在最近10年发展迅速，规模较大。几年前，日本市场的情况很好，投资者都想投资日本，但日经225早已被其他大公司占据。美国这家ETF公司另辟蹊径，考虑到日本最主要的产业是汽车出口，而对于美国公司来讲，当日元贬值时，投资日本股票的成本较低，更重要的是，日元贬值使日本公司出口变得更加容易，收益会更好，股价也一定会上涨，此时再卖空日元，效果便如同杠杆一般，可以大幅盈利。这家美国ETF公司的这个策略推出不久，恰好赶上了日元贬值的好时机，而且日本经济状况非常好，所以这只基金的资产管理规模在最高的时候达180亿美元。

对于后来者而言，这种机会依然存在，不过需要靠投资者的聪明才智去发现。在未来，当你发现世界上哪里有好机会时，便可以做出一款同样好的产品。

本文根据作者2018年11月2日在"北大汇丰金融前沿讲堂"的演讲整理，经作者审阅。

第 10 章
保险并购，完善健康保险生态圈

赵晓京
安永亚太区保险业主管合伙人

我主要讲述亚太区保险业的交易并购趋势和案例分析。除此之外，我再讲一些保险业发生的故事，诸如为什么做保险、保险对生活的影响以及未来保险业的发展方向等。我在上学期间学习精算专业。精算师在保险公司中起着至关重要的作用，因为从产品的定价到准备金的计算，从投资分析到风险管理、运营管理等各个方面，都与精算息息相关。

在步入正题之前，我先讲几个故事。在电影《西虹市首富》中，主角王多鱼得到了一大笔遗产，但被要求一个月内花完10亿元。他想尽各种方法都没有成功，最后买了一家保险公司——"西虹人寿"，推出了一款"脂肪险"产品，即客户每减肥1克，都会得到赔偿。于是，用此方法他成功花完了10亿元。

所以，保险在很多时候有两个功能：一是赚钱，二是赔钱。当赚的钱多于赔的钱时，你就赚钱了，反之就亏钱。比如，2016年在香港上市的众安在线保险公司，其最新一季的业绩有显著提升，综合成本率从135%降至126%。

综合成本即赔付支出、运营成本、日常费用的总和，如果低于保险金，则盈利；如果超过保险金，则亏本。目前，众安在线保险仍然处于亏本状态，那么为什么它可以上市呢？因为其发展前景较好。众安在线保险的客户很大一部分来自淘宝和微信用户。今后众安在线保险如果减少获客成本，便可以降低综合成本率，进而盈利。

另一部很热门的电影《我不是药神》，讲述了一位药店店主通过从印度代购治疗慢粒白血病的药获得极大利润，开始贩药敛财直到后来良心发现的故事。这个故事反映了当前中国看病难、药品昂贵等问题。然而，如果提前购买保险，那么问题便可以得到缓解。

亚太保险业交易并购概览

过去 10 年，亚太地区保险业平均每年保险交易数量为 62 笔，2018 年市场有所降温，1 月至 9 月交易 34 笔，较 2017 年同期有所减少。保险交易主要以寿险标的为主，涉及的交易金额较大，例如，人寿保险的交易单均交易金额为 5.2 亿美元，综合保险为 3.3 亿美元。

此外，在全球范围内，2015 年为保险业交易并购的高峰期，2017—2018 年有下降趋势。来自日本和中国的买家行动放缓。在日本，由于国内债券利率为负，资本大量流向海外，因而投资者购买了很多保险企业、银行等。在中国，由于资本管制力度的加大，海外并购大幅缩减，此外中美贸易战对亚洲和全球影响的不确定性也导致了保险交易活跃度的下降。

接下来，讲一下自 2014 年以来中国国内企业在海外成功收购保险公司的案例。

2018 年，泛海控股以 27 亿美元的交易价格成功收购了 Genworth Financial 金融公司。Genworth Financial 之前是 GE 旗下的保险公司，主要产品是长期护理险，即为老年人提供护理费用的保险。所有精算师在设计保险产品时都会考虑概率的问题，由于老年人护理保险几乎是必需品，Genworth Financial 在业绩上一直亏损，资不抵债。但它是一家上市公司、美国 500 强企业，在澳大利亚、加拿大和欧洲都有分支机构。泛海控股通过收购 Genworth Financial 从一家非上市公司迅速成长为上市公司。但由于美国各州的金融监管各不相同，Genworth Financial 不能通过随意提高保费来增加盈利，因而未来的经营是不确定的。

接下来我谈谈复星集团。复星集团涉足药业、房地产业、保险业等各个领域。2014 年，复星集团以 10 亿欧元的价格收购了葡萄牙第三大保险公司。通过收购欧洲保险公司，复星集团可以投资任何一家欧盟范围内的公司，资金运用的灵活性很大。此外，在 2014 年，复星集团还收购了一家美国产险公司 Ironshore。这笔收购分两次付款，复星集团先以 4.6 亿美元的价格收购其 20% 的股权，次年以 18.4 亿美元的价格收购剩余 80% 的股权。2017 年，复星集团以 29 亿美元的价格售出此公司，净赚 6 亿美元。

由此可见，一部分海外并购是投资性质的。复星集团本身也有一家私募基金，以长期盈利为投资的主要目的，而不像安邦等保险公司，投资的主要目的是为了扩大业务。

2014 年，安邦保险[①]收购了希尔顿旗下的华尔道夫酒店，我们当时承做此项目的税务调整。此后，安邦保险以 1.5 亿欧元的价格收购了荷兰第三大保险公司 Vivat，价格低廉的原因在于这家保险公司偿付能力低于 100% 且资不抵债，收购之后首先要帮其偿还 20 亿欧元的债务。然而，这样做可以花最少的钱购买最有价值的公司。Vivat 自被安邦保险收购之后经营状况良好，目前账面没有资金缺口。另外，安邦保险还以 10 亿美元的价格收购了

---

① 安邦保险集团曾是中国保险行业综合性集团之一，因其原董事长、总经理吴小晖涉嫌经济犯罪，被依法提起公诉，而在 2018 年 2 月被中国保监会接管，于 2020 年 9 月解散。——编者注

韩国的东洋人寿，后者是一家上市公司，但自被收购后股价跌了一半。收购上市公司的好处在于经营良好的上市公司的分红率高于银行存款利率，但风险在于股价下跌。

最后，我们来看中国民生投资集团（以下简称"中民投"）。2016年，中民投以25亿美元收购了美国再保险公司思诺集团，进军再保险行业。再保险指的是保险人将自己承担的保险责任部分转嫁给其他保险人承保的业务，即为直保公司（如寿险、产险公司）投保。

讲完中国内地保险市场，接下来讲中国港台地区及海外保险市场。在中国香港地区保险市场，2015—2017年，由于内地资金大量竞投香港地区寿险公司，保险交易额及并购规模大幅上升，在2017年达到顶峰，为28.4亿美元，但从2018年起，并购规模大幅放缓。2017年之前，内地公司大量收购香港地区保险公司的原因在于香港地区保险公司的保费低、服务品质高，因此客户众多。然而，2016年之后，国家为控制外汇的快速流出，不允许在香港地区使用银联和visa购买保险，从而导致客户大量流失，并购交易也逐渐减少。

在中国台湾地区保险市场，由于低利率、公司偿付能力不足等因素，台湾地区保险交易并购频繁。首先，由于利率很低，保险公司主要投资固定资产，如国债、企业债等。通常，保险公司提供的利率略高于银行存款利率，否则无人购买保险。然而，当利率下行时，保险公司就会出现负利差，造成损失。台湾地区保险公司的平均成本占保费收入的3.5%～4%，即使投资的国债利率达2%，依旧处于亏损状态。国华、国保、幸福等保险公司便因负利差而倒闭。

中国台湾地区的安定基金类似国内的保险保障基金，它接管了国华、国保、幸福等公司，其中国华净亏损753亿新台币，国保亏损311亿新台币。安定基金将这些保险公司的亏损填补之后再打包出售，并给予收购方利好条件。例如，台湾地区为防止资金外流，将海外投资比例的上限设定为20%，但利好条件允许海外投资比例达45%～50%。

在澳大利亚保险市场，由于金融监管和整顿的加强，澳大利亚几大银行都在过去几年将旗下的保险业务逐步出售，并吸引外资保险公司不断进行收购兼并。

澳大利亚的保险公司大多在大型银行旗下，即每家银行都有自己的保险公司。其中，保险公司有一种产品是"超级年金"，类似我们的养老金计划，即回报率较高的定期存款。澳大利亚皇家委员会对金融市场进行监管，发现银行在进行主营业务的同时顺带做保险销售，便要求银行与保险业务分离，于是澳大利亚各大银行开始纷纷出售保险公司。2017年9月，友邦保险以38亿澳元收购了澳大利亚联邦银行旗下的寿险部门；2017年12月，苏黎世银行以28.5亿澳元收购了澳新银行的保险部门。

保险交易并购：尽职调查和价值评估

接下来，介绍保险交易并购。

简单地讲，当一家公司被出售时，就会有一些公司有购买意向，在买卖交易中，需要雇几位顾问。精算顾问主要负责卖方估值；审计顾问负责做审计，出审计报告；律师主要做法律合规方面的审查工作；高盛、中金、瑞银、瑞信等投行则负责承做交易项目。其中，卖方投行顾问的主要职责是向买方推荐标的公司，比如从市场好、公司好、估值高等方面推荐。

举个例子，现在我们有买方公司和标的公司。在并购交易中主要有两个流程。首先是卖方第一次报价，属于没有约束性的收购意向，如果出现了有意向购买的买方，则买方要先和卖方签一份保密协议，之后卖方会向买方提供各种报告，比如精算师报告、审计师报告、法律合规报告等，但对外是保密的。之前这些报告是纸质版的，而现在都是网络在线版，因为纸质版报告的保密性不强。通常，有收购意向的买家都会向卖方登记，通过在一个虚拟数据库中建立账号ID来进入数据库阅读报告，保密性很强。

卖方公司聘请了精算师、会计师、律师、投行负责人等顾问，买方也同样需要这些顾问。这就是投行、会计师事务所、律师事务所的项目源源不断的原因。比如安永等公司，既可以做精算，也可以做财务和税务，因此在公司内部设有防火墙，避免各个团队之间相互串通。公司内部有明文规定，不允许在公司估值的过程中各部门相互沟通。

那么，聘请了精算师、会计师、律师、投行负责人等顾问之后，首先要做什么呢？应该是尽职调查。在保险交易并购中，尽职调查和价值评估是最重要的两环。首先，买方在重大保险投资项目决策前要进行尽职调查，针对标的公司经营管理的各方面查看数据库或实地调查，以评估标的公司的投资价值，包括调查标的公司的税务、财务、商业模式、运营、IT、法律等各个方面。

在卖方的估值报告中，只会给出公司的基础价，买方会在此基础上根据尽职调查报告给出意向收购价格。当一家标的公司有很多竞争买家时，买方需要竞标。比如，一家标的公司A有诸多买家，其中买家B出价120亿元，买家C出价90亿元，买家D出价110亿元，买家E出价105亿元。之后，卖方的投行顾问会帮其在有意向收购的买家中挑选几家，通常出价最低的买方会被淘汰。这是第一轮报价。

接着是第二轮报价。这个阶段有2～4周的时间，买方会出最终的报价。这个价格是不能修改的，而且其中还有违约价。比如买家B出价120亿元，违约价1亿元，如果B最终违约不想收购了，则1亿元是罚金。

在第二轮报价之前，买方还需要进行管理层访谈，深入了解标的公司。一般来说，投行、律师事务所、会计师事务所等中介公司和买方公司，以及卖方公司的最重要管理层CFO、CEO、COO等一起开会讨论，卖方管理层会向买方展示公司的特色、优势等，买方还可以随时向卖方提问。

当一家标的公司有很多竞争买家时，卖方也可能让买方介绍，即竞标，买方叙述自己收购的优势等，卖方再从中挑选合适的买方。在诸多买方中总有价格最高的，但价格不是唯一的决定性因素，卖家还要考虑买方的意向强烈程度等，因为如果选中的买方违约，还要费时间寻找下一位买家。此外，卖方会更偏向进行现金交易的买方。买卖双方最终确立交易之后，还需要签一份买卖交易协议。其中的内容包括：如果买方在收购卖方公司之后发现存在尽职调查中没有包含的一些问题，则卖方需要向买方赔偿。

我们作为买方顾问时，主要考虑两个方面的问题：首先是想花多少钱收购这家公司，其次是收购完毕开始经营之后，公司的实际价值会增长多少，即我们不仅帮助买方交易，还要思考收购标的公司之后如何通过选择合适的经营模式来提升标的公司的价值。比如，买方的收购价格是 120 亿元，当买方开始经营之后，通过自身的用户群扩大标的公司的业务能够使其增值，实际价值可能达到 180 亿元，那么买方便会做出收购决策。收购公司类似于买股票，之所以购买一家公司的股票，是因为判断它未来的股价有上涨的趋势。

关于价值评估，保险公司的方法通常有两种：美国保险公司常采用市盈率法进行估值，而亚洲及欧洲保险公司常采用内含价值法进行估值。

美国会计准则的原则是平滑，即要保证公司未来的利润在一个平滑的水平上，尤其是保险公司。所以当利润相对平滑时，市盈率值也是相对平滑的，这是美国保险公司在进行交易收购时比较关注的地方。

亚洲和欧洲保险公司不看重市盈率，而是关注内含价值。企业的利润可以根据损益表上的"收入－开支"来计算，保险公司的利润计算方法是"收费＋投资收益－理赔－费用－成本"，再扣除税务成本。当保险公司做精算模型的时候，先要对未来每年的利润进行预测，然后将预测的利润贴现到当下的时间点，得到其估值，也就是内含价值。

上文提到的估值是卖掉公司现有业务之后对未来现金流的贴现，但其中没有考虑到公司的新业务机会,新业务同样需要估值。一家公司的账面价值用净资产衡量,即"资产-负债",而总价值是其账面价值与新业务价值的总和。我们需要估计新业务的增长率,比如,如果以每年 15% 的速度增长,时间为 10 年,那么 10 年后的价值就是 1 乘以 1.5 的 10 次方,然后再贴现到今天,便是它当下的价值。

总而言之,市盈率法可以客观、真实地反映公司当年赚取的利润,并通过首年递延保单获取成本(Deferred Acquisition Costs,DAC)使利润在保单年度平滑。而采用内含价值法,我们首先要计算公司的内含价值,即把预测的未来利润现金流贴现,再通过"评估价值=内含价值+一年新业务价值 × 新业务乘数"来精算其估值。

保险交易并购的新趋势

接下来讲我对今后保险交易并购新趋势的看法。在最近备受关注的保险交易并购中,其中一起交易案例是腾讯与高瓴投资英杰华人寿,成立了香港首个网上人寿保险品牌 Blue,其中英杰华人寿和高瓴分别持股 40%,腾讯持股 20%。Blue 的成立在香港保险市场中具有划时代的意义,它是科技与保险业结合的产物。另一起瞩目的交易并购是云峰金融牵头,与蚂蚁金服等投资美国万通保险亚洲子公司。云峰金融通过此次收购引入美国万通保险亚洲子公司,意在扩大公司现有的理财与投资服务。

我们从交易并购案例中可以看出,金融和非金融企业都在建立自己的生态圈,其中健康保险是生态圈的重要一环,而保险公司主要通过并购完善自己的生态圈。例如,2016 年,平安保险以 16 亿美元的价格收购了汽车之家 47.7% 的股权;2018 年,平安好医生以 9.8 亿人民币的价格收购了万家医疗 100% 的股权。而平安保险通过金融科技来支持这些服务。2017 年,平安保险推出了一只规模达 10 亿美元的名为"平安全球领航基金"的新基金,投资全球金融科技和数码医疗保健技术。平安保险的投资不同于私募,不以获取投资收益为主要目的，而是将收购的新科技运用到整个生态圈中，从而促进业务的提升。

由此可以看出，结合创新科技提供更好的健康金融服务是保险公司的新目标。再比如，2018 年，友邦保险与微医宣布达成长期战略伙伴协议，即未来友邦的医疗将在微医的基础上，形成"线上＋线下，全科＋专科"的新型医疗健康服务体系，为用户提供全人、全程、全家的管理式医疗健康服务。

展望未来，首先，中国将进一步开放保险市场。2017 年 11 月，时任财政部副部长朱光耀在新闻发布会上表示，"三年后将外国投资者投资设立寿险公司的投资比例放宽至 51%，实施五年后，投资比例不受限制"。此外，2018 年 9 月，李克强总理在夏季达沃斯论坛中也提到，"在未来几年里，我们要进一步开放金融服务业……期待用 3 年时间，届时有若干家符合条件的外国企业在中国拥有全股比、全牌照的金融经营资格"。

其次，中国将通过"一带一路"倡议拓展海外金融保险投资，其中东盟交易将引领增长。过去我们与欧美的并购一直下滑，但我国的投资在东南亚一直没有停止，因为有"一带一路"倡议的利好政策。未来在东南亚国家还有很多契机，比如：新加坡是一个对金融科技比较关注的国家；印度尼西亚有 2 亿多人口，对保险需求大；等等。

最后，中国金融科技相关投资和监管会继续增加。目前，金融科技发展得最好的两个国家是中国和印度。相较于美国，亚洲监管机构推出了金融"监管沙箱"制度，即允许企业在参与者和监管机构均认可的受控环境中，对新产品、服务、科技和商业模型进行测试。

有哪些产品可以放在"沙箱"里？以前中国内地的微信支付在香港地区不能用，内地也不能用香港地区的微信支付。现在允许两地互相通用了，这就大大提升了其优势。

香港2018年也推出了一个金融保险的"沙箱",让保险公司可以有全数码、全网上的快速审批,只要你想做,可以在很短的时间内审批通过牌照。

金融"监管沙箱"的发展呈现以下几个特点:

一是目前出现了"同一地区,多个沙箱"的监管模式。同一地区也可以出现不同的"沙箱",比如在深圳,金融可以有"沙箱",生物科技也可以有"沙箱"。在同一地区,不同的"沙箱"监管可以分开处理。

二是区域性"监管沙箱"的涌现。比如大湾区"监管沙箱"、东盟金融创新网络"机构沙箱"等。以前新加坡有一个国家性的"沙箱",但中国可以在雄安新区设立一个"沙箱",在大湾区设立一个"沙箱",不同地方有不同的区域性"沙箱"。

三是"行业沙箱"和行业认证的出现。例如,区块链应用程序中的加密安全等,甚至可以通过"沙箱认证",类似于ISO90001的认证,把"沙箱认证"作为一个未来推动金融科技和监管不断提升的工具。

总体而言,用新科技来推动金融保险业的发展、通过交易并购完善健康保险生态圈是未来发展的新趋势。

本文根据作者2018年9月27日在"北大汇丰金融前沿讲堂"的演讲整理,经作者审阅。

Fina

FORESIGHT LECTURES

第三部分

金融科技的前沿

人类社会正在进行一场从物理空间向数字空间、虚拟空间的数字化迁徙，完成迁徙需要互联网、云计算、AR等技术来支持，这些技术恰恰汇聚在一起，加速了数字化迁徙的过程。

肖 风 通联数据董事长，万向区块链董事长

第 11 章
区块链、数字货币与 ICO

肖风

通联数据董事长，万向区块链董事长

区块链是目前的热点话题，我不从工程技术的角度介绍区块链、数字货币与 ICO（Initial Coin Offerings，意为首次公开发售数字纸币融资），而是尽量从经济学应用的层面介绍，主要讲以下三方面。

何谓"区块链"

介绍区块链的书很多，但很多人看完之后，还是搞不清楚区块链为什么重要，不明白区块链究竟是一个类似 Windows、Word、Office 的技术工具，还是纯粹的互联网。

任何一个新技术都通过两个路径对我们产生影响，其中之一是它作为技术工具，像 Windows 操作系统被看作互联网上的工具，确实可以提升现有的工作效率、降低成本、改善体验，但它毕竟只是一个工具而已。而互联网不一样，我们从这个角度看待区块链，既可以把它看作改善现有工作、现有行业的工具，也可以把它看成现有行业的革命者，即一种是改良，而另一种是改革。

在它的影响下，某一类行业没有了，某一类金融机构也不存在了。

我今天从这种角度给大家介绍区块链、数字货币与ICO，我倾向于认为它们能产生颠覆性的影响，而不是互联网上的工具这么简单。

区块链产生的背景

第一个背景，是人类社会从工业社会向信息社会迁徙，区块链就是这个过程中一个必不可少的技术支持体系。人类社会从工业社会向信息社会迁徙，可以叫作数字化迁徙。在乌镇召开的世界互联网大会上，主要议题是数字经济、数字社会。从工业社会向信息社会迁徙，需要很多技术支持，互联网就是其中比较重要的技术，人工智能也是支持完成这场大迁徙的技术体系，不仅是起辅助作用的拐杖，还是发挥支撑功能的技术体系。

人类社会经历过几次大迁徙，最初人类的祖先出现在非洲，后来向世界各地迁徙，这场浩大的迁徙经历了几十万年，原始社会才变成如今的社会。这是区块链产生的大背景——人类社会正在进行一场从物理空间向数字空间、虚拟空间的数字化迁徙，完成这场迁徙需要互联网、云计算、AR、VR、人工智能等技术的支持，这些技术恰好最近几年汇聚在一起，更为成熟，加速了数字化迁徙的过程。

第二个背景，是《失控》一书提出的基于生物学逻辑的信息社会进化论，这是区块链的产生在经济学方面的背景。这本书讲述了在信息社会中人、组织和商业如何进化，全书内容可以概括为9个字：去中心、分布式、自组织。

生物学的进化是没有中心的，去中心是指并没有一个人控制它、设计它，没有一个人决定要往哪条路进化。分布式与去中心有很强的关联。作为社会的节点，每个人、每家机构彼此之间是完全对等的关系，任何人不能控制另外一个人。

自组织在商业领域表现得很明显,从公司逐渐走向平台。很多创业者的商业计划书中都包括如何搭建平台。在平台上,你并不拥有平台某个伙伴的股权,也不能决定平台另外一个伙伴的商业策略,这和公司的组织完全不一样。平台是自组织的初级形态,从公司完全层级制、金字塔式结构的商业组织走向平台,最后会走向一个生态圈,大家并列运行,而区块链所要完成的就是这个生态圈。在这个生态圈,任何人都不隶属于其他人,但是依靠一套博弈论算法的机制设计,一群陌生人可以共同做出很好的决策。

第三个背景,是货币的非国家化。这种思想希望摆脱中心化机构的控制,包括政府、商业公司以及其他中心化机构的控制,追求自由经济和自由市场。无政府主义思潮在数字世界重新泛起。自从人类社会产生以来,无政府主义就一直存在,只要控制的状态存在,就总有人想摆脱它,但是并没有人能真正摆脱这种工具的控制。互联网最初的创造者们也希望能够做到去中心,但是最后的结果是现在的互联网不仅没有去中心,反而比以前的工业社会更加垄断。这是一种思潮,也是一种应用尝试,我估计像以前无政府主义的尝试一样很难成功。

第四个背景,是分布式网络技术的成熟。区块链技术的产生主要是由于分布式网络技术的成熟。当然,区块链不是一两位计算机工程师、密码学家或数学家在实验室里做出的简单的东西,其背后有经济学、社会学、数字化和互联网网络技术发展的背景。

在这些背景下,区块链技术在 2009 年集大成而出。

区块链涉及的基础理论

区块链涉及的基础理论可以分为三方面:

第一，新古典微观经济学的机制设计理论。比特币区块链没有法定架构，没有股东、管理层、员工、办公场地、资产和服务器，但是全球有无数人在为比特币区块链贡献自己的价值，在维护着这个系统的运转。

为什么在没有任何组织架构的情况下，人们把系统维持得这么好？2009年，比特币区块链上线以后，每天有大量的支付汇兑交易发生在区块链上，但至今没有出现任何差错，没有出现过一秒钟的宕机，所有的数据、交易和支付都准确无误地传达和完成了。这就涉及机制设计理论，机制设计理论的研究者前几年获得了诺贝尔经济学奖，后面我将介绍这个理论对区块链的价值和作用。

第二，算法博弈论。到区块链阶段，博弈论才真正走入很多实用的场景当中，成为区块链的基础理论。区块链的技术基础是分布式网络，分布式网络是一个点对点对等网络，对等网络意味着在分布式网络上的任何一个人、任何一个节点获取信息的权利是对等的。在信息完全对等的情况下，我们就可以用博弈论来建立一种治理机制，让陌生的人在完全获得相等信息的情况下，通过博弈来达成"帕累托优化"，最后保证能够达到好的结果。信息不对等，就好比博弈论中的经典案例，即囚徒困境：两个共谋犯罪的人被关入监狱，不能互相沟通信息。如果两个人都不揭发对方，则由于证据不确定，每个人都坐牢一年；若一人揭发，而另一人沉默，则揭发者因为立功而立即获释，沉默者因不合作而入狱五年；若互相揭发，则因证据确实，二者都判刑两年。由于囚徒无法信任对方，因此倾向于互相揭发，而不是同守沉默。

但是在区块链上的信息完全对等，所以在分布式网络、点对点对等网络上，每个人掌握的信息都相同，博弈的结果即使不是最优的结果，也是次优的结果。因此，比特币区块链不再需要股东、董事会和管理层。最重要、最核心的公司治理概念是"股东价值最大化"，而在比特币区块链，没有股东、董事会和管理层，公司治理在区块链上全部被瓦解了。

第三，密码学。区块链的数据不可篡改，数字的隐私依靠算法保护，这都涉及密码学技术的进展。密码学算法、博弈论和微观经济学的机制设计理论，可以看作区块链发展的基础理论。所以，区块链不是简单的互联网技术工具，而是有技术基础和理论基础的，会创造出具有颠覆性的新商业。

区块链技术系统的演进

区块链的发展有三个阶段，并不断进化。

第一个阶段是分布式网络。区块链建立在分布式网络中，其中所有的权利是一致的，大家获取的信息是相等的。分布式网络的特点是点对点，中间没有中介、媒介或者中心控制，解决的是点对点通信的问题，不是金融交易。现在，分布式网络也是十分庞大的技术体系，包括分布式数据库、分布式计算和分布式服务。

随着物联网的发展，有人总结第三代物联网属于边缘计算。第一代物联网传感器的数据全部传到中心服务器，由中心服务器处理之后再传回到终端。现在，第三代物联网不仅可能使中心服务器具有处理物联网数据的能力，也可能使中间的路由器具有计算能力，更重要的是任何一个终端或传感器都具有计算能力，这就叫作边缘计算。

边缘计算其实就是分布式计算，比如，如果没有分布式计算或者边缘计算，那么很难想象无人驾驶汽车所有的信息返回中心服务器，中心服务器处理完毕之后，再把指令发给汽车的场景，那时汽车恐怕已经出现了交通事故。

2015年初，知名科技杂志《连线》创始主编凯文·凯利（Kevin Kelly）在斯坦福大学所做的演讲中说道："未来社会有80%的数字通信都是端对端的，是在本地不超过一公里范围内要解决的。"

第二个阶段是分布式账本。如果在分布式网络上架一层账户体系，分布式账本就形成了，有了分布式账本我们才能完成点对点的交易，而要完成交易和支付，需要有一个账户地址，所以分布式账本就是分布式网络加上一个账户体系。这个账户体系与银行账户体系完全不同，分布式账本是一种新的记账方法。而现有的记账方法都是各自记账，为了建立各自记账的信任度，整个社会要付出非常大的成本。首先要有《会计法》《刑事诉讼法》以及第三方审计机构，其次需要第三方确保账本尽可能真实。

现在，从中国汇一笔钱到美国，要付 8%～12% 的手续费，因为中间要经过 5 家金融机构，这 5 家金融机构各自记一笔账，这个过程成本很高，时间也很长。但是在区块链上，我们很快就能将钱汇过去，而且无须成本，因为所有人都信任区块链的账本。这基于以下四点：

第一，相关各方一本账。假如张三需要汇一笔钱到美国，相关信息发出之后，5 家金融机构就知道了，迅速将自己的账调完，共同记这笔账，不需要对账的环节，时间、人工成本都节省了。

第二，全部事务一本账。现在的账只是记财务数据，但是区块链的账不仅记财务账，信息流、资金流等所有的信息都能在一本账上记录，点对点交易就这样完成了。

第三，密码学加密算法。除了隐私保护的算法，还有数据确认、数据存证、哈希算法，数据一旦散列①之后，就无法更改。

第四，私有区块链、联盟区块链其实就是分布式账本。区块链没有分为私有区块链、联盟区块链和公有区块链，只有一种区块链，私有区块链、联

---

① 散列（Hash），也译作杂凑。哈希，是计算机术语，指把任意长度的输入通过散列算法变成固定长度的输出，该输出就是散列值。——编者注

盟区块链都是传统行业出于合规、实用的目的，从公有区块链技术中抽离出来的。

第三个阶段是公有区块链。2009年，中本聪的比特币区块链标志着公有区块链的诞生。公有区块链是在分布式账本上加了三个机制。

第一个机制是区块链上的数字货币发行机制，比如，以太坊区块链发行以太币，这是区块链的第一个特点，在账本的基础上系统自动发行数字货币。

第二个机制是建立在一套共识算法基础上的治理机制。分布式算法可以有一个或多个中心化的机构担任某个特殊的基础权力者，但是公有区块链就不再允许某一个节点有超出另一个节点的权力，你要做的任何事情必须经全网达成共识。

第三个机制是自我循环的数字货币的激励机制，这是区块链特有的。比特币区块链没有股东、董事会、管理层、员工、资产、办公场地、服务器等，但是区块链上的人居然日夜为它工作。现在比特币区块链上流动着近2 000亿美元的比特币，没有出现任何错误。只要是为比特币区块链提供了价值和服务的人，就能得到系统发的比特币，这就是自我循环的激励机制。这种自我循环的激励机制，颠覆了现有的商业模式和治理结构。

区块链是"第二代互联网"

区块链被称作"第二代互联网"，有四个方面的原因：

第一，信息互联网到价值互联网。我们通过区块链可以在互联网上点对点地从事各种交易，而不需要第三方。现在，微信支付、支付宝支付仍然需要第三方做信用担保，否则大家不敢在支付宝上付款。但是，区块链不需要信用担保，起到信用担保作用的是一套数学算法。这套算法能够确保所有的交易都能准确无误地、完整地达成。在区块链没有出现之前，你不可能在互联网上像发邮件一样将钱转给另外一个人。而有了区块链之后，你可以像发邮件那样十分方便地将钱转给任何一个人，哪怕是陌生人，而且对方也不用担心收不到你的比特币。

第二，从消费互联网走向工业互联网。真正的工业互联网时代即将到来，如果没有区块链，那么我们将很难管理，这是 2014 年 IBM 物联网白皮书的结论。IBM 提出，到 2045 年将会有超过 1 000 亿台设备需要联网，每时每分每秒都在产生数据，大部分的数据产生在机器与机器、机器与人之间。那时对于任何身份的辨别和数据的处理，都可以应用区块链。IBM 物联网白皮书的名字叫作《设备民主》，即设备和设备之间，可以通信、支付、解决问题，不需要任何人控制，这就必须应用点对点的区块链来保证可信、可靠。

第三，公开互联网到加密互联网。现在，区块链上的隐私保护密码学算法已经能够做到互相交换需要交换的信息，同时很好地保护这些信息，不会透露给对方。在数据完全本地化受到保护的情况下，还能完成不同节点之间的数据交换。如今任何人的信息在互联网上都是公开的，以前中央电视台有一位记者提供了自己的手机号码，然后发动大家帮他找他在互联网上的信息。一段时间之后，他的购物信息、住址、朋友圈等所有信息都通过其手机号被查找出来。但是在区块链网络里，这类事情完全被杜绝，你可以继续享受互联网带来的便捷，不会因此暴露你的隐私。

第四，中心化互联网到分布式互联网。现在的互联网越来越中心化，我不能说区块链一定能将这个社会变成分布式，但是区块链技术至少可以让中心化的互联网逐渐变得更分布式、更去中心化一些。

区块链的价值与意义

第一，区块链是信任的机器。我们可以用 2015 年英国《经济学人》杂志中一篇介绍区块链的封面文章的标题——"区块链：信任的机器"，来概括区块链。区块链就是一台信任的机器，通过机器来建立两个陌生人的信任关系，而不再依靠现在高成本、低效的一整套第三方信任保证体系来维持现在的信任。现在我们要维持金融交易的信任，就需要庞大的金融中介组织。你的钱必须存在银行，如果要将钱付给一个陌生人，必须通过银行，银行就是信任中介。你还需要司法体系来威慑不讲信用的骗子。如果触犯了刑律，那么得依靠司法体系，有第三方的律师、会计师和你签合同，帮你做审计，来保证交易的可信度。

而区块链只靠一套数学算法，就取代了所有维持信任的中介。如果能做到这一点，那么所有的金融交易、商业交换都将被改变。如果建立信任的方法变成完全没有成本的一套数学模型或算法，那么两个人要完成交易，就不再需要请律师、会计师或者金融中介。所以，区块链就是信任的机器，也就是用机器来重构人与人之间的信任关系。

第二，区块链依靠全网博弈的治理机制来达到"帕累托优化"。因为在区块链上的信息完全对等和透明，所以我们可以用博弈算法来取代传统的商业和社会治理组织，使得交易成本大幅下降，边际成本趋近于零。分布式治理带来分布式应用，分布式应用带来分布式商业。

第三，区块链是依靠发行数字货币的自循环的激励机制。

基于区块链的分布式商业

区块链正带来一个新的商业模式，即分布式商业，比特币区块链就是这种分布式商业的一个非常伟大的实验。比特币即使不成功，这个实验也已经产生了非常大的启示价值，远不是比特币现在 2 000 亿美元市值能够衡量的。基于区块链的分布式商业具有以下六个特点：

第一，开源的数字产权。分布式商业是没有产权的，在区块链上大部分创业项目的软件都是开源的，区块链很重要的特点是非许可，即任何一个人要交易比特币区块链或者以太币区块链上的节点为自己赚取价值和奖励，不需要任何人的许可，也不需要申请，你只要下载软件，就能成为节点。

第二，免费使用的产品。比特币区块链不存在产权制度，最近很多人用比特币区块链去复制另一个区块链。比特币区块链本来就是开源的，是无人管理的无主网络，因此你可以通过复制比特币区块链的代码来发行一套新的区块链系统，唯一需要做的是得到其他人的认可。

第三，依靠共识的治理机制。比特币区块链的治理机制依靠博弈论、算法，是参与者在网上完成的。

第四，依靠数字货币或代币的经济激励机制。

第五，自组织的社区架构。

第六，共享经济的商业模式。区块链是一个真正的点对点的共享机制。

货币与数字货币

货币

货币是一个很宽泛的概念，包含以下内容：

- 法定货币。法定货币只是货币的一种，法定货币是货币，但货币不完全是法定货币。中国的法定货币是人民币，美国的法定货币是美元，都是法律授权央行发行的，所以称为法定货币。除了法定货币以外，还有私人货币。

- 私人货币。全球没有法律禁止发行私人货币，腾讯的Q币、商场的购物卡、航空公司的积分都是私人货币。私人货币在全球任何地方都是可以发行的，关键问题是要获得大家的认可，如果被认可，就是货币，否则就不是货币。
- 数字货币。数字货币也是一种私人货币，私人货币由一家中心化的机构发行，而数字货币没有机构发行，由计算机算法来发行，属于无主货币。

2014年，央行前副行长吴晓灵谈及算法货币，将类似比特币的数字货币定义为算法货币。数字货币靠算法发行，成本非常低。因为算法在全球都被认可，要让70多亿人达成共识，使用数学是最简单的方法，所以数字货币是一种无主的货币。

数字货币

数字货币也有各种类别，第一种是法定数字货币。现在很多国家的央行要发行法定数字货币，但可能要经过很多年，因为数字货币与电子货币是完全不一样的。

法定数字货币用什么方法发行？有什么作用？央行在其中扮演什么角色？这些问题都需要讨论。有些国家的央行说不一定用区块链的技术发行，也可以用分布式账本发，甚至直接用分布式网络就可以了，但是不同方式发行的货币不一样，性质也有区别。

第二种是无主数字货币。

第三种是代币（Token）。代币由数字货币派生而来，现在非常火爆。为了避免非法集资、非法发行证券的嫌疑，可以用比特币替换代币。区块链上的代币有使用价值，但不是货币。

第四种是结算币。结算币也是由数字货币衍生而来的，数字货币和电子货币最大的不同之处在于，数字货币不是数字，是可编程的货币。你可以对数字货币进行编程，控制它的使用、流通，或者给它约定很多付款条件。计算机系统自动扫描，你满足这些条件后，就付钱给你。

我参观过欧洲的几家银行，有五家银行共同研究能否利用数字货币的可编程性发行一套结算币。大型跨国银行之间每天有大量的交易，交易额可能高达几千亿美元。交易结束之后，每家银行都有很大的中后台部门处理这些交易。结算币就是一种可以编程的、附带智能合约的币，可以取代银行的中后台清算结算部门，使日均数千亿美元规模的交易清算结算实现自动化。

现在，理论界一直在争论，说比特币不是货币，根本不具备货币的功能。我认可比特币不是法币的看法，确实没有任何一个政府授权给比特币系统认可它是法币，但是比特币是不是货币不由哪国央行决定，而是由社会共识决定。

从货币发行角度看数字货币

从货币发行角度来说，货币发行并不是央行独有的权利。美国法律并没有规定除了美联储之外不能发行货币，但规定除了美联储之外不能发行美元。

即使是法币，除了央行可以发行以外，其他机构也可以发行，例如港元不是央行、香港金管局发行的，而是三大银行发行的，所以港元上有"见票即付"四个字。

除了英国央行发行英镑以外，苏格兰议会授权地方机构发行苏格兰币，如果你到爱丁堡待三天，你使用的硬币中一定会有苏格兰币。全球很多私人机构可以发行货币，但是只能在某个范围内使用，当然不可能在全社会达成共识。

现在，数字货币多了一个发行方式，即社区共识算法。有一篇经济学文章写道，监狱里的硬通货是烟和方便面，而不是美元和人民币，烟和方便面就是一般等价物。

从货币创造角度看数字货币

现在很少有人从货币创造的角度来看数字货币。央行只发行基础货币，整体金融体系中包括货币创造的过程，流通中的现金（M0）、狭义货币（M1）、广义货币（M2）、广义货币和证券及其他资产（M3）、M3+大额可转让定期存单（M4）、现金等价物或一般等价物都被用来描述货币创造的过程。

中国金融体系货币创造的层数是1∶3，央行发出一个基础货币，金融体系大概创造3元。从这个角度，我们可以将数字货币看成在货币创造过程中，金融机构或者某一类机构发的现金等价物。银行发票据就是货币创造的过程，如果没有银行发票据，金融体系就失去了润滑剂，央行就可以将金融中介都取消，直接把钱打到老百姓的账户里。但这样的话，金融体系就难以运行，因此必然会有一个货币创造的过程。

既然银行和其他金融机构可以将央行的1元变成2元、3元，发行自己的负债凭证，那么能否接受区块链系统成为货币创造过程中的一环？何况新的技术还带来了很大的便利。没有人从这个角度考虑过，大家总是画一条鸿沟，将区块链系统拒之千里，但如果以开放的思维想一想，我觉得有可能。

从金融市场角度看数字货币

以前，有三个英文单词代表货币——Currency、Money和Coin，现在多了一个单词——Token。

"Currency"是央行的货币，主要表达利率、汇率、社会流通性的关系。

"Money"是金融机构的货币,主要含义是资金。

"Coin"原来是指硬币、零钱,现在因为出现了区块链、数字货币,所以多了一层含义,代表公有区块链上的普通数字货币。

"Token"是别人用数字货币换来的某个使用凭证。

从金融机构角度来讲,这几个词有不同的侧重点。比特币或数字货币有些许货币的含义,但是更主要的含义是资产。以前围绕数字货币是不是货币的争论,关键点就是,数字货币的波动太大,因此它不是货币。如果是资产,那么资产的波动一定比货币大。

然而,委内瑞拉的货币是委内瑞拉政府授权发行的法定货币,但委内瑞拉币一年波动20%,货币的波动率不一定小。一个好的政府、好的经济体有严肃的财政纪律,货币才能好。

现在处于信用货币阶段,人民币、美元、欧元都挺好,但是不是所有货币都好?如果我们把货币更多地看成资产,这个波动就很好解释,也容易接受。

从货币形态角度看数字货币

数字货币和电子货币最大的不同是,电子货币是电子化的,上面记录的只是一串数字。而数字货币是代码化的,其存在的状态是一段代码和一段计算机程序,可以进行编程,在货币上附加智能合约,对货币实现约束和控制。然后让它自动完成交易,不再需要人来做清算,也不需要人工干预,而且两个陌生人如果一旦达成智能合约,双方都不可能撤销,这才是数字货币的本质。

现在,有一派理论认为电子化的货币流通体系已经非常快了,跨行转账能秒级到账，大部分情况下是免费的，而区块链做不到秒级到账，也不是免费的。但是，我们需要的是代码和程序化的货币，而不是一串数字的电子化的东西，这才是我们需要数字货币最根本的原因。

数字货币的使用价值

数字货币的使用价值表现在以下五个方面：

- 点对点交换媒介。比特币是一个很成熟的交换媒介和商业模式。
- ICO 首次公开发售数字代币融资工具。比特币和以太币都是融资工具，大家通过它来做融资，创造一个新的东西，即 ICO。
- 分布式商业的货币激励机制。没有"区块链＋数字货币"，我们无法建立比特币区块链这个无主系统。
- 投资工具。如果你在两年前说数字货币只是投机而已，可能还说得过去，但如果你现在还是这个观点，就无视了世界的发展。美国三大传统金融资产交易所，即芝加哥期货交易所、芝加哥商品交易所和纳斯达克，纷纷宣布要推出比特币期货。
- ICO 就是数字货币的杀手级应用。有了这个应用，数字货币就有存在的强大理由了。法定货币的法定地位是不可撼动的，数字货币并不是要取代法律或者颠覆法律，而是创造了很多新的东西。我们可以将它作为一般等价物或现金等价物，作为货币创造过程中的某一个凭证，与法定货币系统对接，发挥它的作用。

ICO 的现象、性质与问题

IPO 是指首次发行股票融资，ICO 由 IPO 演变而来。但两者有巨大的差别，IPO 是指一家企业发展到成熟阶段，有稳定的商业模式和盈利模式，有健康的现金流之后去发行股票公开上市。

但 ICO 属于风险投资或天使投资，创始人只凭一份商业计划白皮书，就可以去融资。IPO 和 ICO 的最大区别是，后者是天使早期投资，前者是晚期投资，企业成熟以后投资者再投它。

在 ICO 环节中，如果有 100 家公司，可能会死掉 90 家；如果只死掉 50 家，反而不正常。但是在 IPO 环节中，如果死掉 50 家，就不正常。有一段时间 ICO 很火爆，在公开市场上没有任何门槛、没有任何鉴别的情况下，很多人都去投资，风险很大。

IPO 和 ICO 的区别在哪里？IPO 是释放股权去融资，发行 25% 的股份给公众，拿回钱来继续发展企业。目前绝大多数 ICO 都是开源的软件系统，都不拥有财产权。更多的是发一个代币给你，你用比特币换其代币，将来用其系统的时候付一些代币。IPO 是所有权的证券化，属于资本市场；ICO 是使用权的货币化，不属于资本市场。

ICO 的特点

一个真正的好的 ICO，具有以下五个特点：

第一，ICO 基于公有区块链上的数字资产。ICO 所有的项目一定是在区块链上，否则就是一个骗局。

第二，非所有权融资：开源软件、非营利机构、自治性组织和共享经济模式。ICO 一定不是发行股权，股权意味着你对这家公司拥有某种权利，可以对公司的管理发表意见。小股东至少有投票权，公司章程可以保护小股东的权利。如果公司经营得好，那么股东就有分红的权利；如果公司破产，则股东承担有限责任。如果破产之后还有剩余财产，那么股东还可以分享剩余财产。

代币的持有人没有这些权利，所以 ICO 不是用所有权来融资，用于融资的往往是开源软件、非营利机构、自治性组织，甚至点对点的共享经济模式。

第三，发行代币换取比特币或以太币。ICO 不能收法币、人民币、美元或者其他国家的货币，只能用比特币或者以太币来换。目前，比特币和以太币在中国被定义为虚拟商品，如果你用一个商品的使用权换了另外一个虚拟商品，不属于集资，而如果你收了法定货币，就属于非法集资。

第四，发行的代币在项目的运行中有使用价值。你要用这个系统，一定会用到这个币；如果不用这个系统，就能使用发行的代币，说明这就不是一个合规的 ICO。

第五，代币可以在数字货币交易所交易。

ICO 与加密经济学

ICO 产生之后，经济学领域出现很多新问题，在国外出现了一个新的经济学动向，即加密经济学。

加密经济学研究的对象是在互联网、区块链、ICO 的背景下出现的经济学新问题，有些甚至是颠覆现代经济制度的问题。

第一，产权理论。现代经济制度的基础是产权理论，一切东西都是依据产权来进行的，融资需要有产权，去银行借款也需要有产权抵押和担保。现在，像区块链这样的分布式商业声称没有所有权了，只有使用权，所以产权理论面临着重新去定义的问题。

第二，交易成本：零边际成本。在区块链上，点对点交易的一个关键点是零边际成本。一封电子邮件发给 1 万个人与发给 1 个人的边际成本都是 0。但是你邮寄 1 封信与邮寄 1 万封信，边际成本是递增的。交易成本理论也面临着新的调整。

交易成本理论、公地悲剧和产权也有关系。网络价值取决于连接的节点，节点越多，价值越大。而公地悲剧是指，资源是有限的，如果用的人多了，那么肯定会造成一场巨大的浪费或破坏。

一个完全不需要产权保护，甚至放弃产权、开源的东西，如何能成为独立的商业？如何赚钱？这个系统会发行自己的数字货币，为这个系统工作的各利益相关方，不是从股东得到分红，而是由系统分发数字货币作为报酬。但这个商业模式也面临着很多新的问题。

代币的分类

ICO 的代币分为三类：

第一类是证券类代币。证券类代币去 ICO 是不合规的，甚至是违法的。美国证监会有一则标准，称为"豪威测试（Howey Test）四原则"，符合这四项原则的代币就归为证券类代币。

- 投资了资金。
- 有获得利润的预期。
- 建立了共同的事业。公司章程规定，你购买了这家公司的股票，就成为股东，经营公司是股东共同的事业。但是你买了代币，这个系统跟你没有一点关系，你没有任何权利影响它，只是买了使用权而已。
- 收益基于他人的经营管理性努力。比特币区块链没有员工和管理层，如果符合这一点，美国证监会就会认为这属于证券类代币，发行证券类代币须按照证券法走批准的程序。

第二类是功能类代币。功能类代币基于公有区块链，是系统运行的"燃料"，在系统里有不可分离的使用功能。而且这个系统开源共享、不拥有产权、没有收益，依靠代币分配和币值上升而获益。而代币币值之所以上涨，是因为这个系统开发得好，使用者越来越多。代币发行量是固定的，所有使用者要先有代币才能用这个系统，就会导致币价上升。

这几天，有人开发了一个在以太坊区块链上养电子猫的系统，第一只生出来的猫现在已经卖了 70 多万美元，这是系统生出来的第一只电子猫。将来大家不在家里养宠物了，而在以太坊区块链上养电子猫，就会用到以太币。

第三类是单位信托类代币。很多资产管理人员自己开一家基金公司，发行代币换取比特币或以太币，用换来的数字货币来投资数字货币，币值上升的收益会分配给代币持有人，类似募集基金单位。

数字货币投资的发展趋势

从投资角度来看，数字货币投资的发展趋势可以分成三个阶段。

第一个阶段是 1.0 阶段。2009 年初至 2016 年底是炒买炒卖阶段，因为属于初试阶段，这个阶段比较混乱。那时的主要投资者是个人，包括技术极客、"矿工"[①]和投机者。

第二个阶段是 2.0 阶段。2017 年初至今，进入数字货币 2.0 时代，属于资产管理阶段，形势发生了很大的变化，专业投资者开始入场了。

第一批入场者是主流金融机构的先知先觉者，他们辞职创立专门投资数字

---

① 矿工是指获取比特币的人。因为比特币和黄金有很多相似点，所以获得比特币的方式叫"控矿"。挖比特币的计算机，叫作"矿机"。——编者注

货币的对冲基金。目前全球已有超过 300 个专注数字货币的对冲基金（另类投资基金）。

此外，风险投资开始接受 ICO 的代币。近年美国硅谷的风险投资机构投资一些初创项目，接受了 ICO 的代币，即使不给股权也可以。这是硅谷风险投资趋势之一，越来越多的风险投资基金开始接受代币，因为 8 年以后才能退出股权，而代币在两个月以后就可以交易。

第三个阶段还没有到来，但是我预计 3 年之内，数字货币投资的第三个阶段，即主流金融市场全面建立阶段，一定会到来。届时，全球主流金融机构将涉足数字资产投资。

当数字货币市值突破 1 万亿美元时，主流金融机构必将为客户或为自营做数字货币的交易。现在，全球已经有 8 家主流金融交易所开始推出和数字货币有关系的金融产品。芝加哥商品交易所宣布将在 2017 年底推出比特币期货，纳斯达克正与合作伙伴研究推出比特币期货。

现在已经有 300 多家专业投资机构在投资数字货币，同时它们对期货有需求。如果数字货币市值突破 1 万亿美元，而所有的金融机构都会有交易需求或者投资的需求，那么主流金融交易所不可能无视这一需求。

ICO 的状况

2016 年，风险投资基金投资区块链 4.96 亿美元，投资 ICO 2.36 亿美元。2017 年初至今，ICO 行业的总融资额约为 32 亿美元。目前数字货币总市值超过了 3 000 亿美元。数据表明，在 32 亿美元的 ICO 中，53% 是欧洲的项目，大概占 17 亿美元，美国的项目占 14 亿美元。

目前 ICO 市场的问题

ICO 主要有六种情形：

- 技术可行，商业可行。
- 技术可行，商业不可行。
- 技术不可行，商业可行（即不必要使用区块链）。
- 技术不可行，商业不可行。
- 传销。
- 诈骗。

ICO 市场确实比较混乱，十分需要进行整治。在海外市场，80% 的 ICO 属于前四种情形。在中国市场，80% 的 ICO 属于后四种情形。

目前 ICO 市场还利用区块链跨主权区域的技术特性，出现大部分 ICO 主体是海外注册的基金会、各种"空气项目"[①]大量发行、"中国大妈"排队入场、代币交易环节乱象丛生、"互金乱象"换个马甲重来等问题。

全球监管机构对 ICO 的政策动向

各国监管机构对 ICO 的态度各不相同，中国监管机构明确的文件认定 ICO 涉嫌非法金融活动，非法金融活动有三部分内容——非法证券发行、非法集资、非法金融交易。中国只能急刹车，否则治理不彻底。欧美监管机构基本上持友好态度，它们只是提醒投资者注意部分 ICO 可能属于非法证券发行。同时，美国证监会也对涉嫌非法证券发行的 ICO 项目进行检控。

有人说，中国对 ICO 的态度导致中国丧失了对数字货币的主导权，实际

---

① "空气项目"即打着区块链的旗号诈骗的项目，经不起时间考验。——编者注

上不存在这个问题。因为比特币区块链是一个无主的、跨主权的系统，谁都不能主导它。

不同监管行为的区别

面对新技术的乱象，不同的两种法律体系导致监管机构在监管行为上有很大的区别。

首先，英美实行普通法系，在普通法系之下，法无禁止皆可为。法律是可以解释的，可以按判例来扩充内涵，所以代币可以扩充为证券。但是在大陆法系下，法无明示不可为，法律无法扩展证券的内涵。法律没有明示，则不能变通，要么停止发行和交易代币，要么修改法律。

其次，普通法系中不存在管制经济的概念，如果律师能向监管机构解释清楚，代币就可以按照证券发行的程序来申请发行。当金融科技涉及重构金融体系基础架构时，普通法系更包容，大陆法系的操作空间更小，所以不同的法律体系会导致不同的监管行为。

本文根据作者2017年12月5日在"北大汇丰金融前沿讲堂"的演讲整理，经作者审阅。

第 12 章
用户隐私、数据孤岛和联邦学习

杨强
微众银行首席人工智能官

本文涉及两个重要的领域,一是数据要素和数据隐私,一是机器学习。

对人工智能发展历史的回顾

从 20 世纪 60 年代"人工智能"一词出现至今,人类对此已经经历了不同的认知发展阶段。当时,图灵发表了具有里程碑意义的论文《计算机器与智能》,第一次提出"机器思维"和"图灵测试"的概念。在其中,图灵还提出一个震惊世界的问题:机器能思考吗?他的答案是可以的。

不幸的是,图灵没有看到这些功能得以实现,但是在论文中,他描述了各种关于人工智能的设想。例如,他说未来的机器应该能够与人自由地交流、做数学题、下棋等,而且他预测这些在 2020 年会全面实现。虽然图灵的设想直至今天都尚未全面实现,但人们一直在为此不懈地努力。在这个过程中我们发现,人工智能发展中的大起大落与我们对人工智能的认识和理解越来越息息相关。

20世纪60年代到80年代，人们曾认为计算机可以变得和人类一样聪明，但却发现迟迟实现不了。波拉尼悖论提到，"我们知道的远远大于我们知道自己知道的"。我们可能是某方面的专家，但是无法将所知一一写下来。比如，牙医没有办法将其全部知识写成一本牙医教科书，因为有很多知识是在潜意识之中的，在牙医看来是常识的知识，在其他人看来并不是。因此，人们在发展人工智能时更加重视数据。数据不仅仅可以作为训练资料教会机器，更重要的是，它是人和机器交互的语言。

人会产生数据，我们的行为可以用数据来记录，同时，这些数据也可以被机器理解。这就好比机器是"一群人"，我们是另一群人，我们与机器无法直接沟通，但是所幸中间有一种语言——数据，能够让我们和机器交流。数据作为语言，真正使人工智能开始腾飞。

数据在模型里以参数的形式出现。在人工智能的发展初期，运行规则由人来拟写，但是发展到了深度学习阶段，机器便能够自动产生权重，即建立一层神经元和另外一层神经元之间的联系。实际上这些权重就是规则，使得我们在输入和输出中形成有机的映射。随着算力和数据的增加，映射的数量是与日俱增的，一开始是万级，然后达到千万级，现在已经达到了万亿级别，例如人工智能统计语言模型GPT3的参数量就是万亿级别的。

有了这么多数据和参数，我们就可以构建复杂模型，研究各种状态，用深度学习和强化学习一起做不同的探索。注意力模型就是我们构建的复杂模型之一，注意力模型能够让我们关注到一些重要的知识和概念，这些概念可以被自动抽取出来，并且不需要老师引导，只要这些文本的数量足够多，它们最后就可以在一个高维度空间形成一些点和点之间的关系。这些事是我们以前想象不到的，而且在只具备小数据和小模型的情况下我们也不可能做得到。现在我们能够把机器做得和人一样，能够理解自然语言，能够识别语音和指纹，原因就在于在我们的研究之中量变引发了质变，这个质变使得深度学习有了足够大的进步。

但是，我们现在遇到一个重大问题，即数据并不是理想地只存在于一个地方，我们在现实中遇到的数据往往是分散在各地的。比如，腾讯内部有很多业务集团（Business Group，BG），每一个业务集团又分成很多部门，现在的情况是这些部门之间的数据已经很难互通，更不要说业务集团之间的数据了。这不仅仅是腾讯的问题，也是所有大型互联网公司共有的问题，即"部门墙"挡住了数据的互通。而"数据孤岛"指的是，在政府、民众之间也有所谓的"防火墙"，使得数据以孤岛的形式存在。

数据孤岛引发的第一个问题是小数据的问题，即每一个孤岛的数据量太小。比如，一家医院做核酸检测所产生的数据只能构成"小数据"，但如果我们能够串联起来几十家甚至上百家医院的检测数据，那么数据量就不小了，但是到目前为止这很难做到，因为医院之间很难互相相信，或者不愿意把数据分享给彼此，所以就形成了数据孤岛。面对小数据和数据分散的问题，人工智能研究者需要给出解决方案，我的解决方案一个是"联邦学习"，一个是"迁移学习"。

解决小数据和数据分散问题

联邦学习指的是在虚拟世界把物理意义上分散的数据聚合起来，在聚合的过程中保护用户隐私。迁移学习指的是当遇到一个小数据领域的时候，寻找一个现存的大数据领域，把相关知识迁移到该小数据领域，以解决小数据的问题。

在欧盟提出的个人隐私保护法《通用数据保护条例》中，有各种各样的条例来限制企业使用用户数据，其中特别要求企业在得到用户的允许后才可以把数据用在某一方面。如果一个欧洲人拿着手机到美国，在美国产生了一些行为数据并将数据存在手机里，那么这些数据是不能上传至美国的服务器上的，除非征得该用户同意。此前，谷歌由于不知道或忽视了这件事，遭到了巨额罚款，除了谷歌这样的大公司之外，还有千千万万家小公司因此而收到罚单。

近年来我国对数据隐私的保护立法也越来越严格和全面，国内有很多大数据公司因侵犯用户隐私而被追究法律责任。当前，对于不同领域、不同区域的隐私保护我国都有法律出台，各级政府专门设立政务服务数据管理局来处理数据相关的问题。

我们在思考如何从技术上支持数据合作，在保证将数据保留在本地的同时，使模型之间可以互相沟通，最后的目标是数据可用，但不可见。例如，我不能看到邻居的数据，邻居也看不到我的数据，但是我们可以合作来建立起一个模型。如果将此模型抽象成一只羊，将数据抽象为草，我们的目标是带领这只羊到不同的地方吃草，羊在不同的草原之间走动的时候，草可以一直留在本地，相当于模型的参数在加密的状态下互相沟通。

横向联邦学习的特征

谷歌推出了一个安卓系统的联邦学习模型，我们称其为"横向联邦"，它是按照用户来切割的。比如，我们有很多台安卓设备，它们都要与服务器连接（见图12-1），w代表模型参数，方括号代表加密。在每一个终端上，本地的数据用来建模，通过模型参数w进行加密，加密之后上传至服务器，服务器是无法解密的，我们最后只会得到加密的参数w^k，然后在其基础上做各种运算。

现在，谷歌有了一种新的加密手段，可以透过加密层对内容进行运算，运算的目的是更新模型，然后把更新后的模型在加密的状态下发送至终端，使得终端的模型也能够得以更新。在此之后，众多国内的手机公司也纷纷建立了自己的联邦学习团队，学习这种既能保护隐私又能更新模型的模式。

加密的方法多种多样，比如同态加密是对两组不同的数据进行加法或乘法等多向运算，它们的状态不变，只对其结果加密。在谷歌的安卓系统中，每一个手机上都有不同的模型，它们加密后会被传递到一个中心点做融合，融合之后形成一个新的模型，再传递给安卓系统。

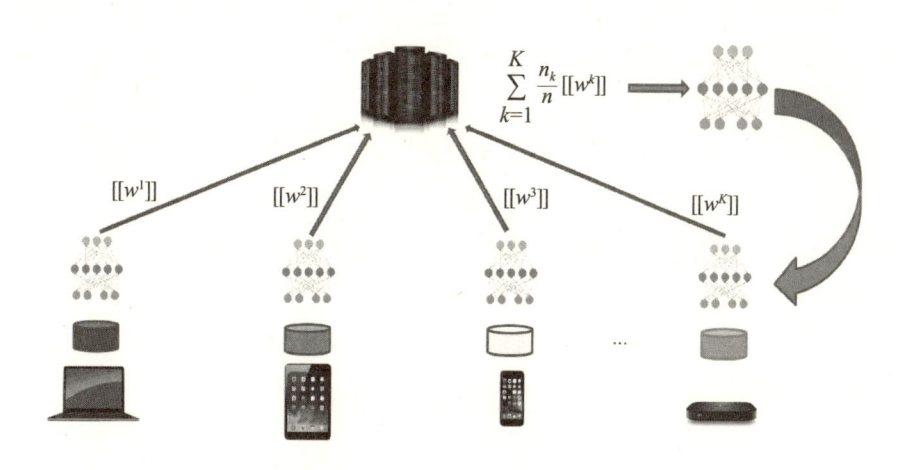

$$\sum_{k=1}^{K} \frac{n_k}{n} [[w^k]]$$

$[[w^1]]$ $[[w^2]]$ $[[w^3]]$ $[[w^K]]$

图 12-1　横向联邦学习机制

纵向联邦学习的特征

上文所描述的是针对用户端（to C）的模型，下面所讲的是针对企业端（to B）的模型。当两家机构要合作时，不同的机构有不同的数据特征，但是也存在很多重叠的样本。在这种状态下，我们可以利用数据各自的特征来建立一个更广泛的特征空间，从而加强模型，由此产生的便是分布式模型。在分布式模型中，模型的不同部分和结果存在于不同的地点，该模型是在不同的地点建立起来的。

例如，在图12-2中，左边的模型是一个树状模型，它成长的每一步都要参考对方模型的参数，但它是看不到对方的数据的，对方是在加密了之后才将数据传递给它的。该方法可以使得模型之间既对数据保密又能互相参照，进而使之能够逐渐成长。这种方法还可以用来改造传统机器学习的算法。比如一个随机森林的模型既可以用横向方法改变，也可以用纵向方法改变，横向方法就是我们所说的 to C 模型，纵向方法就是我们所说的 to B 模型。

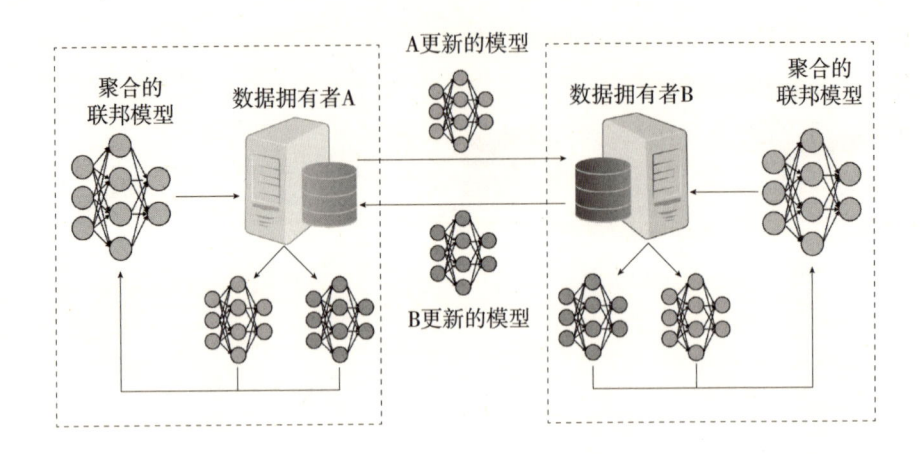

图 12-2　纵向联邦学习机制

很多人都关注联邦学习机制，是因为它不只存在于算法层面，各行各业都可以参与其中，它既涉及安全、合规法律，也涉及需要不断更新的防御技术，以及算法效率的提升和各个应用场景。所以说，联邦学习机制既是一个联盟机制，也是一个市场机制，大家都有兴趣参与模型的建立。

机制设计和激励机制的收益分配

我们还要特别关心机制设计和激励机制问题。如图 12-3 所示，多家数据孤岛都在合作，每个数据孤岛都可以选择一个联邦加入，然后计算一下加入该联邦可以获得的收益。模型建得好不好，决定了每个数据贡献者能赚取的收益。另外，数据联邦要将赚的钱分配给数据贡献者，这取决于分配机制。建立这些机制不仅仅关乎算法问题，而且涉及公平分配的准则，是经济学问题。

同时，安全是头等重要的。如果不同模型共同使用一个系统，一旦有一个参与方把数据泄露出去，那么大家就都不敢再使用这套系统了，最好的办法是让大家都能够看到源代码。联邦学习技术开源平台便是多方参与、多方建模的，该开源系统叫 FATE（Federated AI Technology Enabler），是 Linux 上面第一个开源的联邦学习平台，目前有多家机构在使用。在此基础之上，很多大型互联网公司也都开发了属于自己的工业级平台。

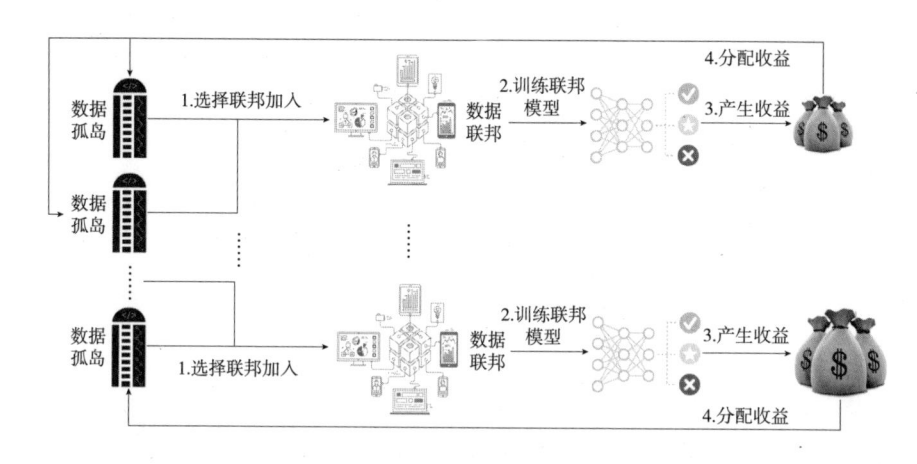

图 12-3 联邦学习的激励机制

隐私计算的发展历程

"隐私计算"并不是一个全新的概念，但是近几年变成了一个热门话题。自 20 世纪 70 年代起，计算机领域就有了关于隐私计算的讨论。具体而言，隐私计算有 3 个阶段的发展历程。

从技术贡献来说，第一阶段是"安全多方计算"，目的是通过隐藏部分信息来保护隐私，其发展时期是从 20 世纪 70 年代末到 90 年代。安全多方计算由数学家来主导，其保密的安全性很高，但缺点是过程非常缓慢，计算性能比本地计算慢 100 多万倍，因此没有在工业界实现大规模应用。

第二阶段是"集中式加密计算"，由英特尔提出，可以把所有数据都放在中心芯片上，只输出结果而不透露中间过程，各家数据也不会被泄露。其优点是速度快且保密性高，缺点是使用者必须要购买芯片。这是一个"卡脖子"问题，因为到目前为止，只有英特尔才能提供这种芯片。

第三阶段是联邦学习，即多方进行近似计算。机器学习实际上是在进行概率计算，通过模型来做预测，该预测是不确定的。它的好处比安全多方计算方法快近 100 万倍，只比本地计算慢 100 倍，而且不需要特定的硬件来支持。

联邦学习的应用案例

通过联邦学习，实现金融风险控制

传统金融行业主要通过联邦学习来做风险控制。风险控制是金融行业的核心，近年来连续出台的地产指导价和各种金融规范，都是为了控制风险。当前，风险控制基本上不再依靠专家，而是依靠数据。

但数据往往不够全面，而且是非结构化的和滞后的，很难得到解析。因此，我们可以利用联邦学习和各方的实时大数据建立一个联邦学习网络，来进行各种各样的金融活动，包括风险控制、投研、营销、保险、支付等。

在小微企业贷款方面，很多银行自己的数据不足以支撑大数据风险控制。如果银行能利用大数据联合建模，在可以利用的数据集增多的情况下，风险控制的效果就会显著提升。金融科技公司、数据服务公司等联合在一起便可以形成一个联邦数据网络。

通过联邦学习，实现反洗钱

当前，国家层面也开始重视联邦学习。在 2019 年中国金融四十人论坛（CF40）发布的《中国智能金融发展报告》中，就有相关章节专门阐释了联邦学习的特点，具体涉及的案例是"如何利用联邦学习来反洗钱"。

洗钱的人会选取多家银行，在每家银行进行一点操作。银行之间用户信息不互通，因而洗钱的动作很难被发现。通过联邦学习各家银行便可以在数据不出库的情况下，建立一个"横向联邦"，因为各个银行的基本特征和贷款类型都类似，只是其客户不同。此外，银行的客户行为特征很少，因此可以和互联网公司建立一个"纵向联邦"，通过互联网公司增加特征空间，这样一来，系统便可以发现一些之前难以发现的洗钱行为（如图12-4所示）。

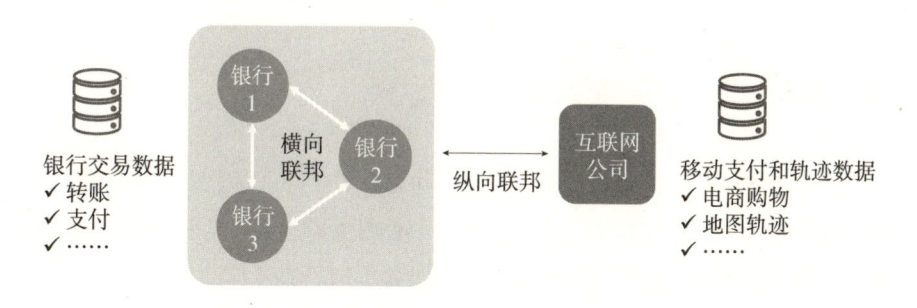

图12-4 将联邦学习应用于反洗钱行动

通过联邦学习，实现保险覆盖率拓展和个性化推荐

联邦学习很容易迁移到的一个场景是保险，保险很注重覆盖率这一指标，从业者可以利用纵向联邦和横向联邦的框架来拓展这一指标；另一个场景是个性化推荐，在中央服务器上会有一个通用的推荐模型，这是普遍适用的平均推荐模型，这一模型结合每部手机上的历史数据，合起来就能形成一个智能化系统。

抖音在美国上市之后发展迅猛。现在抖音存在的问题是，过去本地化的模型是在中央服务器上建立的，需要把本地的数据上传到中央服务器之后再建立模型。当前抖音在美国的本地数据无法上传至中国的中央处理器，因而需要使用联邦学习，字节跳动已经建立起了自己的联邦学习团队。

通过联邦学习，实现医院数据互通

在医疗健康领域我们也做了尝试，联邦学习具有广阔的应用前景，因为医院与医院之间在大多数情况下是不做数据互通的。我们现在在宜昌联合了20多家医院一起构建了联邦学习模型。这些医院提前识别中风病人的准确率大为提升，平均准确率提升到80%以上，最大的提升量在20%，这就是联邦学习在医疗的场景下非常有前途的一个方向。

5G边缘计算与联邦学习互为助力

联邦学习所建立的数据互通，为5G边缘计算提供了所谓的"杀手锏"应用。有很多5G场景需要多方建模，比如中央服务器和无人驾驶汽车之间的沟通，不仅需要在本地建立一个模型，而且需要本地具有建模的能力，这就是边缘计算。边缘计算不能孤立地存在，要与中央服务器及其他无人驾驶汽车沟通，这时候联邦学习就会起作用（如图12-5所示）。

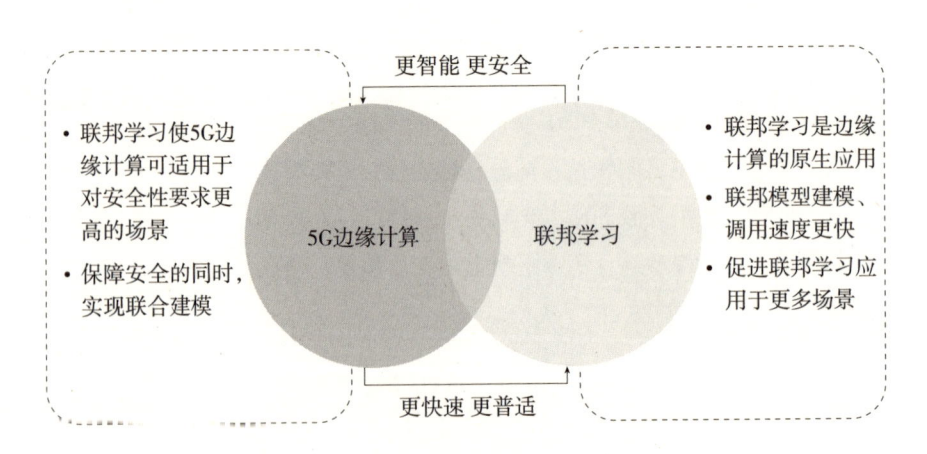

图12-5 5G边缘计算和联邦学习互为助力

此外，联邦学习也能应用于智慧城市的建设中，比如通过加深建筑工地监控视频之间的联系，提升行人检测和安全检测的功能。

迁移学习有效解决本地小数据问题

如果本地只有小数据，我们可以用迁移学习的方法来解决数据不足的问题。迁移学习能够提升模型的适配能力，使它能够很快适应新的环境。若到了一个环境能够很快适应，一个模型就能够被迁移过来。比如，人脑在已经建立了一个骑自行车的模型之后，再学习摩托车就会很快，这是因为大脑中的骑自行车模型可以被迁移到骑摩托车的场景中。

我们在做机器学习时，如果已经建立好一个模型，当我们再遇到新的领域时就可以把这个模型迁移过去，前提条件是这两个领域要足够相像。判断两个领域像不像，我们需要通过算法。

迁移学习的应用案例：对话系统和推荐系统

小爱机器人和小度机器人，都做了强化学习的对话系统。强化学习功能可以从一个场景迁移到另一个场景，迁移的过程便是迁移学习。短视频推荐和微信推荐同样是迁移学习的应用案例。例如，我们对一个用户建立了很好的推荐模型，如果另一个用户的兴趣点和已有的用户足够像，我们就能将推荐模型迁移到新用户那里。

正因为如此，大数据搜索公司，如百度、腾讯、谷歌、微软等，先证明了垂直搜索是可以用迁移学习实现的。世界银行和斯坦福大学利用卫星数据和迁移学习来识别非洲大陆的哪一个地区比较贫困。它们运用多步迁移方法：第一步是将模型从网络上的图像数据迁移到卫星上的夜光数据；第二步是将模型从卫星上的夜光数据迁移到白天的数据。我们通过多步迁移建立好模型后，该模型就可以通过识别卫星图像来判断一个地区是否比较贫困。

预训练模型的商业模式

预训练模型是现在人工智能最热的领域之一。互联网公司可以将所有算力用于所有数据上，先建立一个通用模型，再通过云开放该模型，产生应用场景。之后互联网公司可以通过预训练模型将应用场景迁移到小数据上，建立本地的业务模型。

这个商业模式是行得通的，并且预训练模型参与迁移有以下几个益处：第一，机构、公司不再需要雇用人工智能领域的专家来建立本地的业务模型，解决了人才荒的问题；第二，该模型特别精准，尤其是在本地只有小数据的情况下，本地不再需要花很多成本去收集数据；第三，预训练模型的执行者不用花很多力气学习不同行业的业务，只需要聚焦在建立更好的预训练模型上，社会分工变得更加清晰，人工智能的商业模式也就清晰起来了。我认为，下一步的人工智能商业应用应该是这样的商业模式。

联邦迁移学习的实际应用

联邦学习和迁移学习是可以结合的。我们将联邦学习和迁移学习结合起来，就可以处理"异构"数据。异构是指不同数据和设备是以不同的形式分布的。

比如，一个男生用手机看 A 类新闻较多，一个女生用手机看 B 类新闻较多，两部手机的数据分布是不一样的，新闻的结构也不同，因此没有办法用传统的机器学习将它们合并起来训练。所以，在这一点上人工智能会失败。如果想要让它不失败，我们可以通过迁移学习把这两类数据迁移到共有的子空间中，也就是挖掘两个人共同关心的那类新闻话题，共同建模，这样就可以迭代出更好的模型。所以，利用迁移学习我们可以达到处理异构数据的目的（如图12-6 所示）。

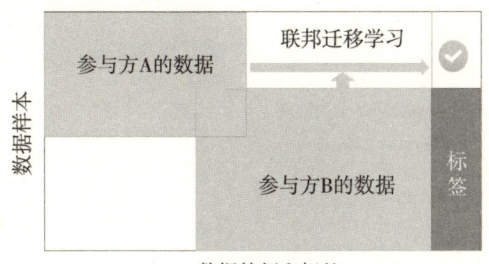

图 12-6　联邦迁移学习机制

微众银行在普惠金融领域的探索

覆盖金融机构经营全流程的人工智能解决方案

微众银行设立的目的是实现普惠金融，比如，帮助那些在银行没有征信信息的个人或者刚刚成立的小微企业解决资金困难的问题。目前，微众银行的用户数达到将近 3 亿人，已经服务了上百万家小微企业，资产规模达上千亿元。

在营销获客方面，微众银行的人工智能团队会根据两点甄别一个人是否合适成为其客户：有没有兴趣使用微众银行的金融产品，风险评分是否优质。这和互联网的广告营销有所不同，是一种双向选择。客户进来之后，微众银行会有智能语音机器人、智能文本客服机器人、智能质检机器人、智能培训机器人、智能核身反欺诈解决方案等服务他们，现在 98% 的客户需求都是由机器人自动解决的。后台的风险控制是利用几百个数据源一起建模，并在联邦学习的加持下实现的。图 12-7 展示了微众银行的人工智能解决方案。

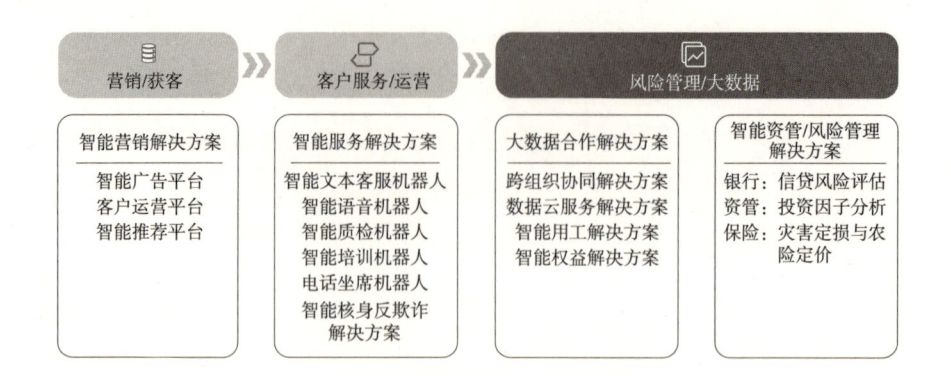

```
营销/获客              客户服务/运营           风险管理/大数据
┌─────────────┐      ┌─────────────────┐    ┌─────────────────┐
│智能营销解决方案│      │智能服务解决方案  │    │大数据合作解决方案│    │智能资管/风险管理
│             │      │                 │    │                 │    │解决方案
│智能广告平台  │      │智能文本客服机器人│    │跨组织协同解决方案│    │银行：信贷风险评估
│客户运营平台  │      │智能语音机器人   │    │数据云服务解决方案│    │资管：投资因子分析
│智能推荐平台  │      │智能质检机器人   │    │智能用工解决方案 │    │保险：灾害定损与农
│             │      │智能培训机器人   │    │智能权益解决方案 │    │      险定价
│             │      │电话坐席机器人   │    │                 │
│             │      │智能核身反欺诈   │    │                 │
│             │      │解决方案         │    │                 │
└─────────────┘      └─────────────────┘    └─────────────────┘
```

图 12-7　微众银行人工智能解决方案

持续优化的算法模型——语音识别模型

联邦学习可以结合各家的数据来建立一个更好的语音识别模型，现在最好的语音识别软件来自微信，微众银行排名第二，因为微众银行拓展了多维数据源，将不同的数据源结合起来之后，我们就可以用联邦学习来做语音识别了。

同时，我们可以用自然语言处理的形式，对多轮对话的用户语义进行识别，从而帮助用户解决问题。此外，我们还要发现一些欺诈性用户在沟通中展示出的前后矛盾的内容，判断用户对现在接收的服务、产品是否满意，这才是真正的多任务学习。

对其他另类数据的研究

利用联邦学习我们还可以做很多另类数据的研究，比如监测贷款是否被合理利用，公司的进度是否严格按照其贷款申请书所写在进行。比如，2020 年 2 月，我们用低空卫星监测到特斯拉在上海的厂房已经基本上复工。利用联邦学习我们还可以帮助监管部门做金融风险控制，由此来推出现在的 ESG[①] 风险

[①] ESG 是 Environment、Social Responsibility、Corporate Governance 的简称，即环境、社会责任与公司治理，包括信息披露、评估评级和投资指引三个方面，是绿色金融体系的重要组成部分。——编者注

分析，一个企业的可持续发展指标也可以由此来建立。

综上所述，关于联邦学习，我们首先要考虑如何在多方参与的情况下，保证数据不会被盗窃；其次要考虑如何将联合建模变得越来越自动化，以解决人才短缺的问题；最后是如何把模型掰开，把重要的决策逻辑解释给用户、监管部门和工程师听。

本文根据作者2021年3月13日在"北大汇丰金融前沿讲堂"的演讲整理，经作者审阅。

专家点评 | **重视数据隐私和安全，倒逼技术创新和金融创新**
巴曙松

疫情的冲击，促使运行中的不同经济领域加速进入信息时代。人们常说，数据是信息时代的石油，随着人工智能技术和数据处理能力的提升，以及机构和个人海量数据的不断产生，理论上我们将大数据与人工智能技术完美结合，就能够充分挖掘和释放数据的价值。但由于数据中包含大量个人隐私和商业机密，数据隐私安全问题也广泛受到世界各国的重视，比如欧盟出台了《通用数据保护条例》（GDPR），美国出台了《2018加州消费者隐私法案》（CCPA），新加坡修订了《个人数据保护法》（PDPA），中国出台了《信息安全技术—网络安全等级保护基本要求》等。2020年11月，亚马逊因为"滥用卖家数据谋利"，被欧盟判定违反反垄断法。2020年12月，欧盟公布了《数字服务法》（Digital Services Act）和《数字市场法》（Digital Markets Act），旨在规范互联网平台的数据管理。在数字经济时代，重视数据隐私和安全已经成为一种世界性的趋势，这对以大数据为基础的互联网商业模式提出了更高的要求与挑战，同时也为技术创新与金融创新指明了新的方向，而杨强教授正是在这个领域做出了突破性创新。

2020年4月，中共中央、国务院印发《关于构建更加完善的要素市场化配置体制机制的意见》（以下简称为《意见》），《意见》特别指出要加强数据资源整合和安全保护。《中华人民共和国国民经济和社会发展第十四个五年规划和2035年远景目标纲要》（以下简称"十四五"规划纲要）对建设"数字中国"提出了新的要求，并制定了主要目标：2025年数字经济核心产业增加值占GDP比重要由2020年的7.8%提升至10%。从数据服务市场来看，"十四五"规划纲要"鼓励企业开放搜索、电商、社交等数据，发展第三方大数据服务产业"；在政府数据服务领域，"十四五"规划纲要鼓励"开展政府数据授权运营试点，鼓励第三方深化对公共数据的挖掘利用"。对于数据治理，"十四五"规划纲要提出"加强涉及国家利益、商业秘密、个人隐私的数据保护，加快推进数据安全、个人信息保护等领域基础性立法，强化数据资源全生命周期安全保护"。"十四五"规划纲要对从开放数据竞争到加强数据治理都提出了新的要求，国内按照传统模式运行的互联网公司可能也将面临新的挑战。

联邦学习的概念最早于2016年由谷歌提出，指多个客户在一个或多个中央服务器的协作下协同进行去中心化机器学习的设置。在去中心化机器学习的过程中，联邦学习能够保证每个客户的隐私数据不出本地，从而降低了传统中心化机器学习带来的隐私泄露风险和因数据泄露带来的相应成本，相关研究成果组成了联邦学习的整体解决方案。

在金融行业应用场景中，普遍存在"主观上不愿意，风险合规上不敢，技术上不能共享数据"的问题，导致海量数据散落在众多机构和信息系统中，形成一个个数据孤岛。用户隐私、数据孤岛、数据商业化之间的矛盾一直与互联网的发展相随相伴。联邦学习正好从技术的角度解决了这一困境。相比传统的数据授权和数据传输模式，联邦学习既能满足隐私保护的要求，又能够实现商业诉求。联邦学习能让我们规避掉改变现有机制和流程会带来的高昂成本，通过技术手段让各参与方的自有数据不出本地，用加密机制下的交换方式建立起高质量的模型。相比各数据主体拥有私有数据"各自为政"的传统方式，联邦学习能将多方主体以平等的地位团结起来，有"君子和而不同"的意味。

同时，部分金融应用，如反洗钱异常交易识别、保险反欺诈等，还面临数据特征少、样本标签稀缺、数据分布不均衡等挑战。针对小数据环境下的机器学习应用，杨强教授带领的微众银行人工智能团队提出了"联邦迁移学习机制"，对更加普适性的应用场景进行广泛的研究和实践。

在数据安全和隐私保护的诉求下，杨强教授团队致力于应用联邦学习在技术领域为"金融+人工智能"树立行业标准，这为整个行业的规范和高效运作提供了一种可选的技术路径。杨强教授领导下的微众银行人工智能团队同时也是联邦学习标准的主要推动者，不仅领导了国内标准的制定和完善，同时更在国际标准及技术联盟的建设过程中加强了"中国力量"的贡献和影响。

联邦学习在金融行业有非常广泛的应用场景。根据具体应用场景下数据的不同组织和使用形式，联邦学习应用分为横向联邦学习和纵向联邦学习。

横向联邦学习指的是同类型机构之间的联邦学习，例如在两家银行之间进行联邦学习。横向联邦学习的典型应用场景包括智能终端、社会性组织或机构、物联网。

横向联邦学习的第一个主要应用场景是智能终端场景。在实际使用智能终端时，用户为了保护个人隐私或节省手机有限的带宽/电池电量，可能不愿意共享数据。联邦学习有可能在智能手机上实现预测功能，而不会降低用户体验或泄露私人信息，统计模型可以为诸如下一个单词预测、人脸检测和语音识别等应用提供动力。

横向联邦学习的第二个主要应用场景是社会性组织或机构。在联邦学习的背景下，社会性组织或机构也可以被视为"设备"。例如，医院是包含大量患者数据的组织，医院的数据可以用于医疗保健方面的预测。然而，医院在严格的隐私措施下运营，面临法律、行政或道德约束，这些约束要求医院将数据保持在本地。联邦学习对于这类问题来说是一个很有前途的解决方案，因为它可以在不泄露数据和隐私的前提下支持各种设备/组织之间的互通和学习。

横向联邦学习的第三个主要应用场景是物联网。现代物联网，如可穿戴设备、自主车辆或智慧家庭，可能应用许多传感器来收集、适应实时输入的数据并做出反应。然而，由于数据的私密性和设备间的有限连接，在这些场景中构建聚合模型可能很困难。联邦学习方法有助于训练模型，使其能够有效地适应这些系统中的变化，同时保护用户隐私。

纵向联邦学习指的是不同类型机构之间的联邦学习。金融风控、营销风控是金融机构与互联网公司之间联邦学习的典型应用领域。纵向联邦学习的第一个应用领域是金融风控领域，在"数据不出域"的前提下，互联网与某银行建设线上信贷业务系统，联合构建反欺诈模型、画像模型，模型效果会显著提升。这样就能在丰富银行的大数据信贷风控能力的同时，实现优质客群优质定价，既满足了银行的实际管理需求，又使资金得到更有效的配置使用。纵向联邦学习的第二个应用领域是营销风控。某互联网公司通过"联邦学习"为某航空公司打造出全票务智能营销风控中台，在用户信息不出域的条件下，实现模型差异梯度交换，完成黑产欺诈模型联合建模。建模后的票务欺诈模型有较好的欺诈识别效果，能在保护双方数据隐私的前提下有效提升航空公司的反欺诈能力。

从技术融合的角度看，联邦学习是一种跨学科的解决方案，集合了机器学习、统计学、加密学、分布式系统等学科技术。在利用人工智能进一步挖掘大数据潜在价值的大趋势下，联邦学习已经成为当下以及未来一段时间内，推动人工智能和机器学习商业落地的关键能力之一。联邦学习与5G、计算机视觉的结合，为无人驾驶、智慧制造、智慧出行等领域提供了支持。微众银行已成功将联邦学习应用在资管行业的智能投研之中，同时在保险、医疗等行业也有成功的应用。联邦学习在不同行业中的应用，也更符合未来大数据、多企业、跨行业的应用需求。这也从一个特定的角度表明，技术的创新与金融的创新息息相关，相互推动，共同成为推动金融发展的重要动力，同时也在改变着金融行业的发展格局，所以值得我们深入学习和思考。

第 13 章

数字金融的发展路径[①]

邱明

罗汉堂资深专家，蚂蚁金服研究院前副院长

诺贝尔奖得主约翰·希克斯（John Hicks）说："工业革命不得不等候金融革命。"这句话有两个含义。一是金融的本质是服务实体经济。当下处于第四次工业革命时代，金融仍然服务于实体经济或产业。我们如何看待现在的金融科技，犹如一百多年前如何理解金融的本质。金融领域应用的科技改变了，但金融最终服务产业的本质没有改变。二是金融是产业或社会运行的血液，而财富是对人类过去劳动成果的积累和预期。例如，全球人口约78亿，GDP 约80万亿美元，这是人类每年的劳动成果；但全球的资产有四五百万亿美元，这就是财富的积累。

金融支持产业发展的历史

中国即将出台金融控股公司监管政策。我们先理解金融控股公司的发展历程，有助于厘清真正的金融业趋势。早在大航海时代，现代的银行、证券、保

[①] 声明：本文观点仅为理论体系讨论，不代表蚂蚁金服或阿里系企业（即阿里巴巴集团及其下属的公司）的观点。

险开始出现雏形，但是真正的现代金融体系的建立源自工业革命。第一次工业革命的标志是蒸汽机，第二次工业革命的标志是电力或生产线，第三次工业革命的标志是互联网，第四次工业革命的标志主要是数字经济。伴随着时代进步，金融监管随之产生，并不断适应当时条件下的金融业态。铁路等重工业出现于第一次工业革命和第二次工业革命之间，当时金融监管已出现所谓的混业监管，即金融机构可从事银行、证券、保险等业务，目的是满足当时企业因开展业务对金融资源的需求，比如大铁路或者大矿山。

此外，金融机构的资金来源是富裕的个人，但服务的对象并非个人，而是大型企业。在英美两国出现了最早形态的金融控股，它们很快从混业经营和监管发展到分业经营和监管。混业经营的意义是汇集资源、服务于大客户，但与此同时，大银行缺乏足够的竞争。当时的竞争是指在资本市场、融资市场是否能以更低的产品提供同样的融资服务。

英美两国的直接融资市场比较发达，资本市场的主要形态是股票市场和债券市场。然而，它们实际上无法满足当时产业发展的全部需求。1929年，美国经济大萧条开始，股市崩盘，至今英美两国也没有实现真正的产融结合，但是它们有全方位的以金融机构为核心企业的金融控股集团。

由于英美两国出现金融控股公司，日本、法国和德国很快也出现了以大银行为主导的金融控股公司，同样是为了把社会上的金融资源聚合在一起，以支持大产业的发展。当时韩国没有出现金融控股公司。另外，欧美属于案例法系，而日本和德国属于大陆法系，法律条件的不同也导致资本市场发展的不同。在这种情况下，德国、日本等国出现了金融控股公司，以支持本国产业发展。第二次世界大战后，美国对日本的金融控股公司进行美国式改造，打破了日本财阀形式的金融控股集团。韩国没有接受这样的改造，所以现在韩国的三星集团等依然有财阀的影子，属于非常强大的产业和金融融合的实例。

20世纪80年代，欧洲市场出现金融大爆炸，当时政府允许金融机构在伦敦成立金融控股公司。此时，金融控股公司成为国家的核心竞争力，大规模的金融企业也随之诞生。日本在1945年之后接受美国改造，实行分业监管，不允许出现金融控股集团，但到20世纪90年代，日本也出现了金融大爆炸，允许金融集团混业发展，随之出现了日式金融控股集团。1999年，美国出台美国现代金融服务法案，出现了美国金融控股集团，欧洲在2001、2002年左右出现了欧洲金融控股集团。由此可见，所有的金融监管都随着金融行业的变化而变化，同时国家金融业竞争力是非常重要的考量。

中国金融控股公司的五种形式

目前，中国存在五种形式的金融控股公司：一是国有或民营实体企业持有多金融牌照的混业型金融控股集团；二是地方政府控股的金融控股集团；三是以银行为母公司的金融控股集团，如中国银行、中国农业银行、中国工商银行、中国建设银行；四是以非银行金融机构为母公司的金融控股公司，如平安金融控股公司；五是以互联网企业为母公司的金融控股公司。全球只有中国有第五种金融控股公司。

这些产融结合，包括以金融公司为核心的控股集团，在世界发展历史上都曾出现过。中国之所以在同一时期出现这五种形式，是因为改革开放40多年来，中国确实走过了西方发展一百余年的道路。在如今状态下，这五种形式的金融控股都有存在的合理性，既有融合各种金融资源、服务产业的合理性，也有金融机构进行混业经营更好地服务客户的合理性。另外，互联网企业也发展出以自身为金融控股核心企业的金融控股混业集团。中国的现状是人类发展历史上曾经出现的不同发展阶段在同一时间出现了，这一发展趋势背后的主要推动力量是技术，从重工业到电力的产业革命时代，然后到ATM、传真机、全球化的信息革命时代，再到IT时代，直至现在的DT（数字技术）时代。

这个发展大趋势的背景是金融服务对象在不断下沉，即从原来的服务于重工业变成了现在的普惠。普惠是指所有人都可以获得他所需要的，或者与他所匹配的金融服务。全球有78亿人，虽然其中的20亿人没有银行账户，但三分之二的人都有手机，只要有手机，就可以享受金融服务。如果普惠金融能够惠及所有人，那么金融进一步发展的结果可能是一种价值传输。

支付发展史是一部商业发展史

历史学家尤瓦尔·赫拉利（Yuval Harari）在《人类简史》中写道："人类之所以成为地球的王者，是因为文字和货币。文字使得大规模的社会协同和传承成为可能，货币使得交易和劳动分工成为可能，进而带来劳动生产率的提高。"文字是人类信息交流的媒介，货币承载了人类的价值传输，即劳动成果的传输。从大航海时代到工业时代，再到信息时代，然后到数字时代，支付在每一个金融发展阶段都有不同的发展特征（见表13-1），虽然中国信用卡和预付卡的发展并不完善，但已经跃升至数字时代的支付，即互联网支付和移动支付，在互联网支付和移动支付的时代我们可以提供越来越多的金融服务产品。

表 13-1　支付在各金融发展阶段的特征

17世纪初期 航海时代	19世纪 工业时代	20世纪中叶 信息时代	21世纪 数字时代
航海技术大发展	大规模生产	计算机、电话网络出现	移动互联、云计算、大数据
支付跨国化、跨期化	支付体系化、规模化	支付个人化、全球化	支付多元化、便捷化
承担汇兑的银行应运而生	票据及支付清算体系诞生	信用卡等零售消费支付诞生	互联网支付、移动支付诞生

数字经济从三方面重塑世界经济

数字经济的发展经历了四次工业革命。关于数字经济重塑世界经济这一点，有的人认为，当下的数字经济和之前的工业革命不可同日而语。从个体来理解，如果一个人从从事农业转为从事工业，那么他的劳动生产力和收入大概会提高6倍。然而，数字经济对于整个经济发展的促进力并没有达到6倍，其促进程度到底是多少，一直以来都存在争论。

我想从三方面进行阐述。首先，数字经济会创造新需求。数字化消费者是数字经济的核心要素，我们可以通过数据了解消费者的行为、态度和需求。其次，数字经济会创造新供给，互联网、大数据、云计算将成为新的生产要素，基础设施和制度安排供给也将构成新的商业供给。最后，数字经济创造了全球化大市场，也就是说可以通过技术手段在全球范围内进行买卖交易。通过互联网推进全球普惠贸易，建设数字商业基础设施，已成全球共识。

从学术方面来讲，真正的数字经济对经济发展的贡献是多少呢？麦肯锡的报告中预测，在全世界范围内，2025年数字金融服务将带来3.7万亿美元的附加产值贡献，在2025年原有发展中国家预估基准水平61.7万亿美元的基础上提升了6%。预测还指出，到2025年，中国GDP将达到25万亿美元。2018年中国GDP是90万亿人民币，如果保持6.5%的增长速度，并假设人民币对美元的汇率届时依旧是6.7∶1，那么到2025年，中国GDP为20.8万亿美元。如果麦肯锡的假设成立，由于数字金融对GDP的提升大约为6%，那么在25万亿美元中，有1.05万亿美元的价值是由数字金融创造的。此外，数字金融对全球新兴市场GDP的贡献将达到3.7万亿美元，全要素劳动生产力基本上由劳动人口增加、资本增加和技术增加三方面驱动，其中64%的增加值源自技术推动劳动生产力的增加。

2018年联合国发布的技术与创新报告指出，数字技术仅仅是现代新型技术的一部分，而非全部。全面新兴技术包括四种：第一是生物科技；第二是数字技术；第三是纳米技术，其引发的材料应用变革会对整个工业产生重大影响；第四是绿色技术。

创新和技术升级的系统性基础需要多方协同合作

接下来，我想讲一下创新和技术升级。现在中国已将技术创新纳入国策，那么技术创新需要什么呢？图13-1中的各个要素便是创新和技术升级的系统性基础。它需要公司和创业者，还需要研究者和教育者。我来参加北大讲座，就是公司创新者与研究教育机构的结合。另外，还需要政府的支持，政府要出台合适的政策，在监管风险的同时也要促进发展；消费者和民间组织也在创新中发挥着至关重要的作用。整体而言，如果一个国家想通过创新和技术升级来提升国力和国民幸福感，就需要多方的共同作用和努力。

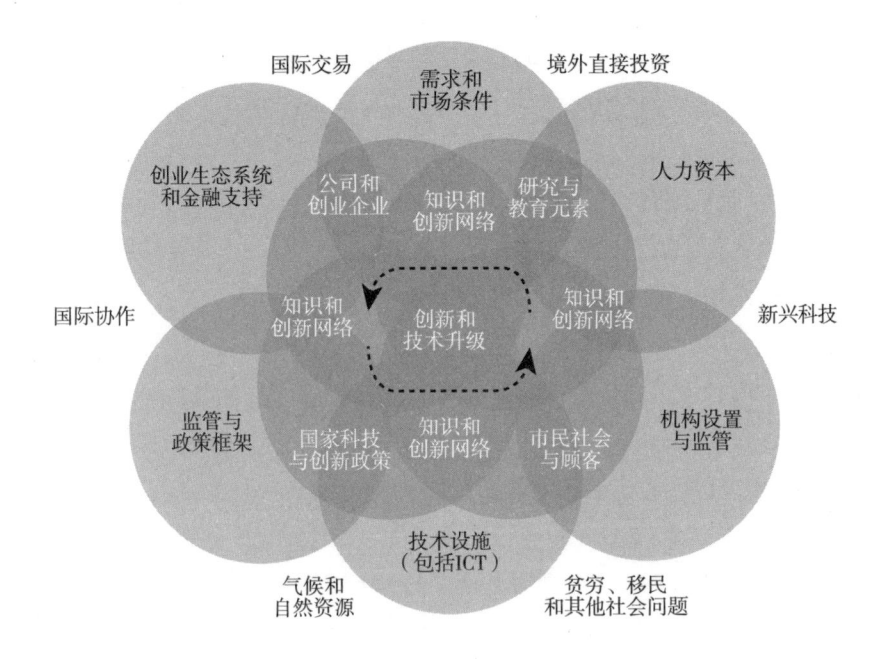

图 13-1 创新和技术升级的基础要素

资料来源：联合国《2018 技术与创新报告》。

下面详细讲数字金融。我分三部分来讲：一是数字金融的发展；二是数字金融助力金融普惠，具体来说是平台式的经济模型和价值链；三是数字技术对风控模型的影响。

数字金融发展

人类技术发展最根本的原始推动力是什么？是资本的力量。资本的力量始终在推动所有人类技术的发展，尤其是金融科技。金融科技包括四种主要科技。第一是大数据，"大数据"这个词是 1998 年提出来的，2008 年《福布斯》（Forbes）杂志的一位记者用了这个词，随之开始流行。在中国，大约在 2011 年、2012 年才出现"大数据"这个词。大数据是一组技术，不是简单的某一项技术。第二是人工智能，1956 年开始出现"人工智能"这个词以及相关的学术会议。现在的人工智能主要是指深度学习，2006 年《自然》杂志刊发了一篇关于深度学习的论文，开启了深度学习的新天地。2010 年之后出现了图像识别、语音识别等应用的爆发。第三是区块链，2008 年中本聪的白皮书中提出区块链，2009 年比特币上线。第四是云计算，2006 年谷歌开始使用云计算，2007 年亚马逊开始使用云计算，2009 年阿里巴巴开始使用云计算。所以，这四项主要科技真正应用的起始点是 2010 年，国际上认为这一年是金融科技发展的元年。

2015—2017 年金融科技预期与实践：支付

2015 年，世界经济论坛发布了最具影响力的金融科技全局图，2017 年重新发表了一个全局图，并进行全面研究。2015 年的全局图分为 6 个象限，2017 年的全局图有 7 个象限。金融的三大支柱是银行、证券和保险。银行的主要业务是存、贷和汇，证券还分为一级和一级半市场，即风险投资和私募股权投资，还有二级市场和资本市场，所以整个象限包括 6 个领域。2015 年世界经济论坛报告分为 6 个领域，共 11 个创新聚焦区。一级市场众筹，只有一个创新聚焦区。支付有两个创新聚焦区：一是新型的支付途径，主要是 P2P 转账和比特币；二是无现金支付，也就是移动支付，中国的支付宝、微信或百度支付都是无现金世界的支付工具。2015 年的世界经济论坛指出，支付会颠覆或者改变整个金融业态。

如今我们再看真正发生了什么。首先，支付从现金支付开始向移动支付转变；其次，支付行业的利润率被压缩；最后，支付正变得日益碎片化和当地化，这意味着支付很多时候不能全球化，这些都是由创新造成的。

那么，支付在发展中的不足是什么呢？答案是新的支付方案改进较少。金融控股科技领域中先发优势和后发优势哪一个更成立是很明确的，后发优势更成立，意味着原来金融供给与服务越不足的地区，当用技术提供新的产品和服务时，就越容易获得更迅速的发展。以欧美为例，当金融服务处于饱和状态下，新技术的发展就会减速。另外，非传统支付（主要通过比特币或者区块链支付）几乎没有发生。

2015—2017年金融科技预期与实践：保险

2015年，保险行业提出了两个关键词："解集"和"连接"。两者的含义不同，"解集"是保险价值链的解集，保险行业一般有一个非常明确的价值链，比如从你的手机中搜集数据，运用精算模型进行定价，再通过人群递推的方式完成。保险理赔盘活了整个行业的风险管理，所以保险行业有非常明确的价值链。

"连接"是指可穿戴设备，包括车联网。2015年保险行业提出UBI，也就是人的使用行为保险，或订制的保险。例如，我们在汽车内就可以及时知道驾驶行为和使用车辆的时间，并根据这些数据来制定汽车保险。2017年，保险价值链的模块化真正发生了，产生了很多新的保险，原有的保险价值链受到了影响。UBI开始出现。此外，保险行业开始对人寿保险和新产生的风险进行新的定价。还没有大规模发生的是可穿戴设备对保险的显著影响。以前保险行业认为通过手环，甚至眼镜、手机等可以知道用户每天走了多少步，他的心跳是多少，根据他的数据对人寿保险和健康保险进行调整，这个创新未来可能会发生。蚂蚁金服进行的探索是相互保（相互宝），当时上线3个星期便拥有了2 000万用户，我们在保险科技方面的创新和尝试一直在持续。

2015—2017年金融科技预期与实践：储蓄和借贷

下面我讲一下储蓄和信贷。2015年金融领域出现了两个主要方向，第一个方向是用户偏好转移。除了VR、AR技术的影响以外，很重要的转变是银行使用者的年龄开始变化，也就是美国提出的"千禧一代"（Millenium Generation），即1982—1999年出生的这一代。年轻人对直接使用移动服务是非常适应的，在心理上和行为上会觉得非常舒适；但老年人不一样，他们偏向于到营业厅进行金融交易，会觉得非常安心，这是用户偏好。第二个方向是另类借贷，2017年的金融业报告把借贷分为P2P平台和数字银行，这种观点改变了传统银行的分销体系。金融的本质从理论上来讲是中介和风险定价。这两方面的技术都给现有的金融体系带来了巨大的变化。

有的人认为技术归技术，金融归金融，无论技术怎么发展都不会改变金融的本质。这个观点是片面的，对金融的理解不够深刻。其实，技术的发展会改变金融的本质。举个例子，金融中介的功能会随着技术的改变而改变，尤其是金融的定价功能和机制。如果中介和定价本身并没有改变，那么这是正确的。

接下来讲数字银行，其产生的背景是传统银行的分销模式和经济模式开始改变，而银行不能更好地满足客户预期。对于客户预期，互联网公司在为客户提供服务的过程中要注意两点：一是快，二是没有痛点。产品经理要做无数次的用户体验改进。现有的金融机构开始把中后台向云端转移，而没有实现欧美金融真正的储蓄客户转移，在欧美金融饱和的情况下，客户在金融科技企业开户的情况比较少。

金融科技企业确实增加了金融供给，向没有银行账户或者信用分很低的人提供了信贷，这就是所谓的普惠。P2P平台因为其融资成本比较高，所以其可持续性较差。

2015—2017年金融科技预期与实践：投资管理

2015年的投资理财大致有两个方向：一是投资者赋能，即2C（To Customer，对个人），做自动建议和投资管理，实际上就是智能投顾；二是流程的外包，实际上是2B（To Business，对企业），也就是在资本市场服务对冲基金和养老金或者其他资本市场的参与者，所谓的高级算法主要就是大数据和人工智能。

第一是智能投顾。2017年，个人可以用这些工具做更多的投资决策，也就是所谓的智能投顾。但实际上，智能投顾的发展在中国较慢，远远低于原来的预期。美国也是如此，两家规模最大的智能投顾公司的发展远远低于预期，根本原因是它们给投资者带来的价值比较低，主要提供的是资产配置服务，而不能真正帮人们分析市场趋势，或者得到更高的回报，因为这在技术层面无法实现。实际上，从理论来讲，长期大规模地从市场获得超额回报根本不可行，不管收集到多少数据，或者运用多么高级的算法。

第二是对投资建议的获取感，也就是通过技术对原来的理财师进行赋能。

第三是低成本产品，这在全世界是一个趋势，量化的财富产品或被动型投资带来的是整个财富管理费率水平的压缩。

2015—2017年金融科技预期与实践：资金供应

资金供应主要涉及一级和一级半市场。2015年的主题是众筹、虚拟交易时代和区块链。众筹平台发展迅速，股权众筹平台受到监管的影响。中国的众筹是从2013年开始发展的，后来众筹平台迅速增加至200～300家，最多时达到500～600家，但现在真正运作良好的平台应该不到100家。众筹平台没有达到预期的原因在于众筹平台的群众智慧远远低于预期，同时，股权众筹平台和整体的金融系统是割裂的，大家原来希望通过股权众筹平台让一般的投资者享受到创业者创业成功的收益，但基本上是失败的。这种现象不仅出现在中国，在英国和美国也是一样的。美国除了两三家类似众筹的早期天使平台运作得不错，其他平台基本都失败了。因为创业失败的可能性太大，即使通过众筹平台也不可能改变失败概率高的局面，真正的头部风险投资带来的价值远远大于资金，头部风险投资会给被投公司带来很多资源。

2015—2017年金融科技预期与实践：资本市场

2015年出现了新市场平台和智能高速机器，其中美国有两三家早期的新市场平台发展得不错。新市场平台主要做信息的同步，而智能高速机器主要通过人工智能和机器学习以及机器可读的新闻给交易提供新的能力和工具。

现在的基本趋势是：随着场外市场的发展，电子交易的平台和市场基础设施逐渐出现变化。2007年，所有华尔街的前台交易员有5万人，到2018年只有不到3万人，10年里前台的交易员减少超过50%。这就代表了基本的趋势——技术在二级基本市场取代人，这种趋势发生于股市、债市、期货、期权、大众商品等交易市场。但是真正独立的交易平台没有产生，而是与原有的金融机构，如高盛和摩根大通，合作发展。

金融科技企业引领了创新的潮流和客户的预期，当客户适应了互联网公司提供的无痛感体验的时候，它就比原先的银行、证券公司有优势。但是客户并没有发生大量的转移，主要原因是欧美金融市场处于饱和的状态，再提供新的金融服务相当于在存量市场中获取客户。这跟10年前的中国市场不一样，当时中国市场有庞大的增量市场，新的产品和服务满足了金融需求，所以发展很快。当中国市场变成存量市场的时候，企业之间的竞争就变成了对存量的博弈。所以中国科技企业开始"出海"，也就是到发展中国家、"一带一路"国家中寻求新的增量市场。

科技对金融生态的影响

能改变金融生态的力量有八种。

第一是风险或成本的商品化，商品化意味着标准化，可以不断地进行分割与组合。过去金融产品难以做到这一点，但现在通过大数据和人工智能，风险的商品化变成可能。

第二是利润再分配，金融产品通过不同的数字渠道和平台销售，不再仅由银行、保险、证券公司销售，同时要有合理的机制分配利润。

第三是客户体验，谁拥有这种体验？以往各个金融机构拥有自己的客户，直接跟客户接触，而现在金融机构通过平台或者通过数字渠道接触客户。这时候客户究竟是平台的客户，还是金融机构自己的客户？这涉及客户体验的所有权问题。

第四和第五是平台的扩张与数据的变现。

第六是非人工工作人员，例如，"双11"期间在阿里巴巴平台上回答客户问题的客服是"阿里小二"，98%以上的回答都源自人工智能，仅"双11"当天，"阿里小二"接受的问询就超过1亿次。

第七和第八是重要的科技企业和金融的地方化。

现在金融业的生态圈有四种。第一种是比较小而创新的金融科技公司，它的价值主张有两点：降低成本和增加效率。第二种是金融监管方。第三种是现有的金融机构。第四种是大型科技公司，国内的大型科技公司即"BATJ"（百度、阿里巴巴、腾讯、京东），国际上的大型科技公司是脸书、亚马逊、谷歌、苹果等。大型科技公司对金融科技具有较大的影响：首先，它们对人工智能和自动化的需求较大，可以向小型金融科技公司提供新业务；其次，大型科技公司对监管机构的影响主要是提供监管科技，包括监管者需要的相关数据等；最后，大型科技公司对现存金融公司产生影响，包括对银行、证券公司、保险公司等现有金融机构的数据系统的迁徙，以及金融机构如何面对客户、如何获得人工智能的专业能力等。

在平台竞争中，技术的竞争非常重要，"BATJ"无不在人工智能和大数据等方面进行了大量投资和竞争。数字的竞争和技术能力的竞争与其他方面的竞争有一点不同：技术在创造出来的那一瞬间便过时了。阿里巴巴流行一句话："你今天最高、最好的表现是你明天最低的要求。"简单来说，如果用人工智能算法把今天一份工作的效率提高了10倍，但当用人工智能算法的时候，它就变成了昨天的工具。明天再做同样的事情，用人工智能的算法达到同样的效果就变为最低的要求，我们需要用更新的算法，具备更强的能力。因此，今天的最高标准一定是明天的最低要求。平台的竞争会不断推动人工智能、大数据能力的增强，不断加强对所有金融机构的影响，涉及数据安全、数据合作伙伴、全国性监管等。

金融科技的深远影响刚刚开始

关于技术对金融服务的影响，国际货币基金组织做了分类，每个分类中都有一些技术创新将对支付、投资、信贷、风险管理、咨询服务等产生重大影响（见图13-2）。第一类是人工智能和大数据，通过机器学习和预测分析，影响投资、信贷和风险管理；第二类是分布式计算，对支付和证券结算产生影响；第三类是密码学，对加密、区块链技术、智能合约、生物识别、身份认证和安全保证产生影响；第四类是移动互联在API（程序接口）和电子钱包上的创新，影响开放银行的趋势。

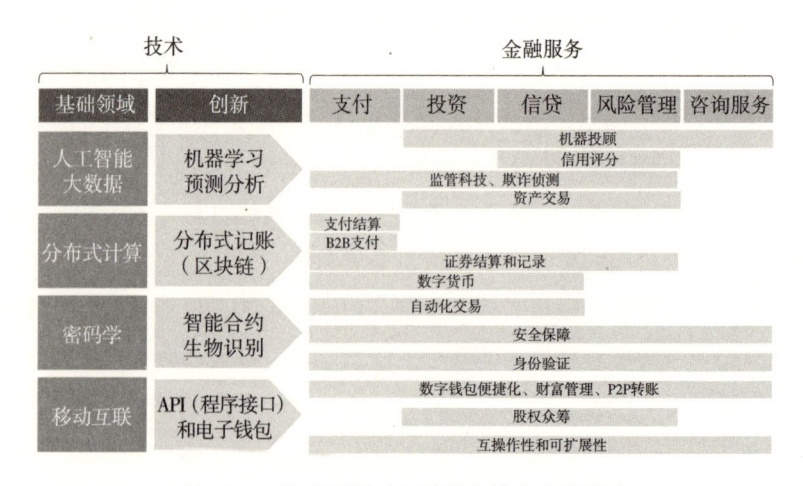

基础领域	创新	支付	投资	信贷	风险管理	咨询服务
人工智能大数据	机器学习预测分析			机器投顾 信用评分 监管科技、欺诈侦测 资产交易		
分布式计算	分布式记账（区块链）	支付结算 B2B支付	证券结算和记录 数字货币 自动化交易			
密码学	智能合约 生物识别			安全保障 身份验证		
移动互联	API（程序接口）和电子钱包		数字钱包便捷化、财富管理、P2P转账 股权众筹 互操作性和可扩展性			

图13-2　技术创新对金融服务的全方位影响

资料来源：国际货币基金组织／软件定义网

无论是新型的还是传统的金融机构，都将金融科技作为发展的方向，国外的新兴金融科技机构，如新型的数字银行，允许远程开户；贝宝将人工智能运用于反欺诈以及客户的理财管理；Ripple 和 Stellar 将区块链用于智能金融数据付款，包括跨境付款；传统的金融机构，如花旗、高盛、摩根大通等也在发展新技术。

从中国的发展趋势来看，数字技术对于金融服务的影响沿着这样的轨迹发展：从支付开始，之后进入到比较简单的理财，如货币市场基金、余额宝，再进入到保险和其他比较复杂的理财信贷，如花呗、借呗。从金融的角度来讲，这实际上是沿着价值链从低往高发展，即从比较简单的金融产品向比较复杂的金融产品发展。不同的是，高盛、汇丰、花旗等国际银行是从高往低发展，这是两种不同的方向，都有其存在的价值。这样不断发展下去可能会出现百花齐放的局面，百花齐放不是指单独的机构开发自身单独的能力，而是机构有核心能力去构建自己的平台。

此外，高盛、花旗、摩根士丹利等还在不断并购小型创新公司，这些创新公司集中在区块链、数据处理、保险、个人财务、财富管理等领域，创新公司一旦出现，它们便着手并购。国内的"BATJ"也是如此。

数字金融助力普惠金融

在数字金融的顶层技术中，移动互联解决触达问题；大数据解决信息不匹配的问题；生物识别解决远程风险鉴别的问题；人工智能可以提升数据处理的效率，扩展技术服务的边界；云计算能够降低创新的成本；区块链则能实现金融服务透明、可信和可追溯。

数字金融改变金融需求和供给曲线

技术可以实现普惠是因为技术改变的是金融产品的供需曲线。在供给端，价格越高则供给越高，最后达到平衡点。数字技术有一个非常重要的特点：边际成本为0或者趋近0，这是规模经济和平台效应的结果。所以供给曲线可以快速下降，即以更低的成本提供产品和服务，而提供的产品和服务与数量几乎不相关，但一定要跨越临界点。在需求端，不同的产品价值对应的价格有所不同，但由于数字技术或平台的出现，财富值不同的人可以被无差别对待，比如身家1 000万元和1万元的人使用支付宝支付的时候，信息并没有区别，对于支付宝来说，服务成本也没有差异。所以需求曲线也会发生重大变化，现有技术会压缩原有的金融产品和服务，也就是产品和服务的区分度没有之前那么高。

科斯定理

接下来我想讲一些经济学理论和推论，比如科斯定理。科斯第一定理是指，如果交易费用为0，那么无论产权是多少都能得到最佳结果。它的推论是，在完全市场经济的情况下，任何经济活动的效益总是最好的，任何工作的效率都是最高的。此外，它还告诉我们政府和市场的边界在什么地方。我认为这首先取决于基础设施是否有排他性，如果基础设施没有排他性，比如，目前支付宝和腾讯做支付，百度等很多公司也想加入，在这种情况下，最好的方法是运用市场的力量。

科斯第二定理是指，在交易费用大于0的情况下，不同的权利界定会带来不同效率的资源配置。在中国现有情况下，国有企业、民营企业都有存在的合理性，都能在合适的市场环境中达到合适的平衡。

最重要的是科斯第三定理，即企业能够长期存在的根本条件是，企业内部的交易成本一定要低于外部的、通过市场得到的交易成本。如果企业内部交易成本高于外部成本，则该企业不可持续。这说明什么问题呢？我们回想一下，在重工业时代，市值超过1 000亿美元的公司只有七八十家。若以企业市值代表企业规模，这代表在传统的工业革命以后，无论是重工业还是其他行业，企业规模的发展都存在上限，因为内部的交易成本在不断增加，直到增加至上限。

另外，在封闭的企业中，熵值会不断增加，直到成本越来越高。但是，现在平台的发展超出了传统的认知，比如亚马逊、谷歌、脸书、阿里系等。在阿里系的市值超过1 000亿美元之后，发展不仅没有放缓，反而加快，这打破了一般认知，但并没有打破科斯第三定理，因为新的平台模式不同。新的平台模式改变了原有企业内部提供产品、服务的商业模式，大平台与大公司有所不同，平台实际上服务于小微企业或个人。此外，平台需要先进行平台治理，设好框架规则之后再提供平台服务，形成多边或跨边效应，从而实现增长。

平台经济的三大特征

如今，互联网平台普遍追求透明、公开与开放。透明、公开与开放在理论上的效应即为降低熵值，其根本道理是要让在平台上完成的动作或者提供的产品和服务的成本更低，这也解释了为什么平台会发展出非常大的规模。但这不意味着平台可以无限制发展下去，因为竞争必定会对其进行限制。

平台经济有三大特征，第一个特征是平台支撑。现如今，数字时代的"云—网—端"替代工业革命时代的"铁—公—机"成为全新的基础设施。有人认为，数字时代是比特时代，不是原子时代，虽然人类依旧需要原子来满足其实际的物质需求，但是越来越多的需求是通过"云—网—端"的形式来满足的。平台的出现推动了整个社会的数字化，社会的信息成本也开始下降。

平台经济的第二个特征是数据驱动。数据是数字经济的"新能源"，平台的出现使数据的流动和共享成为可能，人工智能和大数据显著提高了数据挖掘的广度、深度和速度。从数据挖掘出发，平台经济改变了原有商业模式，建立了全新的商业生态。

平台经济的第三个特征是普惠共享。普惠共享是数字经济的"新价值",即"人人参与、共建共享"。普惠共享可分为三个层面：普惠科技、普惠金融和普惠贸易。普惠科技是以云计算为代表的按需服务业务形态；普惠金融是以互联网信用为基础的新型大数据信用评分模型；普惠贸易中各类贸易主体都能参与全球贸易并从中获利。正如前文所言，工业革命的发展满足了人类生存的最基本需求，而现在发展的趋势则是，在平台经济时代，人的各种需求将逐渐都被满足。这也是为什么会存在普惠科技、普惠金融和普惠贸易。

平台网络的价值

在进一步深入介绍之前，大家需要对三种最基本的平台网络价值有所了解。第一是萨诺夫定理。萨诺夫是美国广播唱片公司的总裁，他发现听众越多，其广播公司越值钱，网络价值似乎与网络规模成正比，即与 N 成正比，N 是网络上的用户总数。第二是梅特卡夫定律。梅特卡夫是美国麻省理工学院的教授，他发现通信网络的价值与网络上用户数的平方成正比。第三是里德定律。里德定律指出"集群网络"的价值比其他网络的增长更快，其价值是 2 的 N 次方（N 是网络上节点的总数）。

里德定律所指的网络和梅特卡夫所指的网络的差异主要体现在，里德的网络是一个网络之间形成的集群。比如，一家社交网站有 20 亿用户，它的用户来自全球各地，包括印度、孟加拉国和马来西亚等国家，这就形成了国家的集群。在这个集群之中，还存在很多其他的集群。因此，根据里德定律，这家社交网站的价值将高达 2 的 N 次方。

平台竞争非常激烈

2016 年阿里研究院绘制了一张图，展现了如今平台竞争的激烈态势（见图 13-3）。每一个圆圈代表企业当时的市值或者估值，除以企业成立年限，即每一年企业所创造的价值。可以发现，科技企业通常拥有较大的圆圈，国内的代表企业是阿里巴巴和腾讯。水平时间轴是企业成立的年份，圆圈则代表价值。在2016年，阿里巴巴和腾讯每一年基本都可以创造200亿～300亿美元，甚至更多的价值。有些企业2016年尚且存在，但后来发生了巨大变动，比如乐视、暴风影音、ofo以及套现27亿元退出的摩拜单车。这说明互联网公司可能在很短的时间内创造很大的价值，但也可能在很短的时间内就走向毁灭。

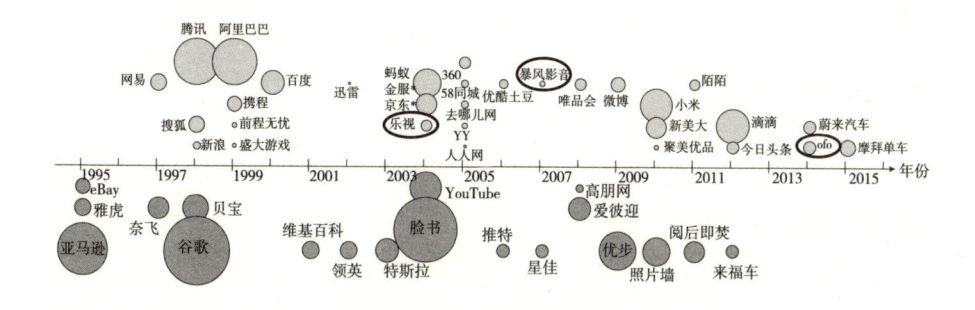

图13-3　激烈的平台竞争

注：1.年均贡献值＝企业市值（估值）/成立年限；2.京东以接触电子商务相关服务计，蚂蚁金服以支付宝成立计。

资料来源：DDCI调研机构，阿里研究院。

平台的网络效应

在严格意义上，网络效应可分成5种网络的13种网络效应。第一，人们最熟悉的是直接网络。比如，只有一个人的时候一根电话线是没有价值的，当出现了另外一个人时，网络便开始有了价值，这就是直接网络。第二，双边网络效应包括市场型、平台型和渐进型。市场型双边网络效应的特征是有卖方和买方，比如eBay就建立了市场型的双边网络效应；建立平台型双边网络效应的典型代表是安卓和苹果iOS平台；渐进型双边网络效应的特点是会主动推动自身平台发展，把供给方和需求方进行匹配，比如优步就建立了渐进型的双边网络效应。第三，YELP是数据网络效应的代表，这是一家类似于大众点评的公司。第四和第五是技术性能网络及社交网络，如 Skype 和谷歌。但实际上，网络效应是一种防御型策略，而非增长型策略，真正增长型的策略是病毒传播。

下面我介绍一下平台"护城河"的概念，它包括双边市场、个人使用以及个人的直接网络。通过"烧钱"来排挤竞争对手的防御型策略是否属于平台的"护城河"，很难界定，这主要取决于大量"烧钱"后得到的市场形势。如果最终得到的市场仅仅是双边市场，存在供给方和需求方，则该平台的"护城河"不够深，很快就会出现其他平台与之竞争，因此，只有存在其他价值，才能长久维护与客户之间的关系并保护自己的"护城河"。

飞轮效应

飞轮效应在东西方都非常普遍，图 13-4 中的左图展示了亚马逊的增长模式，右图表现了阿里巴巴的增长模式。对亚马逊而言，首先，卖方为顾客提供很好的体验，让客户自主选择，然后用更低的价格和更低的成本来保持其流量，继而构成增长的飞轮。其次，作为互联网行业的巨头，亚马逊还发展出了大量的云计算，比如其账户体系，亚马逊曾提出"得账户者得天下"。通用电气等规模在 1 000 亿美元以上的企业，都需要几十年的时间才能冲击千亿美元的市值，而且通用电气很快就退出了千亿俱乐部，而年轻的亚马逊已经达到万亿美元的市值了。可以发现，通用电气实际上还是传统的大公司，它将电力行业的上中下游整合得非常好，但即使通用电气已成为电力时代的霸主，一旦进入到互联网时代，它将很快被时代抛在后面。从阿里巴巴的增长飞轮中也可以看到客户数、用户体验、流量和增长等因素，这是 2C 层面的表现，和亚马逊并无二致。而到了 2B 层面，就出现了蚂蚁金服，有了支付和信用的赋能。再往上出现了可以对供应链进行赋值的物流，再往上依旧是 2B 层面，例如从 2009 年至今的云计算。最顶端是未来发展的趋势，即物联网时代的 2T。

第 13 章　数字金融的发展路径

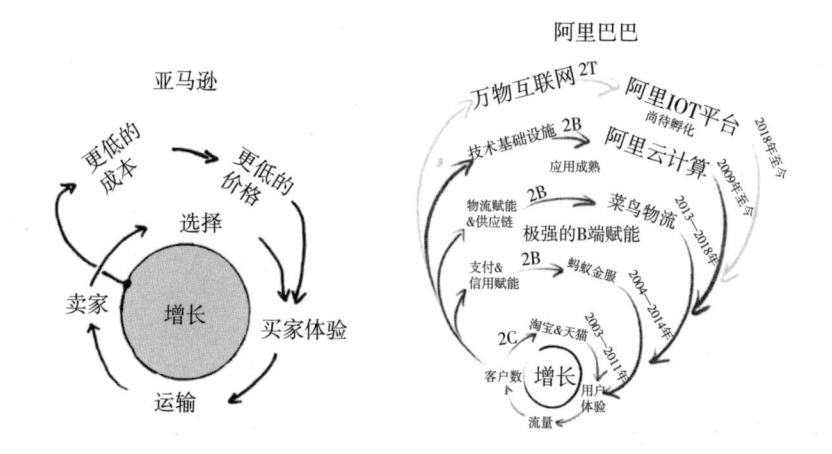

图 13-4　东西方大平台的飞轮效应

资料来源：DDCI 调研机构，阿里研究院。

因此，未来互联网公司或者互联网平台的竞争将不再仅仅是一城一地的竞争，而是整体平台的竞争。比如在支付方面，如今阿里巴巴、腾讯、百度都涉足支付领域，但竞争已不是为了支付本身，而是因为支付成为平台战略的一部分且为必争之地。2019 年春晚，百度在支付方面投资了大量资源。我们从飞轮效应可以看到平台背后所隐藏的道理，平台很重要的一点是覆盖，不同的应用场景有不同的赛道，要争取全面覆盖。

用波特竞争五力模型分析平台竞争

下面来分析波特理论在平台竞争分析中的应用。很多时候我们在解答问题时不能仅看现象和企业的行为，因为这样可能不会获悉它背后的本质。哈佛大学教授迈克尔·波特（Micheal Porter）提出了竞争五力模型。在竞争五力模型中，首先是供应商，供应商的议价能力；其次是买方；再次是新进入者；然后是产品的替代方；最后是同业之间的竞争。波特竞争五力模型十分普遍，它的思维范式是闭环的价值链。闭环的价值链是工业革命时代的产物，类似于工厂流水线，一环扣一环。这个模型提及的竞争是企业语境下的竞争，但是现在更多的是平台语境下的竞争。例如，当我们提及供应时，已不是指简单的平台提供产品和服务的竞争，因为平台上的产品和服务不是由平台运营企业提供的，而是由平台的生态体系提供的。

以淘宝平台为例，淘宝上的卖家和买家分别是供给方和需求方，两者之间的供给和需求每天都会出现巨大波动。平台需要做的不同于传统企业，比如，淘宝可以通过做视频来吸引更多的交易者，来应对拼多多的竞争。电商平台获取收入的方式区别于传统企业。数据显示，2018年，中国互联网广告收入为3 694亿元，其中很大一部分由阿里系贡献，也就是说广告收入实际上是阿里系通过电商平台的真正收入来源。这也表明平台获取的收入不再是销售产品的收入，而是来源于其他方面的收入。因此，竞争五力模型的对象也在改变，新的竞争者主要是指其他的平台。同样，在支付领域也是如此，支付仅仅是平台竞争中的赛道。

上述分析实际上是在讲平台经济，平台经济是数字经济时代十分常用的经济模型。总体而言，在数字经济时代，即使一家企业有独门绝活，也不一定能成长为大型企业，唯有依靠平台，平台往往可以在很短的时间内把某一个行业的利润率压缩到极低的水平，这不过是生态参与者可以接受的水平。一个普遍和必然的趋势是电子商务对实体商务存在深刻影响，现在国内和国际许多金融机构也面临来自互联网企业的竞争，一方面是受到宏观经济或政策的影响，另一方面也受到来自技术公司的压力。

在数字经济时代，任何一个行业出现30%、50%或80%的暴利都是极不正常的，这说明该行业需要被改造，需要有新的进入者参与竞争，也就是平台竞争。在平台竞争的环境中，平台会逐步壮大。在数字时代产生的一些巨型企业无一例外都是平台，这是大势使然。如果不是平台而是闭环模式，那么即使是大公司最后也会作茧自缚，走向毁灭。

数字技术快速普及

以往广义的金融产品不仅包括信贷，还包括金融的价值链、资金的募集、产品的设计和收益预期、产品销售与用户触达、风险管理和收益分配等。以往的银行、证券和保险公司独自设计、销售产品，并自己雇佣销售人员。现在技术的推动使整个价值链变成了一种新生态。但是，这并不意味着技术对价值链上所有的点作用力是相同的，技术对于金融服务只在两个点上最重要，一是销售和用户触达，二是风险管理，而对其他节点的影响较小。简而言之，货币市场基金的收益或余额宝中的收益，与设计余额宝的方式或如何改变其后面的机构并没有太大关系，而主要与整个国家的货币政策和银行市场以及利率相关，技术真正改变的是用户触达和风险管理。

从金融原理的角度而言，技术改变的是金融中介作用和风险定价。技术改变的影响不是10%、20%，也不是50%，技术在用户触达和风险管理方面至少将原有机构能力提高了10倍，甚至很可能是100、1 000倍，当效率如此大幅度提高时，整个行业形态也会随之改变。

与此同时，数字技术以前所未有的速度普及，为大众所共享。蒸汽轮船从发明到全球普及经过了160年，电力的普及经过了60年，计算机的普及经过了15年，而智能手机几乎同时在全世界范围内出现。2016年世界银行发布的《世界发展报告：数字红利》显示，在世界上最贫穷的20%家庭中，将近70%的家庭拥有手机。最贫困家庭拥有手机的可能性超过拥有厕所或清洁用水的可能性。这说明当人们拥有的资源很少时，人们还是需要买手机，这是人类对于相互交流的需求，实际上也是人类本性的需求，其重要性和吃饭、喝水是一样的。有了智能手机，我们通过这种媒介提供的金融服务就变成了普惠金融。

数字金融的条件与支撑

基于云计算的大数据平台是数字金融技术的核心部分，实际上是普惠金融或者数字金融的中后台必要的技术支撑。从数据的挖取，再进入信息转换、建维、在线分析、大数据挖掘，最后可以将大数据的成果提供给金融监管机构和政府其他部门及企业等。

高可用的金融级数据库是数字金融必不可少的支撑，这种数据库需要有兼容性、多出库、高可用、可扩展、高性能及强移植的能力。大家非常关心互联网金融或者数字金融会不会带来更多风险，在这方面有一个比较经典的案例。2013 年，杭州的光纤被挖断了，支付宝出现了断网的情况。这在当时是风险，但现在并不是风险，因为现在数据可以在几个中心不断流转，达成了一致性。即使在任何一个中心把电源拔掉，数据也可以立刻在另外一个中心上线。

客户 360 度画像是服务客户的基础条件，流量的本质是为了获客。数字化营销的核心便是客户 360 度识别。图 13-5 展示了客户 360 度画像触达和收取数据的来源，底层需要有一个大数据的平台，来驱动上层的流转。

数字技术对风控模型的影响

风险创新促生金融服务业的革命

图 13-6 体现了金融中介模式的改变。以前的金融中介以银行为中心，是间接融资，进入数字时代以后，非捆绑式的金融中介开始有所改变。传统银行风控的逻辑是抵押贷款，银行一定要有足够的抵押物进行风控，才能给客户提供相应的贷款。现在的风控方式升级为再中介化模式，即金融科技公司提供中介服务，资产管理行业（如影子银行）提供非银行金融中介模式，支持企业的直接融资。与中国的影子银行不同，欧美的影子银行是一种通过资产管理行业

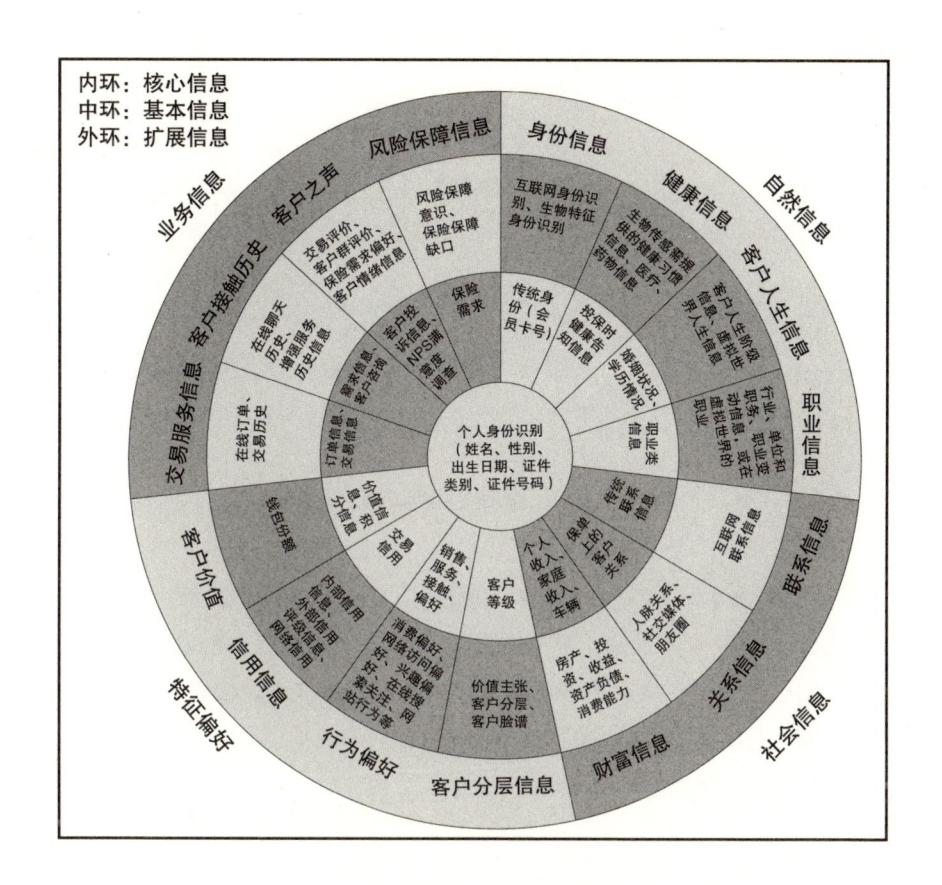

图 13-5　客户 360 度画像

提供非银行金融的模式。最后一种是完全去中介模式，目前还没有实现，但已经在探索中。

关于现代风险管理的基础，从 20 世纪 40 年代的博弈论，到 50 年代的资产配置理论，60 年代的 CAPM（资本资产定价模型）资本市场定价理论、角色论和均衡理论，再到 70 年代的期权定价理论，包括数字模拟和期权定价，都与计算机的发展息息相关。20 世纪 80 年代开始出现了再显示价值，这构成了现代金融的基石，90 年代重要的发展是对冲的出现，对冲构建了完整市场领域，属于金融市场整体的发展。

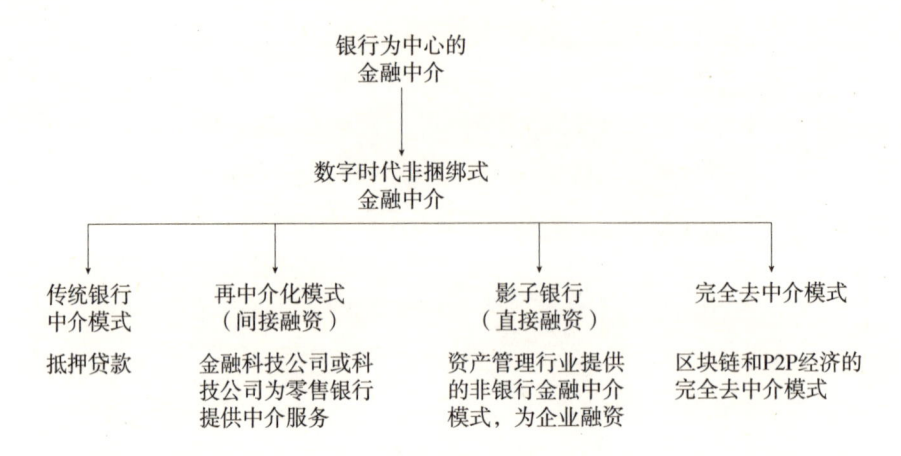

```
                    银行为中心的
                     金融中介
                        │
                        ▼
                 数字时代非捆绑式
                     金融中介
         ┌──────────┬──────────┬──────────┐
         ▼          ▼          ▼          ▼
     传统银行     再中介化模式    影子银行    完全去中介模式
     中介模式    （间接融资）  （直接融资）
     抵押贷款   金融科技公司或科  资产管理行业提供  区块链和P2P经济的
              技公司为零售银行  的非银行金融中介  完全去中介模式
              提供中介服务     模式，为企业融资
```

图 13-6　金融中介模式的改变

数字技术的出现对现有的风险定价进行了补充，风险创新促生了 20 世纪 90 年代的金融服务业革命，对冲既促进了华尔街的发展，也催生了 2008—2009 年的金融危机。从这些理论到实践的发展来看，风险创新促进了金融服务业的引领作用。增强决策的核心工具，包括数字模拟、金融衍生品定价理论等，关系到我们能否认清金融的风险。

风控在互联网时代有不确定性。简单来说，一种风险是"灰犀牛"，"灰犀牛"是巨大的风险，已预料到有风险，但不知道是否真的会发生；另外一种风险是"黑天鹅"，"黑天鹅"是未预料到的风险，2008—2009 年的金融危机便是"黑天鹅"。

金融理论中提到 P 度量和 Q 度量，P 度量是根据真实的概率构建一套风险管理或定价的体系；Q 度量是不管历史上发生过什么，不管有什么数据，投资者只关注市场上的交易。投资者需要有交易标的物，通过看他人如何交易推断出事件发生的概率。在此，我提出一个猜想，即大数据和人工智能构建的预测模型是真实和预算概率的补充。

金融机构非市场风险的三大维度

金融机构非市场风险的三大维度，包括流动性风险、操作风险和信用风险，这三个维度发挥了大数据和人工智能的强大作用。第一，关于流动性风险的主要案例是余额宝，目前余额宝整个平台的规模是1.8万亿人民币，由10多家基金公司管理，其流动管理运用大数据，包括计量经济学的逻辑。第二，关于操作风险的主要案例是金融反欺诈，大数据对目前金融反欺诈的操作有很大的影响。第三，关于信用风险的主要案例是普惠金融，即给小微企业放贷款，金融公司的坏账率、死账率比银行低。技术可以降低坏账率，因为坏账率与人的行为趋势有关，是可以通过数据预测的。反欺诈和智能风控策略是基于实时的风险评估，在发生异常交易的时候，通过运用技术手段进行风控。其具体构建是通过日常的高频记录补充原来的信贷记录，实现从贷前到贷后的全流程风险管理，把不良率降低到1%左右。这些指标都是通过大数据挖掘出来的，其中运用的预测模型有100多个，风控策略3 000多万个，预测指标达10万多个。

统计套利与有效市场假设

大家日常看到的金融数据，尤其是资本市场上的交易价格，比如股票价值、利率变化以及证券和期货价格，都不是一种自然的运动，而是资本市场中发生的不可预测的变动。资产定价理论等的形成，都是为了构建完整的市场。金融风险管理有四大风险：流动性风险、操作风险、信用风险和市场风险，其中前三大风险不能在市场中完全对冲。

统计套利是在实时和历史数据的基础上进行的系统投资，运用了时间序列、数据挖掘等技术。1987年，一个股票交易小组在每一个行业中挑选两家公司观察其关联度，比如在芯片行业挑选了英特尔和AMD（超微半导体公司），分析其股价差距，差距最小时选择买进，差距最大时选择出售。这种方法看起来很简单，但实际上是统计套利，根据相关股票过去价格的变化预测未来，这种方法打开了量化模型的大门。1987 年以后，该小组一天的收益大约是 100 万美元。这说明美国的金融市场并不是一开始就有效的，市场中存在很多套利的机会。但是套利的机会很快就没有了，现在如果在美国的市场上找两三只股票，通过研究其过去一两年的关联性进行交易，那么肯定没有办法持续获利。

美国的资本市场是世界上效率最高也最难套利的市场。根据有效市场假设，当市场处于弱有效市场时，通过过去的交易价格量、公开数据和模型无法得到超额回报；当市场处于半有效市场的时候，不仅是资本市场，所有的公开数据，包括大数据分析等所有与交易标的物有关的数据，都无法获得超额回报；当市场处于强有效市场的时候，不管是否存在公开数据，所有价格量的技术分析都是没有意义的，均不能带来超额回报。

目前，人工智能应用于金融服务领域的各个方面，比如存贷、资本市场、保险、投资管理等。总而言之，各国都在大力发展金融科技，因而对金融科技的监管非常重要。金融科技已经成为整个金融行业的趋势，未来需要各方面共同努力来平衡风险与创新，推动金融科技的健康可持续发展。

本文根据作者 2019 年 3 月 1 日在"北大汇丰金融前沿讲堂"的演讲整理，经作者审阅。

第 14 章
智能化时代的证券投资

戴京焦

金贝塔网络金融科技公司前 CEO,

光大理财有限责任公司首席投资官

智能投资在中国落地,那如何将这个技术商业化?成功的商业化意味着你能够成功地服务大众人群。投资的目的是赚钱,那么赚钱有什么标准?我们提供的这些工具和服务如何帮助财富增长?

智能投资定义

时代:从摩尔到 AI

人工智能是一个非常热门的话题,越来越多地出现在报纸和文章上,一些产品也会打上智能标签。如何定义智能,首先要看智能化的时代背景。

在不同的时间投资,首先时代背景已经圈定了一些范围,比如哪些东西可用,哪些东西不可用。前几年的一部热播电视剧《那年花开月正圆》,讲述了清朝时的一位商人如何致富的故事,致富办法是通过家族做生意、开连锁店,其他人见证了她致富的过程。但是现在的时代不同了，现代有很多很好的致富工具。

以前，中国没有上市公司，后来开始有上市公司，投资者通过上市公司买卖股票，成为股东，然后赚取买卖差价，这是一种特殊的赚钱方式，是时代提供给我们的。而在时代不成熟的情况下，个人不能创造这种机遇。

现在，我们进入了一个伟大的时代，你可以享受伟大的企业家用心提供的产品与服务，同时也促进了这家公司的发展，在以前的时代你没有参与的机会，而现在你被赋予了这个机会。以前公司的发展像树的成长一样，需要阳光、水、土壤，一点一点儿缓慢地生长。而现在，公司发展得非常快。有一篇热度很高的文章《我们是快乐的"60后"》，其中提到"60后"的快乐指数非常高。很多人认为"60后"是幸运儿，但幸运的背后是什么？为什么"60后"能享受经济高速增长带来的红利？不仅中国经济高速增长，全球经济都在增长，主要原因是地球上从来没有那么多的人口，突然在10年间出生一大批人，在二三十年内形成了大量劳动力，由此带来住房、教育等领域的消费升级。

但是更大的推动力是时代赋予提高生产力的技术推动力。20世纪70年代的IT人员十分清楚摩尔定律，其核心内容为：集成电路上可以容纳的晶体管数目大约每经过18个月便会增加一倍。技术进步带来了相关产业效率的提升，进而带来财富的大幅增长。这才是"60后"幸福指数高的真正秘密。

摩尔时代使快速提高生产力成为可能，由于效率大幅提升，这些高速发展的产业带来相关公司的市值大幅增长。2000年以后，我们已经进入互联网智能手机时代（见图14-1）。现在有人讨论社会已进入"后摩尔时代"，因为芯片的可压榨空间有限，以后相关产业很难继续保持之前的1.5年1倍的发展速度。

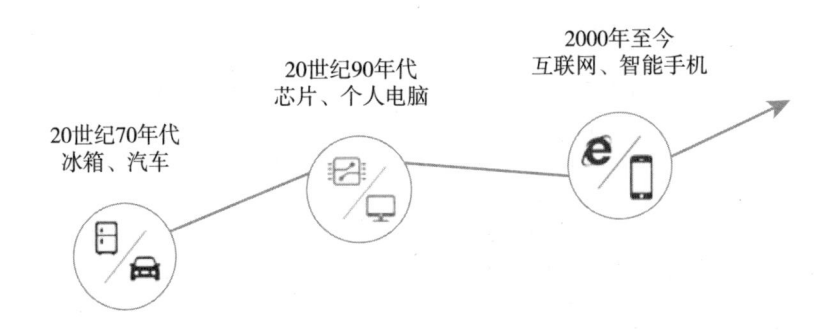

图 14-1　不同时代的变化

耶鲁大学对人工智能的预测（见图 14-2）也许会提前实现，因为机器学习的速度非常快。我有一个大胆的预测，在人类具有的诸多技能中，除了情感不能被模拟，其他功能性的技能都会逐步被机器替代。被机器替代很大的原因是人类主动用智慧对机器赋能，人机结合的结果是机器解放人类大脑。

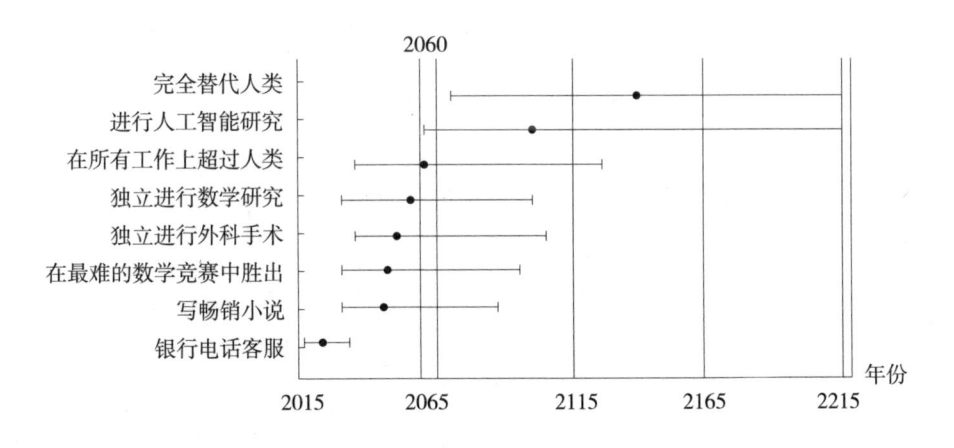

图 14-2　耶鲁大学对人工智能的预测（2015—2215 年）

资料来源：耶鲁大学，牛津大学，中金公司研究部。

2017 年 10 月 19 日，谷歌 DeepMind 团队宣布其最新的人工智能围棋程序阿尔法零以比分 100∶0 击败其上一代阿尔法狗。在 AI 时代，机器替代人类的速度非常惊人。金贝塔已经开始用机器客服，客户可以在手机上安装一个小金机器人 App，如果客户与机器人说话，机器人就会在提前设置好的题库中抓取，然后主动询问客户，还可以和客户对话。我非常乐观地看待人工智能对人类各方面的改善，那么人工智能对投资有什么特殊的意义？

智能投资：理论进化引领市场变革

在智能投资方面，机器开始不断模拟人工操作投资，大致分四个发展阶段（见表14-1）。第一个阶段是20世纪70年代诺贝尔经济学奖得主哈里·马科维茨、威廉·夏普（William Sharpe）等人设计的模型，理论基础是市场是有效的，投资者通过积极的努力能够创造出 Alpha 收益，即比市场指数表现高的回报，这部分是在理论上要寻求的产品。当时，国外有很多主动管理型基金，而国内还没有资本市场，更没有基金，2000年之后才产生基金。

表14-1 智能投资的四个发展阶段

年代	四个阶段	基金类型
20世纪70年代	哈里·马科维茨、威廉·夏普等人，有效市场理论（EMH）：市场是有效的，超额收益即 Alpha	主动管理型基金
20世纪90年代	尤金·法玛（Eugene Fama）、肯·弗伦奇（Ken French）等人，三因子模型：除了市场 Beta 收益，还发现两个超额收益因子（规模、价值）	纯被动指数基金
2000年后	尤金·法玛、阿诺特（Arnott）等人，多因子模型：更多超额收益因子被研究及实践，如动量因子、波动性因子、公司质量因子等	Smart Beta 基金
现在	行为金融、人工智能在金融行业的应用	人工智能基金

第二个阶段是20世纪90年代尤金·法玛、肯·弗伦奇等人的研究，因为机构参与度越来越高，市场变得越来越有效，在有效的过程中，除了市场 Beta 收益，还发现两个超额收益因子（规模因子和价值因子），于是就能找到哪些金融产品能够持续创造 Alpha 收益。在这个阶段，巴菲特价值流派收益很多，因为运用了很多价值因子，尽管他们不是做量化投资的，但是价值因子趋向正好是吻合的。

同时，中国的规模因子最有效。2016 年之前小盘好，只要你买小盘指数，股票表现一定比中国工商银行股票好。许多基金经理要获得超额收益，通常做法就是赌小盘、收大盘，每年的超额收益非常显著。国外也走过同样的历程，规模因子与价值因子在那个阶段是有效的。

第三个阶段是 2000 年后，Smart Beta 基金产生，但很难占据市场份额。市场变得越来越聪明，我们希望有多因子模型，有更多超额收益因子被研究和实践，如动量因子、波动性因子、公司质量因子等。大家会投资一些低波动的金融产品，让更多资金往里流，使它的估值相对其他产品好。越来越多的人关心公司质量，优秀公司的最终驱动力是什么，是有诚信的管理层吗？因子变得更加复杂，于是出现了 Smart Beta 基金。

现在，行为金融、人工智能应用于金融行业，已经开始制造人工智能基金了。以市场发育为背景，机器开始模拟人类。人工智能先从简单的东西开始，逐步替代人类。人工智能做投资不是替代不了，只是有难度而已。中国象棋至今没有被阿尔法狗打败，是因为有效的数据较少，数据量也不够大。当存储的数据量够大、数据时长够长，人工智能一定能够通过机器的自我学习，用公式和算法打败人类。

智能技术：跃迁式发展

最近，全球首只人工智能选股的基金 AIEQ 在美国上市。2017 年 10 月 18 日，EquBot 利用 IBM Watson 超级计算机，推出了全球首只人工智能选股基金 AIEQ，利用人工智能和机器学习，对美国 6 000 多家上市公司进行分析，构建了上百万份资料和众多金融模型。

智能投资：智能投顾的第一步

智能投资非常重要的一点是，最终要服务大众。第一步要怎么做？智能投顾要采集它提供服务所需的载体，它们必须是能够识别的标准化工具（见图14-3）。中国有 5 000 多只基金，要想分清每只基金的特点非常困难，因为许多主动型基金没有被仔细定义过，这导致构建基金组合以实现客户投资目标的操作很难。

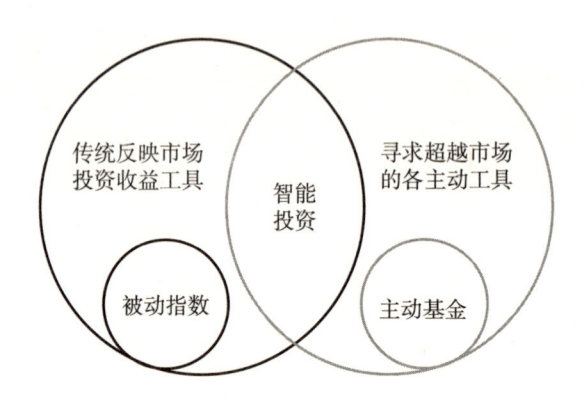

图 14-3　智能投资

智能投顾是在人类深度学习的基础上的机器量化投资。它有两大特点：首先，必须要有纪律性，基于清晰规则来进行策略构建；其次，从基本面出发，以超额收益为目标。如果跟市场指数一样，那么投资者就会选择市场指数。所以，智能投顾的特点是，它处在被动与主动、纪律性与超额收益的交集上。

智能投资工具的制作、推广和使用是智能投顾业大发展不可逾越的前提条件，否则难以提供高效率、个性化的服务。正如建高楼前要有砖材，发展智能投顾的第一步，要从基础架构和基础工具做起。

智能投资：提供工具

智能投资工具的特点是：解决方案简单、便宜，模块化和标准化（见图

14-4)。解决方案要简单、便宜,这体现为低管理费、低交易费。模块化即要易组装、操作,科学分类,特点清晰。标准化指风格稳定、预期稳定,如果没有标准化,就很难复制、跟踪,导致风格和预期不稳定。

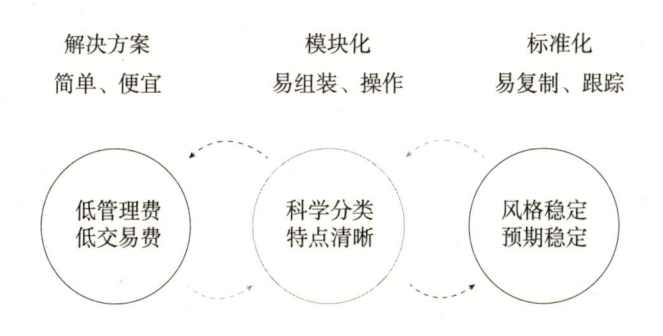

解决方案　　　　模块化　　　　标准化
简单、便宜　　　易组装、操作　　易复制、跟踪

低管理费　　　　科学分类　　　　风格稳定
低交易费　　　　特点清晰　　　　预期稳定

图 14-4　智能投资工具的特点

以前,基金经理更换会导致投资者无法预期其风格,但智能投资标准化后,投资者就知道是不是做大盘,买的是不是大市值,有些人可能不喜欢小公司,只想投资市值高的公司。如果没有标准化的稳定风格,那么预期是达不到的,预期达不到,顾问业务就无法推广。

先工具后顾问

基金经理替代不了投顾

在中国,很多人以为有基金经理,自己买只基金,就有收益了。中国基金业协会公布的数据显示,20% 的个人基金投资者盈亏不多,赚了一点儿但收益小于 30% 的个人基金投资者占绝大多数。基金本身是收益很高的,历经多年依然有很好的表现。但是很多个人投资者在 2007 年市场价格最高的时候买入,由于是开放式基金,基金公司无法拒绝,结果他们在 2009 年市场价格最低的时候卖掉。所以,基金经理替代不了投资顾问,真正的投顾业务要服务到中国的千家万户,要在投资者贪婪的时候遏制他,在他恐惧的时候帮他坚守。

砍柴要利器，投顾要工具

美国智能投顾行业发展的基础不是非标准化石块，而是经过加工打磨的右边的组件，即 2000 年后高速发展起来的 Smart Beta 系列组件（见图 14-5）。有人能用 Smart Beta 系列组件装配一辆 TOYOTA 的车，因为每一个组件都能够标准化对接。美国智能投顾行业实现高速发展，原因在于搭建的基础结构非常坚实。

2017 年 9 月初，我被邀请参加阿里巴巴 18 周年庆典，专门参观了阿里巴巴的产业园，其中展示了很多高科技产品，比如人脸识别技术可以将我随时变成古代某幅国画中的人的样子，菜鸟公司的搬家机器人能够非常快速地搬东西。之所以速度非常快，是因为标准化的东西方便搬运，就像没有集装箱就无法海运，如果没有盒子，那么机器人也不能搬。这就是我们将各种风格的东西对号，进行标准化分类的原因。

图 14-5　美国智能投顾行业的发展

投资策略组件模块化的方法之一

美国有些基金想明确对标大盘价值，一定不会买入几个类别（见图 14-6）。一个产品与一个客户之间是契约关系，要尊重契约，就要让客户清楚自己买的是什么产品。所以，从民间消费者到基金公司管理者，要一步步认识到组建、分类的重要性。

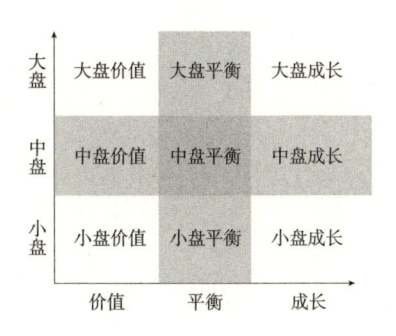

	价值	平衡	成长
大盘	大盘价值	大盘平衡	大盘成长
中盘	中盘价值	中盘平衡	中盘成长
小盘	小盘价值	小盘平衡	小盘成长

图 14-6　美国基金不会买入的几个类别

每一个区域都有其对应的市场表现的基准，基金经理就是要在这个基准上，尝试做得比它更好。从分类方法来说，指数可以按照市场的大小盘市值分类，也可以按照行业分类（见图 14-7）。国外通常分为六大类（金融、能源、工业制造、医疗保健、公用事业和消费），国内很多非常小的行业基金将分类拆得很细，这一方面会导致流通性不足，另一方面由于区域太窄太小，标的也不够多，于是很多小型二级行业的基金的规模难以扩大，投资者购买不多，最终就会慢慢萎缩。所以，比较科学的分类是将属性类似的大块归在一起，比如金融大类包括银行、保险、证券、信托等。

还有一种分类方法是按照区域划分（见图 14-7），区域指数在中国已经开始出现了。2016 年底，金贝塔推出了一项"潜水艇计划"，专门投香港指数，当时香港指数很低，市息率约为 0.8，市盈率是 7 倍，处于七八年以来的低位。因为很低，所以我们为它取名"潜水艇"，几个月后升上来了，改名为"油轮"。这类工具已经在国内出现，A 股投资者不用换汇，就可以在交易所买到这种简单的工具。

行业指数分类					
金融	能源	工业制造	医疗保健	公用事业	消费

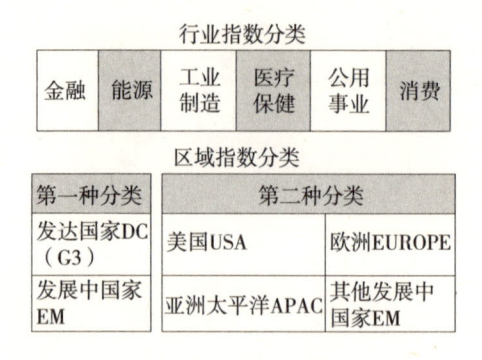

区域指数分类		
第一种分类	第二种分类	
发达国家DC（G3）	美国USA	欧洲EUROPE
发展中国家EM	亚洲太平洋APAC	其他发展中国家EM

图 14-7 基金分类

区域指数分类是非常重要的一环，最早曾有两大分类。第一种是世界三大版图，即美国、日本、欧洲等整体表现比较稳定的发达国家和地区；第二种是以中国为龙头的新兴市场板块。在这些区域，我们购买新兴市场指数的背后逻辑是什么？为什么新兴市场在 2018 年或 2019 年的表现会好于发达国家？新兴市场的指数会形成自身独特的逻辑，再进行组建，我们在新兴市场就不会买到美国的东西。

挡不住的机器，在不断重塑投顾行业格局

Smart Beta 产品的全球总规模 2017 年已超过 7 000 亿美元，2017 年 6 月 30 日，最大单只产品 iShares Russell 1000 Value ETF 的规模已超过 368 亿美元，正以一种近乎侵略性的趋势冲击着传统产品。未来，中国的股票基金一定会达到 1 000 亿人民币的市值。以前我在嘉实基金的时候，发过最大的基金是 800 亿元，当时我们拿着很烫手，于是退了 400 多亿元。这是嘉实基金在中国唯一一次募到钱后按比例退还给投资者，因为规模太大很难管理，同时我们也认为市场风险过高。

而在美国，Smart Beta 产品因为费率低、简单、清晰三大优点，在股票市场牛市的背景下，其产品规模一直保持增长（见图 14-8）。

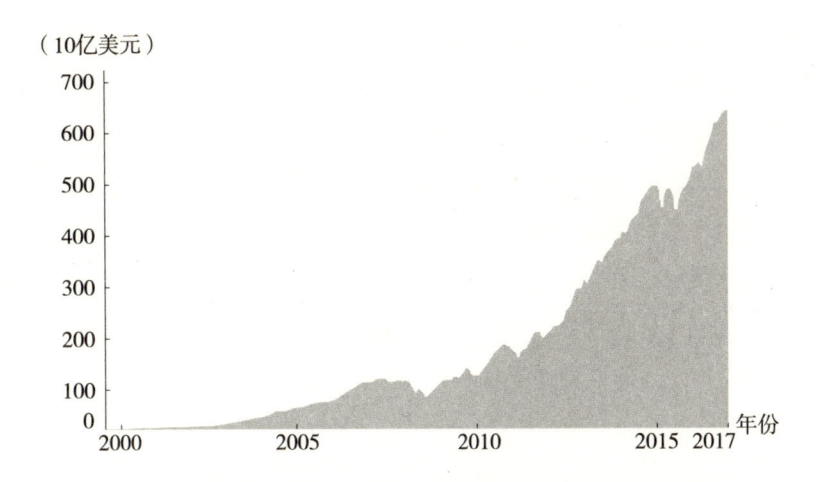

图 14-8　美国市场 Smart Beta 产品规模（2000—2017 年）

资料来源：晨星资讯研究报告（数据截至 2017 年 6 月 30 日）。

Smart Beta 产品以改善收益或对冲风险为导向，非传统大宗商品、非传统固定收益和多因子等其他类型，基本上都包含在 Smart Beta 产品中（见图 14-9）。而在所有的 Smart Beta 产品中，投资者最喜欢红利偏价值类的产品。

以改善收益为导向的类型	以对冲风险为导向的类型	其他类型投资
价值 成长 规模 动量 基本面加权 按分红筛选/加权 利润加权 营收加权 预期收益 股东收益/回购 多因子	最小波动 低/高贝塔 风险加权	非传统大宗商品 非传统固定收益 多因子

图 14-9　Smart Beta 产品的分类

根据美国现在的情况，我们可以预测一下未来中国市场的发展，中国未来可能会走得更快，也许只需要 5～10 年。美国市场在 2000 年之前也是以纯被动指数产品为主，Smart Beta 领域一片空白。2000—2008 年是起步阶段，经过前面一段时间的基础建设、夯实和完善，2009 年后开始高速增长，为智能投顾业提供了组合利器。2009 年次贷危机之后，美国重整金融市场，民众越来越聪明了，越来越能识别出华尔街银行家以高额的费率盘剥所有无知投资者的行为。于是，复杂难懂的金融产品被淘汰，普通人也能看懂的金融产品被推出，这样就避免很多金融风险的出现。

在美国，对冲基金经理喜欢的格林威治豪宅越来越难卖，房价还在不断下降；而在新金融快速发展的硅谷一带，房价在上涨。这也是行业趋势的一个转变。

在计算机智能投资流行的大趋势下，市场对传统基金经理人员的需求不断减少。随着量化交易的不断扩大，管理投资的人得到的奖金大幅削减，而智能机器不需要奖金。2017 年，全球最大资产管理公司贝莱德集团将包括 7 名投资经理在内的 40 名主动型基金部门员工裁员，用机器人的服务替代，这说明这个行业已经开始进行内部结构的调整。

重塑投资者

不仅投资管理人的服务方式会被重塑，而且投资者在这个背景下也会被重塑，过去我们面对的是"60 后""70 后"投资者，这批年龄较大的投资者会说："我把钱给你，你给我管好了。"现在已经出现投资者代际的变迁，特点是投资者更少依赖私人银行的服务。

年轻的投资者很喜欢用智能手机享受科技快感，他们喜欢看看东西、分享一下、聊一聊，想知道为什么，他们对技术的要求完全跟"60 后""70 后"不一样。他们更喜欢参与感，喜欢参与到服务过程中，也喜欢主动分享自己的体验。所以，我们应当重视投资者的价值观与需求，用社交辅助投资。目前来看，新一代投资者对简单、信任、透明度的要求提高了，而以前投资者对透明度的要求没有那么高，现在投资者越来越希望知道金融产品到底是什么。他们不允许一个基金成立以后，只通过季报披露一次信息，而且他们会觉得季报公布的内容有限，自己很难知道背后的事情，所以原有的基金管理方法受到了挑战。

投资者目标的变化也是一样的，以前的投资目标像开大巴车，投资者关心的是什么时候上车、什么时候下车。现在投资者关心的是这辆大巴车要把自己带到哪里去。现在，目标导向和资产配置的要求已经成为我们获得客户信任的关键点。

行业存在很多困境，整体而言，我们面临投资者对长线投资认知不足的问题。很多投资者看重当下，当下任何一个振荡、波动，都会让他非常痛苦、难受，当下任何一个所谓的账面盈利也会让他欣喜若狂，虽然在盈利的时点也许没卖，但也会很高兴，而很少有投资者会看得更长远一点。

过去大家都认为深圳的房价涨速很快，很多人因为没买房子非常后悔，但是很少有人因为没买某只基金或者股票而感到后悔。那么 15 年间深圳房价涨幅高还是基金涨幅高？我们用数据来看一看。

深圳平均房价 15 年的累计涨幅是 10 倍。深圳是中国最发达的新兴城市，享受了科技红利、改革开放红利，以及人口年轻、城市人口多的人口结构红利。然而，偏股型基金 15 年的复合增长率比房价高多了。大家觉得投资房地产比投资基金、股票赚钱，这和投资者的投资期限有关。股票和基金有很强的流动性，而房子不一样，买卖成本非常高，这让投资者守得住。由于流动性高，投资股票、基金挑战人的贪婪心理和自我控制能力。在春夏季节，我们都知道树木会继续生长，但是到冬天树落叶了，我们就觉得树快死了，想放弃它。我们与投资者沟通时很难和他们讲长期投资，每个投资者都会说："你别给我推荐长期的投资项目,我想要你给我推荐一个明天涨停的,否则你不要跟我谈。"但是我们推荐的茅台、腾讯股价在涨,很多投资者却说"你推荐的股票老涨,不调整,我不买",而且你推荐的基金第二天跌了也不行。总之,投资者对投资缺少深度认知。如果投资者有深度认知,那么他会知道自己买的东西是什么、为什么买、应当持有多久、持有的目的以及理解持有期间有价格波动是正常的。传统投顾和智能平台的对比见表14-2。

表 14-2 传统投顾 vs. 智能平台

	传统投顾	智能平台
导向	产品导向	方案导向
收费	交易收费	服务收费
侧重点	更多交易	更多组合
学习机制	被动获取	智能学习

与传统投顾对比,我们要尝试创造一个不一样的东西,创造一种不一样的玩法(见图14-10)。首先,从产品导向转向方案导向。以前整体市场都是产品导向,类似于我开大巴,投资者就坐大巴;我开宝马,投资者就坐宝马。现在我们采取方案导向,为投资者考虑哪辆车合适,收多少钱以及开往的目的地。优步等平台采取的策略都是方案导向,知道客户的目标之后,帮他实现目标。互联网平台本身就是个性化、方案导向的,你说出自己的问题,平台就给你提供一个解决方案。

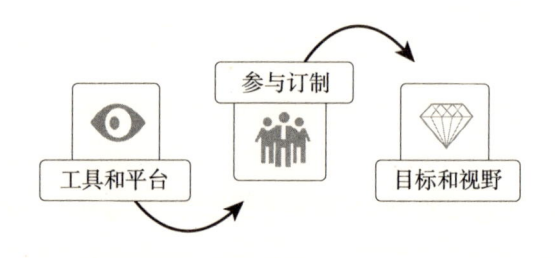

图 14-10 传统投顾和智能平台的特点

其次,从交易收费转向服务收费。比如,证券公司以前主要是靠交易收费，现在更注重服务，服务达不到标准就不收费，私募基金收取的绩效费也是按照服务的好坏来评定的。

再次，从更多交易转向更多组合。因为过去要靠交易收费，所以很多考核指标和交易量相关。证券公司的每次考核都关注交易量，交易量低说明这家公司可能不行。现在我们做更多的组合，组合的目的是帮助客户达到他们的目标。比如，我们现在为客户做子女教育基金，或者帮客户做父母养老基金。不同客户的目标不同，适用的投资组合风险特征也不同。

最后，从被动获取转向智能学习。以前，大多数客户被动地获取信息。我们向客户卖新基金时说我们现在正在卖一个新时代趋势，或者我们要卖一个军工新主题或者某个区域新概念，客户就这样被动地接受信息。现在客户有很好的方法，不断地在投资过程中检验自我学习能力，所以我们会通过手机客户端提供一些信息，比如投资者是女性，生活中经常接触消费领域的公司并且喜欢这个领域，她就可以用我们的客户端寻找相关的投资标的，观察这家公司的表现是不是符合预期，判断成为股东是否能满足自己的目标。这其中有一个自我成长的过程：客户通过参与达到目标、扩大视野。这是以前传统投顾所不能提供的。

如何真正转为以用户为中心？我们需要利用数字化时代带来的先进工具，用数字化手段做 KYC（Know Your Customer，了解客户法则）。

过去传统公司的 KYC 很复杂，还包括反洗钱，因为担心被控涉嫌参与黑社会洗钱。如今，数字化大大帮助我们了解客户的背景，我们还可以通过客户的行为了解客户。比如，每个人手机中的蚂蚁财富功能都不一样，因为系统会根据消费记录自动展示不同的信息。我经常搜嘉实基金，手机就会自动将嘉实基金推送给我。在数字化时代，人工智能会按照每个人的财富、余额宝记录、风险偏好，开始默默读你、明白你，最终通过这些信息帮助你更贴近真实的自己，人工智能可能比你更了解你自己。

透明、简单、便宜、规范的新工具需要时间来推广，也需要时间建立大众认知，而且工具制造者要与投资者明确沟通各自的责任：投资者负责选择风险敞口，工具制造者遵守纪律约定，保证产品不变形。

在传统行业转型的背景下，创业公司在传统领域推出一个新的类别时会遇到很多挑战，传统模式也会利用销售优势对新工具设置各种障碍。1999年初，嘉实基金刚成立，我们的工作很困难，因为当时大家不知道基金，整个基金行业需要市场培育，而现在基金已经变得很普遍。2005年，我们推出指数基金的时候，嘉实基金是市场上最大的沪深300指数基金。当时我陪基金经理去全国各地路演特别辛苦，最初只能发10亿元，而后来基金规模最大的时候涨到400亿元。市场投资者慢慢地会了解新类别，但需要时间。

所以，进入智能投资领域很难，尤其是培育市场的人，需要不停地讲、写、说，因为要给市场一段时间去建立认知。现在根据Smart Beta所做的新品类、新工具，只要是好东西，逻辑是对的，最后的效果一定能发挥出来。假以时日，用户（尤其是机构投资者和高级投顾）搞清楚形势后，要么选择纯超额收益Alpha，要么选择Smart Beta，主动管理型基金的高收费将难以为继，而终端用户将得到真正物有所值的服务。

行业实践

Smart Beta进入中国的时间非常短，美国的Smart Beta在2000年起步，我们比美国晚了15年。我们在2015年底召开了中国首场Smart Beta高峰会，受到了业内比较多的关注。我们为此专门准备了一份白皮书，白皮书中介绍了我们做这件事的原因、我们公司的使命、我们如何从国外引进这个工具，以及我们初步引进的工具是什么样的。这份白皮书相当于介绍了一种新的知识，在这个行业形成了初步积累。

因为这个圈子不大，随后其他证券公司开始加入，我们的白皮书一经发布就获得了很高的关注度。我们开始写系列报告，还允许卖方加入。大家开始有研究热情，并一步一步发展得更好。到 2016 年，过去一些非常好的做基本面基金的公司也开始推出 Smart Beta 指数产品。

招商银行做了摩羯智投，从已有的风格稳定的基金做起，这是一个非常好的尝试，以基金作为基底来服务大众人群。2017 年，我们公司与深圳证券信息公司联合，一次性推出了 4 种 Smart Beta 产品，挂在深交所列为基金产品，也有代码和上市行情。另外，新的品类也开始融合，财新锐联的两只 Smart Beta ETF 前不久在香港交易所上市，底层基础架构搭好了，上面就很好做了。

整体而言，在投资领域由机器开始算法交易然后模拟人的管理，绝对是一个不可逆的趋势，这个趋势已经拉开了序幕。如果我们这时视而不见，其实是在欺骗自己，耽误自己参与未来市场的机会。从富时的经验和以前的数字来看，未来全球每 1 美元投资中将有 35 美分依照 Smart Beta 策略来投，在目前中国这个比例是 0，所以我们未来有很大的增长空间。

最后，我们在创业过程中，应该从哪个角度参与智能投资？

我们的使命是帮助长尾人群，也就是帮助普通家庭投资理财。因为以前大众的投资理财方式除了买房子之外，就是买收益率比银行存款利息高一点儿的产品，否则就不会被 P2P 等产品骗走几百亿元。

帮助中国家庭投资理财的目的是什么？答案是让大家共享新时代经济增长成果。中国有很多家庭没有享受经济增长的成果，社会的剪刀差越来越大，底层大众人群没有好的金融工具服务。尽管我国 GDP 增长很快，国民收入增长也很快，但并没有用来增值。中国金融科技创新中的很多模式都是帮助大家花钱，而帮助大家创造财富的东西太少了。"60 后""70 后"喜欢存钱，"90 后""00 后"通过校园贷、信用贷不断透支未来，这些都是不对的。金融科技做普惠金融，就是普惠大众，让大众富起来，共享新时代经济增长成果。

我们的目标是 GDP 增长多少，就要帮助客户财富的增长率超过这个比率，这样才能共享。那么怎么落实？成为一家品牌好、"护城河"宽的公司的股东，收入和利润增长速度是有可能超过 GDP 增速的。

我们怎么实现自己的理想？我们推出存股宝，买便宜的好公司，而不要把这些机会让给外资，韩国的教训是门开得太快，外资买了很多掌握韩国命脉的公司。我们要认识到这个问题，分享新时代带来的经济增长成果，这个理念是我们要传播的，也是企业立足的根本。

我们采用组合社交的方式，持续传播资讯、组合、白皮书等策略。我们在 2017 年还设立了金贝塔证券公司，在香港用智能投顾的方法，区别于很多香港传统券商高成本、高手续费的方式，我们在香港推的存股宝只推腾讯、港交所、复兴医药三只股票。另外，我们也在尝试增加娱乐性、趣味性和互动性，比如咨询服务开始用机器提供资讯，机器每天准时把资讯推送给客户，这些都是科技进步所带来的便利。

好策略怎么配好场景？每一个消费都有一个场景，很多客户想要比较稳定的场景，我们就给他们做一项奶牛计划，因为我们有很多好策略。奶牛计划是什么？很多投资者不知道在中国的上市公司中还有分红很高的公司，因为上市公司太多了，普通投资者很难全部都了解。奶牛计划就是从现金分红持续稳定、盈利状况良好的公司中，选出其中被当前市场低估的奶牛股。奶牛股在熊市会收获较稳定的股息回报，当牛市到来时，还可能享受到估值提升带来的回报。

另外是大师系列的产品，每一位大师都有自己特别擅长的风格，例如，大师彼得·林奇（Peter Lynch）的风格是成长类产品，他出版了一系列图书，多次发表演讲，我们从中归纳出他的选股逻辑，这相当于建立了一个清单，然后归集到机器中选股票。深交所和我们合作，结合彼得·林奇的投资理念和 A 股市场的特点推出了一只股票组合，现在有 17 倍的成长。除了供大众人群消费的产品，我们也有一些指数基金供基金公司做基金产品，最终我们会通过基金公司将这些产品卖给其他大众人群。

目前在全球技术进步和中国特色社会主义进入新时代的大背景下，我们所从事的行业能够为千家万户带来财富。但是，这个行业在美国的进展如何？目前中国刚开始起步，遇到了哪些问题？我们如何与投资者互动？这个行业深远的意义是什么？这些都是值得我们进一步探讨的问题。

本文根据作者 2017 年 10 月 26 日在"北大汇丰金融前沿讲堂"的演讲整理，经作者审阅。

第 15 章
拥抱金融科技

方兆本
中国科学技术大学统计金融系教授

我介绍的内容包括 A（人工智能）、B（区块链）、C（云和客户），以及金融科技发展的三个阶段。金融科技是金融的新生态，是未来的金融。我会介绍金融科技的一些案例，尤其强调人工智能和区块链，也推荐大家读一读《金融与好的社会》（*Finance and the Good Society*）这本书。

另外，我将谈谈 web2.0 与 web3.0 的差异。有人说 2018 年是 Dapps（分布式应用程序）之年，Dapps 是和区块链联系在一起的。我还会谈到 3F，也就是："流行（Fads）什么？担心（Fear）什么？未来（Future）会怎么样？"这些也是大家现在都关心的金融问题。

众所周知，金融应该服务于实体经济，精准扶贫是党中央、国务院非常重视的一项重大举措，那么金融科技能为扶贫提供哪些支持？这也是我要讲的内容之一。

金融科技发展的三个阶段

金融科技发展至今可以分为三个阶段。从 20 世纪 60 年代到 1978 年是第一阶段。ATM 机和银行核心系统较早应用了科技手段，金融系统是采用 IT 技术比较早的行业，金融科技的第一阶段从太平洋海底电缆开始，此后把信息传递到大洋彼岸只需要很短的时间。

第二阶段是从 1978 年到 2008 年。这个阶段有两个最突出的特点：数字化和全球化。中国 40 年的改革开放享受了数字化和全球化带来的红利。

第三阶段是从 2008 年美国金融危机至今。2008 年的金融危机几乎导致经济停滞，大批投行倒闭，各国迅速收紧头寸。后来美国采取了一些非市场化的手段遏制了危机，然而至今 10 多年了，还没有人敢说完全跳出了金融危机的阴影，经济仍在复苏过程中。这时人们就开始寻求新办法，解决在金融领域碰到的各种难题，于是就有了贝宝等第三方支付，就有了比特币。

所以第三阶段最大的特点是涌现出很多初创公司，对中国来说就是李克强总理所说的"双创"（大众创业、万众创新），以及其他类型的创业。初创公司通过颠覆性创新搅动了原有的金融系统，于是后者迫不得已跟进，推出了直销银行、手机银行。前不久由中国建设银行创建的第一家无人银行已经出现。

初创公司发展的第一阶段是创新性颠覆和搅局。第二阶段是双方的竞争。现在到了第三阶段：合作。必须通过合作才能建立新生态。现在几股力量都在布局金融科技。一是阿里巴巴、腾讯、百度、京东等要做金融，美国的亚马逊也要做金融、开银行。二是全球的大银行都在进行数字化转型，开始拥抱金融科技。

实际上，不仅银行在这么做，国际货币基金组织总裁克里斯蒂娜·拉加德（Christine Lagarde）在2016年G20上海会议上说："'一带一路'倡议最重要的就是金融科技。"她的这个看法是非常有道理的，试想，如果金融科技做不好，港口、码头的融资从何而来？商贸呆坏账怎么处理？某个国家发生内乱政变，就收不回成本了，还有人敢去投资吗？同时，拉加德在2018年博鳌亚洲论坛上再次强调慎重处理债务问题，所以，降杠杆不能局限于国内。总之，如果没有金融科技的支持，"一带一路"倡议的实现将困难重重。

此外，即使是历史最悠久的保险公司也在考虑转型为金融科技公司。大银行、大保险公司已经强烈意识到，必须转型成金融科技公司。与此同时，国内很多金融机构也在奋起直追。这就是第三阶段出现的金融新生态。

全景图中看金融科技

不管谈什么话题，全景图非常重要，因为全景图有历史感。我们只有了解过去，才可以看到未来，才能自我定位。

在金融科技的发展过程中，有几个标志性年份。2013年是P2P互联网金融年；2016年韩国围棋棋手李世石（Lee Sedol）被阿尔法狗打败了，2016年是人工智能年；2017年下半年到现在是区块链和Dapps年。

金融科技几乎涉及金融各个方面的内容，如P2P、反欺诈、众筹等。移动互联网出现后，金融科技发展得越来越快，增加了一部分经济发展创造出来的新财富。其中，智能手机iPhone的出现是拐点：iPhone让整个经济学理论、金融都随之发生变化。所以，不得不说史蒂夫·乔布斯的确伟大。

有人说伟大的企业家的做法是从未来往回推。众所周知，IT行业存在摩尔定律：芯片会越来越小，用计算机的人会越来越多。比尔·盖茨、英特尔公司创造人[1]、乔布斯同样知道这个定律，虽然他们各自的想法不同，但是他们都看到了未来。

比尔·盖茨曾经想到，既然计算机越来越多，那么人们对操作系统与软件的需求就会不断增加，鉴于此，微软可以研发出免费软件。后来使用免费软件的人越来越多，而且越来越习惯使用，最终成就了今天的微软。

英特尔公司的三位创始人也曾经想到，计算机越来越多，而计算机中必须得有微处理器，那么英特尔可以投入生产微处理器，所以现在计算机CPU芯片行业由英特尔主导。

乔布斯既不懂IT，又没有丰厚资金的支持，他到印度考察后想出一个主意：既然用计算机的人越来越多，那么最好让使用者有非常好的使用体验。所以，后来他完全按照这个标准来设计产品。

乔布斯看到的就是客户体验。前文提到ABC，即人工智能、区块链、云和客户。云：我们现在的各种计算机服务都来自云端。客户：客户是上帝，每个人都是社会的基本细胞，所以客户创新、客户体验非常重要，一切商业活动、金融服务都要围绕着客户。有的银行转型失败，就是因为对客户的重视不够，根本不了解客户。

金融科技相关的技术和应用

金融科技和新科技联系密切。可以说，人们所有能想到的技术都与金融有一定关系，如人工智能技术、语音技术、体能感知技术、虚拟现实技术、增

---

[1] 英特尔公司的三位创始人——"外交家"罗伯特·诺伊斯、"思想家"戈登·摩尔、"行动家"安德鲁·格鲁夫合力将英特尔公司从一家初创企业打造成千亿美元量级的巨型公司。这段传奇故事被记述在《三位一体：英特尔传奇》一书中，该书简体中文版已由湛庐策划，浙江人民出版社于2015年出版。——编者注

强现实技术、生物技术、互联网、云计算、大数据、电子商务、众包、众筹等。当你找到一个新技术，把它和你要解决的金融问题结合起来时，就会有新的想法，就会有进行创新的冲动。这个结合可能就是创新、创业的思路和方向。

这个结合往往可以解决金融领域的难点问题。随后，全世界都来参与创新，就会形成新的金融生态。这会进一步牵涉跨界，比如，汇兑就要跨界；又如，要帮助非洲饥饿的人们，相应的金融手段怎么操作？这些光靠大银行和国际组织远远不够，而金融科技在其中就能起到重要的补充作用。

贝宝和比特币的影响

2018年初，埃隆·马斯克（Elon Musk）把特斯拉跑车送入了太空。特斯拉是马斯克的杰作，一家非汽车行业的公司制造出的电动汽车竟然对汽车行业产生如此大的冲击。马斯克是一个充满想象力的人，有人说他可能是乔布斯之后最聪明的人之一。我觉得虽然亚马逊的杰夫·贝佐斯（Jeff Bezos）也很优秀，谷歌和苹果公司的领导者都很了不起，但马斯克做了一件对金融科技影响深远的事：投资贝宝。贝宝开创了第三方支付的先河，后来中国才发展出了支付宝和微信。贝宝通过点对点的支付，突破了原来的瓶颈。《从0到1》（Zero to One）这本书提到，从1到N是相对容易的，从0到1是最难的，因为要有开创性的突破。

除了贝宝，还有一项很重要的创新推动了金融科技的发展：比特币。比特币背后的技术是区块链。比特币和贝宝是近几年金融科技最有突破性的两件事。

马斯克把特斯拉跑车送上太空实际上象征着技术的更新。这就像有人本来不知道什么是第三方支付，看别人刷支付宝就理解了。

大数据

大数据也在金融科技中发挥着重要作用。最近两年产生的数据占全球大数据的 90%，全球对大数据的投入从 2013 年的 100 亿美元增长到 2017 年的 530 亿美元。全世界数据现在达到 900EB，接近一个 ZB（1ZB=1024EB），其中 70% 来自个人。1EB 等于 10 亿个 GB，可见数量之大。

还要注意的是，2020 年全世界 1/5 的数据将来自中国，所以中国一定是做 IT 和金融科技的必争之地。举个例子，2015 年春天，苹果公司 CEO 蒂姆·库克在旧金山开新品发布会，开场视频是中国西湖苹果体验店的开业场景，说明他非常重视中国市场。

支付市场

我们的支付市场上有"红""绿""蓝""黑"四大阵营：红色是银联，绿色是微信，蓝色是支付宝，黑色是苹果支付（Apple Pay）。

北美的支付市场是苹果和贝宝的天下。大家都在做支付，但是最终谁能站住脚？以后电子钱包就像互联网的浏览器入口一样，谁抓住了入口，谁就抓住了客户，谁就有无限商机。

银行信贷与金融科技

全世界最著名的大型银行，如高盛、花旗、摩根大通、摩根士丹利、富国、Capital One 都在投资金融科技。Capital One 的思路很与众不同：众所周知，有的人在银行贷不到款，Capital One 就专门服务银行不批贷款的群体。虽然蛋糕最上面一层"奶油"已经被银行拿走了，但下面那层仍然还是有利润的，Capital One 就专做这方面。

还有一些被大银行看好并收购的初创企业也在做金融科技。这些企业的创始人都是从麻省理工学院等名校毕业，以前在华尔街为别人做分析工作，后来自立门户。他们创业的领域涉及现在金融科技中非常热门的智能投顾、量化金融等，他们的口号是把基金经理都赶走。如果他们做得好，那么确实可以做到这一点，因为他们下单更快，策略更好，回撤更漂亮。按照概率，如果他们10次赢8次，基金经理10次赢6次，那么后者就逐渐被市场淘汰了。但是也有消息说，有些量化策略的效果也不好，所以做精量化金融也不容易。

从Web2.0到Web3.0

互联网已经从Web2.0时代的API和App发展到现在Web3.0时代的区块链、Dapps了。有人说2018年是Dapps之年，Dapps是和区块链联系在一起的。Dapps时代有两个特点：一是去中心，二是加密。

区块链Web3.0的时代，改变了我们许多固有的东西，比如众所周知的微信和另一个即时通信应用Telegram。俄罗斯"脸书"和Telegram的创始人都是俄罗斯人，而且是兄弟，前者是弟弟创建的，后者是哥哥创建的。如果两个人想说悄悄话可以用Telegram，因为这个应用是加密的，第三方不知道这两个人的说话内容。

所以在Web3.0、互联网区块链的时代，需要像原来建立TCP和IE协议一样在底层重建协议，这样才能有新的秩序。区块链对社会各个行业都有影响，包括金融行业，进而影响到全球的金融秩序。

金融科技与扶贫

上文讲到贝宝挑战银行支付，那么从来没去过银行的人怎么用贝宝解决支付问题？有一次，我在美国旧金山开会时遇到一位女士，她给我看了一张照片：一把黄色的伞，伞下面有几个非洲儿童。这把伞能吸收太阳能发电，孩子们把手机、iPad 通上电就能完成老师布置的家庭作业。我问她现在最大的问题是什么？她说自己有几百万、上千万非洲儿童的数据，但不会分析。听说我是学统计的，于是请教我："你能帮我们做服务吗？这样我们就能帮助更多的非洲儿童。"这位女士在旧金山，距离非洲非常远，但依然可以有所作为，所以我认为金融科技是可以帮助扶贫的。

学习金融科技的方法

重要的四本书

下面介绍金融科技领域最重要的四本书。第一本是《Fintech：全球金融科技权威指南》(*The Fintech Book*)，书中囊括了金融科技的所有重要内容。同时，这本书的写作和出版方式用的就是金融科技思维。金融科技的新生态实际上就是"互联网+"的思维。这本书是用众筹的方式完成的，也就是任何人都可以写，然后从几千篇中选择读者点赞数最高的一两百篇组成一本书。

第二本书是《财富管理指南》(*The Wealthtech book*)，这本书还没有中译本。现在是大资产管理时代，所以财富管理的书很重要，也很受欢迎。

第三本即将出版的书是《保险科技指南》(*The Insurtech Book*)，这是一部保险科技方面的著作。保险业会发展得越来越好。

第四本是《监管科技指南》(*The Regtech Book*)。打个比方，不能耗子聪明了，猫不聪明；耗子想在一些边界上找商机时，猫也得学会看看哪些是合法的，哪些是违法的，所以这方面也是热门。

看金融"大鳄"怎么做

我经常跟学生讲，要学数学找华罗庚，要打篮球找姚明，要投资就要看那些"大鳄",看他们往哪个方向走。所以,当你思考一个金融科技的潮流时,请看看这些大人物怎么做。

现在大多数天使投资和风险投资背后的机构都有这四家:道富银行、贝莱德集团、富达国际和美国先锋集团。它们占了全世界投资的大部分份额,所以我们要参考这四大机构的投资方向。

如何判断一家金融科技公司做得好不好?现在一些大银行在分门别类地收购各种公司,这些大银行如果都选择了R3(做区块链的公司),说明R3区块链未来可期,那你就别找R4、R5了。也就是说,大家都投资的企业一定是好企业,一定是有其独到之处的。

同样,当你要了解咨询的时候就要看埃森哲、普华永道、安永、德勤。如果你要搜索金融科技、区块链的相关信息,输入"德勤"这个关键词,就可以了解全貌。德勤的报告中对区块链有很详细的介绍,如果你的企业从来没听说过区块链,请按德勤的路径来实施你们的区块链计划。

另外,还要关注行业内"粉丝"数量多的关键人物,比如,要了解全球金融科技的新进展,就要看排名前十位的业内精英,他们昨天和今天发表的观点往往会影响明天的全球态势。

掌握金融科技关键词

当你要学新东西时,如"金融科技",首先查关键概念词表,不要觉得自己知道了就不用看概念词表的解释。看到概念词表的解释,也许会觉得自己不太了解,需要深入地学习。

知识体系就像葡萄串一样,从这些关键词入手、从最基础的概念入手很容易触及问题的本质,这是学习新东西最快的办法。

金融科技的未来

区块链和金融科技展望

我预期区块链和金融科技未来会有进一步的完善和发展，具体体现在以下几个维度。

第一，加密虚拟币乱象仍然存在。

第二，对区块链的监管会更加完善。

第三，从全球范围来看，ICOs 并未终结。

第四，安全通证（代币）的发展势头在上升。通证的存在是合理的，比如生活中，我用几张饭票和一个同学换一本书，不用人民币也能完成一笔交易。

第五，早期的一些项目现在终止了，退出去了，未来区块链更趋成熟，在金融领域和非金融领域将有更广泛的应用。金融领域的应用主要体现在两个方面：一是支付，二是贸易金融。区块链在各个贸易环节中可以通过智能合约锁定上家、下家、中间的支付以及商品的追溯，通过这种方式避免"造假"现象；在金融业以外的应用主要体现在四个领域：制造业领域、人力资源领域、健康领域和法律领域。

第六，未来会有很多区块链的新案例涌现。

第七，企业会更多地采用智能合约。

第八，未来会产生新的共识机制，以完善区块链的治理。

第九，金融科技领域的合作主要聚焦于对商业模式的改变。

第十，区块链一定会与人工智能相连。区块链一端结合了物联网，另一端结合了人工智能，以后衣服上、钮扣上可能都有传感器，车与车之间都可以通信，设备与设备之间都可以传递信息。所以区块链与物联网结合可以解决区块链上的先后秩序问题和信息传递中的难点问题。总之，区块链和人工智能的结合非常重要，所以微软就开发了一个物联网的加密平台来解决物联网的问题。

第十一，区块链在可扩展性方面将有新方法和新突破，未来会出现将所有区块链汇集在一起的超区块链平台。

第十二，区块链涉及的安全问题将更受重视。

第十三，区块链将越来越多地用于数据分析。

第十四，各国的中央银行开始拥抱区块链，社会、政府的公共部门会参与区块链的发展，消费者也会更多地认识区块链。

金融科技的基础是云计算，有几个名词需要注意，一个名词是"雾计算"，也叫"边计算"。当人们有了很多物联网的小设备以后，我们做存储或分析是应该离设备近一些，还是应该离设备远一些？如果要把小设备上的信息收集传导回中心处理台之后再返回小设备，其中既涉及存储问题，又涉及传输问题，所以我们做存储和分析时，要尽量靠近设备计算，这就叫"边计算"。另一个名词是全世界都在研究的"量子计算"。中国科学技术大学在量子计算领域做了三件事：一是量子保密通信；二是量子检测；三是真正的量子计算机。在量子计算机之前还有量子模拟计算。这些技术将如何影响金融行业，让我们拭目以待。

总之，金融科技在上述领域的发展才刚刚开始。

流行什么，担心什么，未来怎样

英国一家咨询机构提出"3F"的观点。他们认为全球流行的是 ICOs。另外，比特币也很流行。这家咨询机构还认为潮流是合作、竞合（合作超过竞争）。也就是说，小型金融科技公司如果不与银行合作，可能就无法生存；银行如果不重组这些小型公司，日子也不好过，所以要握手言和。

那担心什么？首先，担心金融科技、比特币泡沫的破灭。其次，担心黑客，也就是网络安全问题。网络安全问题是一个全球化的问题，是各国的首脑、政治家们应该讨论的问题。最后，担心的是监管压力。未来金融科技专家考虑更多的是包括开放式银行业务和修订后的付款服务指令（PSD2）的监管变更以及人工智能对金融服务行业的影响。

需要制定数字化相关法规

追踪风险投资动态的机构 CB Insights 针对 2017 年、2018 年的整个金融科技行业及其走势发布了非常详细的报告。中国电子技术标准化研究院也发布了规范的白皮书，其中包括大数据概念、隐私保护以及相关法律约束。但仅有一份白皮书还不够，我希望能够出台相关法律。深圳有全国人大常委会授予的独立立法权，深圳能否带头出台有关大数据行业发展、虚拟货币、数字化资产等的法律法规？因为深圳企业多，实践也多，可以设计出像上海自贸区那样的可复制模式。同时，我国将来也需要出台政策法规。公司发展到一定规模的时候就需要做拆分，拆分以后就会促进新的创新，随之社会就会持续进步。

本文根据作者 2018 年 4 月 6 日在"北大汇丰金融前沿讲堂"的演讲整理，经作者审阅。

Fina

FORESIGHT LECTURES

第四部分
金融发展的前沿

现在所有的银行，无论是全能性银行还是以投行为主的银行，都重视科技，所以对科技、业务及数据的分析是竞争的核心手段，也是未来10年甚至更长时间内投资的主要方法。

黄国滨　摩根大通全球投资银行部中国CEO、董事总经理

第 16 章
现代投资银行的科技理念和改革方向

黄国滨

摩根大通全球投资银行部中国 CEO、董事总经理

我想谈一谈科技革命时代投资银行的定位和发展思考。这个主题比较前沿，至今主流媒体还热衷于报道这方面的内容。2017 年 12 月，我在公司内部发了一个文件，公布了我的想法，开始酝酿投行改革的事情。我们花了大概 6 个多月的时间做了各种分析，结合在实际工作中遇到的痛点，研究了上千个数据库，也和客户、行业协会进行了广泛的交流。最后我们到美国总部汇报了分析结果并得到认可，然后在 2018 年 6 月初公告，最后在中国区全面实施。

我希望通过这次介绍达到三个目的：

- 使有志于从事金融行业，特别是参与投行工作的人，大概知道未来的努力方向。
- 让有志于创业、做"独角兽"的企业家，知道怎样和未来的投行进行合作。
- 为投行管理者未来的管理发展思路提供一些改革的实践经验和思考。

投资银行的历史及现状

最近金融界发生了很多事件，比如，通用电器公司被从道琼斯指数中剔除。通用电器公司最早是由摩根大通创建，由当时的几家电器公司组建起来的，后来发展成为行业的龙头企业，特别是在杰克·韦尔奇时代，通用电器是整个制造业的标兵，但是最近却从道琼斯指数中被剔除了。其中最核心的问题是什么？在这个过程中，投行的定位又是什么？

在 20 世纪 80 年代以前，投行资源分配的作用很强，但是未来特别是科技时代，投行在效率提升、资源整合，特别是资源重新配置方面，会起到越来越重要的作用。

最近，各类媒体都在宣称机器人时代的到来。摩根大通原来 3.6 万小时的工作量，现在机器人几秒钟就可以完成，花旗银行也在裁员。我在想自己是不是也很危险了？但投行的位置相对稳固，因为它是跟人打交道的，特别是涉及资源重新配置等方面的工作，在未来相当长的一段时间内不是机器人能够完成的。

如果你研究金融史，可能会了解投行历史，它大体分为三个阶段。第一阶段，在 1700 年之前，投行业务都是非常简单的"承兑汇票"。真正为企业提供资金、进行资源配置（如发债）是从 1980 年开始的。第一次世界大战、第二次世界大战期间，摩根大通的主要业务是发债，甚至向美国政府发债，并逐渐得到了社会的认可。后来由于银行影响力太大，1933 年美国国会颁布了《格拉斯－斯蒂格尔法案》(Glass-Steagall Act)，摩根大通被拆分了。但是 20 世纪六七十年代，甚至 80 年代，银行的规模很小，主要功能是资产分配，做债券承销等，而且业务范围都是区域性的。高盛也是如此。20 世纪 80 年代，高盛的员工数量不足 1 000 人，业务范围以美国为主，其首个海外办公室于 80 年代末在伦敦设立。

工业革命时代，投行的主要任务是进行资源的重新分配，把社会上的闲置资源重新分配给高速发展的工业企业。

第二阶段是从20世纪80年代就已开始的企业国际化。

20世纪五六十年代，全球的大型投行都是欧洲投行，特别是英国的投行。那时候各投行划好自己的地盘，不会去抢其他投行的客户。每天陪国王散步，陪客户骑马，偶尔做债券、股票承销，各投行的日子都过得非常好，20世纪70年代以前基本是这种状态。为什么到20世纪八九十年代发生了很大变化呢？因为企业的国际化。美国的投行提前进行了改革，专门成立了并购行业组。并购成为美国投行非常重要的业务，它们通过并购产品进入欧洲及全球其他地区，这就是全球化的时代。

第三阶段，金融危机阶段。在《格拉斯－斯蒂格尔法案》颁布后，纯商业银行和投行是严格分离的，但2000年特别是金融危机之后，全能性银行又回到了主流的位置，包括高盛、摩根士丹利等，虽然从业务角度来看它们是投行，但是它们也有银行牌照，从某种意义上讲是全能性银行。

我们讨论的重点是2010年以后投行的特点，即全球化。目前投行的主要经纪业务有两个特征：第一是全球化，第二是服务手段全方位，从销售、交易、资产管理、私人银行、财富管理和股票销售等方面，帮助企业做融资规划。这是在全球化背景下投行扮演的角色，主要涉及战略层面。

投行的产品有很多，包括兼并、发股、发债等，这些产品互相配合，投行才能够成为所谓的现代银行。现在全球一流投行之间业务和收入构成有很大不同（见图16-1）。摩根大通的业务最多，包括零售、社区银行、企业银行、资产管理、商业银行等。欧洲银行、中国银行和中国投行基本类似，主要业务分三大块：一是企业和投资银行，二是市场管理，三是零售业务。

目前只有摩根大通、花旗和美银美林三家银行的业务是商业银行、零售和社区银行。高盛刚开始进入零售银行业务和商业银行业务范围，现在主要通过网上银行开展业务。摩根士丹利更多倾向于资产管理，所以现在主流银行业务范围基本类似，但是全能性银行的产品更加丰富。

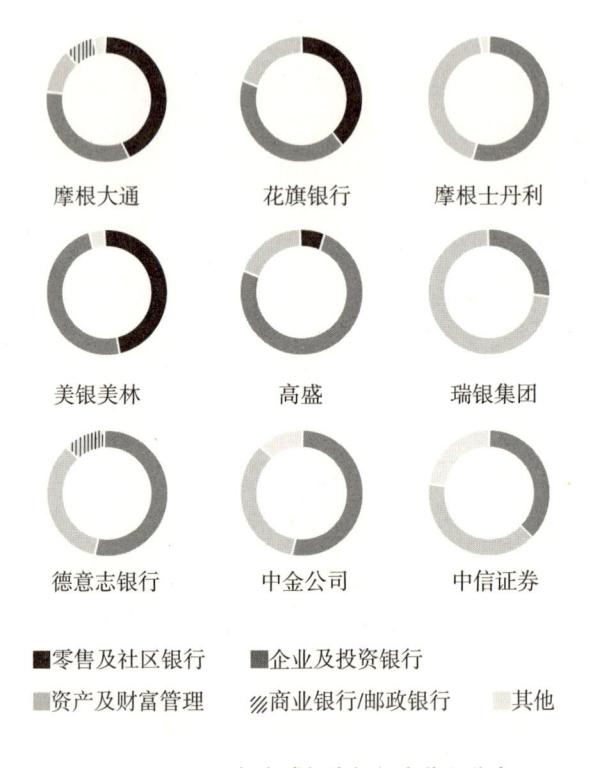

图 16-1　2017 年全球领先投行净收入分布

研究了银行现代史，也就研究了摩根大通。摩根大通的美国银行有 200 多年的历史，经历了一系列变化，大概进行了 200 次改革，包括地区性业务、全球性业务的逐渐扩展。摩根大通除了在美国开展零售银行业务外，在全球其他地方，也涉足商业银行、资产管理、投资银行、私人银行等。

表 16-1 是目前全球收入前十名的投行，再过 10 年我相信前十名中应该

有很多欧洲投行和中国投行。此外，截至2017年，前五名的投行基本以美资银行为主，未来欧资银行将会崛起，中资银行的排名也会逐渐提升。

表 16-1　2017年全球投行收入前十名

排名	银行名称	收入（百万美元）
1	摩根大通	6 421
2	高盛	5 603
3	美银美林	4 803
4	摩根士丹利	4 571
5	花旗银行	4 247
6	瑞士信贷	3 511
7	巴克莱银行	3 358
8	德意志银行	2 544
9	加拿大皇家银行	1 746
10	瑞银集团	1 745

在金融危机阶段，很多公司退出了历史舞台。这给大家一个启示，投行是高风险行业，而且是风险管理永远排在第一位的行业。很多人问我"小摩"（摩根大通）和"大摩"（摩根士丹利）的关系，从市值方面看，摩根大通现在市值约3 700亿美元，摩根士丹利大概是900亿美元。但是我现在很喜欢"小摩"这个概念，因为在中国互联网时代的"小"就是"大"，比如小米等。

那么什么是全能性银行呢？第一是服务的产品全方位，目前银行除了不做保险业务之外，其他金融产品都做；第二是全球化；第三是多元化；第四是规模化，如果没有一定规模，业务则无法支持成本。现在所有的银行，无论是全能性银行还是以投行为主的银行，都重视科技，所以对科技、业务及数据的分析是竞争的核心手段，也是未来10年甚至更长时间内投资的主要方法。

科技变革，行业进入"独角兽"时代

进入科技时代之后公司有什么特点呢？图 16-2 展示了美国百年来前十大市值公司的变化，从中可以看到，1917 年的十大市值公司主要是制造业公司，比如收割机公司、橡胶公司、钢铁公司等。到 1967 年，明显可以看到先进制造业和能源行业成为主导，如国际商业机器公司、伊士曼柯达公司等。

如今美国前十大市值公司除摩根大通、强生、伯克希尔-哈撒韦公司、美孚之外，都是科技公司。科技公司的迅速崛起在中国表现得更加明显。

1917	1967	2017
美国钢铁公司$464亿	国际商业机器公司$2 586亿	苹果 $8 980亿
美国电话电报公司$141亿	美国电话电报公司$2 005亿	谷歌 $7 190亿
标准石油公司$107亿	伊士曼柯达公司$1 770亿	微软 $6 440亿
伯利恒钢铁公司$71亿	通用汽车公司$1 712亿	亚马逊 $5 430亿
Armour肉类制品公司$464亿	标准石油公司$1 065亿	脸书 $5 180亿
斯威夫特公司$57亿	德士古公司$823亿	伯克希尔-哈撒韦公司 $5 180亿
万国收割机$49亿	西尔斯·罗伯克公司$646亿	强生公司 $3 740亿
杜邦公司$49亿	通用电气公司$639亿	埃克森美孚 $3 500亿
米德维尔钢铁公司$48亿	宝丽来$580亿	摩根大通 $3 400亿
美国橡胶公司$46亿	海湾石油$580亿	富国银行 $2 660亿

图 16-2　百年来美国前十大市值公司

资料来源：howmuch.net,《福布斯》杂志。

中国所谓的"独角兽"，实际上是跨界的科技公司，它们已经成为当今时代的主流，其成长速度之快是前所未有的。滴滴出行只成立了六七年，现在已经成为世界级的"独角兽"，其影响力之大前所未有。其实中国很多企业都是近 10 年内成立的，比如小米公司 7 年前还未诞生。

全世界"独角兽"公司最多的两个国家是中国和美国。目前有一个排名叫

"超级独角兽",所谓"超级独角兽"就是未来估值大于 100 亿美元的上市公司,中国大概有 98 家,美国有 107 家。

"独角兽"公司有哪些特点呢?第一,目前全球前十五大"独角兽"公司中,10 家来自中国,而且基本在近 10 年成立。

第二,"独角兽"公司都是跨界企业,而且是在一个领域运用科技的手段进行跨界,这样便具备革命性和颠覆性的作用,使得它们能够迅速成长。

第三,中国的"独角兽"公司不但自己成长快,还带动了一帮小公司,创造了自己的生态系统。中国最大的投资公司都是新生代的"独角兽"公司,包括腾讯、平安、阿里巴巴,它们都有几十家甚至上百家子公司。

为什么会这样呢?最根本的原因是中国将成为全世界最大的消费市场。只有用技术手段,才能够服务更多的人群。通过先进的技术,人们可以享受到更好的服务,生活质量也会显著提高,从而提高整个社会的效率,降低交易成本。

从我们个体的感受来看,原来给别人 100 元需要到银行转账,而现在在网上发一个红包就可以了,交易活跃性大幅度提高,便利性也大大提升,进而降低了交易成本,提高了社会的整体效率,创造了价值。

从私募和公募的角度来看,中国形成了促进"独角兽"公司成长的土壤,比如现在的天使投资、私募投资和一些机构投资。公募市场 2017 年很火,港股、A 股市场受到很大挑战。目前私募市场也一直稳步扩大,而且融资规模越来越大,这从某种程度上推动了"独角兽"公司的发展。

但是所谓的"独角兽"不一定是受到市场检验的"独角兽",有些公司估值水平很高,存在泡沫,这便要求投资人、投资银行不断提高对"独角兽"公司的判断和甄别能力。

成为一个"独角兽"有很长的路要走。虽然成为一家估值超10亿美元的"独角兽"公司所需要的时间从原来的10年缩短到现在的3～5年，但是成长的整个过程是类似的，都是从组建团队、构建商业模式，到进入扩张、募资、发展，从之前的私募到上市再到全球化。

现在的企业家，包括"独角兽"公司的高管，其中很多人都是从海外留学归来，或者毕业于北京大学等名校，具备国际视野，对全球动态、新技术、新兴市场的需求等有非常深刻的研究。

现在很多企业家都经历过多次创业，所以从一开始就会考虑怎样组建团队、构建商业模式，怎样去构建投资者文化，怎样找天使投资、风险投资、私募股权投资，最后找基石投资者[①]、上市。实际上只有这样的复合型人才才能成功。现在创业的人很多，在大环境下如果想取得成功，一要具备国际化视野，二要成为复合型人才，还要对专业有深入认识。

投资痛点突出，改革势在必行

近期我参加了一家有几十年历史的油气公司的启动会，他们对我说："黄总，我们不是一家油气公司，而是一家科技公司，我们现在搭建了一个互联网平台，所有人都在这个平台上交易。"他们传递了一个信息：所有企业都在拥抱科技。

这就是新经济时代。新经济有三个特点：第一，高速成长；第二，具有一种新的或者颠覆性的商业模式；第三，跨界科技创新。

[①] 基石投资者（cornerstone investors），主要是一些一流的机构投资者、大型企业集团以及知名富豪及其所属企业。——编者注

第 16 章 现代投资银行的科技理念和改革方向

一些跨领域、跨行业的企业，正在利用科技手段颠覆传统产业。我为什么对这点深有体会呢？因为我深度介入、亲自领导完成了众安保险项目。这个项目很明显的一个特点就是颠覆了保险行业的传统服务模式。众安保险是一家科技企业，通过互联网、人工智能、大数据、云计算给大众提供保险产品；同时它也是一家保险公司，因为要做风险管理、久期、资产管理、投资回报等，所以它是集金融、科技于一体的跨界公司。可以看出，"跨界"和"科技"是新经济的重要特点。

总之，基本上所有的企业，无论是"独角兽"公司，还是传统企业，都在拥抱"BASIC"（如图 16-3 所示）。这个词由 5 个字母组成，其中 B 代表 Block Chain（区块链），A 代表 AI（人工智能），S 代表 Security（安全），I 代表 Internet（互联网）和 IOT（物联网），C 代表 Cloud Computing（云计算）。BASIC 已经变成一种共通的"语言"。就像以前大家仅仅把英语视作一个学科，但现在英语已成为人们进入市场所必须掌握的工具一样，BASIC 也已经成为所有企业，包括"独角兽"公司在这个时代生存的基本工具。

对投行来说，也必须全面拥抱科技，掌握最基本的科技知识。

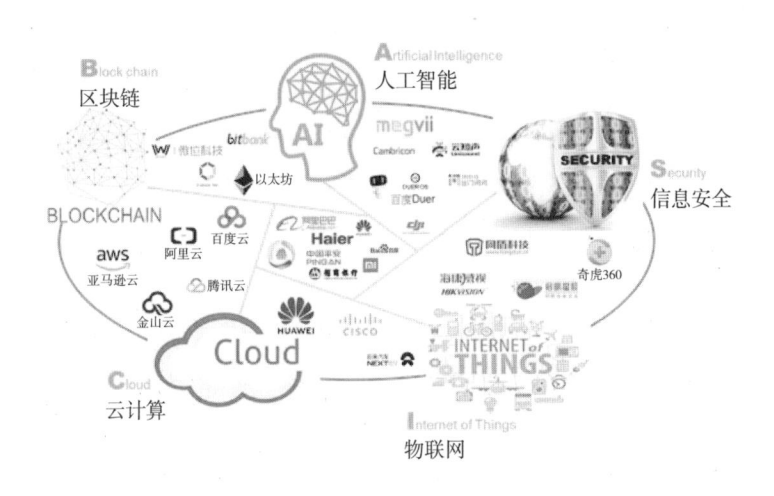

图 16-3 新经济企业争相拥抱 BASIC

新经济时代投行的变革方向

那么新经济时代对投行的挑战是什么呢？我们现在对新经济以及"独角兽"公司的整个服务模式、服务理念和估值手段与对传统企业的完全不一样。新经济或"独角兽"公司更关注的是其市场份额、获单能力，以及如何在每一个客户上创造循环收入。相反，传统企业的关注点是何时盈利。我们在做众安保险上市业务时，监管部门也问了这个问题。因为众安保险上市在香港资本市场是一个划时代的项目，它兼顾科技企业、金融企业，以前这样的企业一般去美国上市。当时这个项目对很多人来说是一个冲击、挑战，监管部门问得最多的问题是能不能解释什么是生态系统、什么时候开始盈利，审核理念较传统。而在新经济时代，各个维度的服务包括估值之所以有很多不同，本质上是因为其商业模式的变化。

这是对投行从业人员提出的新要求，过去投行从业人员可以只对单一行业进行研究，但是现在一定要多元化，而且需要真正理解这些"独角兽"公司的本意。所以，我们要融入新经济时代，去学习最先进的技术，每个人都要变成"有科技技能或者有科技 DNA 的投行专业人士"，这样才能生存，才能服务好现代的新经济企业和传统经济企业。

另外，新资本在引导市场方向上，发挥了越来越重要的作用。很多新资本投资者实际上在"独角兽"公司工作过，或者曾在投行为"独角兽"公司提供服务。中国最大的投资公司就是新的"独角兽"，比如腾讯、阿里巴巴等，它们在某些方面引领对企业的判断、估值，同时也在对市场、公司进行验证。

举两个例子，2017 年我们运作众安保险上市，本来有 5 个基石投资者，后来软银要加入，从公司的角度我们是非常欢迎的，后来软银独家投资了 6 亿美元。这代表了头部投资公司对众安保险的认可，包括其估值、投资所能带来的联动效应等。

现在估值强调公司和投资人之间的业务联动。例如，2018年上半年最热门的"平安好医生"，在上市之前软银本来要进行基石投资，但后来决定自己投资。企业家非常欢迎这样的投资者。相反，这种投资和联动形式的变化对传统资本是很大的挑战，传统资本也顺势有所改变。

所以颠覆不单体现在"独角兽"公司的成长方面，也体现在融资方式等方面，同时对投行也是很大的挑战。比如 Spotify 公司，腾讯投资帮助它直接发行了股票，不需要投行做承销，这是不是一个未来的趋势呢？同时这也对投行、银行提出了挑战：未来的改变方向在哪里？怎样应对改革？

科技、媒体及通信等行业已经发展了 200 多年，投行为这些行业的企业提供服务的时候，这些行业便在逐渐演变。目前绝大部分投行都是按图 16-4 中"传统行业类别"设置进行行业划分的。

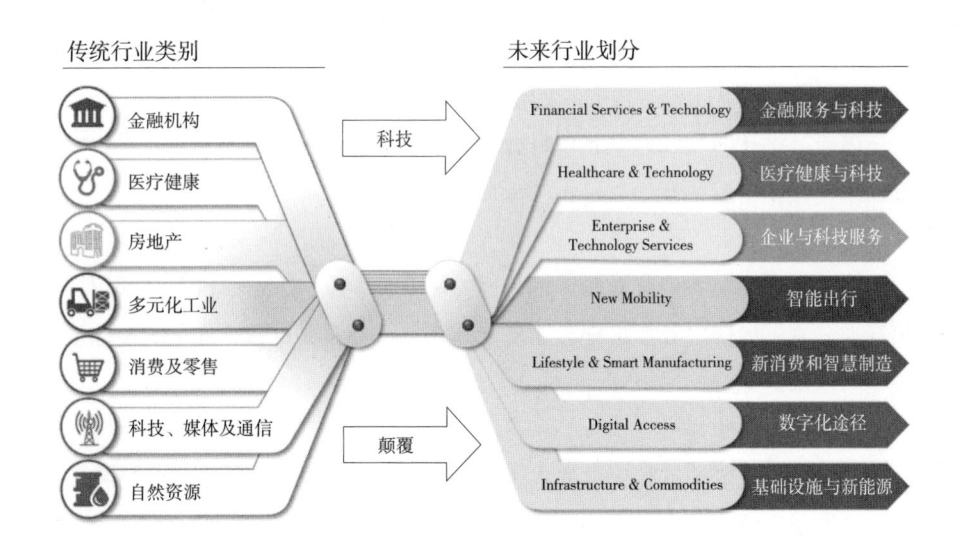

图 16-4 传统行业类别与未来行业划分

我们对公司进行了颠覆性改革。第一，我们的服务平台必须是以科技为导向的；第二，所有的从业人员都必须掌握科技技能；第三，我们的行业设置要考虑商业逻辑和客户需求。比如，为科技行业服务的 B2B 公司都在"企业与科技服务"行业组；通过互联网、AI 直接服务于个人的公司在"数字化途径"行业组。两者有什么不同呢？后者强调市场份额、获客量，即如何在一个客户上获得更多的经济价值。比如，其竞争要点是什么？怎样提高效率、降低成本？怎样成为整个产业链的一部分？所以上述两类公司的关注点、商业模式、商业逻辑是完全不一样的，而以往它们基本上都被划分在 TMT[①] 行业中。

具体展开来讲，物流公司以及现在通过 AI 帮助银行提供客户服务的公司，都属于 B2B 公司，划分在"企业与科技服务"行业组；电商、休闲、零售等公司，划分在"数字化途径"行业组；一些涉及互联网金融的企业，被其他投行划分在 TMT 组里，而我们将其划分在"金融服务与科技"行业组，本质是不同的。现在 7 个行业组都与科技有关，从某种意义上说都是科技组，每个行业都有自己的"独角兽"公司。这种划分方式有什么好处呢？

第一，现在的年轻人都觉得自己是科技达人，这种行业划分方式可以吸引并留住年轻人。

第二，当你与客户交流时，最头痛的是没有手段、渠道，没有共同语言去更好地交流、提供服务。这种行业划分方式更符合商业逻辑，你很清楚应该将客户划分在哪个行业组中。

第三，最重要的是客户也喜欢这种划分，他们可以更清楚地了解到我们是如何提供服务的。通常如果为一家合资企业服务，要有 TMT 组、保险组，大家共同提供服务。但是，从统计数据上看，75% 的合资企业经营不善。如果出现问题，TMT 组和保险组会互相埋怨，客户也不知道应该去找谁解决问

---

① TMT（Technology Media Telecom），即科技、媒体和通信整合在一起形成的产业。——编者注

题，这是由合资企业的结构造成的。而我们提供一站式服务，大家都可以利用整个平台，摩根大通在后台提供服务。

这就是我们目前的改革。摩根大通的变革试验从中国开始，我们正在坚定不移、勇敢地推进投行改革。

最后，我总结三点：

- 我们的结构并不完美，也不是最终版，但是必须要有人坚定地迈出第一步。我很自豪，我们仅仅花了6个多月的时间便推出了此次新结构，摩根大通从上到下也非常支持。
- 这是中国投行第一次在引领着整个全球投行的改革，它必然会形成一定影响力，而且对投行未来的改革也会起到借鉴作用。不论成功还是失败，我们都可以分享经验，为后人做铺垫。
- 所有的改革都是人为的，其中合作精神最重要，在改革过程中大家互相学习、互相信任、互相支持、共同前进。虽然这个过程是艰苦的、痛苦的，但我希望和大家分享痛苦中的幸福。

本文根据作者2018年6月29日在"北大汇丰金融前沿讲堂"的演讲整理，经作者审阅。

第 17 章
中国香港资本市场，"超级联系人"角色的升级

丛林

华兴资本集团总裁，华兴证券（香港）董事长

香港资本市场的过去

香港资本市场整体概况

香港距离深圳很近，不过 1 小时车程。香港的"金融中心"指从中环开始，经过金钟，到接近铜锣湾的狭长地带，同时包括维多利亚港对岸的西九龙环球贸易广场。这里相当于北京的金融街、上海的陆家嘴、纽约的华尔街和伦敦的金融城。这个狭长的地带居然成为全球第三大国际金融中心，那么它都包括哪些内容呢？它的功能有多少？它的资金吞吐量有多少？

香港在国际金融中心竞争力排名中居世界第三

我们一般把前三大国际金融中心统称为"纽伦港"，即纽约、伦敦、香港。香港凭借独特的地理位置、人才优势以及联系汇率、自由贸易、法律等制度优势，几十年来一直跻身全球金融中心前列。

英国的金融智库"全球金融中心指数"从2007年3月以来对全球主要金融中心进行评估，评估内容包括营商环境、人力资本、基础设施、金融业发展水平、国际声誉等方面。2007—2018年，除了2008—2009年受金融危机影响和2016—2017年被新加坡超越而位居第四之外，香港在全球金融中心指数排名中一直位列第三位。

香港作为一个国际金融中心，其金融业涵盖银行、证券、保险、外汇交易、期货、黄金交易、衍生品交易、离岸人民币交易等方面内容，绝不只有被大家所熟知的股市。在第23期"全球金融中心指数"报告刊登的"行业分类指数排名前15位金融中心"中，香港在银行业位居第三，在投资管理方面位居第二，在保险业位居第一。在专业服务和政府监管方面，香港位居第三。全球前100大银行中，有70家在香港开展业务。香港是亚洲最重要的基金管理中心之一，另外一个中心是日本的东京。香港证监会备案的基金管理总资产超过10万亿港元。最新的数据显示，香港有5 965亿离岸的人民币。香港的外汇交易规模在亚洲位居第三。

2017年香港证券市场总体市值居世界第七、亚洲第三

在资本市场市值方面，2017年香港上市公司市值43 510亿美元，居世界第七、亚洲第三，比深圳略高，比上海略低。

过去30年，除了在2008年因金融危机下跌了50%和在2011年因欧债危机下跌了17%，香港资本市场的市值基本呈不断上升的趋势。过去30年，香港资本市场的整体市值从1 000亿港元增长到现在的34.8万亿港元，包括2 186家上市公司、1.3万多家上市证券，还有各种衍生产品的证券。2018年以来，每天的成交量都会突破1 000亿港元。

截至 2018 年 4 月，香港上市公司 2 186 家、市值 34.87 万亿港元，内地企业市值占比 66.9%

在香港股票市场中，除了香港本地的公司和香港之外的公司外，还有很多 H 股、红筹股和内地的民营企业。现在 H 股、红筹股和内地民营企业（非 H 股的内地企业）的总市值占香港总市值的 66.9%。换句话说，在香港股票市场中 2/3 的上市公司的市值来自内地。在每天的总成交额中，近 80% 来自内地企业。在上市公司的数量方面，内地企业占了 50% 以上。

2017 年香港并购市场交易总值 638 亿美元

香港的并购市场非常活跃。香港并购市场资讯有限公司统计，2017 年香港并购市场交易（含境内和跨境并购）总值 638 亿美元、交易总量 172 单，创下近 20 年的新高。

2016 年香港基金管理业务合计资产 182 930 亿港元

香港证监会调查显示，在基金管理业务中资产管理业务 128 240 亿港元、注册机构的私人银行业务 40 590 亿港元、持牌法团的基金顾问业务 11 990 亿港元、房地产投资基金 2 110 亿港元；在投资资金来源中，海外资金占比 66.3%。

香港的资产管理业务实际上和内地银行的资产管理业务在口径上或一些名词上并不一致。比如，香港的资产管理业务是指基金公司在管理的各类信托基金、上市基金、公开发行的基金。香港注册机构的私人银行业务达到 4 万亿港元是指持牌银行，或者持有限牌照的银行，抑或是持可以吸收存款牌照的财务公司的业务规模达到 4 万亿港币。

在香港，有个名词叫"持牌法团"，指像中国工银国际、华兴资本这样的投行、证券公司等。所以，大类机构还是以基金管理公司为主，总资产业务达到18万亿港元。这类机构没有内地银行的那一类资产管理业务。香港的基金净值从1990年开始，除2008年因金融危机而大幅度下跌外，其他时期都在稳步增长。

单位信托及互惠基金资产净值创历史新高

2017年，香港证监会认可的单位信托及互惠基金资产净值达16 613亿美元，创近30年新高。

基金互认呈现北热南冷态势

从2015年7月开始，中国证监会和香港证监会开通了南北基金互认（MRF）的业务。也就是说，在香港公开发售的基金经过中国证监会认可后，可以在内地销售。同时，中国证监会批准的基金，经过香港证监会审查后，也可以在香港销售。

但是，现在看还是"北上"的多，也就是香港发行的基金在内地的销售量规模更大一些。截至2017年12月，香港证监会授权在港销售的内地基金有50只（包括2只伞型基金），中国证监会授权在内地销售的香港基金有10只。"北上互认基金"销售规模125亿元，"南下互认基金"销售规模2.7亿元。

香港资本市场发展的主要历程

香港岛其实非常小，而且绝大部分是山，平地很少，淡水不够用。1842年，清政府和英国签订《南京条约》，英国割占香港岛；1860年中英签订《北京条约》，割让九龙半岛界限街以南地区给英国；1898年，英国又占领九龙新界，与清政府签了为期99年的租约。直到1997年，中国政府才对香港恢复行使主权。

资本市场不断加速发展

自1841年香港成为自由港,很快便出现企业利用资本市场筹集资金活动。

就上市公司的数量而言,1865年香港有5家。106年后,即在1971年这个数字突破100。而后,2003年有1 000多家上市公司。到2017年超过了2 000家。现在是2 186家。为什么香港的上市公司会在1971年突破100家?因为上市公司需要交易所,从19世纪40年代一直到20世纪60年代,香港只有一家证券交易所,而且基本上被英国人垄断控制。所以,一直到20世纪60年代,香港经济、金融命脉都掌握在英国人手中,华人企业想上市非常难,华人想进入资本市场也非常难。但是,随着中资力量不断增强,参与香港金融市场的诉求也不断增强。1969年,华人发起成立了远东交易所,这是香港的第二家证券交易所。从此一发不可收拾,远东交易所成立的第二年,交易量就超过了香港交易所。这样就形成了二者之间竞争的关系,导致从1971年开始,香港的上市公司数量不断上升。

在二级市场的交易量方面,1947年的交易量不到1亿港元,现在的交易量是几十万亿港元。交易量增长最快的时期是20世纪60年代,尤其是1968年之后连续5年大幅度增长,每年增幅都在100%以上,有的年份增幅甚至在200%以上。20世纪60年代中后期,很多内地人到香港工作、定居,加上全球政治、经济相对稳定,所以股市增长比较迅速。从1亿港元到1 000亿港元用了34年,从1 000亿港元到1万亿港元用了12年,从1万亿港元到20万亿港元用了14年。2007年,香港二级市场的交易量突破20万亿港元,并在2015年达到历史最高峰的26万亿港元。如今在20多万亿港币水平波动。从20世纪70年代末80年代初开始,香港逐渐发展成为亚洲乃至全球的金融中心。

第 17 章　中国香港资本市场，"超级联系人"角色的升级

恒生指数变化与重要事件

20 世纪 60 年代，恒生银行内部为了监测企业发展情况，选了 33 家大型企业监测，并从 1964 年 7 月 31 日开始发布。但那时恒生指数对股市并没有太大的影响。

一些重要的历史事件，比如 1969 年远东交易所开业，是打破英资垄断的一个重要节点。1972 年美国总统尼克松访华以后，国际政治局势趋于缓和，整个经济比较平稳，所以股市大幅度上扬。但是 1973 年美国股市大跌，导致香港股市大幅下跌。1978 年，中共十一届三中全会开启了内地的改革开放进程，这对香港经济是利好，此后香港经济又进入一个高速发展的时期。但是 1982 年，香港经济开始大幅度下行，因为那年中英开始谈判香港属权的问题。1986 年，当时法律并没有禁止成立交易所，所以有人想成立证券交易所。由于港英政府觉得香港共有 4 家证券交易所，过于分散、不利于管理，1986 年，这 4 家交易所合并成了现在的香港联合交易所。

1993 年，青岛啤酒在香港上市，这是第一只 H 股。青岛啤酒的上市给香港市场打开了一个广阔的空间，因为在此之前香港的上市公司基本上是香港本地及东南亚和欧美的一些公司。但是可以上市的这些公司基本都完成上市了，下一步的发展空间在哪儿？20 世纪 90 年代以后，中国经济飞速增长，而香港本地企业基本上是房地产企业、建筑企业、小型加工企业，没有重工业。所以，20 世纪 90 年代初期，香港的有识之士提出要引进石油、化工、能源、交通等领域的内地企业到香港上市。中国内地当时还没有公司法和证券法，所以选择了 8 家企业在香港上市，并命名为 H 股。此后，越来越多的内地民营企业或国有企业以 H 股或者红筹股的方式在香港上市。香港证券市场逐步形成了如今的格局。

2003 年，为支持香港经济发展，中央政府和香港特区政府签订了《内地与香港关于建立更紧密经贸关系的安排》。所以，2003 年以后香港股市又不断

上涨，一直到 2008 年全球金融危机爆发。

观察香港股市 50 多年的历史，我们可以发现，它与全球的政治、经济密切相关。全球重大的政治、经济事件都会影响香港的股市。20 世纪八九十年代以后，中国内地的重大事件也会影响香港的股市。

产品不断推陈出新

香港的股票市场有哪些产品？香港股票市场提供的交易产品包括股票、债券、基金、衍生权证、牛熊证以及其他各种期货、现货指数的衍生产品。香港衍生产品的交易量在全球数一数二。股票包括红筹股和蓝筹股。所谓的蓝筹股原来指香港本地的大型企业。为什么叫蓝筹股？因为过去在西方赌博业中，最大的筹码是蓝色的，所以最好的股票被称为"蓝筹股"。后来，内地企业来香港上市，香港人称内地企业股票为红筹股。

另外，香港还有一种很特别的股票叫"仙股"。仙股（仙：cent），最初源于香港股市，专门指市值跌至 1 元以下的股票，在英语中被称为 penny stock。当股价跌到港元 1 元以下时，换算成英国币值，就是几先令，所以称"先股"（仙股）。虽然现实投资价值不大，但它很适合作为某些公司借道上市的"壳"，一旦被选中作为上市"壳"，有新的资产注入，身价就会上升百倍。①

---

① 但是，近年来香港交易所为打击壳股活动修订了上市规则并发布指引，于 2018 年 8 月引入了新的上市公司除牌制度，包括可以将停牌满 18 个月的主板公司或停牌满 12 个月的创业板公司除牌。此外，2019 年 10 月生效的上市规则修订加入了"上市发行人须有足够的业务运作能力，并且拥有足够价值的资产支持其运营方可继续上市"的要求。香港联合交易所可以将没有足够业务运作能力的港股上市公司做停牌处理，并要求发行人在指定期限内解决相关问题。若该发行人逾期仍未解决相关问题，香港联合交易所则有权将其除牌。此外，2019 年的合规修订也进一步收紧了反向收购、透过大规模发行证券借壳上市等极端交易行为，大大增加了壳股维持及交易的难度及成本。

香港交易所①规定上市公司股价必须达到 0.01 港币，否则就会面临退市；股价奇低的"仙股"，为了保住上市地位，常常通过合股来提高股价。并非每一只"仙股"都会想尽办法圈钱，但是它们的存在仍然严重影响上市公司整体质量，也刺激了市场的投机氛围。

不了解香港市场的人最容易在"仙股"交易中吃亏。前两年"港股通"刚刚开通的时候，内地很多人觉得"仙股"便宜，便买了大量"仙股"。当时，有的"仙股"甚至只卖 1 分钱。他们认为肯定能赚钱，至少不会亏钱，但事实上，1 分钱股票也能让人亏得倾家荡产。

比如，曾经的"仙股"风波——"7·26"低价股股灾事件。2002 年第二季度大量资金外逃美国，但没有进入香港地区，主要原因在于与欧洲、日本股市相比，中国香港地区股市在规范程度和公司质量上仍然有差距。2002 年 7 月 25 日，香港交易所提出多项上市规则修订建议，最受关注的是建议连续 30 个交易日平均市值低于 3 000 万港元或平均股价低于 0.5 港元的公司应予除牌。当时，香港主板上市的近 800 家企业中，近半数为股价低于 0.5 港元的公司，这些公司的股票被称为"仙股"。第二天，香港股票市场低价股的股价全面狂泻，单日蒸发财富达 113 亿港元，恒生股指单日跌幅为 1.13%。香港交易所随后在公众舆论及市场压力下很快收回有关建议。

监管不断改进完善

在 1973 年股灾之后，香港特区政府成立了证券咨询委员会。证券咨询委员会负责协调、检讨证券市场的政策。1987 年，成立了检讨委员会。1988 年，出具了《香港证券业的运作与检查》（也称为"戴维森报告"）。在此基础上，1989 年，香港证监会正式成立。当时的香港证监会的监管主要依据三个

---

① 香港交易所下设全资附属公司——香港联合交易所，香港联合交易所以在香港建立和维持股票市场为目标进行运转。——编者注

法规，分别是 1865 年颁布的《公司条例》[①]、1974 年颁布的《证券条例》[②]和 1976 年颁布的《上市规则》[③]。

香港的监管条例颁布以后，还会不断地修订。条例主体不会变，但可能随时增加一条细则。《上市条例》大约修订过 120 次。但是，香港监管条例的修订也不是那么及时。因为在香港，修订一个条例需要经过立法会，这个过程比较复杂。比如，香港的《公司条例》几乎照搬英国的《公司法》，其中规定，招股必须印刷纸质的招股说明书，这个环节在内地已经全部电子化了，但是在香港，个人想认购股票，必须要给他一本厚厚的招股书，这造成大量的浪费。不过按法律必须要印，这客观上有利于香港的印刷行业[④]。

在"四所合一"[⑤]的过程中，还有一个比较怪的现象。1986 年四家交易所全部业务转移至联交所以前，股票上市由谁来决定？在内地，股票上市由中国证监会股票发行审核委员会来审查，在香港则由四家交易所各自决定。比如，上市公司可以根据个人关系等因素选择其中任何一家上市[⑥]。

---

① 在 1932 年经过大规模的整合及修订，成为《公司条例》(《香港法例》第 32 章)；现行有效的是 2014 年生效的经过全面重写的现代化的新《公司条例》(《香港法例》第 622 章)；旧《公司条例》改称为《香港法例》第 32 章《公司（清盘及杂项条文）条例》。
② 2003 年 4 月 1 日，《证监会条例》与 9 条涉及证券期货的条例，包括《证券条例》《杠杆外汇条例》《保障投资者条例》《证券（披露权益）条例》《商品交易条例》《证券交易所合并条例》《证券及期货（结算所）条例》等合并，成为《证券及期货条例》(《香港法例》第 571 章)。
③ 严格来说，《上市规则》由香港交易所而非香港证监会执行，但在香港的"双重存档机制"下，香港证监会亦有权监察上市公司所发出的信息披露材料及上市申请审批材料。
④ 香港交易所最近已经开始接受 IPO 电子化，阿里巴巴（09988.HK）2019 年末回港第二上市成为香港首例无纸化认购的 IPO。
⑤ 1969—1972 年，香港设立了远东交易所、金银证券交易所、九龙证券交易所，加上原来的香港证券交易所，形成了四家交易所鼎足而立的局面。1980 年，四家交易所合并成香港联合交易所。四家交易所于 1986 年收市后全部停业，全部业务转移至联交所。
⑥ 香港联合交易所成立后，上市申请由香港联合交易所与香港证监会（香港证监会的前身为"证券监理专员办事处"）审查。2003 年引入"双重存档机制"后，所有上市申请人及上市公司均须通过香港联合交易所，向香港证监会提交信息披露材料及上市申请以供存档，而香港证监会可对上市过程及其中行为行使审查及执法权。

香港资本市场发展的主要特征

第一，香港证券化率远高于主要可比国家和地区

在美国、日本、英国等发达国家和地区，上市公司市值占 GDP 的比重都平均在 100% 左右，有的国家达到 120%、130%，甚至 150%。而发展中国家上市公司占 GDP 的比重一般不到 100%。

与主要国家和地区对比，香港上市公司总市值与 GDP 比值自 1990 年以来处于攀升状态，现在远高于美、日、英、新、韩及中国内地同期水平。香港上市公司市值占 GDP 的比重是世界最高的，最高时达到 1000% 以上，其原因除了香港的证券化率非常高之外，主要是大量的香港以外的企业在香港上市。比如，H 股的中资企业在港上市，但是并没有在香港产生 GDP。

第二，换手率保持较低水平

香港证券市场的股票换手率与纽约、伦敦市场相仿，都处于较低水平。就换手率而言，内地市场是最高的。香港证券市场的换手率非常低，表明香港人持股时间相对较长。这说明香港人是以长期投资的心态来买股票，而不是抱着短期的投机心理。

第三，资本市场筹集资金能力多样化

除传统股票与债券融资方式外，衍生权证、牛熊证也成为市场集资主力军。2017 年，香港债券市场的集资额是 11 907 亿港币，而股票只有 5 800 亿港币。另外，还有各类政府权证以及其他一些衍生产品。主板上市、上市后再融资是企业在股票市场融资的优先选择。

配售成为企业上市后再融资的主要方式。香港市场 IPO 的集资功能很重

要，但更重要的是后续再集资的功能。为什么很多企业选择去香港上市？除了上市审批比较规范简单之外，另一个很重要的因素就是上市后的集资额在大多数年份比上市集资还要多。换句话说，香港市场的上市再集资功能比内地市场强得多。比如，内地 A 股配股是非常难的，但是香港市场上的供股业务非常普遍。香港市场的规则是只要有人买，你就可以发股①。比如，今天早晨我决定增发，然后和各家投行通电话，下午收市以后经过一天的准备就可以宣布增发了。这个流程非常便利，所以再集资的额度非常大。在有些年份，整个市场的集资占比甚至达到 90%。

在香港，"供股"的意思就是上市企业给现有的股东再发行股票，并由现在的股东去认购，这种行为在内地叫作"配股"。内地的"增发"是指给现有投资人以外的投资人再发行新的股票，这种行为在香港叫"配股"。

第四，市场流动性差异较大

股本股份在市场中的流动性非常高，在市场交易中占绝对比重。衍生权证、牛熊证交投较为活跃；债券交投不活跃，其成交量比重与其在市场中集资占比相差较大。

香港从 1999 年设置创业板，但是做得不是很好，除了刚开始的几年集资稍微多一点，之后其成交量基本上只占主板市场成交量的 4%～5%。主板市场流动性非常高，其成交量占比居市场绝对地位。

香港证券市场的成交量占比非常高。2017 年，股票主板和创业板成交量

---

① 在实际操作之中，香港的资本市场是严格"按规则办事"，上市公司发行新股需要得到香港联合交易所的上市批准，但上市公司一般在上市时及在每年度的股东大会上都会从股东那里取得发行新股的一般授权，可以向非关联方股东发行不超过已发行股本的 20% 的新股。同时，上市公司亦可以通过大股东把现有股票出售给投资者，再由上市公司发行同样数目的新股给大股东，以"先旧后新"的方式缩短公司在市场中集资的时间。但是，如果配售规模超出一般授权规模，上市公司则需要取得股东大会的批准（特别授权）来发行新股。

为日均 800 多亿港币。这个数字和现在 A 股的成交量相比，显得规模太小了。所以，内地的投资者很容易得出结论：香港股市太小了。但是，除了数字以外，香港市场还有很多其他的方面值得关注，比如规范性和便利性。

第五，中国内地企业在香港资本市场的重要性显著增强

H 股公司是指内地政府或者个人控制的公司，但是不包括民营企业。红筹公司是指在内地以外注册，但由内地政府控制的公司，基本上是国有企业，也有一部分民营企业。

1993 年青岛啤酒在香港上市以来，以 H 股公司、红筹公司为代表的中国内地企业在香港资本市场的重要性显著增强，两者市值占总市值的比重最高时曾达 54.4%。H 股、红筹股成交量合计占香港资本市场总成交量的比重曾高达 66%。

为什么 2006 年之后内地企业去香港上市的情况越来越多？其中一个很重要的原因是 2006 年中国工商银行在香港上市。在成交量方面，香港证券市场有将近 3/4 的成交量来自内地企业。

第六，投资者结构呈现阶段性新变化

香港证券市场的另一个重要特点就是个人投资者占比越来越低，机构投资者占比不断上升。在本地投资者和外地投资者方面，外地投资者现在越来越多，其中包括一大部分中国内地投资者。1991—2016 年，外地投资者交易占比提升 15 个百分点，2010 年首次超过本地投资者。从外地投资者所在地区来看，截至 2016 年，占比最高的是英国，由于历史原因，英国在香港金融市场的影响力还是非常大。其次是美国，因为美国毕竟是全球第一大经济体，整体上其基金和投资还是最多的。现在一个很重要的变化是中国内地的投资者越来越多了，内地投资者占比从 1996 年的 1% 增长到 2016 年的 22%。可以预计，随

着中国经济总量不断增长，中国内地的投资者还会不断增多。自 2018 年起，中国内地取代英国，超越美国，成为中国香港以外地区投资者的最主要来源。

第七，"松弛监管"趋于严格

香港应对了历次股灾和金融危机，不断有新的监管政策与措施出台。目前，香港金融市场的监管越来越严格。香港历年年报显示，2016—2017 年，香港证监会共展开 414 项调查，提出 46 项刑事控罪，罚款合计港币 9 300 万元。2017—2018 年，香港证监会展开 280 项调查，提出 54 项刑事控罪，罚款合计港币 4.83 亿元。

第八，香港证券市场整体估值处于较低水平

与富时 100、标普 500、日经 225、上证综合指数相比，恒生指数的整体市盈率处于较低水平，投资价值凸显。

第九，A-H 股存在溢价

现在很多企业同时在香港交易所和内地的 A 股市场上市。但是，大部分企业的 A 股价格高于 H 股，由此产生了一个溢价指数，这个指数在不停波动。为什么有这种溢价？为什么 A 股价格一定比 H 股高？一个原因是两地估值不同，香港市场的市盈率估值比较低。另一个原因是股份的稀缺和政策限制等。

第十，行业估值偏于传统行业

为什么香港市场的市盈率估值低，而且几乎是全球最低的？主要原因是它的传统经济占比较大，估值难以上升。1995 年以来，香港股市传统行业市值占比呈下降趋势，但整体比重依然占 6 成。反观台湾地区，信息技术上市公司占总市值的比例已经超过 40%。

第 17 章　中国香港资本市场，"超级联系人"角色的升级

香港资本市场的现在

面临的主要机遇

第一，全球经济面临多元化浪潮

香港面临的机遇就是现在全球经济发展良好。金融危机在发达国家的持续期平均为 7.3 年，在新兴市场的持续期平均为 10 年。自 2007 年次贷危机爆发至今，本轮危机已走过 10 年，为全球经济复苏奠定了基础。

根据 2018 年 4 月国际货币基金组织的预测，2018 年，全球有望实现 3.93% 的经济增长率，增速不仅高于 2008—2017 年危机期间的年均 3.35%，还高于 1980—2017 年 3.48% 的历史平均增长率。

全球经济 2018—2023 年的预期增长均速为 3.8%，明显高于历史水平和此前 5 年水平，增长均速有望上升至全新水平。所以，各个国家对未来几年的全球经济增长还是有信心的。

第二，国家重大发展战略机遇

特别重要的是，香港面临着国家发展的一些重大机遇，比如"一带一路"倡议、"粤港澳大湾区"的建设、"人民币国际化"以及签订《内地与香港关于建立更紧密经贸关系的安排》等，这些都是香港发展的重大战略机遇。

第三，产业结构优化升级

以 2018 年为起点，中国新经济将步入全面崛起的新阶段，并将成为中国经济高质量发展的强劲引擎。

第一步，资本市场加速"独角兽"公司成长。得益于中国市场对新经济的偏好，回归后的"独角兽"公司将获得更充裕的资本，加速自身发展。

第二步，"独角兽"公司带动新经济崛起。"独角兽"公司在中国资本市场上表现出众，一方面将发挥信号旗的作用，进一步推动社会资本向新经济倾斜；另一方面将促进资本市场的多元化繁荣，激发居民财富效应，扩大中国市场对新经济的需求。

第三步，新经济培育出更多"独角兽"公司。随着新经济加速发展，规模经济和范围经济的效应充分显现，将进一步打破传统经济的利益藩篱，从而在破立之间创造更多的"独角兽"公司，开启新一轮正向循环。

面临的主要挑战

第一，国际金融中心地位面临竞争

在2018年的全球金融中心指数排名中，香港位居第三，但面临着"追兵"的威胁。新加坡指数曾经几次超过中国香港指数。中国上海、北京和深圳也在不断进步和提升。

第二，全球跨境资本流动的外部冲击

欧元区、伦敦和美国的银行间市场联系日益扩大，跨境借贷盛行，导致全球跨境资本流动水平不断提升。其中，欧元区的外国债权（包括外国子公司的贷款）从2000年的4.3万亿美元上升到2007年的15.9万亿美元。

3个月伦敦同业拆放利率与香港同业拆借利率差（Libor Hibor）可以反映资本流动对香港股市的影响，两者呈同向关系。2018年，由于跨境资本大幅流动，香港政府已经26次出手维护港元的稳定。随着美元不断加息，美元流

出会随着资本市场波动进一步增强。

第三，金融监管形势趋于审慎

金融监管形势趋于审慎对香港也是一个挑战。因为香港资本市场中本地的金融企业并不多，大多数是境外的跨国金融企业和内地企业。近年来，欧美地区监管政策趋于审慎，这些公司在香港的业务也受到了很大影响。

香港资本市场的未来

香港资本市场当前改革举措

第一，修改上市规则吸引新兴产业企业赴港融资

近年来，阿里巴巴的上市案例引起大家的关注，其核心就是"同股不同权"。2013年，阿里巴巴向港交所提交了合伙人制度，期待港交所为阿里巴巴破例。在经过了几番拉锯式的谈判后，马云一度亲自前往香港与香港交易所高层斡旋，最终港交所还是拒绝了为阿里巴巴破例。

实际上，香港早期也有A股和B股，但是后来，香港社会开始认为同股一定要同权，同股不同权是不合理的。2014年9月19日，阿里巴巴成功登陆美国纽约证券交易所。8名来自中国和美国的普通淘宝客户登上了纽交所的敲钟阳台。这个事件给香港资本市场带来了巨大的冲击：这么好的企业为什么不能在香港上市？"同股同权"是传统经济概念，但随着新经济的发展，欧美资本市场已经允许"同股不同权"了。所以，2018年4月，香港交易所完成了关于《上市规则》修改的咨询，并修订了《上市规则》，新增了"不同投票权架构""生物科技公司"及"合资格发行人第二上市"3个章节。2018年7月，小米成了第一家在香港挂牌上市的同股不同权的新经

济企业[①]。

第二，提供多样性融资平台及投资机会

基建融资促进办公室（IFFO）是香港金融管理局于 2016 年 7 月成立的平台，以促进基建投资及融资。IFFO 的使命是通过汇聚主要持份者（利益相关者），共同促进基建投资及其融资。IFFO 的职能是：

- 提供一个信息交流和经验分享的平台；
- 提升基建投融资方面的技能和知识；
- 推广市场及产品发展；
- 促进基建投融资活动。

第三，融合传统金融服务与互联网新兴技术

香港金融管理局在 2016 年 3 月成立金融科技促进办公室（FFO），以促进香港金融科技业的稳健发展。该办公室的职能包括：

- 推动业界研究金融科技的应用；
- 促进业界交流及举办外展活动；
- 成为市场人士与金管局内监管人员之间的联系人，以增进业界对监管制度中与其相关部分的了解；
- 推动金融科技人才的培育。

金融科技促进办公室成立以来一直积极与业界联系，以推动香港成为亚洲的金融科技枢纽。

[①] 2019 年，在中美关系紧张以及有美国参议员提出法案要求不符合监管要求的中概股于美国退市的背景下，中概股回流香港第二上市的序幕拉开，其中就包括 2019 年末阿里巴巴回港第二上市。

第四，两地市场互联互通和双向融合进一步加深

2014 年 11 月 17 日，连接香港和上海股票市场的沪港通机制开启。

2015 年 5 月 22 日，中国证监会与香港证监会签署《关于内地与香港基金互认安排的监管合作备忘录》，就中国证监会与香港证监会两地互认的公开募集基金建立框架，获认可的基金可以在两地市场向公众发售。

2016 年 12 月 5 日，连接香港和深圳股票市场的深港通机制开通。

2017 年 7 月 3 日，香港与内地债券市场互联互通机制——债券通成功启动，暂时先开通北向通交易，日后适时再扩展至南向通。债券通有限公司同日营运。

第五，沪港通和深港通，深化香港"超级联系人"角色

沪港通和深港通的开通，使得内地与香港股市的大部分股票均可供两地投资者互相买卖，表明香港在资本市场上的"超级联系人"角色正在升级。沪港通和深港通开通之后，大量资金南下，香港人称此南下资金为"北水"。"北水"增强了香港资本市场的活力。

2015 年 11 月中旬后，累计南下资金开始超过累计北上资金，此后两者的差距明显扩大。港股的估值优势是吸引资金南下的重要原因。港股在大幅上涨后，相对于内地股市的估值优势已经明显缩小。"8·11"汇改后，人民币贬值预期也是南下资金与北上资金净流入量差距扩大的原因之一。2018 年 4 月以来，南下资金增速明显放缓，北上资金增速明显加大，主要原因是 A 股纳入美国指数编制公司以及两地价差缩小等。

第六，债券通，进一步拓宽两地市场的互联互通

债券通的开通，进一步拓宽了香港与内地资本市场互联互通的桥梁。

第七，CDR和香港上市制度改革互补，共引新经济企业回流

内地CDR[①]和港股引入同股不同权的上市制度改革是相辅相成的，会更加突出香港作为国际金融中心的优势。内地引入CDR，并纳入在香港上市的新经济股，可让更多内地投资者间接在内地投资香港的新经济股，可视为互联互通措施的一部分。

第八，H股全流通，深化制度改革带来积极效应

2018年1月2日，H股全流通试点再启，联想控股成为H股全流通试点首家公司。虽然股票流通量增加可能对股价带来压力，但在循序渐进的原则和对试点企业的严格挑选下，内资股股东大规模减持的可能性不大。

长期来看，H股全流通有利于提升公司治理水平，提升公司估值，如鼓励股东更积极地参与改善公司营运和引入战略性股东。对香港而言，H股全流通方案将吸引更多内地企业来香港上市，巩固香港作为全球主要市场的地位。

第九，两地市场互联互通的展望

南向通可能短期内不会开通，监管层需要先评估北向通的市场反应和运行状况。在债券币种方面，债券通初期以人民币债券为主，后期考虑在香港交易的其他币种债券，如美元、欧元、港元。

---

① CDR（Chinese Depository Receipt），中国存托凭证，是指在境外（含中国香港）上市公司将部分已发行上市的股票在当地托管银行托管，由中国境内的存托银行发行、在境内A股市场上市、以人民币交易结算、供中国境内投资者买卖的投资凭证，从而实现股票的异地买卖。——编者注

除了二级市场外，未来还可考虑内地和香港的一级发行市场互联互通，如股票和债券的一级发行业务可通过沪港通、深港通和债券通的框架进行。沪港通、深港通、债券通将有助于推进人民币国际化。

香港资本市场将进一步发挥桥梁作用

第一，香港资本市场将延续稳健向好的惯性

香港资本市场作为桥梁，具备"天时、地利、人和"，可以起到"转换插头"的作用。2018年，习近平总书记在对在港的两院院士来信的批复中，要求香港和内地加强科技合作，特别要求资本支持科技创新。这次香港交易所的新政，除了同股不同权外，还有一项针对高科技医药企业的政策，即在第一期临床试验结束以后，在第二期临床试验之前，企业在没有收入的阶段也可以上市。这些都是香港资本市场顺应形势、支持实体经济的做法。

新经济企业、高科技企业和创业企业在发展初期的特征就是没有收入，所以需要同股不同权的公司治理结构。但是，过去传统的商业银行体系或资本市场体系没有办法解决这些问题。比如，现在商业银行的贷款很少会贷给新经济企业。因为没有担保和抵押，商业银行就难以支持。商业银行现在几乎所有的贷款都集中在第二产业上。

内地的资本市场不可能支持没有收入的企业上市，也不可能支持同股不同权的企业。但是，这类企业在生长周期中需要支持。过去做金融，尤其做银行是"锦上添花"，客户越有钱，银行越想贷款给他。但是，当企业出问题的时候，银行则会釜底抽薪，第一时间把贷款拿走，确保自己安全。香港交易所这次改革是在企业生命周期前端开了一扇门，让这些优质企业在最初发展阶段能够有资本市场的支持，起到了雪中送炭的作用，这就是典型的支持实体经济的做法。

第二，中国的国际金融中心地位进一步增强

（1）MSCI 新兴市场指数纳入 A 股。MSCI 宣布将 234 只 A 股纳入 MSCI 指数体系，纳入因子为 2.5%，2018 年 8 月将提升纳入比例至 5%。此次纳入的股票数量要略多于 2017 年 6 月计划的 222 只股票，但 8 月前的纳入因子低于原计划。这将进一步增强香港作为中国的国际金融中心的地位。

（2）证券业双向开放提速，中外资博弈加速洗牌。同时，港股通、沪港通、深港通、债券通，再加上未来 CDR，实现了香港和内地的资本市场在"一国两制"下的互通。

（3）国民财富实现全球配置。在帮助中国内地投资者进行全球资产配置方面，香港可以发挥重要作用。

（4）中外投资者在离岸管理在岸金融风险。截至 2018 年末，香港资本市场有 6 000 多亿离岸人民币，是目前全球最大的离岸人民币市场。

（5）实现商品与货币有竞争性的国际定价。过去，中国人在国际市场上买什么产品，什么产品涨。买铁矿石，铁矿石就涨价；买石油，石油就涨价。这就是因为中国没有定价权，没有完善的商品市场和期货市场。而香港拥有"一国两制"优势，具备各方均能接受和认可的规则体系与制度安排以及高度国际化和专业化的市场服务环境，有条件借助内地购买力让越来越多的国际权益与商品以人民币定价，逐步在全球范围内掌握人民币汇率与利率的定价权。

中资投行国际化水平将进一步提升

截至 2018 年，有 20 余家内地银行在香港设立了分支机构。内地的大型券商或基金公司在香港也都有分支机构。它们在香港资本市场发挥了巨大的作用。现在，中资投行已经占香港 IPO 一半以上的市场份额。而过去，在香港

上市的银行都是高盛、摩根士丹利等外资银行。

中资投行具有独特功能

（1）成为境内企业的引路人。中资投行有一个天然优势，可以作为境内企业走出去的引路人：结合"一带一路"建设发挥中资投行在香港的独特功能，提升双向投资平台功能，推动和引导内地企业"走出去"和"引进来"；利用中资投行在香港丰富的国际资源和经营经验，帮助内地企业了解国际市场规则、跨越语言文化差异、拓展融资渠道等。

（2）成为两地业务和经验模式的交流窗口。中资投行还可以作为两地业务和经验模式的交流窗口，提供更加国际化、高标准的投资及后续服务。

（3）促进资本市场的互联互通。香港资本市场通过加强与内地的互联互通，更好地发挥协同作用，避免同质化竞争。未来内地资本市场与香港资本市场的互联互通和双向融合将进一步加深。在交易品种方面，继沪港通、深港通和债券通之后，可以考虑通过进一步纳入基金通、新股通和衍生品通等创新性制度安排，推动两地资本市场规模的共同扩大。

未来发展方向

（1）国际化发展。国际化发展要经历从业务国际化到机构国际化，再到理念和人才国际化的过程。在地区结构选择上，会经历从文化相近市场到客户导向市场，到新兴市场或未来发展市场，再到传统经济和金融发达地区市场的过程。在进入方式的选择方面，会经历从技术合作，到联盟，再到合资，然后到并购或新设的过程，最终实现以金融全球化推动企业国际化。

（2）专业化发展。专业化是中资投行实现差异化竞争的主要途径，既要具备足够专业能力服务实体经济，又要不断适应加强监管的要求。基于所掌握的专业知识和市场资源，对市场中各类证券进行市场化定价。根据客户需要，创造各种金融产品，为客户提供全方位的综合金融服务。

（3）创新发展。以创新为动力推动业务转型和盈利模式转型，由传统零售经纪业务向财富管理方向转型，为机构投资者提供全方位服务。投行业务从以承销为主导向综合金融服务方向转型。创新自营和交易业务成为公司未来主要的利润增长点。

本文根据作者2018年6月1日在"北大汇丰金融前沿讲堂"的演讲整理，经作者审阅。

第 18 章
站在十字路口的商业银行

毕明强

中信银行（国际）有限公司行长兼行政总裁

现在商业银行面临着金融科技等诸多挑战，走到了一个十字路口，接下来应该何去何从？这是近年来几乎所有的银行业同仁们都在思考的一个问题。

我在本文中会谈一谈商业银行未来可能的发展方向以及如何应对挑战，但更多的是提出问题，希望能够引发大家共同的思考，毕竟这个问题并没有标准答案。

商业银行的源起与现状

商业银行已经走过了很长的路。现代商业银行的兴起经历了一个渐进的过程。比较早的接近现代意义的商业银行，可以追溯到 14～15 世纪的意大利美第奇银行，这家银行由佛罗伦萨非常富有的美第奇家族创办。更规范也更接近现代商业银行的是于 1580 年成立的威尼斯银行，因为它真正形成了现代商业银行的整套业务体系。当时威尼斯作为地中海区域的商业中心，其发达的贸易直接催生了威尼斯银行。

在过去的几百年间，商业银行的组织架构、业务模式都保持了相对稳定。但是，发展到今天，因为金融科技的冲击以及其他因素的影响，商业银行走到了一个十字路口。套用一句比较流行的话，"现在是500年未有之大变局"，这不是耸人听闻。如果大家回顾商业银行的历史，过去能够与金融科技给商业银行带来的影响相类比的大事件没有太多。当然，商业银行的几百年发展历史中发生过很多大事，包括ATM的发明，分业经营、混业经营等经营模式的变革，衍生品的出现等行业衍变，也包括20世纪30年代美国经济大萧条期间数千家银行倒闭等危机事件。银行业发展的过程是曲折的，但商业银行在本质上并没有改变。

然而，我认为有两件事情为商业银行带来了一些革命性的改变，第一件是在商业银行成立初期确立复式记账法，即"有借必有贷，借贷必相等"的记账原则。文艺复兴时期，在威尼斯银行成立之前，先有了复式记账的理论，然后有了借贷记账法，之后这套逻辑被引入银行之中，接下来才有了真正的银行资产负债表、损益表、现金流量表等，有了一整套财务报表。为什么说复式记账法为商业银行带来了革命性的改变？正是有了这套严密的现代会计体系，商业银行的经营者、客户、投资人才能分清楚哪些钱是银行的，哪些是客户的，哪些是投资人的权益，以及商业银行产生了多少收益。

现代银行诞生时建立起的财务体系直到今天都没有发生本质的变化。从最初的商业银行发展到合伙人制，再到有限责任公司，一直到今天商业银行都依靠着这套体系，所以说复式记账法对商业银行的改变是革命性的。

在此之前，作为银行雏形的银号或金匠等并没有复式记账的概念。他们采用流水账、单式记账法等方法。客户的钱放到金匠那里后，客户与金匠的钱会混在一起——"我的是我的，你的也是我的"，最后分不清金匠是给大家赚了钱还是亏了钱。

第二件为商业银行带来革命性改变的事情是20世纪80年代对"风险理

念"的引进和执行，也就是"风险"概念的运用。这意味着把风险计量、风险管理正式引进商业银行体系之中，为商业银行的经营逻辑带来了革命性的变化。过去经营一家商业银行与经营一家商号、一家鞋厂差不多，仅仅是根据收入和成本去计算利润。风险理念的引进发生在20世纪80年代，最早由一家美国的商业银行——信孚银行将风险进行量化，先从计算市场风险开始，后来延伸到信用风险计量。

1988年，《巴塞尔协议》第一版正式把风险计量引入商业银行的体系之中，作为计量资本充足率的核心条件，这是革命性的举措。此后，商业银行开展业务，不仅要看收入，还要看其中隐含的风险——这是一个什么样的产品？商业银行要提供什么样的服务？该项业务是否真的能让银行赚钱？例如，商业银行同样发放一笔1亿元的贷款给中国石油天然气集团和一家中型民营企业，给民营企业的利率可以是给中国石油天然气集团的利率的2倍，看上去很赚钱，但是考虑到风险因素之后就不一定了。按照风险计量逻辑，商业银行首先要计算一笔贷款的风险价值（VAR），然后计算与风险价值相对应的经济资本，进而计算经济增加值和经济资本的回报率，也就是风险调整后的资本回报率（Risk-Adjusted Return on Capital，RAROC）。

这一方法论的引进，使得银行业监管部门、商业银行股东得以准确地度量商业银行的盈利能力，从而减少商业银行表面赚钱、实际亏钱的情况发生。这就是风险计量，这是革命性的创新与变革，也很好地呼应了"银行业务的核心是经营风险"这一理念。

当前这一波金融科技的浪潮可以与上述两项革命性事件相媲美。金融科技是一个宽泛的概念，它包括很多内容，比如大数据、云计算、区块链等，其中一些技术可能会带来颠覆性的影响。比如开放式的应用程序接口（OPEN API），它对商业银行的影响非常大。开放式的应用程序接口对商业银行而言是一把双刃剑，它带来了利好，但更多的是挑战。商业银行无法再靠信息不对称赚钱，数据信息允许第三方访问，消费者可以极方便地在不同商业银行之间比价，从而使商业银行失去通过数据垄断进行套利的机会。

再比如区块链，它"去中心化"的分布式记账逻辑跟过去商业银行的地位在一定程度上是冲突的。以信贷业务为例，商业银行作为中介，作为受人信任的中心化实体，其实是通过为借方、贷方背书而赚取利差的。现在如果不需要这种背书了，借贷双方可以绕过这个体系直接发生业务，商业银行原本的信贷业务便行不通了。

总之，银行面临着巨大的挑战。图18-1将2020年传统商业银行与虚拟银行的业务板块进行了对比。虚拟银行持有完整的银行牌照，可以做大多数的银行业务。虚拟银行出现较晚，最早可追溯到20世纪90年代，但真正发展起来是在2010年以后。2007年1月第一代苹果手机发布，代表着智能手机的面世。有了智能手机，人们在移动端可以做更多的事情，进而促成了真正的虚拟银行的发展。虚拟银行通常是"一门一店"，没有分支机构，获取监管机构颁发的牌照之后，通过手机或者互联网平台等纯线上渠道获取客户，从事存款、贷款、结算等银行业务。

2013年以后，虚拟银行业的发展进入爆发期，国内有一批虚拟银行迅速成长了起来。其中做得最好、最大的是微众银行，年营业收入已达上百亿元。

这些虚拟银行规模并不大，也未必立刻能对现在的商业银行构成威胁。但是我们应该看到这个趋势，即给传统商业银行带来挑战的更多的是虚拟银行所代表的金融科技机构，以及以金融科技为基础的一系列生态系统，这才是商业银行真正要面临的十字路口。

既然金融科技对人们有这么多益处，并且成长这么快，那么商业银行为什么不转型呢？其实商业银行也在转型，特别是大型商业银行大多数都在经历金融科技转型，监管机构也鼓励商业银行这样做。很多地区的监管机构推出了

第 18 章 站在十字路口的商业银行

"监管沙盒"来推动转型。对于一般意义上不被监管部门授权的一些业务,银行或金融科技企业可以向监管当局申请,通过特定渠道和方式(即沙盒)获得批准,进行技术和商业模式测试,如果试点成功,相关业务就可以被推广到更多银行。监管沙盒对于推广虚拟银行或者创新性的线上银行业务很有利。截至 2020 年 3 月底,我国香港地区共有 126 个金融科技项目获得批准使用"监管沙盒"试行业务。

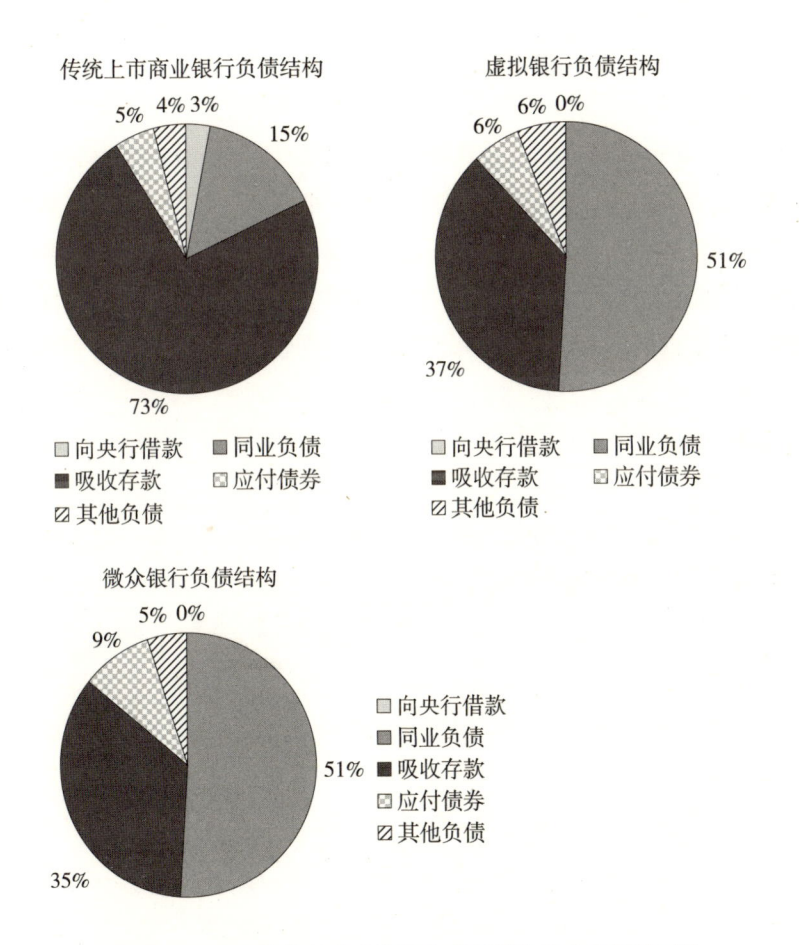

图 18-1 2020 年传统商业银行与虚拟银行的业务板块对比

资料来源:中金公司。

商业银行所面临的挑战

具体来说，商业银行走到了什么样的十字路口，面临着什么样的挑战？我从中概括了5点：传统商业银行盈利能力趋势性弱化，金融科技类企业挤占商业银行市场空间，银行监管成本大幅增加，客户行为方式和金融需求发生巨大变化，传统银行的文化难以适应快速变化的市场。

传统商业银行盈利能力趋势性弱化

图 18-2 显示的是对中国的商业银行在过去10年内盈利能力的统计，右侧代表净资产收益率（ROE），左侧代表资产收益率（ROA）。图中曲线中间有一些波动，但总体趋势是下滑的。这里面需要注意的是，净资产收益率已经从2011年的约20%下降到2019年的约10%。中国作为一个有代表性的发展中国家，我们的数据大致说明新兴市场的净资产收益率已经降到了10%左右。

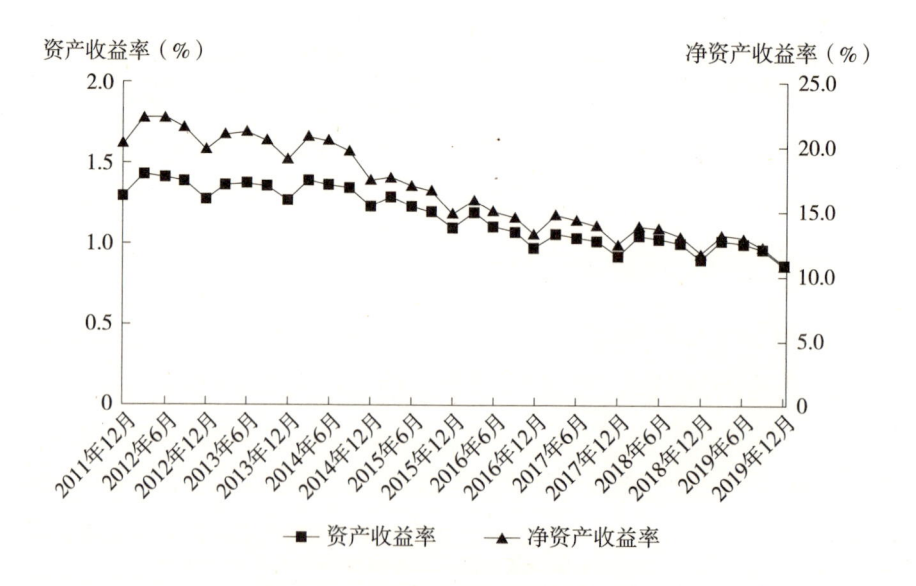

图 18-2 中国的商业银行盈利能力变化

资料来源：万得，中信银行（国际）。

图 18-3 显示的是截至 2017 年全球资产规模最大的 1000 家商业银行的净资产收益率走势。浅色线代表发达国家市场，深色线代表新兴市场。总体来说，新兴市场的净资产收益率要高于发达国家市场，但也已经从 2004 年的近 30%，下降到 2017 年的 10%～15%，这个走势与中国市场的净资产收益率走势十分相似。

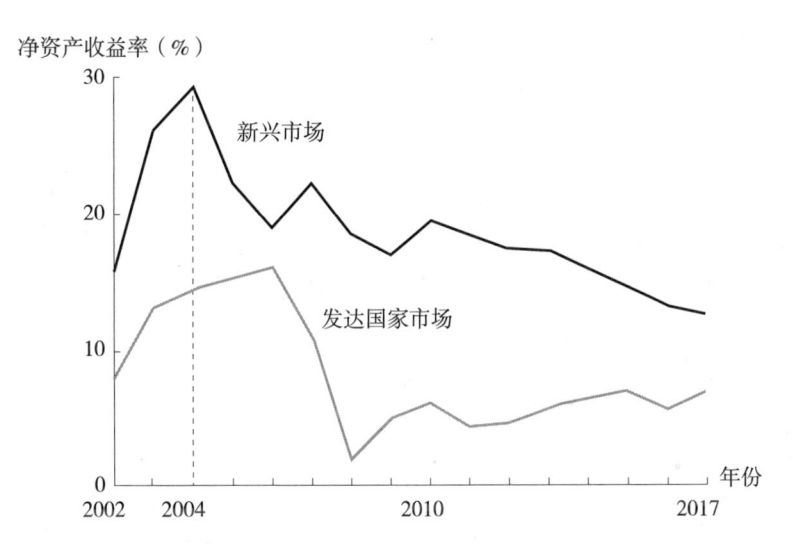

图 18-3 全球资产规模最大的 1000 家商业银行的净资产收益率走势

注：根据全球资产规模最大的 1000 家商业银行样本整理。

资料来源：标准普尔全球市场情报公司。

结合图 18-2 和图 18-3，我们可以得出一个判断：传统商业银行盈利能力弱化已经是趋势性的现象。如果不对传统商业银行进行革命性调整和转型，这种趋势将会持续下去，那么传统商业银行将前景堪忧。如果投资者购买股票或投资企业，其长期资产收益率只有 10% 甚至更低，投资者还会选择这种投资方式吗？恐怕不会。这也是为什么在中国大陆所有的传统上市商业银行中，市净率（PB）大于 1 的银行只有极少数的几家，比如招商银行，其余大多数传统上市商业银行的 PB 值都在 1 以下，分布在从 0.6 到 0.3 的区间，甚至更低。我想特别强调导致净资产收益率下降的一个因素：净息差（NIM）下降。

商业银行一方面吸收存款，另一方面发放贷款，存、贷款之间的净息差在过去几年中一路下滑。图 18-4 展示了中国银行业的净息差，尽管在 2019 年数据呈现出轻微反弹，但到了 2020 年数据又大幅下滑。2020 年全球银行业净息差都在下滑。这在一定程度上是受周期性因素的影响，比如受疫情影响，国家出台量化宽松政策，这导致流动性大幅提高、资金成本降低，在重新定价之后银行的净息差会因此而大幅下降。但是我想强调的是趋势性的问题。周期性的问题可以在周期过后逐渐恢复，例如，如果 2021 年疫情能够过去，量化宽松政策随之退出，那么净息差可能会回升。但从长期来看，净息差慢慢收窄是不可避免的趋势，这是市场定价机制起作用的结果。因为银行的本质就是中介，如果没有竞争，银行可以一直享受高净息差。过去人民币的净息差达到过 3%、4%，但现在基本在 2% 左右；港币的净息差不到 2%，这其中有周期性因素的作用，但是很少。为什么说净息差的减少是趋势性的？首先，金融科技的发展使更多的机构可以提供融资服务；其次，银行作为间接融资的主体，其主导作用正逐渐被资本市场和一些直接融资方式，如股票、债券等替代。客户的选择越来越多，这导致银行的有效业务减少，净息差收窄是不可避免的。

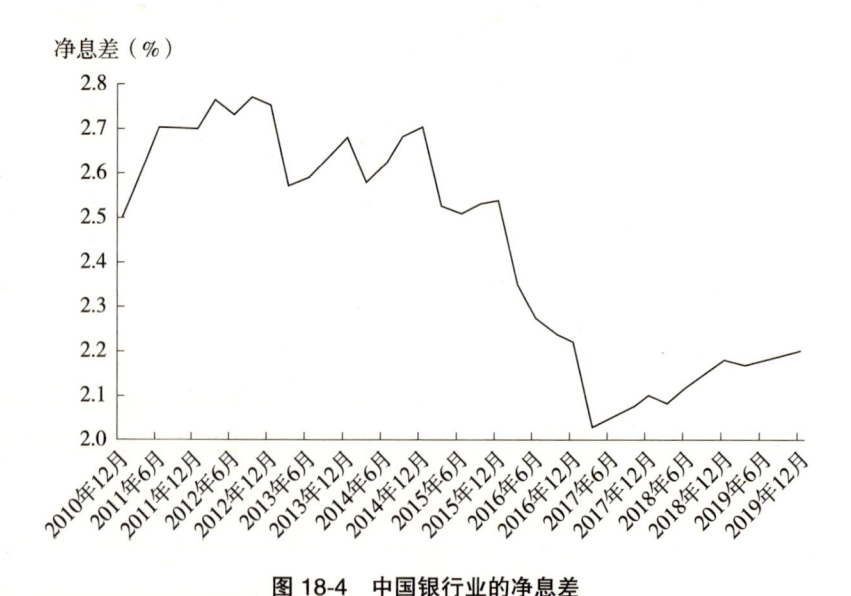

图 18-4　中国银行业的净息差

资料来源：万得，中信银行（国际）。

净息差是目前全球商业银行的主要收入来源。中国的商业银行的净息差收入占其总收入的比例平均超过70%，如果不能很好地解决净息差问题，那么净资产收益率的下降是不可避免的。

金融科技公司挤占商业银行市场空间

商业银行的市场空间被谁挤占了？主要是金融科技公司。从传统角度来讲，商业银行的业务可分为三大板块：存、贷、汇。"存""贷"就是指吸收存款、发放贷款，一类是负债业务，另一类是资产服务；"汇"则代表中间业务，也就是支付、结算、清算。从另一个角度看，商业银行的业务也可以分成两大类，一类是批发类业务，另一类是零售类业务。批发类业务主要面向大客户和机构，如商业银行对商业银行、商业银行对大企业等；零售类业务主要针对个人和小微企业。

传统的商业银行，尤其是零售银行最早从零售业务开始受到挑战，而且是在存、贷、汇三个方向上同时受到挑战。接下来，我们从支付业务、消费贷款业务和财富管理业务三个方面展示金融科技公司是怎样逐步蚕食传统商业银行的领地的。

金融科技对零售银行的冲击：支付业务

商业银行最早受到挑战的业务是支付业务，此领域之中金融科技公司的典型代表为支付宝和微信支付，二者到2020年已经占据了90%以上的第三方支付市场。当前在第三方支付市场，除去物理收单（比如银行卡收单）还是由银联、商业银行主导之外，在小额支付方面，商业银行已经完全不是第三方支付企业的对手。

我们再来看一下存款和贷款业务。在存款方面，原则上没有银行牌照，金融科技公司不能吸收零售存款，但是它们可以将存款业务变为财务管理业务。因为在银行体系内,存款是受银行牌照保护的,金融机构只有拿银行牌照才可以吸收存款,加入存款、保险体系。但是如果金融机构把银行存款转到表外,存款业务就变成了理财服务,比如客户用1万元的银行存款购买了基金,那么这1万元就不再是银行负债,而是位于资产负债表以外的表外业务。商业银行只收取管理费,不会支付利息。第三方支付公司就可以做这项业务。

图18-5展示了2018年金融科技公司的客户及产品细分占比,其中成长最快、占比最高的是零售行业的支付业务,也就是针对个人的支付业务,达到25%。我们可以看到,零售的四个板块占比都较高,这说明金融科技公司确实率先进入了零售板块。与此同时,批发类业务板块占比也呈现出逐步提高的趋势,比如中小企业和大企业也都开始越来越多地接受金融科技公司的服务。

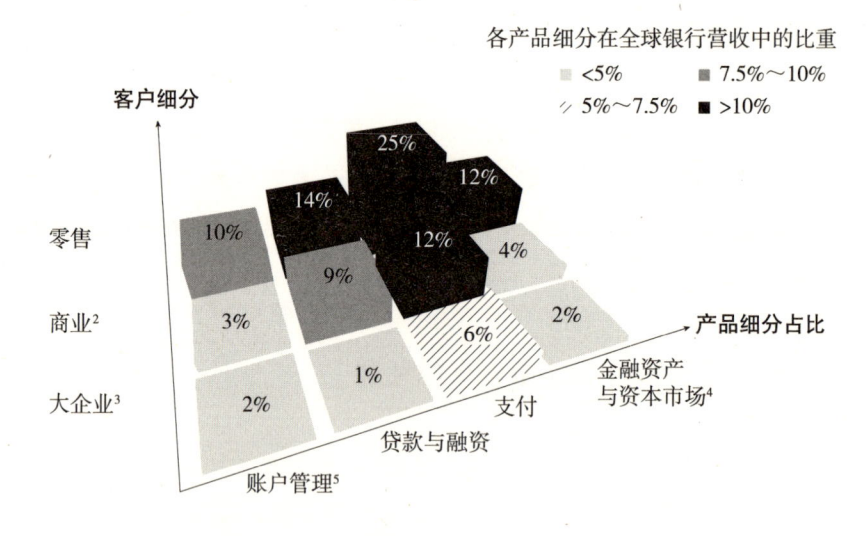

图18-5 2018年金融科技公司的客户及产品细分占比

注:1. Panorama数据库中存有350多个知名商业案例。

2. 包括中小型企业。

3. 包括大企业、公共实体、除银行以外的金融机构。

4. 含销售与贸易、证券服务、零售投资、非结果账户存款、资产管理组织。

5. 营业收入中含结果账户或支票账户的存款相关收入。

图 18-6 展示了非银网络支付与银行业电子支付的对比。带圆点的线代表支付金额，带菱形方块的线代表支付笔数，我们从中可以看出非银网络支付在整个银行业电子支付领域中的占比。2013 年，非银网络支付笔数少于银行业电子支付笔数；然而，2018 年底，非银网络支付笔数已经是银行业电子支付笔数的 3 倍多。这不难理解，大家平时的小额支付，从买衣服到买烤红薯，可能都会使用微信或者支付宝进行支付。面对这些商业场景中的竞争，商业银行几乎没有招架之力。

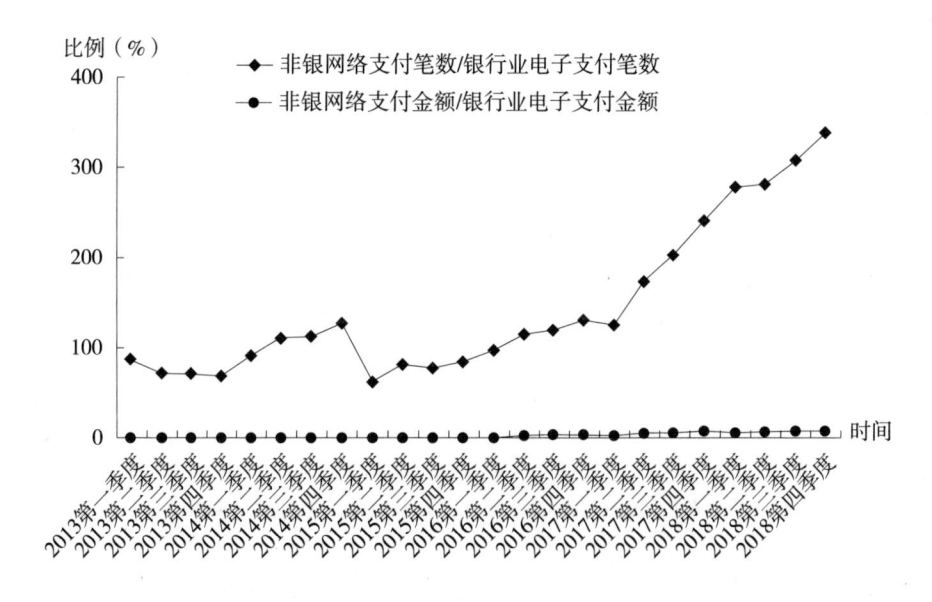

图 18-6　非银网络支付与银行业电子支付对比

资料来源：中国人民银行，中信银行（国际）。

金融科技对零售银行的冲击：消费贷款业务

这里举一个"消费信贷"的例子。所谓消费信贷就是金融机构向个人客户提供贷款，客户可以用来买电视、买手机、支付装修费用等。图 18-7 的纵轴代表贷款定价，横轴代表客群下沉程度。可以这样简单理解：客户分布越靠近左侧,他们越富有,违约风险也越低;客户分布越靠近右侧,这样的客户越接近于我们说的"长尾"客户,他们通常没有稳定的收入来源,传统商业银行恐怕不会向这些人放贷。传统商业银行的位置在图中最左下角,宁可以很便宜的价格将贷款发放给有能力偿还的个人,也不愿意以较高的价格贷款给风险相对较高的个人。最激进的是位于图中右上角的民间借贷机构,利息很高,同时客户还不起贷款的风险也比较大。位于中间的就是互联网银行、消费金融公司和一些互联网小贷公司等。这是典型的风险偏好不同所导致的机构市场定位产生分歧的例子。

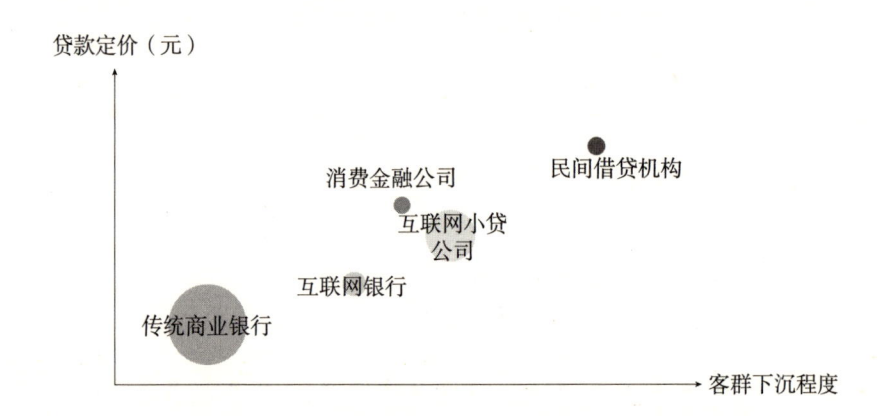

图 18-7 传统商业银行与金融科技公司的不同风险偏好

未来消费贷款的发展趋势是什么?图 18-8 展示了传统商业银行的消费贷款业务于 2013—2019 年在总消费贷款市场中的占比。2013 年,传统商业银行发放的消费贷款的市场占比是 96%,但是到 2019 年,这一占比已下降至 84%。尽管由于体量巨大,传统商业银行仍在消费贷款市场中占据主流,但是我们可以看到传统商业银行在这一领域所占的比例已经迅速下降,每年的下降速度超过 1 个百分点,以后还可能会更快。在消费贷款领域,传统商业银行被金融科技公司侵占市场成了一种趋势。

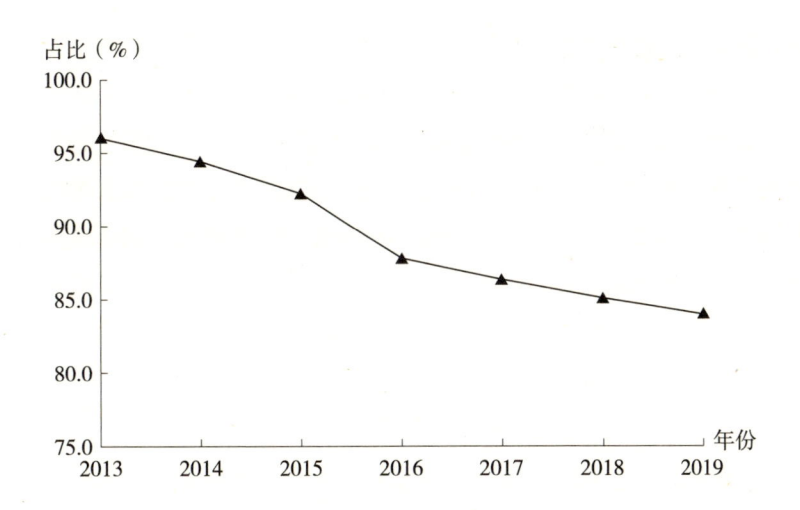

图 18-8 传统商业银行发放的消费贷款在总消费贷款市场中的历年占比

资料来源：中国人民银行，中信银行（国际）。

金融科技对零售银行的冲击：财富管理业务

所谓"存"，指的是广义的存款，包括表外的财富管理业务。据中国人民大学的统计数据，2013—2018 年，线上财富管理在财富管理总规模中的占比越来越高。

如前所述，财富管理的规模与贷款规模存在着互相替代的关系。财富管理规模的增加对应着银行存款的减少，相当于把银行存款搬去做财富管理业务，比如用于购买基金、债券、股票、黄金、期货或者其他理财产品，这意味着银行的存款被分流，传统的贷款市场被侵占。

面对这个挑战，银行要做什么？首先要力争保住现有的存款份额，尽管从现在来看这不太可能，现有存款份额一定会持续受到侵占。其次是发现蓝海，跟金融科技公司去竞争新的市场，比如开发下沉市场，服务原来不服务的小微企业和个人客户，也就是响应现在国家倡导的"普惠金融"。

银行监管成本大幅增加

商业银行面临的第三个挑战是监管成本大幅度增加。一方面，商业银行的收入端不断缩水，由于存款市场被侵占，净息差在收窄，商业银行能收到的钱越来越少，获利越来越难。另一方面，商业银行要花钱的地方越来越多，包括监管成本的大幅增加。

构成监管成本的最大一部分成本就是资本。资本是银行的生命线。《巴塞尔协议》的核心指标是"资本充足率"，它将银行的主要业务折算成风险加权资产，再用银行所拥有的资本来对应这些资产。也就是说，银行有多少资本，就能开展多少业务。

1988年版的《巴塞尔协议》对银行资本充足率的最低要求是8%，也就是说，银行的资本可以放大约12.5倍。发放的贷款越多，银行挣的钱就越多，所以银行总是希望资本充足率的要求能降低一点，从而用同样的资本撬动更多的业务。银行的杠杆主要来自其吸纳的存款。

经历2008—2009年的金融危机之后，《巴塞尔协议》第三版出台，全球监管部门达成了一个共识，即加强对银行的监管，监管部门要给银行加"紧箍咒"。监管部门对此最直接的反应是提高资本充足率标准，将资本充足率从过去最低8%的水平提高到2017年15%～20%的水平，差不多将资本充足率标准翻了1倍，意味着原本银行凭借100元资本金可以发放1000多元贷款，但现在只能发放700多元的贷款，即使不考虑净息差收窄的因素，银行收到的利息也只能达到原来的一半。

此外，监管明确提出对TLAC（Total Loss Absorbing Capacity），即银行的总损失吸收能力的要求。简单来说，如果一家银行面临困境，它有多少钱可以用于清偿债务？这个相当于在对银行资本充足率的要求基础上进行加码。这样一来，银行的盈利能力就会进一步被压缩，这也是趋势性的。因为在

第 18 章 站在十字路口的商业银行

2008—2009 年全球金融危机之后,监管部门认识到,过去单纯的微观审慎监管已经不足以管理全球银行业体系的风险,所以监管部门开始注重宏观审慎监管,就是把全球或者整个国家的银行业放到宏观的背景上看,如果整个银行业倒塌了怎么办?之后再将银行业放到一个长周期的时间窗口来看,如果整个经济进入下行周期,银行大规模违约怎么办?倒闭了怎么办?这也是为什么《巴塞尔协议》第三版在原来资本充足率的基础上增加了逆周期因子。这意味着在经济上升期,监管部门会额外给银行加 1%～3% 的逆周期的资本充足率,到周期性下行的时候,银行可以释放这部分资本去对抗风险。但这样一来银行就又少了一部分资本去开展资产业务。

金融稳定理事会还定义了一大批全球性的系统重要性银行,比如中国银行、工商银行,就是全球性的系统重要性银行。如果这类银行倒闭,那么这对整个金融市场的冲击将是巨大的、灾难性的,所以全球系统重要性银行的资本充足率要更高一些。

监管成本大幅增加,另外一个因素是操作风险中网络安全风险的增加。前面讲述了很多金融科技公司蓬勃成长,挑战传统银行业的内容,但是凡事都有两面性。金融科技高速发展,网络安全问题也随之而来。越来越多的银行系统依赖于 IT 系统,而 IT 系统一旦出现问题,结果可能是灾难性的。欧洲曾有一家小型银行遭到黑客攻击,不但银行的核心系统崩溃了,而且灾难备份系统也被攻击了,银行甚至无法恢复灾难备份系统。

图 18-9 是 2018 年对全球银行业优先事件排行的行业调查结果,在所有事项当中,加强网络与数据安全是排在第一位的。

仅次于资本成本的监管成本是合规成本。银行的行动必须符合银行业监管机构给出的一系列规定。其中最典型或者说成本最高的,是反洗钱(Anti-Money Laundering,AML)和了解你的客户(Konw Your Customer,KYC)这两项规定。要想给一个新客户开户,银行需要充分了解客户,证明对方不是可疑人士。银行无法百分之百地保证客户的行为正常,只能尽最大的努力。因此银行的开户过程越来越复杂,开一个个人账户至少需要 1～2 小时,甚至更长时间,这是 KYC 的要求。此外还有反洗钱、反恐怖融资(CTF)。这是因为全球范围内的洗钱行为,主要还是通过银行体系进行转账的。所以,银行有义务识别出洗钱的罪犯,关掉涉嫌洗钱的账户。监管部门只负责提出要求,如何识别是银行的问题。因此,银行需要投入大量的人力、物力、财力,去升级系统、雇用更多水平更高的员工。所以,目前全球银行界平均工资最高、人员增加速度最快的岗位就是合规和反洗钱的岗位。尤其在"9·11"事件发生后,西方进入密集反恐期,对银行业的要求也越来越高,所以这部分增加的成本是巨大的。

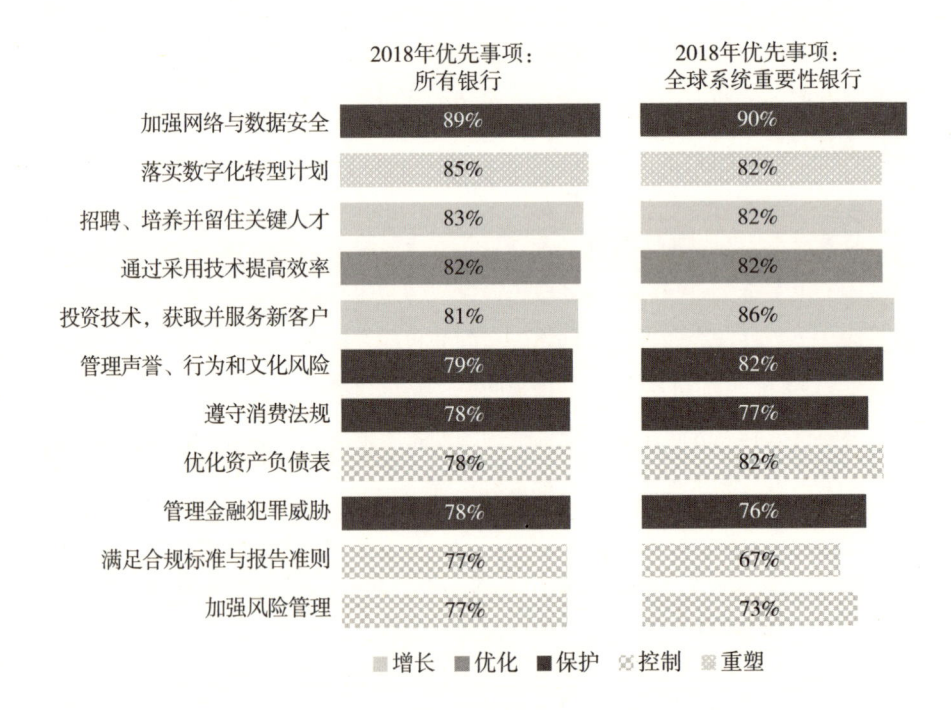

	2018年优先事项:所有银行	2018年优先事项:全球系统重要性银行
加强网络与数据安全	89%	90%
落实数字化转型计划	85%	82%
招聘、培养并留住关键人才	83%	82%
通过采用技术提高效率	82%	82%
投资技术,获取并服务新客户	81%	86%
管理声誉、行为和文化风险	79%	82%
遵守消费法规	78%	77%
优化资产负债表	78%	82%
管理金融犯罪威胁	78%	76%
满足合规标准与报告准则	77%	67%
加强风险管理	77%	73%

■增长 ■优化 ■保护 ▒控制 ▒重塑

图 18-9　2018 年全球银行业优先事件排行

资料来源:安永,《2018 年全球银行业展望》。

第 18 章 站在十字路口的商业银行

除了正常的投入，银行如果不慎违规，可能还会被监管部门处罚。过去这些年来，每年都有很多银行被罚。网络上能够搜索到的事件是公开的，如果银行能够与监管机构或者司法机构达成和解，那么这样的事件就是不公开的。比较知名的事件有 2020 年高盛被罚款 29 亿美元，2014 年巴黎银行被罚款 89.7 亿美元等，此外，罚款在 10 亿美元以下的就更多了。

其他因监管要求而导致银行成本增加的因素，此处就不再一一列举了。银行作为给人类诸多活动提供融资的主体，有义务发展绿色融资、绿色金融。这个说起来容易，但实际执行起来很难，需要银行投入大量的资源。如何保证银行发放的贷款是绿色项目？银行要事前评估，后续跟踪，建立报告制度，配置专门的工作人员等，这些都会额外增加成本。

再比如同业拆借利率（Inter Bank Offered Rate，IBOR）改革。伦敦同业拆借利率（LIBOR）操纵丑闻出现之后，在二十国集团（G20）的推动下，全球主要金融巨头达成了共识，要改变利率形成机制。银行基准定价利率改革可能会给银行带来巨大的成本。

客户行为方式与金融需求发生巨大变化

当下客户享受的服务越来越好了。比如，十几年前人们买一双鞋或一顿快餐，需要使用现金或刷银行卡，但是现在用支付宝或者微信就可以了。这就会影响到客户的情绪，因为消费是刚性的，如果有更方便的替代品，客户就不愿意使用银行服务了，这就是商业银行被金融科技公司抢占市场的原因之一。

正是因为这些服务不只有商业银行能够提供，客户才可以更容易地享受到服务，因而客户的要求也变得越来越高。这些要求的终极目标是什么？是定制化服务。

从商业银行的角度来说，商业银行在过去和现在都提供定制化服务，但不是给个人的，不是面向大众的，而是提供给重要客户的，比如政府、大型金融机构等；给个人的只占极少数，比如私人银行服务，但是绝大部分普通人享受不到这种服务。

但是，随着金融科技的到来，每个人都有可能获得定制化服务。哪怕只有100元、1000元，客户也可以获得理财建议。通过大数据、云计算、人工智能，金融科技公司可以了解客户的脾气、习惯、需求，这在技术上已经成为可能，两者互相推动，技术越先进，服务就越周全，金融机构能为客户提供的功能就越多。

这就带来了另一种影响——客户的忠诚度大幅下降。过去，传统的商业银行非常强调客户忠诚度，商业银行要想尽一切办法留住客户，特别是留住能带来盈利的客户。但现在不一样了，手机App可以使客户随时随地用碎片化时间来享受银行服务，动动手指就可以把钱从一家银行转移到另外一家银行，或从银行转移到消费信贷公司。那么客户为什么还要对一家商业银行保持忠诚？所以这对商业银行是一个巨大的挑战，商业银行应该怎么应对？

既然传统的客户越来越难留住了，那么商业银行就需要寻找变通的办法，以扩大客户群。为了生存，为了能吸引足够多的客户来支撑商业银行业务的发展，商业银行可以针对长尾客户开展普惠金融。可能长尾客户的违约风险要高一点，但是如果商业银行管理得好，仍然可以凭此获得很好的收益。举例来说，商业银行可以采用比较高的资本定价，或者用更严密的监控手段去管理风险，这就又要回到用大数据、人工智能甚至区块链等科技手段管理风险的课题上。

传统银行的文化难以适应快速变化的市场

商业银行在文化方面受到的挑战也值得关注。商业银行面临着很多挑战，如何应对这些挑战？答案是要转型。那么转型应该从哪里开始？根本上要从文化开始。传统商业银行的文化有很多共性，表18-1简单比较了传统商业银行的文化和互联网银行的文化之间的区别。

表 18-1 传统商业银行的文化与互联网银行的文化之间的区别

	理念	组织机构	人才策略
传统商业银行的文化	● 瀑布模式（Watertal） ● 稳健致远，努力维护良好的商业银行市场声誉 ● 以业务流程为核心，注重流程的稳定合规，对于风险较大的业务尝试少	● 实行总分行制，总行对分支机构有较强的控制力 ● 银行业务复杂，对员工专业素质要求高，职位固定，部分分割独立	● 以业绩为导向，提供固定薪酬，同时提供少量分红 ● 晋升体制复杂，对员工晋升的考量因素多，时间长
互联网银行的文化	● 敏捷模式（Agile） ● 试错文化，快速迭代，抢占市场 ● 以用户价值为核心，追求口碑和极致的用户体验	● 组织扁平化，小团队运作，沟通成本低 ● 员工自由流动机制，鼓励人才跨部门交流	● 长期激励机制，通过合适的制度安排鼓励员工与公司共同发展 ● 人性化的工作环境

简单来说，传统商业银行的劣势正是互联网银行的优势，或者说两者的风格刚好是对立的。比如，传统商业银行风格稳健，换句话说就是相对保守，而互联网文化是敏捷、快速的。

假设要开发一个 IT 项目，互联网公司可能一个星期出一个产品，尽管这个产品可能存在很多问题，但没关系，下个星期公司又会迭代出新的版本，产品功能会有所提升。

但是，传统商业银行用的是瀑布模式进行开发。具体来说，研发部门要先拿预算、要立项；获得批准后，开始做需求分析、系统分析；做完详细的分析后再写代码、进行测试；测试之后再封装，最后推出产品。推出的产品一定经过了非常严格的测试，不能出问题，才能被发布到市场上。这样的产品是很好的，但问题是研发周期很长，最快也得 3 个月到半年。互联网公司开发一个产品用一个星期，而商业银行要用 3 个月到半年的时间，商业银行还怎么去与互联网公司竞争呢？即便当年商业银行和腾讯同时想到要开发电子红包，但是等商业银行开发出来，腾讯也可能早已把市场抢占了，这就是敏捷模式和瀑布模式的差异。

文化的挑战应带给商业银行更多的思考。如何能够让商业银行的员工具有互联网思维？这是非常难的。首先，商业银行不可能让大家不发文，只是打个电话说几句话就解决问题、做出决策，一定要在委员会、部门和部门之间、上下级之间、处室和处室之间发文盖章，文件反复流传，并且进行开会讨论，这样做事的后果就是高成本、低效率。这是传统商业银行所面临的文化挑战。此外还有其他很多方面涉及传统商业银行与互联网银行的差异，如激励机制、晋升体制等。

商业银行如何应对诸多挑战

谈完这些挑战之后，我相信大家会形成一个共识，即传统商业银行确实到了一个要选择何去何从的十字路口。那么传统商业银行应该如何应对？这个问题没有标准答案，但业界也达成了一定共识，那就是：金融科技转型。

对于传统商业银行来说，只有转型成受金融科技驱动的商业银行，才有可能活下来并发展下去。传统商业银行在这个十字路口面对的是生存和发展的问题。当然，即使商业银行不存在了，银行服务一定还会存在，甚至变得更好，只是提供服务的主体不一定还是商业银行。因此，如果应对不好，商业银行真的可能会消失。所谓的金融科技转型，其根本目的就是应对前面提到的挑战。

接下来我要讲银行在转型之中一定要顾及的 4 个方面，即线上化、场景化、敏捷化和善用监管科技，这意味着商业银行要么开源，通过寻找更多的目标市场、目标客户来获取更多收入，要么节流，以更低的成本应对日益增加的监管要求。

当然，商业银行的应对策略不止于此，但以下 4 个方面是比较明确的、银行几乎一定要做的。

线上化

受金融科技支撑的平台,其运营效率远远高过传统的商业银行。不仅如此,线上平台的资产收益率、净资产收益率、净息差等都远高于传统商业银行。这不止适用于虚拟银行,还适用于整个金融科技的生态圈。所以传统商业银行一定要实行线上化运营。

还有一点需要注意,虚拟银行牌照不是必需的,但是商业银行业务的虚拟化是必需的。大家经常讨论相关的话题,比如,香港成立了几家虚拟银行;渣打、汇丰等大型银行在申请虚拟银行牌照,目的是参与同业竞争,为大规模转型做准备等。剩下的大部分商业银行并没有单独申请虚拟银行牌照,这样能不能完成线上化的转型?其实也是完全可以的。因为虚拟银行牌照和传统商业银行牌照是一样的,监管要求也相同,关键在于能不能在现有银行的基础上完成转型。商业银行可以内部虚拟化,比如中信银行(国际)正在尝试在内部建立一个虚拟的银行平台,这个平台作为一个独立的单位,采用不一样的机制、不一样的组织管理架构进行培育、孵化,变成一个内部的虚拟银行,然后会发展得越来越快、体量越来越大,直到在未来替代传统的商业银行。这个过程也会反过来推动整个银行业文化的改革和转型。

场景化

场景化也叫融入生态,这与线上化是关联的。商业银行需要进行线上化,用金融科技武装自己,但是线上化需要大规模的成本投入。商业银行在进行线上化之后的获客渠道是什么?如何将客户从微信或支付宝等平台吸引到商业银行平台上来?这是有难度的。

所以,商业银行的线上系统一定要考虑能否对接到大规模获客平台。线上系统一方面要场景化,另一方面要能够融入生态,这是两个不同的概念。场景化的典型例子就是发红包,这是堪称爆款的产品,商业银行如果能够推出类似的产品，就会获得巨额业务增长的机会；而融入生态则有所不同，并且可能是更常见的做法，比如，蚂蚁金服融入的是阿里系的生态，它提供金融服务，包括理财、存款、贷款、结算等服务；它对接的是阿里系的客户，包括大众点评、壹号店等，阿里控股的天猫、淘宝等平台的客户也能被引流至蚂蚁金服，成为它的客户，这就是典型的融入生态。

除了金融科技公司，商业银行近年来也在场景化建设、生态系统打造方面积极探索。中资银行也有一些进行场景化实践的案例。例如，平安银行依托于整个平安集团的生态系统，兼顾线上、线下的保险、券商、产业投资等服务；微众银行嵌入腾讯系生态系统；中信银行正在尝试开放应用程序接口，利用中信集团涉及的50多个行业，通过场景融合与其他平台连接，从而起到桥梁的作用。

开放应用程序接口的到来将让商业银行不再是传统的商业银行。商业银行不得不开放平台、信息和技术，允许第三方的服务商接入。从第三方服务商的角度来说，它们将有更多的机会直接与不同的商业银行对接，从而为客户提供更优质的服务。所以，如果商业银行转型不够成功，不能打造一个生态系统或者融入一个平台，就可能失去客户，沦落为基础服务提供商。

星展银行提供了一个有趣的案例。它从2009年开始进行大规模的金融科技化转型，现在已经非常成功。以该行打造的教育生态圈为例，该行推出了智能手表服务，向学生免费赠送智能手表。智能手表可以用于支付、储蓄；学生的账户能与家长的账户联名，便于家长监控孩子的日常支出和储蓄，追踪孩子的消费习惯和健康状况；学校可以通过这套系统了解学生的日常活动和学习习惯；政府也可以通过这些信息，优化教育资源投入（见图18-10）。

这个生态系统涵盖了学生、家长、学校、政府以及银行，十分全面。之前提到，新一代客户已经变得不那么忠诚，而星展银行从娃娃抓起，走进校园，这是它的独到之处。当然，星展银行做的远不只这些。比如，它是首家在印度使用数字渠道和手机银行获得客户的外资银行，没有设立任何线下网点，但一年累积用户超过一百万，这是非常了不起的成就，获客数量已经超过了一个中型银行。星展银行还提出"甘道夫计划"，积极布局新技术，强调数字化转型，其愿景是成为一流金融科技公司。到目前为止，星展银行的转型是非常成功的，它的资本收益率远远超过一般的商业银行，是传统商业银行转型的佼佼者。

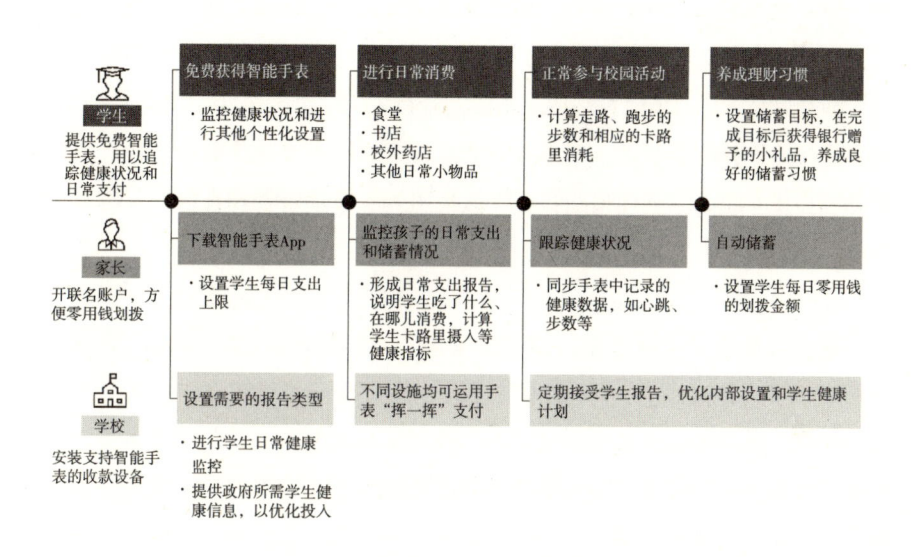

	免费获得智能手表	进行日常消费	正常参与校园活动	养成理财习惯
学生 提供免费智能手表，用以追踪健康状况和日常支付	·监控健康状况和进行其他个性化设置	·食堂 ·书店 ·校外药店 ·其他日常小物品	·计算走路、跑步的步数和相应的卡路里消耗	·设置储蓄目标，在完成目标后获得银行赠予的小礼品，养成良好的储蓄习惯
家长 开联名账户，方便零用钱划拨	下载智能手表App ·设置学生每日支出上限	监控孩子的日常支出和储蓄情况 ·形成日常支出报告，说明学生吃了什么、在哪儿消费，计算学生卡路里摄入等健康指标	跟踪健康状况 ·同步手表中记录的健康数据，如心跳、步数等	自动储蓄 ·设置学生每日零用钱的划拨金额
学校 安装支持智能手表的收款设备	设置需要的报告类型 ·进行学生日常健康监控 ·提供政府所需学生健康信息，以优化投入	不同设施均可运用手表"挥一挥"支付	定期接受学生报告，优化内部设置和学生健康计划	

图 18-10　星展银行打造教育生态圈案例

敏捷化

　　敏捷化跟前两项——线上化、场景化也有关系。要想真正实现金融科技转型，商业银行必须做到敏捷，不能再按部就班地花 3 个月甚至半年的时间去开发一个产品，这是没有竞争力的。银行应将产品开发时间从 6 个月压缩到 1 个月，甚至一周，从企业文化上进行改变，打破部门之间的"墙"，大家坐到一起，有问题随时解决，不用邮件往来，要能够快速地完成产品迭代，只有这样才可能竞争得过互联网公司。这是敏捷转型的关键。

荷兰国际集团就是敏捷化转型成功的代表。荷兰国际集团在组织架构上借鉴了声田（Spotify）的做法，让原来互相隔离的 IT 部门和业务部门坐在一起办公，分为小队。他们采用持续交付的方法，让团队将原来每年举办五六次的大型产品发布会，变为每两三周就举办 1 次的小型发布会。结果是产品发布周期缩短 80%，员工效率提升 30%。

善用监管科技

监管科技是指应用 IT 新技术帮助商业银行和其他金融机构满足金融合规与风险管理等方面的要求，帮助企业有效管理金融风险并降低与金融合规相关的成本，其本质是"利用最新科技手段来服务于金融监管和合规，以实现金融机构可持续发展的目标"。

前面提到的五大挑战中，监管带来的挑战包括反洗钱、合规、反恐怖融资、KYC 等。面对复杂多样的监管要求，商业银行如果完全依赖人工，不但成本高昂，而且难以规避操作风险。金融机构要通过自动化、人工智能、大数据等手段达成监管要求，通过使用更简便快捷的方法识别罪犯和洗钱行为，从而显著降低总体成本。

商业银行的未来

既然商业银行已经走到了十字路口，那么它该如何抉择？我们已经阐述了几个大的应对方向，但商业银行要想顺利实现转型并不容易。例如，转型过程需要巨大的投入，商业银行的管理层和股东是否足够支持转型的决定？前文提到的星展银行在金融科技转型期间，平均每年要投入 10 亿新币左右，相当于五六十亿人民币，这几乎是一般中小银行一年的收入。

首先，我相信银行业未来会重新洗牌。展望 10 年、20 年以后，银行业将会迎来一轮轮残酷的重新洗牌，有的银行将倒闭，有的银行被兼并，有的银行浴火重生，融入新的平台，换一个名字，变成一家很牛的银行，也有的银行会保留原来的名字，转型成功，尤其是有实力、有能力、有觉悟的大型商业银行。

其次，金融科技会全方位地渗透进商业银行业务。当前，金融科技先"占领"的是商业银行的零售业务板块，但在未来会逐渐延伸至批发业务板块。批发业务包括金融市场业务、交易类业务以及银团贷款、项目融资、贸易融资等。现在还有任何一款银行产品是只能由商业银行来提供的吗？答案是没有。商业银行有几千款产品，但没有任何一款产品在技术上是其他金融科技公司提供不了的。只是考虑到监管的因素，有些业务目前只能由商业银行来做，但这与技术无关。

再次，银行与非银行之间的边界会渐趋模糊。客户表面上是在接受商业银行的服务，但他可能完全不知道背后是商业银行还是第三方公司在提供服务。未来银行业务仍然会存在，而且越来越成熟，但是这些业务不一定由商业银行来提供。关于这个结论，大家可以参考布莱特·金于2019年出版的新书《银行4.0》，书中展望了银行业的未来。

最后，不管银行业如何变化，市场格局如何变化，银行业的两点本质特征不会变。

一是银行业跨时空配置金融资源的功能实质不会变。比如客户当下闲置资金太多，想要存入商业银行赚取利息，属于资金跨时间配置。客户为了当下买房进行贷款，也属于资金跨时间配置。把钱从一个国家的账户转到另一个国家的账户，或是将人民币兑换成美元，属于资金跨空间配置。衍生品则是不同人、不同风险偏好的客户之间的资源分配和风险转移。总之，银行业的功能实质是不会改变的。

二是以风险为核心的管理实质不会变。如前所述，在几百年的商业银行发展史中，颠覆性的变革性事件只有几件，其中一件就是风险理念的引入。风险是商业银行所有业务的管理核心，如果风险管理不好，商业银行就不可能发展得好，甚至可能面临倒闭的风险。

本文根据作者 2020 年 10 月 29 日在"北大汇丰金融前沿讲堂"的演讲整理，经作者审阅。本文仅代表作者个人的观点，不代表所在机构的观点。

专家点评 巴曙松 ｜ 商业银行业面临重大变革与洗牌，但其基本功能不会有根本性变化

毕明强博士所讲的是当前金融界非常关注的一个题目。商业银行在市场竞争中正面临着一系列挑战，而一些快速崛起的新型金融科技服务机构则显得非常有活力，两者之间的竞争正在更为广泛的业务领域展开。

在目前的市场环境下，由毕明强先生来谈这个题目，分析站在十字路口的商业银行未来该何去何从，我觉得非常有意义。毕明强先生的工作阅历非常丰富，他在主要的几个金融中心都有丰富的工作经验。我在哥伦比亚大学做访问学者的时候，他当时也在纽约工作，所以我们经常有一些关于商业银行业务的讨论。他不仅熟悉商业银行业务，而且在投行、基金领域担任相应的管理职务，所以他以丰富的工作经历为基础，来梳理商业银行业态的演变趋势、影响因素和发展方向，非常有意义。

目前，对商业银行正面临着的种种竞争压力，我觉得行业内的人已经分析得比较充分，大家的看法也在慢慢趋同。比如，从趋势来看，随着金融市场的

深化和融资结构的调整，商业银行净息差在逐步收窄，这一点可以说是全球市场的趋势。净息差收窄，商业银行还能保持比较好的盈利水平和经营状况吗？这就要看商业银行自身有没有应对能力了。实际上，相比较而言，全世界不同市场的净息差差异很大，也存在在净息差较小的市场中盈利不错的商业银行。同时，针对商业银行经营的各项监管也趋于严格，特别是近年来陆续出现的次贷危机以及疫情冲击，促使监管者对商业银行的风险更加警惕，相应的，商业银行需要承担的监管成本也在上升，一些不良资产的处置难度也不低。

对商业银行来说，还有一个重要的挑战，那就是行业内部的同质化竞争。从外部来看，当前商业银行的外部竞争来自新型金融科技服务机构，特别是中国金融市场上的直接融资业务板块在快速发展，实际上整个融资结构的调整，很大程度上表现为去中介化的过程。而在中国这样一个商业银行占主导的金融市场结构里，融资结构调整在很大程度上表现为传统的存贷款的重要性相对降低，直接融资的重要性相对上升，实际上是一个金融资源从商业银行体系分流到新的产品、新的直接融资工具、新的金融服务形态和机构的过程，所以融资结构的调整也会加速商业银行的内部转型和外部洗牌，同时也使金融机构内部部门的相对重要性出现一些变化。

结合毕明强先生所讲述的内容，我想做几个方面的点评，供大家参考。

第一，商业银行和新型金融科技服务机构的竞争，正在从商业银行的边缘业务领域开始逐步进入核心业务领域。我们可以观察到，实际上商业银行在面临竞争时，它的不同类型的业务产品受到的竞争压力是不一样的。最开始，这些新型的金融科技服务机构会把竞争的切入点放在商业银行内部不太受重视的、相对边缘的一些业务，最典型的就是支付、清算。目前我们可以看到，这些新型金融科技服务机构，凭借对支付业务的优化及在此过程中积累的客户和数据，以及对场景应用和客户需求的把握能力，基本上已经在支付领域占据了非常有优势的位置。

实际上，到目前为止，即使是在市场中领先的金融科技服务机构，从盈利能力、盈利规模、资产规模来看，都和现有的商业银行有很大的差距。但是在估值方面，现在资本市场对这些金融科技服务机构表现出高度的乐观情绪，一家金融科技服务机构，其盈利往往只有一家大型商业银行机构的1/5，甚至1/10，但是两者获得的估值却可能在同一水准。我们从这种估值的差异中可以看出，资本市场希望金融科技服务机构能够在与商业银行的竞争中得到快速成长和扩张，在未来其他业务领域的竞争中，能继续像在支付领域一样不断扩大优势，使得盈利能力能够迅速跟上来，改变现有的市场竞争格局。

因此，当前值得关注的是，商业银行和金融科技服务机构的竞争正在由原来在商业银行中相对比较边缘化的支付领域，逐步拓展到更加复杂的核心业务领域，包括存贷款以及资产管理等其他盈利能力比较强的金融服务领域，这些领域内的竞争可能会更为激烈，其竞争格局如何演变也会直接影响到未来商业银行和金融科技服务机构的相对地位和市场估值。

第二，商业银行和这些金融科技服务机构，实际上都在以不同的路径、不同的模式、不同的方向去尝试探索满足客户和市场迅速变化的金融需求。科技公司通常是从市场竞争中成长起来的，这些机构从一开始就天然地适应网络化和数字化的运行模式。它们会将业务逐步延伸到金融领域，提供科技化的服务，在此过程中对它们来说关键环节是如何更深入地了解金融行业、金融产品、金融监管框架和金融市场基础制度。与此同时，商业银行也在积极推进科技的应用，只不过这种推动主要是从商业银行的角度去把握市场的诉求，比如现在商业银行都在强调，怎么场景化，怎么融入不同行业、地区生态。实际上，银行的融入过程以及银行希望达到的融合的运行模式，和金融科技服务机构强调要达到的目标和竞争优势的方向是一致的，两者是从两个不同的路径和模式，基于各自的比较优势在向一个共同的方向逼近，适应着现在市场中金融服务需求的剧烈变化，比如向数字化运行方向发展等。

金融科技服务机构和商业银行都有各自的优势和劣势，金融科技服务机构熟悉网络环境，但是需要更加了解金融运作的基本规律，而商业银行的改进往往容易陷入一个以自我为中心的渐进式改良之中，实际上在满足客户诉求方面，还需要在系统、组织、架构方面准确地把握和改进，难度往往比从零开始另起炉灶更大，所以实际上这两类机构在这个过程中都各自面临着不同的挑战。

这种以不同的方式和路径去更好地满足新市场环境下的客户需求的过程，慢慢会使商业银行和金融科技服务机构之间的边界逐步模糊，并且它们之间的市场竞争会导致金融资源配置效率提升。所以商业银行也好，金融科技服务机构也好，它们之间竞争的受益者其实是客户，更多的客户享受了更高的效率和更多类型的金融服务。竞争提升了市场效率，也提升了金融资源的配置效率。所以商业银行和金融科技服务机构应对竞争的过程，实际上也是整个行业洗牌、行业效率提高的进化的过程。

第三，商业银行和金融科技服务机构在经历目前剧烈的竞争、融合、洗牌之后，应该会逐步找到自己差异化的、有比较优势的战略定位。来自金融科技服务机构的竞争，会加速银行业洗牌，现在不少商业银行的市场战略总体上趋同，战略差异不明显，所以有明显战略定位差异的金融机构往往更能得到市场的高度认可，比如招商银行强调其零售业务优势，兴业银行强调其同业业务优势，这就是差异化的定位。在这一轮竞争和洗牌之后，商业银行和金融科技服务机构会呈现什么样的相对定位，现在还是未定之数，存在着很多可能性。

商业银行可能仍聚焦在自己有相对优势的高附加值的商业银行业务上，比如资产管理、私人银行，并且在这些相对高端的业务领域形成竞争优势。我们可以看到，在欧洲零利率或低利率的环境下，在瑞士等国家从事资产管理业务的机构依然非常有活力。商业银行现有的网点布局、在客户和市场上长期积累的信用，都有利于进一步巩固其在高增值业务上的优势。特别是在需要人际互动、专业讨论的业务领域，商业银行会有相应的优势。还有另外一种可能的竞争结果，那就是如果商业银行不能及时应对这种变化，不能及时调整自己的战略布局，及时聚焦高增值的业务领域，可能慢慢就变成只经营盈利能力偏中低端的产品线，甚至只经营传统简单业务的公用事业性质的机构。在未来的竞争中，当金融科技服务机构开始进军商业银行的中高端业务时，可能就会倒逼商业银行逐步在竞争中退出这些中高端业务，回到中低端业务。这就像我们在中国电信市场的竞争中看到的格局一样，原来几个电信巨头之间的竞争往往是在相似的模式下展开的，最后被微信等社交平台冲击，现在电信运营商在许多时候变成了一个通道，变成了新的竞争者以新的商业模式实现收益的一个出口。现在商业银行和金融科技服务机构的竞争也存在这种可能性，如果商业银行不能有效应对这种竞争，不能有效提升自己的竞争力，很可能慢慢就变成金融科技服务机构借以接触客户、实现盈利的公用事业性质的机构。

第四，商业银行业务因其公共性直接涉及千千万万的公众用户，所以无论是由商业银行还是由新型金融科技服务机构来做特定的业务，它们都需要遵循监管的一致性原则。无论什么机构，只要从事的是类似的金融业务，就应该接受一致的监管原则，否则容易导致监管套利和不平等的市场竞争，会加剧市场波动，这样的教训在国际和国内的金融发展史上都有不少，这一点需要得到高度关注。因为种种原因，监管机构也许是希望扶持其发展，也许是还没充分了解这些新型业态，总而言之，监管机构往往对起步阶段的金融科技服务机构的监管比较宽松。这种格局的正面效应是，相对宽松的环境有利于创新，但是留下的隐患就是很可能积累未知的金融风险，形成监管空白。在监管体系和监管工具还需要时间进行完善的情况下，这是我们经常看到的情况。

无论是由商业银行还是金融科技服务机构从事金融业务，基本都不会改变金融业的基本功能，比如风险定价，跨越时间、空间进行金融资源的优化配置等。那么在金融科技服务机构发展商业银行相关业务的过程中，会不会有一些业务没有受到应有的监管规则约束呢？同样的业务，无论是什么机构来做，都需要遵循相应监管规定，比如资本金要求、风险拨备要求和风险管理要求等。有没有可能出现一些监管空白，使得金融科技服务机构获取了承担风险的盈利，但是又没有做好风险管控的准备，没有遵循相应的监管要求？如果存在这样的领域，可能就会形成风险隐患。所以在银行业洗牌的过程中，强调监管的一致性原则是非常重要的。

总而言之，商业银行现在确实处于变革的十字路口，可能在整个变革过程中或完成后，商业银行的产品、行业结构、监管环境会出现剧烈的变化，但商业银行的功能不会有什么根本性变化，其基本功能就是进行风险定价，进行有效的金融资源配置，所以洗牌之后商业银行依然会很活跃，基本的监管原则也应当是一致的。

第 19 章
民营银行再度启程

朱韬
上海华瑞银行前党委副书记、董事、行长

我们常说"理论是灰色的,生命之树长青",对历史的认真回顾和总结能帮助我们更好地思考和预见未来。今天的讨论将围绕着民营银行的前世、今生和未来展开,"前世"是民营银行在中国历史上曾经的状况,"今生"是新中国历史上第一批民营银行在 2014 年前后重新拉开序幕的背景以及这几年的发展状况,"未来"则是未来中国民间资本参与金融事业,尤其是参与商业银行改革发展的趋势以及可能遇到的挑战。

问出身:民营银行的概念之争

民营银行的定义在经典教科书中很难找到。一些财经媒体还曾经为"民营银行"准确的英文翻译进行了讨论。起初很多人翻译成 Private Bank,近期也有人翻译成 Privately Owned Bank。

产权结构论

翻译的变化其实蕴含着对民营银行的概念认知,也就是"产权"观点的不断清晰,即"民营银行的股权是属于民间资本的,不是国有的,也不是官方的"。换言之,民营银行就是民间资本投资组建的商业银行。

看似无可厚非,但有业内人士提出质疑。在中国目前的商业银行体系中,除了大家比较熟悉的"工农中建交"等国有控股上市银行之外,还有为数不少的全国性股份制银行,有200多家地方城市商业银行以及2 000多家农村金融机构,包括农商行和村镇银行等。无论是在上市公众银行还是在地方金融机构中,原本就有大量的民间资本参与。在2014年民营银行改革试点之前,民间资本在全国各类中小银行金融机构的占比超过50%的机构数已经有100多家,其中甚至有100%民间资本出资组建的机构。在全国农村中小金融机构股本中,民间资本占比约90%,村镇银行民间资本占比也高达73.3%。从产权逻辑看,产生一些问题:为什么那么多银行都有民间资本参与却不被称为民营银行?为什么2014年才是新中国民营银行的元年?为什么说上海华瑞银行等5家银行才是新中国历史上第一批真正意义上的民营银行?所以,从实践角度考察,产权结构论是存在争议的。

市场定位论

还有一种观点可以总结为"市场定位论",也就是民营银行除了资本属性外,其主要服务的对象应当是民营企业和民间个人。

这个观点是有道理的。2015年国务院颁发的民营银行发展指导意见提出明确要求:民营银行的定位是主要服务实体、服务小微、服务于民。截至目前,已经有两批累计17家民营银行成立,在这些民营银行服务的对象中,民营企业、中小微企业占比的确非常高。这些银行的主要服务特色也都聚焦在民营中小企业和民生消费金融等领域。但是,在这些银行的客户群中也仍然有外资或含国有成分的客户，它们还和一些大型企业客户建立了战略合作关系，比如在供应链金融领域。村镇银行、消费金融公司等金融机构的服务对象也多聚焦于民营企业、小微企业和民生消费金融。由此可见，市场定位论是充分条件，但不是必要条件，并不能完全揭示民营银行的本质属性。

公司治理论

我个人更倾向于公司治理论。公司治理论认为，中国希望通过民营银行的改革试点，逐步探索建立一批不以国家信用和地方政府信用作为最终隐性背书的商业银行，以现代公司治理理论等为指导，加快推进深化金融改革，加快建立独立经营、自担风险、专业化管理、市场化竞争、差异化服务的银行体系。

以民生银行为例分析。民生银行成立于1996年，20多年来成绩斐然。它的第一批股东大多是民营企业，其中包括新希望、东方、泛海等一批著名的民营企业。但是，民生银行从来不对外自称为民营银行，而是中国大陆第一家由民间资本设立的银行。民生银行从股权属性来看是民营的，但在其他许多属性上，与现有的国有控股金融机构高度相似。一直以来，民生银行的党委隶属关系直属中国银监会，党委书记、董事长、核心高管等主要干部都按党内组织程序分级考察、选拔、任命。若干年前，民生银行董事会上曾经发生过激烈的争论，作为当时第二大股东的新希望集团的股权董事代表在董事会换届选举中"意外"落选，曾经有评论认为民生银行的股权投资者没有真正享受到股东应有的权利和义务，甚至有人担心银行有"内部人控制风险"。

在良好的现代公司治理体系中有一个重大课题，即"既要防止内部人控制，又要防止大股东控制"，但在民生银行的发展历史上，"民有"与"民治"之间的矛盾冲突是客观存在的，当然民生银行也是在这样的矛盾冲突中不断完善优化、发展壮大起来的，给之后的民营银行改革提供了许多重要的历史借鉴。

英雄不问出处

民有、民治、民责、民益

我个人认为，2014年启动的这一轮民营银行的改革试点，本质上要解决一个问题：一家金融机构或者以商业银行为代表的现代化金融机构，能不能实现民有、民治、民责、民益？

民有，即一家商业银行的投资完全来自民间资本，即完全对社会开放、对各类资本开放，银行的产权完全属于投资者。

民治，即民间投资者不仅有投资分红的收益权，还能通过以"三会一层"等为代表的现代公司治理机制，对银行行使独立的经营管理权，比如制定符合监管导向和股东诉求的独立发展战略，比如对经营管理层进行市场化的选拔聘任，按清晰、审慎、严格的考核体系进行激励约束，等等。

民责，即投资者不仅分享企业经营良好带来的收益权，也要承担经营失败带来的风险损失，并有效防范因经营失败而引发的风险外溢。由于商业银行吸收社会公众存款，一旦经营失败，风险可能外溢到整个社会。民营银行改革试点启动后不久，研究了将近20年的存款保险制度随即正式颁布实施，两者密切关联。

民益，即让投资者享受到最后的分配，当然还包括广义的民益，如服务的对象、参与经营活动的员工、职业经理人等，能够和银行共同分享利益。

法治化、市场化、专业化

2014年之前参与投资银行的民间资本虽然有民营属性，但总体上绝大部分的经营管理还偏向于传统体制，经营风险由中央和地方两级政府隐性背书，经营战略趋于同质，核心干部、经营高管由上级党委选拔、任命。但2014年这一轮民营银行改革试点有很大的不同。

一是通过严格的股东准入遴选、建立"生前遗嘱"等方式，明确了自主经营、自担风险等的市场化属性。

二是通过《关于促进民营银行发展的指导意见》等顶层制度建设和各银行章程，形成了主责清晰、相互制衡的股东结构，"大股东控制""关联交易""利益输送"等风险从一开始就受到了极大约束和控制。为了防止被第一大股东控制，所有试点银行的第一大股东的股权占比被限制在30%以内；在试点民营银行股东中，一般都安排了联合发起人，即二股东或三股东，其主要任务是发挥监督制衡作用，以确保小股东利益。比如，上海华瑞银行的章程就约定：大股东提名董事长，二股东提名监事长，财务部门负责人可由大股东提名，而审计部门负责人应由二股东提名。曾有中小股东代表在一次会议中提到，改革开放让企业家创造了财富，有能力投资办银行，他不希望积累的财富因银行经营不慎而被风险吞噬，所以他最在乎银行的风险管理是不是做好了。这种愿望是发自内心的，因此，这种监督制衡的诉求出于一种内在的驱动，而不是很深刻的理论。

三是实现了经营管理层的市场化、专业化的招募聘用。前两批试点民营银行都先后建立了专业化的经营团队。比如上海华瑞银行的全体高管都来自成熟商业银行的高级管理岗位，全部通过市场化方式招募，所有人都放弃了原有的体制保障和既有利益，切断所有退路，投身到金融改革第一线。经营目标责任书和劳动合同只签3年，风险自担，共同成长，这就是市场化竞争，相信经过长期努力，职业经理人队伍会在这个过程中逐步形成。

在欧美成熟市场，几乎没有关于民营银行的探讨，市场最关心的不是资本属性，尤其是上市银行，资本本来就是社会的、公众的，市场考察的是银行的治理机制、核心能力、服务特色、风控水平等。在我看来，这恰恰就是民营银行改革试点的意义，民营银行的最终成功就是有一天不再有人探讨什么是民营银行。民营银行的改革试点是深化中国金融改革的重要组成部分，是推动中国金融体系不断实现法治化、市场化、专业化的重要抓手，并由此促进补充短板、服务空白，持续改善优化中国金融服务供给。

问家世：中国民营银行的独特性

2014年是新中国历史上的民营银行元年，向前追溯到20世纪初叶，近代中国还曾经有一段轰轰烈烈的金融改革发展时期，那时出现了一大批优秀的民营银行，比如，沿革发展至今的中国银行、交通银行，还有著名的"南三行""北四行"等。但那段时期只维持了短暂的20年左右。为什么中国的民族金融业如此举步维艰？下面我从三个历史角度谈一谈个人的一些粗浅认知。

千年视角：金融原罪

为什么人们总说，对金融要充满敬畏？为什么在任何国家对金融牌照的准入都格外审慎？我们先从金融的原罪谈起。

人们普遍认为世界上最精明的商人是犹太人。中国最成功的商帮，如浙商、晋商等，都被比喻成中国的犹太人。在金融历史上，犹太人的作用也格外重要。在如今华尔街投行的核心人士圈中，犹太人占比非常高，其中有什么历史渊源可循？答案要从"千年视角"寻找。

几千年前，放贷行业曾经是一个充满原罪且受诅咒的行业。犹太人是一个多灾多难又坚韧不拔的民族。犹太民族曾经历过三次全球性的"大离散"，这与特殊的宗教历史变迁的背景有密切的联系。《耶路撒冷3000年》讲述的就是犹太人在全世界各地被驱赶的历史。在整个中东地区以及大部分欧洲大陆，犹太人都曾经遭受过宗教歧视和迫害，犹太人不断被驱赶，流散到西班牙、葡萄牙、意大利等边缘地区，在第二次世界大战时期向北美和东南亚等地区离散。

因为宗教迫害，犹太人在很多国家不能拥有土地，无法从事农业生产，不能拥有不动产，也就是没有厂房、作坊等生产工具，也就无法进行手工业劳动。久而久之，犹太人逐步集中从事两个行当：一是行商，即做生意、做贸易；二是放贷，最初主要是指高利贷。在漫长的农耕文明阶段，在人们的道德观念中，借钱负债是不体面、不光彩的，而放贷收息尤其是收取高额利息更被视为不道德的。犹太人正是率先大规模地从事放贷行业的人群，也正是在此过程中积累了金融经验、提升了金融智慧、历练了金融能力，培育了"金融朋友圈"。

尽管在近代工业革命之后，整个社会对金融的认知已有巨大改观，但普通大众对金融原罪的看法至今仍然广泛存在。在社会矛盾突出的历史时期，社会公众常常将"金融"与"嗜血盘剥"画上等号，把金融置于公平普惠的对立面，近年的占领华尔街运动就是一个典型的体现。

百年视角：金融力量

以蒸汽机革命为代表的工业文明时代来临，规模化大生产的经济形态出现，与之相匹配的是大规模的资金需求，而银行业正好顺应了这种需求，能把闲散的社会资源集中起来，支持某个高速成长的产业领域。证券市场从荷兰发端，在欧洲、北美迅速成长，债权、股权两种金融力量结合，有力地支持了近代工业文明的发展。无论钢铁业、石油业、铁路业，无论欧洲、北美、日本……全球近代工业文明发展的几乎所有重要产业，无一例外地都得到了银行业和证券业的强力支持，而金融业本身也伴随着实体经济的高速成长进一步发展壮大。

更为重要的是，随着金融业的发展，银行与老百姓的生活联系也越来越密切，人们买房、买车都能得到银行的金融服务支持，社会公众对银行的认知进一步得到了改善。目前可查的消费信贷的历史可追溯到19世纪中叶，最早的消费信贷产品是缝纫机按揭业务。缝纫机出现在19世纪中叶，当时一台缝纫机在北美的售价大约 50 美元，相当于一般美国家庭的全年收入，普通人根本负担不起。于是，商业金融机构尝试推出了类似今天的分期付款业务，提供消费信贷服务，可以申请 3 年按揭，每个月还款 3～5 美元，很多家庭就有能力购置 50 美元的缝纫机了。当时的美国，大部分女性得不到平等的就业机会，而缝纫机的出现使得女性生产力通过家庭就业被释放出来，不仅家庭收入得以提升，而且整个社会的生产力也得到了巨大的提高，金融在其中扮演了重要的角色。

在数十年后，美国出现了汽车按揭业务。起初，通用汽车在与福特汽车的竞争过程中始终处于劣势。第一位开展汽车金融业务的创始合伙人叫摩根。他向福特汽车推广汽车按揭方案并遭受了嗤之以鼻的拒绝后，转而谋求通用汽车的合作。通用汽车果断采纳了服务方案，并以此为契机在销售市场迅速追赶并最终超越了福特汽车。

在近代 300 多年的发展中，一次次的历史事件让人们越来越清晰地认识到金融的力量。在美国出现经济危机的时候，有摩根这样的金融寡头站出来出手援助、稳定市场。历史上一些政治革命乃至战争的胜利方，其背后往往有强大的金融财团予以支持。换言之，不仅仅是生产力发展需要金融，民众生活需要金融，而且社会稳定和政权稳定也将金融作为必要的基础。金融不再只是经济力量，更是一种社会力量和政治力量！

数十年视角：金融改革

在近代数百年金融发展的历程中，人们已经清晰地认识到一种内在逻辑：金融是一种资源再分配的特权，即通过金融业能够把分散在社会的闲散的金融资源聚集起来，并使之发挥出更大的效率。在整个金融体系的运行中，金融资源被授权给金融特权代表机构，这个机构就有了资源再分配的权力。金融资源来源于全社会，授权来自立法机构和执政政府，资源的调度权在被授权的金融企业，资源使用所产生的利润归属金融企业的股东，而一旦金融企业经营失败，其风险可能蔓延至存款人，乃至全社会。回看历史，影响深远的政治动荡、社会动荡往往和金融动荡紧密联系在一起，甚至有些动荡就是金融风险、金融动荡所触发的。

因而，近代以来全球金融安全体系的建设始终被高度重视，人们签订了《巴塞尔协议》，成立了全球系统重要性银行管理框架等，但系统性金融风险的防范仍然不尽如人意，周期性的金融风险仍然在发生。一家企业的资产负债率如果高达60%、70%，大家就会认为这个企业有负债过高的问题，但实际上什么企业的资产负债率最高呢？是银行。《巴塞尔协议》规定一家商业银行各级资本充足率不得低于如下要求：核心一级资本充足率不得低于5%，一级资本充足率不得低于6%，资本充足率不得低于8%，全球系统重要性银行的充足率一般在10.5%～11.5%。换言之，一家银行法定可用高达10倍的杠杆率经营，因此即使有了各种监管制度和监管工具，银行的风险仍然是不可忽视的。

自新中国成立以来，我国银行的经营始终是以国有体系为主导的。在改革开放40多年的发展历程中，尤其是近二三十年，希望推动金融业全面改革开放的呼声始终很强烈，希望对民间资本进入银行的政策进一步放宽，并期望借此推动中国银行业加强服务民营小微、服务三农民生等普惠金融的能力建设，对原有的金融服务系统形成必要的补充；但民间资本在通过各种方式进入金融领域后所引发的风险事件也不断发生，大家对十几年前的"德隆事件"应该还记忆犹新。近年来，诸多被冠以"某某系"的金融风险依然屡屡爆发，最近网贷机构"爆雷"等新型民间金融风险层出不穷。我们只有全面认识这些基本现实状况，并理解其深远的历史成因，才能理解为什么国家对民间资本开放金融准入的改革步伐格外审慎。

结合银行业的特征和中国的现实环境，我个人认为，能够办好持牌银行的民间资本应当至少符合以下三个条件：

首先，应当是"良心资本"，股东应该很清楚所投资的银行要服务谁、造福谁，应当怀抱"金融使社会更美好"的初心，应当对国家繁荣稳定和民族富强抱有强烈的使命感。

其次，应当是"耐心资本"，股东应当有长期可持续发展的基本价值观，不是为了贪图短期暴利，必须具有在金融服务短板和空白领域持续耕耘的心理准备与工匠精神。

最后，应当是"职业资本"，即对金融风险有敬畏之心，能以理性精神和客观规律的要求稳健发展、审慎经营，能着力于建设良好的公司治理能力和风控能力，把银行经营的微观风险控制好。

问前世：20 世纪初叶的民营银行

下面，介绍中国近代史上的民营银行发展情况，其中有几个重要时间点：1847、1897、1918、1928 和 1949。

1847：外资银行垄断

1847 年是中国近代商业银行的起点，在此之前是以票号、钱庄为主导的金融生态。在史料中，一般把 1847 年丽如银行（Oriental Bank，也有的史料翻译为东方丽如银行）在上海设立代表处，视作中国现代商业银行的开端，其前身是总部设在孟买的英国政府特许银行。

此后中国的各个通商口岸陆续设立了一批外资银行，比如大家比较熟悉的汇丰银行、花旗银行等。当时在上海活跃的外资银行有上百家，它们早期在中国主要从事棉花、鸦片进出口业务和贴现、打包贷款业务等。

由于当时中国社会动荡，没有本土华资银行服务体系，钱庄、票号的经营手段又比较落后,在50多年的时间里,外资银行在整个中国的金融生态圈始终占据着生态链的顶端,第一梯队、第二梯队是外资银行的代理商,第三梯队是钱庄、票号。客观上,外资银行的进入对中国近代金融的发展起到了重要的启蒙和促进作用,但同时,中国经济也受到了很多不公正待遇,甚至遭到盘剥和压榨,有许多具体的表现:

首先是纸币发行。纸币发行权是国家的主权之一,是国家信用的基本表现形式,但当时中国的经济生活中还普遍使用银元。英、法、日、俄、美等各国外资银行在19世纪后半叶大量发行各类纸币,最多时超过200种。

其次是利率定价。外资银行的存款利率低得惊人,当时外资银行给中国企业和老百姓的存款利率年化不超过1%。不仅如此,还有很多银行提出零利息,甚至额外收取手续费。

再次是关税、盐税的账户控制。在北洋政府时期,中国签订过很多不平等条约,其中很多都要求赔款,通常把税收作为抵押。汇丰银行便是晚清政府的海关关税担保银行,即所有清政府收的关税都存放在汇丰银行,由其保管,相当于今天的"托管"。此外,在北洋政府时期由5家外资银行托管盐税,这是中国近代历史上所遭受的另一个极大的屈辱。

然后是外债代理。那时候的中国积贫积弱,亟待发展民族工业、城市建设等,然而在这一过程中需要举外债、发债券,这些业务也统统由外资银行代理。例如,在中国铁路建设中,有一家很著名的公司叫作中英银公司,这家公司由汇丰银行和怡和洋行合资建立,其中汇丰银行负责向海外的金融机构发行债券借款,同时负责收付,而怡和洋行负责向海外购买建设所需要的各种材料,所有业务由合资公司承担。

最后是汇兑垄断。那时中国的汇兑业务都由外资银行垄断,而最后报价,也就是现在的做市商业务,基本都是由汇丰银行经营。由于占据垄断地位，汇兑业务为外资银行带来暴利。

1897：华资银行抗衡

一直到1897年，中国才有了第一家华资银行：中国通商银行。其股东名册中有自然人和法人两种组织，自然人全部是江浙一带的产业资本家、民族资本家，法人包括招商局、电报局等。

从法人结构来看，中国通商银行是一家民营银行，但银行章程明确约定了"利归股东""权归总董"的基本原则，即股东只有分红权，所有决策权都归总行董事会。银行董事会中有多名董事是曾在北洋政府任职的官员，而董事会背后的实际控制人是著名北洋大臣盛宣怀。有一些史料还反映出，通商银行的股东还为北洋政府的高官代持了股权。由于这些特殊的背景，通商银行从成立第一天起就代理了清政府很多特许的业务，经营范围和一般的商业银行完全不同，比如收缴税费、划拨军费等，所以史学家称之为官督商办银行，即名义上是民办，但实际是官督。

通商银行还有一个很重要的特点，就是引入了职业经理人制度，设立了两个"大班"。华人大班主要负责市场经营工作，而洋人大班是原就职于汇丰银行的高管，最主要的任务是联系外资同业和行使钞票签字权。在通商银行发行的纸币上，正面印着中文行名和财神等中国元素图案，背面最显著的元素是英文行名"The Imperial Bank of China"，直译就是"中华帝国银行"，而钞票的签发人就是来自汇丰银行的洋大班[①]梅兰德（Mailland）。这就是中国历史上第一家华资银行、民营银行，夹杂着很浓厚的半殖民地半封建色彩，从银行史的角度看，它是近代中国民营银行的开端。

此后，一大批民营银行相继出现，其中包括几经变迁发展壮大至今的中国

---

① 大班，是粤语中日常口语词，即董事总经理。——编者注

银行、交通银行，也包括在历史上声名卓著但最终消失的南三行（上海储蓄银行、浙江实业银行和浙江兴业银行）、北四行（天津盐业银行、中南银行、大陆银行和金城银行）等。2014年启动民营银行改革试点时，天津自贸区被纳入首批试点范围，天津的试点银行重新启用了"金城银行"的品牌，中兴天津金融传统、重振金融地位的拳拳之心可见一斑。

之后的20多年是近代华资民营银行的黄金发展期。这个历史时期华资民营银行有以下主要特点：

一是资本规模小。和外资相比，华资民营银行资本要弱小得多。1920年，总行位于北京的华资民营银行大概有23家，每一家的平均实收资本为150万元左右，总行位于上海的一共有9家，平均实收资本只有60多万元。而外资银行资本在1 000万元左右。

二是数量众多。1912—1927年的15年间出现了100多家华资民营银行，其中黄金期是1916—1920年的5年，全国一共出现了70多家华资民营银行，平均一年成立14家。截至20世纪30年代，中国大陆已经有将近150家中小型华资民营银行。

三是布局集中。鉴于当时中国政治经济的格局，这个时期的华资民营银行主要集中在上海、北京、天津，占所有华资民营银行的50%，共70家；其余的华资民营银行主要集中在汉口、广州等地。

四是特色各异。这个时期的华资民营银行特别重视差异化经营策略，着力建立自身的服务特色。比如，浙江实业银行主要聚焦早期的民族工业，重点支持制造业，上海最早的纱厂、制皂厂、中华书局等都是浙江实业银行的主要客户。再如，上海商业储蓄银行，它主要服务普通大众客户，该行第一个推出1元钱储蓄，还推出了有奖储蓄、女子储蓄、老年储蓄等产品。还有一家浙江兴业银行，非常重视支持国际业务和外资在华企业，是中国最早推出瑞士法郎存款业务的银行，上海的主要电厂、自来水厂都是这家银行的客户，当时受国内技术所限，许多公共服务设施都是由外资经营管理的。还有一些很另类的案例，比如大亨杜月笙也创办了一家中汇银行，中汇银行大楼建设在上海公共租界内，位于现上海市延安路河南路口的原上海自然博物馆旧址。这家银行包揽了上海几乎所有的赌场、歌厅、跑马场的收款业务，还包括当铺、鸦片等其他银行不敢涉及的生意，之所以有这样的所谓"专业能力"，其中的原因不言而喻。

五是学习积极性高。许多华资民营银行都很重视从西方学习企业管理的新技术和好经验。比如，上海商业储蓄银行有很严格的录用考试制度，凡是在口岸行担任经理的，必须要有商学院或海外留学经历。这家银行每年都举行新员工培训，设计了长期激励约束计划等。那时上海商业储蓄银行在全国有110多家分支机构，每年都组织内审稽核，还有突击飞行检查等。中国银行等机构从开业起就采用了复式记账法等西方近代的会计管理和资产负债管理工具。中国银行的总经理张嘉璈为了制订国际汇兑业务发展规划，曾经亲自用10个月对欧美的金融同业和市场进行实地深入学习考察。从某种程度上看，当年的华资民营银行可能是在企业管理领域学习西方先进经营管理经验最积极、最深入的行业，这些都为当时华资民营银行的发展创造了重要条件。

1918：同业公会成立

1918年，上海成立了同业公会。同业公会由著名的上海银行家午餐会演化而来，起初只是一批华资民营银行的高管为了交流信息、撮合业务、探讨合作而每天中午进行的非正式的聚餐交流，久而久之形成了建立行业合作组织的构想。公会的第一批创始银行包括中国银行、交通银行、浙江兴业、浙江地方实业、上海商业储蓄、盐业、中孚、聚兴诚、四明商业储蓄、中华商业储蓄、金城等，首任会长是宋汉章，副会长是陈光甫。2018年正值上海同业公会成立100周年，近期许多出版物记载和总结了那段历史。

同业公会的建立对当时华资民营银行业的发展起到了积极的促进作用，具体体现在四个方面：其一，信息共享业务合作，同业公会定期编纂内部交流刊物；其二，建设统一金融市场，同业公会推动建立了中国最早的同业经营市场，即上海金融票据所，集中开展银行间的票据交换，大大提升了跨行清算效率；其三，建立最早的征信体系，在同业公会组织下，华资民营银行共同组建了最早的征信所，类似今天的征信体系，促进了银行体系的风险控制能力提升；其四，探索化解危机互助机制，比如，当年内忧外患，日本为准备侵华战争有预谋地组织金融侵略，在上海大量投放假钞，很多银行受到冲击，造成挤兑风波。这一风波，正是在行业协会的协调和公会会员的相互支持下才最终化解。

值得一提的是，在这个历史发展时期，涌现了一大批知名华资民营银行家，其中包括张嘉璈、陈光甫、吴鼎昌、徐寄庼、钱新之、谈荔孙等。他们大多数出身寒门、聪颖好学，后来都经历海外留学和大型机构的历练，积累了深厚的行业经验，形成了务实的工作作风。

最有代表性的是陈光甫，他出身贫穷，11岁跟随父亲在海关当报关员。因为报关单需要用英文书写，他边工作边刻苦自学英文，21岁时已经具备较强的英文听、说、读、写能力。此后，他进入汉阳兵工厂，并得到机会参加了世博会的翻译工作。由于世博会的机缘，他得到了政府的一笔资助到美国读书。他从宾夕法尼亚大学商学院毕业回国后，先在政府当官员，但不满政府官僚作风，便下定决心进入实业界。

他第一站进入了江苏银行担任经理，之后创办了上海商业储蓄银行。创办之初的资本金只有10万元，实收资本仅7万元。然而，在短短22年间，这家银行资本从10万元升至1004万元，存款市场占总存款的10%，共1.8亿元，相当于170万两黄金，贷款占市场贷款总额的30%。在他的推动下，上海商业储蓄银行进行了很多金融服务的创新探索，赢得了良好的口碑。

陈光甫曾在日记里寄望同仁"敬远官僚，亲交商人"，反映出那一代银行家的矛盾处境。由于特定的历史背景，他们既要跟政府打交道，又不愿委身投靠；既有为国分忧的士大夫情怀，又有谋求商业利益的精密算度。有些史实很值得细细品味，例如，1938年日本侵华之后，国民党政府为解决财政困难计划向美国举债，陈光甫陪同胡适一起到美国四处游说，但到处碰壁。陈光甫利用他的经验和人脉，了解到美国当时非常看重战略物资的储备，于是经过认真构想，向美国国会、财政部及其他商业机构提出了用中国的桐油、锡矿的未来产量作为抵押，并由上海商业银行等几家中美机构共同组建一家公司专门负责国内桐油、锡矿采购和对美贸易的全套方案。这个方案既解决了外债偿债信用的难题，又对上海商业储蓄银行业务起到了促进作用。在美谈判临别之际，美国前总统富兰克林·罗斯福专门接见了陈光甫，评价他是中国第一银行家，把他看作是中国国家信用的重要组成部分。

1928：寡头垄断时代

1928年以后，中国进入了寡头垄断时代，最大的标志是成立了中央银行、中国银行、交通银行、农业银行四家银行。表19-1是1928年中央银行、中国银行和交通银行的主要数据汇总，它们的实收资本、放款规模和钞票发行都占据整个中国市场的40%左右，很多民营中小银行的生存空间被大大挤压。

表 19-1　中央银行、中国银行和交通银行的主要数据

行名	实收资本（亿元）	资产总额（亿元）	钞票发行额（亿元）	各项存款（亿元）	各项贷款（亿元）
中央银行	1.00	4.78	0.86	2.73	1.67
中国银行	0.20	9.76	2.05	5.47	5.35
交通银行	0.08	4.25	1.12	2.93	2.63
全国合计	3.34	42.96	6.23	29.81	26.07
3家银行占比（%）	38.00	44.00	65.00	37.00	37.00

20世纪20年代初，北洋政府已名存实亡，各地军阀割据，后来的国民党政府军费开支需求巨大，需要大量金融支持以解决财政困难。但各民营金融机构却若即若离，态度冷淡。在此情况下，国民党政府于1928年11月1日在上海正式成立了中央银行。同时，对中国银行、交通银行两家当时最大的民营银行分多次注入官股，实现了股权控制，又通过对管理层人员和管理权限的调整实现了对两家银行的实际控制，最终形成了官僚资本家族的金融寡头垄断。

从那时开始，中小民营银行开始逐渐衰败，在后来的抗日战争、解放战争期间，更是颠沛流离、境遇惨淡，有的被中央银行、中国银行、交通银行和农民银行收编甚至侵占，有的破产倒闭，也有的迁徙到中国香港、东南亚一带谋求生存发展。历史上，中银香港在香港有13家所谓的"姊妹行"，其中大多数就是在那个历史时期陆续南迁到香港地区经营的民营银行。

1928年是近代中国民营银行衰败的起点，到1949年5月28日，这个历史阶段的民营银行发展被画上了休止符。我个人之所以认为时间点可以定在这天，是因为那天发生了一个标志性事件，人民解放军在上海正式接收了国民党政府中央银行金库钥匙。这个事件可以看作是金融控制主权的一种更迭，从此，新中国的金融体系建设进入了全面国有控制的大一统时代，近代民营银行短暂的发展历程告一段落。

问今生：中国民营银行再启程

回顾历史是为了让大家从各个角度来理解，要推动金融体制改革并重启民营银行的发展是需要具备各种必要的历史条件的，直到改革开放40多年后，这样的条件才逐步酝酿成熟。

一方面，社会主义市场经济，尤其是中国民营经济发展到今天，民营产业资本具有了强烈的向金融资本"惊险一跃"的内在动力。历史上，不管是欧洲的罗斯柴尔德家族，还是美国的摩根家族、福特家族，都是先完成产业资本积累之后才逐步进入金融产业，并有效促进了当时欧美主要经济体的金融能力提升。当前的中国民间产业资本也同样具有这样的初步能力和强烈愿望。

另一方面，经过40多年改革开放，中国金融总量规模已经足够巨大，金融机构也数量众多、体系完整，国际影响力也在不断提升，全球前10家银行中，有4家银行是中国的。但与此同时，中国金融业目前的结构性问题仍然比较突出，金融服务实体的能力还存在短板，突出体现在服务民营、服务小微、服务科创、服务三农等普惠金融领域的能力比较薄弱。由于现有金融体系的内在机制缺陷，金融服务的同质性强、差异化能力不足、服务效率不高，普惠客户的获得感和满意度不高，金融行业的供给侧改革也势在必行。

我们观察到许多民营产业资本，由于长期耕耘某个细分市场，对普惠细分市场的客户需求理解更准确，对风险把控也有独到的经验和能力。经营战略本质上是董事会和股东提出的战略，如果在普惠金融的发展过程中，能够引入更差异化的合格投资人，尤其是层次丰富、多元化的普惠领域产业资本股东，应当能够对中国的普惠金融发展起到积极的促进作用。

国际先进经验也能提供不少实证。比如，在美国近几十年的发展中，持牌银行在不同历史时期始终保持在 8 000～10 000 家，其中绝大部分是中小银行，也是以差异化特色服务为主的区域性银行。这些中小银行普惠金融服务的覆盖面很广，通常并不强调规模，不追求综合化和多元化，相反，十分强调产融结合，从事自己熟悉的领域、熟悉的业务，和熟悉的客户打交道。

所以这一次民营银行的再度启程，既是民营经济自身逐步发展成熟的内在需求，也是现有中国金融体系不断补充、优化、完善的环境要求和历史要求。2014年中国银行业监督管理委员会（简称：银监会）的首批5家民营银行正是在这样的背景下应运而生，其中包括：微众银行，以腾讯社交生态的普惠零售业务为主；网商银行，以阿里生态的小微经营者业务为主；华瑞银行，以科创金融、小微企业供应链金融等为核心业务；等等。银监会于2015年颁布了

《关于促进民营银行发展的指导意见》，为后续民营银行的发展提供了基本制度依据。该指导意见开宗明义地提出，"鼓励民营银行创新发展方式，提高金融市场竞争效能，增强对中小微企业、三农和社区等经济发展薄弱环节和领域的金融支持力度，更好地服务实体经济"。

2017年末，第二批共12家民营银行获批成立，覆盖了许多中西部省份，目前这些民营银行都陆续明确了自己差异化普惠金融服务的战略方向，主要集中在消费金融、供应链金融、科创金融、三农金融等服务领域，其中有一些银行还特别注重与主要股东的主营业务相互协同赋能。经过3年左右的发展，17家民营银行规模增长稳健，盈利状况良好，整体风险较低，经营情况良好。资产总规模超过了3 380亿元，净利润接近20亿元，不良贷款率在0.5%左右，资本充足率也保持在20%左右的较高水平。

当然，初创阶段的民营银行也面临很多困难和挑战：

第一，服务渠道非常有限。民营银行目前多遵循"一行一店"模式，线下服务普惠的覆盖能力非常单薄。

第二，经营资质不够齐全。民营银行在产品创新、业务创新过程中，由于缺乏衍生品交易资质、理财资质、存托管资质、资产证券化资质等，经营创新受到很多约束。有些民营银行甚至在接入清算体系方面遇到不少技术困难。

第三，流动性管理压力较大。大部分民营银行的核心存款比较短缺，主要依靠同业负债进行资金来源补充。这两年监管机构对同业负债依存度的要求非常严格。因而，如何在探索普惠融资服务的同时，建设好长治久安的稳定负债模式，是民营银行普遍面临的难题。

第四，资本持续补充压力大。《关于促进民营银行发展的指导意见》对民营银行股东准入有很严格的要求，比如连续3年盈利，利润要达到一定水平，资产负债率必须在50%以下，实际控制人必须是中国公民，股东资质需要地方政府先行审核推荐等。在当前实体经济压力较大的现实环境下，这对民营银行的持续资本补充形成了一定压力。

第五，对于股权激励等民营银行发展普遍存在的诉求，目前政策还不明朗，需要时间进行研究探索。

由于2017年经济处于下行调整期，民营银行本身处于初创阶段，市场信用积累不足，客户基础比较薄弱，相对严峻的外部经营环境充满挑战，民营银行面临各种市场风险、信用风险等。从发展经验看，一家银行从创立到成熟，一般需要10～20年的历练，需要经过一到两个经济长周期的考验，所以民营银行的发展道路还非常漫长。

问未来：中国民营银行前景思考

回顾历史，是为了思考未来。民营银行未来的发展应当遵循怎样的规律？应该遵守怎样的原则？银监会副主席曹宇在一次专题会上专门阐述了民营银行发展的三项要求。第一，坚持定位不能变，即服务实体、服务普惠、服务小微大众的初心不能变；第二，风险防范不能松，初创期的民营银行抗风险能力比较脆弱，必须扎牢风险防范的底线；第三，创新探索不能停，希望民营银行脚踏实地、循序渐进地进行差异化特色的创新探索。

业界学者也试图通过对国际经验的研究，总结出一些可供我国民营银行借鉴的发展规律，由于在欧美主要发达国家可参照的国际经验不多，许多研究聚焦韩国等国家和我国台湾地区。这些区域也曾经历过长期的市场封闭和金融管制，后来通过经济开放和制度变革推动了经济腾飞，其民间金融和民营银行的发展对我们具有一定的参考意义。

其中我国台湾民营银行的发展历程给我们的借鉴意义更为直观，最近两年相应的研究成果也比较丰富。1949 年之后，由于特殊的政治和历史背景，台湾也在较长时期内实行所谓的公营银行垄断经营的金融政策。1989 年前后，台湾地区陆续启动了各项金融体制改革，推行了利率和汇率的市场化机制，修订了《银行法》，金融业对外资放宽了准入，同时允许民间资本开办银行。民间资本实力提升很快，踊跃地开办银行，在短短 20 多年内，人口只有两三千万的台湾地区，从无到有最多时出现了 50 多家民营银行。但 1998 年金融危机之后，大部分民营银行就因为经营不当或遭遇重大风险而宣告破产，被其他内外资银行并购重组，只有富邦银行等少数银行存续发展至今。表 19-2 是其中有代表性的一些民营银行。台湾地区民营银行的发展应验了那句古语，"其兴也勃焉，其亡也忽焉"，其中的经验和教训令人深思。

表 19-2　台湾地区民营银行概况

银行名称	成立日期	现况
联邦商业银行	1991-01-21	未成立金控，市场份额小
远东商业银行	1992-01-11	未成立金控，市场份额小
玉山商业银行	1992-02-21	成立玉山金控
台新商业银行	1993-03-23	成立台新金控
富邦商业银行	1992-04-20	2005 年 1 月 1 日合并台北银行，更名为台北富邦银行
安泰商业银行	1993-04-15	未成立金控，市场份额小
万通商业银行	1991-12-30	2013 年 12 月并入中国信托银行
大安商业银行	1992-01-04	2002 年并入台新银行
中华商业银行	1991-12-31	2008 年 3 月 29 日由香港上海汇丰银行接收
亚太商业银行	1992-01-12	更名为复华商业银行，再并入元大商业银行
华信商业银行	1992-01-28	2002 年 7 月更名为建华银行，2006 年 12 月建华银行合并台北国际商银，更名为永丰商业银行
万泰商业银行	1992-02-11	并入开发金控
泛亚商业银行	1992-03-04	更名为宝华商业银行，再并入星辰银行
中兴商业银行	1992-03-12	2005 年 3 月 19 日并入联邦银行
大众商业银行	1992-04-02	并入元大商业银行
宝岛商业银行	1992-04-09	更名为日盛商业银行，待价而沽

总而言之，以下这些教训值得我们认真吸取：

第一，宏观规划欠审慎。当时台湾地区金融放开的总体战略方向应当说是正确的，但战略实施的路径尤其是推进的节奏，缺乏必要的顶层规划，过于激进，不够审慎。

第二，股东资质欠把关。当时台湾地区在民营银行准入的过程中，对合格投资人、对股东资质的审核过于宽松，甚至有黑社会背景的企业也成了民营银行的股东，银行成了洗钱的通道。

第三，公司治理欠规范。我们现在推进的民营银行试点改革，特别强调公司治理的规范性，特别重视防范关联交易和利益输送，严格要求每家银行董事会都要配置相应数量的独立董事，对董事有任职资格考试和后续培训等制度，监管机构还将监管延伸到主要股东机构。但在台湾地区民营银行开放时期，都没有这些制度安排，公司治理比较涣散，许多银行的独立董事形同虚设。

第四，业务经营欠特色。当时台湾地区经济正处于高速增长阶段，尤其是芯片制造等行业发展迅速，但由于经济规模小，产业集中度较高，民营银行在纷纷进军这些行业之后，不得不在同质性很强的业务竞争中降低收益以换取份额，所以民营银行的利润率大大低于行业平均水平。

第五，风险内控欠实效。台湾地区民营银行数量增长过快，总体风险管理基础相对薄弱，风险管控水平相对较低，内控制度建设暴露出许多缺失，有些民营银行在经营中还受到了股东的不当干预。这些民营银行在遭遇1998年国际金融危机冲击之后，一蹶不振。

以下是对民营银行的几点认识：

第一，从政策层面看，常态准入如何真正实现常态？这个问题的本质涉及对民营银行的监管，这既有一般商业银行监管的通用要求，又有特殊要求。《关于促进民营银行发展的指导意见》对金融监管提出了三条原则要求，即三个坚持：坚持全程监管，坚持创新监管，坚持协同监管。民营银行的发展处于初创期，与此对应的民营银行监管也处于探索期，既要积极推动发展，又要审慎防范风险，既要防范普适性的风险，又要防范特殊性的风险。民营银行的科学监管也需要较长时间进行理论和实践的探索。

第二，从股东层面看，"耐心资本"[①]如何真正做到耐心？目前在民营银行的筹办过程中，股东对银行开办后所要履行的责任都需要做出承诺，比如，以"剩余风险补偿"为核心内容的"生前遗嘱"，比如"持续资本补充"的责任承诺等。但资本客观上有逐利的内在属性，尤其是中小股东表现得更典型一些，会更关注银行的短期财务回报，存在对民营银行改革的政策导向理解不深、对银行的长期可持续发展心理准备和实力准备不足等问题。

第三，从经营团队看，职业经理人如何真正体现职业？初创企业难，初创银行难，初创民营银行更难。由于种种体制机制的约束，在中国商业银行领域还没有真正形成职业经理人队伍，现有民营银行的经营团队骨干绝大部分是从成熟商业银行转型而来。其面对的经营管理条件和原有成熟机构有着天壤之别，要平衡好股东、监管、客户、员工等方方面面的差异化诉求，挑战和压力非常巨大，既有经营上的普适性困难，又有管理中的特殊性矛盾。但由于政策所限，目前尚无法通过股权激励等方式对民营银行的经营团队进行长期激励约束等，所以在过去几年中，民营银行高管队伍的变动也非常大，队伍不太稳定。有些银行迟迟招募不到理想的经营团队，有些银行经营团队核心成员频繁更迭。这些现象，从微观来看体现了许多经理人对民营银行所面对的挑战、压力的思想准备不足，从宏观来看反映出中国商业银行业

---

① 耐心资本（Patient Capital）是长期投资资本的另一种说法，泛指对风险有较高承受力且对资本回报有着较长期限展望的资金。——编者注

的职业经理人市场还处于萌芽阶段。

创业艰难，道阻且长。中国金融业的改革开放、创新发展的路程还很漫长，民营银行只是这一历史潮流中的一叶扁舟，让我们致力于和中国所有金融同仁一起，去努力探索法治化的良好公司治理、市场化的独立经营、差异化的普惠特色、职业化的专业队伍，去践行金融服务实体，以及金融使社会更美好的使命。

本文根据作者2018年6月15日在"北大汇丰金融前沿讲堂"的演讲整理，经作者审阅。

第 20 章
从历史中寻找金融的未来

洪灏

交银国际董事总经理、研究部主管

2017年，中国内地股票市场每日上下波动几十点，中国香港市场每日上下波动不超过 0.5%，美国市场每日波动幅度是近 30 年以来最狭窄的。以前我们做卖方，竞争的核心就是是否能够更准确地预测未来市场价格，但在 2017 年市场波动操作的区间越来越小，为投资人制定增值策略的难度也越来越大。我们不仅要看以前的成绩，还要站在过去积累的经验的基础上，更好地往前看。所以，下面我和大家分享长周期历史图，希望从历史中找出未来的规律。

2016 年以来，宏观策略面临非常大的挑战。最近，金融领域发生了一件大事：英国知名对冲基金经理休·亨德里（Hugh Hendry）宣布，将关闭他运营的旗舰对冲基金以及他管理的资产公司，因为他觉得宏观对冲无法获得收益。2015 年 8 月 11 日，中国人民银行再次启动了新一轮的人民币汇率改革，人民币 10 年以来第一次主动贬值。之后，我与休·亨德里先生在新加坡的一档电视节目中进行对话，对话的主题是"中国市场的前景以及人民币贬值的潜在可能"。当时，在美元对人民币的汇率达到 1 : 6.1 左右后，人民币快速贬值。休·亨德里作为正方，认为人民币可能升值；我作为反方，认为人民币将继续贬值。结果在接下来的 12 个月，人民币果然继续贬值，而且让 2015 年股灾的泡沫破灭进入第三个阶段，即股灾 3.0 阶段。

事后我进行了反思，为什么亨德里说宏观对冲赚不了钱？2017 年，做得好的宏观对冲，如桥水基金，可能一年增值 3%；反之，可能达不到 3%。所以，在低利率的环境中通货膨胀率很低，如果你的盈利率还赶不上通货膨胀率，就是一件非常危险的事情，说明你的财富实际上正在缩水。

如今宏观对冲最大的问题是什么？第一，没有便宜的资产，所有的资产类别都非常贵。美国等发达国家股票的估值都在历史高点。无论是在中国，还是在发达国家，房地产市场都处于历史高位。欧洲债券和日本债券负利率，美国债券利率为 2.3%，基本上回到 20 世纪 60 年代的水平。由于估值高，在这样的市场环境下，今后 5～7 年宏观对冲当然不好做。

第二，由于所有资产类别的相关性提高，整体市场对冲风险的能力降低。这也是一个更大的挑战。

现在我们就面临更大的挑战：自金融危机以来，尤其 2013 年钱荒[①]之后，无论是国内还是国外，债券和股票的相关性大幅上升，比如从 2015 年的"股债双牛"到 2016 年下半年的"股债双熊"。

在这种环境下，不仅资产估值高，而且在风险来临的时候，没有比较有效的规避风险的方法，这是非常可怕的情况。各种资产估值非常高，以至于之后 5～7 年内都很难再有进一步的上升，同时由于很难进行资产配置，很多宏观基金被迫关闭。

---

① 钱荒，指的是由于流通领域内货币相对不足而引发的一种金融危机。——编者注

最近，国内外的分析师都在关注回调，有些分析师每天发布一份20～30页的研究报告。这是一个信息泛滥的时代，卖方分析师不得不放弃思考，希望以量取胜，正如武侠小说中的一句话，"天下武功，唯快不破"。但是我们如果看清楚宏观趋势，并不需要每天看新闻。

我们在市场上做交易时有一个梦寐以求的指标，因为做交易要形成一个系统，所以我们最需要一个工具，这个工具可以告诉我们什么时候是高点、什么时候是低点。

比如，标普500指数、道琼斯工业指数不断创新高，恒生指数最近连创新高，中国上证指数在2017年9月成功突破了3 300点，这是2015年8月以来的第一次。1987年10月，也就是1987年的"黑色星期一"，标普500指数暴跌了25%，这是有史以来单日跌幅最大的一次。1990年由于海湾战争，2008年由于金融危机，市场也出现了暴跌。此外，1998年、2007年和2015年出现了暴涨。1998年8月俄罗斯发生金融危机，卢布暴跌，导致美联储被迫降息，同时美国TMT泡沫从1998年延续到了2000年。

2015年中国股市的泡沫破灭了，导致全球市场发生巨大震荡且持续至今，个股回报中位数再次回到高点。作为一个策略师，我可选择的能够跑赢市场的产品越来越少，跑赢市场指数的难度越来越大，可选择的跑赢市场中位数的个股也越来越少。

2017年，无论是中国市场，还是海外市场，市场结构性分化非常严重。而2017年有机会操作长线的人，很容易获得比较高的收益，但是做小盘股的难度非常大。在美国，市值最高的五大科技股FAAMG（指Facebook、Apple、Amazon、Microsoft、Google），2017年以来贡献了股指过半以上的增长，也就是说，你要跑赢市场很简单，将所有钱投入这5只股票，每只股票跑赢20%。在中国香港地区更简单，腾讯的股票市值占了港股总市值的11%。2017年，腾讯的投资回报率接近80%，你要跑赢市场就更简单了，只买一只股票就可以了,但是你的基金投资者不让你这么做。

图 20-1 中体现了标普的估值,2000 年、2007 年和 2015 年 6 月,美国标普指数估值再次达到高点,2017 年仍然在高点附近徘徊。在市场流通性减少的时候,很多人用估值做市场预测,这是很危险的,为什么?因为估值贵的时候,它可以更贵;估值便宜的时候,它可以更便宜。它会越来越超买[①]超卖[②]。有的人喜欢做一些情绪指标,没有情绪指标的人可能会用一些工具做市场预测。

图 20-1 标普的估值

再来看香港市场的风险溢价。2017 年已经达到了历史极端,运用估值来进行市场预测获利困难,即便彭博社已经发现恒大超买了,恒大的市值在 2017 年仍然涨了 5 倍,融创 2017 年涨了 4 倍,所有这些股票包括恒生指数的 RSI 涨幅都是在 70% 以上。所以,从传统角度来考虑,如果你用 RSI[③] 做预测,2017 年会亏得很惨,因为 RSI 达到 70%,你就会赶紧撤资,然而之后市场却用不断

---

① 超买,是指资产的价格升至基本面因素无法支持的水平,通常发生在价格短时间内急涨之后。超买意味着价格很容易出现向下修正。——编者注
② 超卖,指一种证券的价格显著下跌后,近期内可能上涨。——编者注
③ RSI(Relative Strength Index),即相对强弱指标。——编者注

超买的条件去化解以前超卖的状况，也就是价格不断地抬高，这是一个非常典型的牛市的特征。用市场估值做预测的人会告诉你，这条线已经回到了历史的最高水平。他很可能会吓得退出，因为估值这么贵，流通性开始紧缩。

2017年，中国人民银行的资产负债表在重新扩张，因为中国的外汇储备跌至3万亿美元以下，由于资本跨境流通的限制，中国外汇储备重新回暖。欧洲中央银行意识到2010年加息的错误决定之后，不断地强化量化宽松政策。日本中央银行的资产负债表也在不断扩张，根本收不回来。2017年日本的状况是，GDP增长率从年初的0.3%回暖到0.8%。只有美联储的资产负债表在达到4.5万亿美元之后，从2015年之后没有再扩张。

所以，在历史上，当流通性增强的时候，股指迅速膨胀，膨胀得很厉害，因为钱多了，我们可以做更多事情了。在流通性递减的时候，从历史经验考虑，我们会看到变化，但是现在还没发生。

再来看美国10年期国债（见图20-2），1984年美国发生石油危机之后，10年期国债的利率最高时一天达到14.5%，之后开始降低。1984年，美国前总统里根下令，房产涨价时不需要记入CPI，当然这也是一个时代的产物。在石油危机发生之后，美国的10年期国债收益率，也就是利率水平，不断下降。

当美国的10年期国债收益率下降时，我们发现一个特别有意思的规律，这也是我们做交易时的一个梦想、一个在下行通道[1]里的工具，让我们知道什么时候市场处于高点、什么时候处于低点，因此在高点时我们卖出，低点时我们买入。

图20-2展示了1987年"黑色星期一"、1989年信贷危机、1994年墨西哥金融危机、1997年亚洲金融风暴、2000年互联网泡沫、2007年次贷危

---

[1] 下行通道指震荡走低的行情。——编者注

机、2010年8月美债评级历史上首次下调以及2011年欧债危机发生时美国10年期国债收益率的波动情况。每一次美国的10年期国债收益率进入下行通道时，交易员就马上将手上的仓位清掉。2013年5月，美债收益率在一个月之内飙升了80个点，这是一个非常明显的信号。因为当时全球经济并没有完全复苏，所以收益率上升将对整体经济运行造成较大的压力，与现在的情况不完全一样。所以2013年，我们对"钱荒"的判断是一个非常直白的判断。

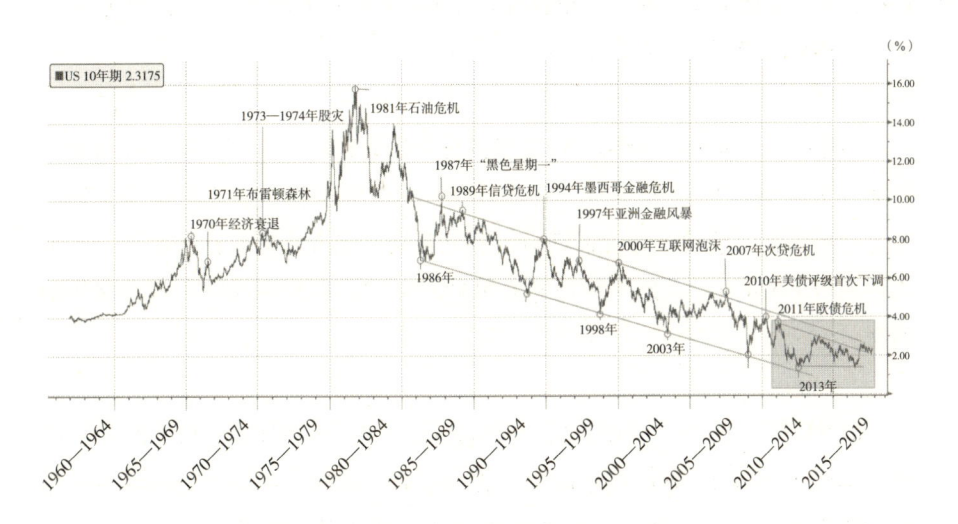

图20-2 美国的10年期国债收益率走势

上文提到，房子、债券、股票、大宗商品等资产都持续升值到了比较高的价格。2016年6月，我去上海参加大宗商品的国际年会，螺纹钢每吨的价格才2 600元，近期我去青岛再次参加国际年会，螺纹钢价格已经涨到每吨3 800元了。在这么多资产不能够提供低价的时候，尤其是未来5～7年里，所有资产关联性逐渐变成1的时候，只有市场的隐含波动率不变，资产之间的交易才能保持平衡。

我每天接到不同的人打来的电话，但电话的内容都是一样的：今天会不会回调？A股甚至港股是一个非常独特的市场，在这个市场中，你只能做多，不能做空；即便你要做空，做空的工具也非常有限；你要融券，融券成本非常高；你要做期权，大部分是场外；你要做期货，要开空，可能受到监管部门的限制，所以非常难。

这是一个非常有意思的市场，当你只能做多的时候，就得非常讲究了。因为多买或少买一元钱意味着以后完全不一样，在市场下行的时候，你没有办法保护自己，只能清仓。所以，投资者对市场的择时要求非常高，同时也造成了A股市场盲目崇拜的个别现象。

在这个大环境中，要给投资者提供有价值的建议，并不是要正确预测市场哪一天回调。2017年7月，我在接受采访时明确提出，立秋是很关键的节点，市场很可能出现较大的回调，后来香港市场8月8日达到高点，三天之内下行1 000点，这是过去12个月里最大的一次回撤，形成了一个比较大的机会。

但是，当你预测了回撤之后，投资者会再问：市场还能下降多少点？投资者会觉得下降了1 000点不够，还想往下降。同时，A股只能做多不能做空，那么如何评定A股基金经理和A股卖方研究员的效益？A股甚至港股市场的参与者，很多时候只看当下赚了多少钱，而不关心所承担的风险。比如，2017年，橡胶期货价格先从每吨1.4万元涨到每吨2.8万元，再跌到每吨1.3万元，交易过程非常令人煎熬。所以，最好的分析师不是预测市场何时上涨，而是必须知道在市场哪一个点位时全身而退。有一种分析师专门在拐点时给大家提示，他们并没有随行就市，涨的时候做空，跌的时候做多，这种分析师反而是值得大家关注的。

图20-3是我们根据市场价格倒推得出的香港市场的隐含风险溢价。在2017年6月最后一个星期，香港市场的隐含风险溢价回到2007年10月12日的历史极端水平。历史上，当风险溢价处在低点时，未来数月将发生极端风险事件，如1994年墨西哥货币危机、1997年亚洲金融危机、2000年互联网

泡沫以及 2007 年全球金融危机。极端的市场溢价反映了投资者对市场的狂热乐观情绪。这种极端情绪受三个因素影响：利率的提升、对经济预期的兑现和整体市场估值。这次有什么不一样？

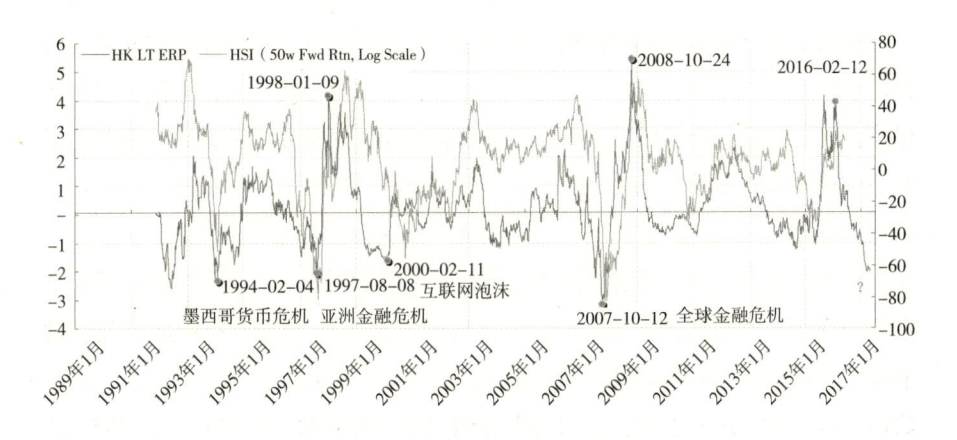

图 20-3　香港市场的隐含风险溢价

我在 2017 年 6 月做下半年展望计划的时候非常纠结。因为所有风险指标都显示市场将会发生一次比较大幅度的回调，但是市场却在应该调整的时候不回调，比如，在欧洲恐怖袭击以及中国七八月经济数据开始显示中国经济增速下半年放缓时。

从市场的角度展望，我们要考虑的是：现在市场最大的风险是什么？市场的共识是什么？现在，市场共识就是经济增速要放缓。中国和美国的市场共识基本一样。当市场达成共识时，我们要思考在市场中什么东西已经被遗忘。

上文展示了风险指标、利率指标、价格指标、股值指标等一系列参数，所有的参数都停留在历史极端水平。在市场价格处于极端位置的时候，从这个市场价格倒推对经济和市场的前景预期，不是一个合适的做法，因为市场价格运行到极端的时候，反映的是所有市场共识能够知道的情况都被预测到了。同时，对未来的预测都是错误的，未来出现的结果往往与市场预期并不一致。

通货膨胀的前景和预示

2017年3月,当生产者价格指数达到顶点后开始滑落时,大家觉得通货膨胀基本上见顶了,下半年可能没有通货膨胀了,债券可以看多;经济增长放缓,通货膨胀压力下行,股票也可以看多。

我们需要从一个更长的时间窗口看待通货膨胀风险。当你跳出6个月甚至12个月的时间窗口时,就会发现通货膨胀风险很难预测。每个人对通货膨胀的感知是不一样的。假如你问持有几套房产的人有没有通货膨胀,那么答案一定是有,因为通货膨胀表现在房价的上升上。假如你问有孩子上学或上补习班的人,有没有通货膨胀,那么答案是通货膨胀太猛了,在过去20年中,美国的学费涨了6倍,补习班的学费也明显有所提高。

上文还提到各国政府应对通货膨胀风险的政策不同,比如美国里根政府,用租金支出取代了1982年一篮子商品中的买房支出,以便计算出较低的通货膨胀和较高的经济增长。

从1984年开始,美国10年期国债进入下行趋势。每一次美国10年期国债收益率的飙升都伴随着全球金融危机,那么收益率下行背后的推动力又是什么?只要知道推动力是什么及其如何变化,我们就能知道更长远的通货膨胀的预期及其以后的变化。

在图20-4中,黑色线代表美国劳动者收入和劳动生产率改善走势,灰色线代表美国的10年期国债收益率走势,虚线是美国的个人消费支出(PCE)走势,这3条线呈现出高度的相关性。对于10年期国债收益率的走势,有人认为是20世纪80年代非常紧缩的货币政策导致的,有人认为是英国前首相撒切尔夫人的政策导致了价格联盟的失败所致,还有人认为是美国前总统里根改变了CPI统计方法导致的,但最根本的原因是劳动者工资水平的增长速度赶不上劳动生产率的提高。

图 20-4　1960—2019 年美国劳动者收入及劳动生产率、通货膨胀与 10 年期国债收益率的走势

这也是为什么前几年我们做研究时发现，外国人总是批评中国劳动者工资的 GDP 占比在不断下降，而不同收入群体收入分配的差距也在不断加大。中国的基尼指数是全世界最高的，比美国还要高。但是更重要的一点是，美国和中国劳动者收入改善的速度都没有赶上劳动生产率的增长，导致全球通货膨胀水平下降。

美国 10 年期国债收益率下行更深层次的经济原因，是劳动者收入、劳动生产率和通货膨胀的关系。当劳动者收入改善的水平低于劳动生产率提高的水平时，剩余价值被剥削，通货膨胀压抑，长债收益率下行，反之亦然。最近，这两个变量的关系出现前所未有的背离。

当黑色线下降时，通货膨胀的压力随之下降，同时美国 10 年期国债收益率不断下降，一直到 2016 年第二季度，劳动者收入改善的水平开始超越劳动生产率提高的水平，表现在图 20-4 上，黑色线的走势和美国 10 年期国债收益率的走势产生巨大分歧，这可以说是史无前例的。如果照这个趋势继续发展，我们不要纠结于眼前或近期的通货膨胀，而要看到一年以后，通货

419

膨胀是必然会发生的。图 20-5 展示了 1965—2014 年间中国及美国个人储蓄率和美国贸易赤字的走势。

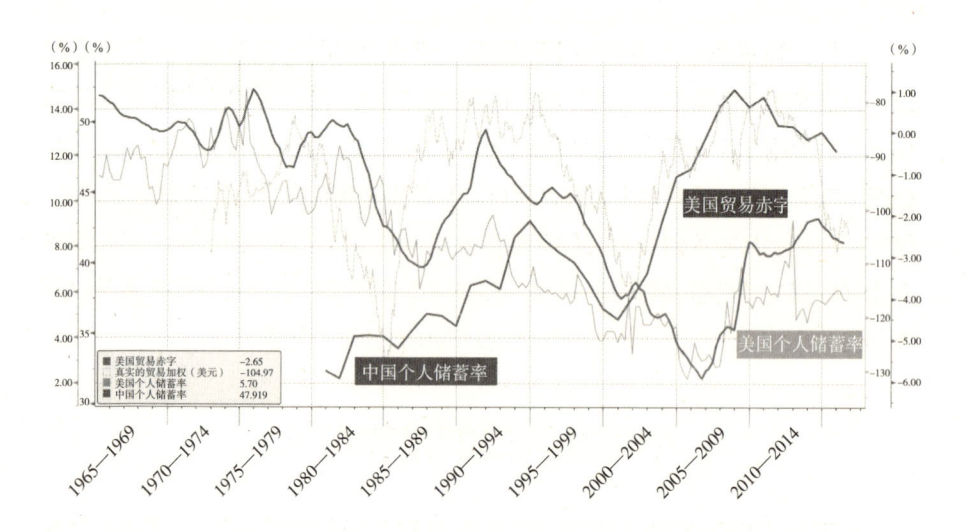

图 20-5　1965—2014 年中国及美国个人储蓄率和美国贸易赤字的走势

通货膨胀升高的时候有两种情况。第一种情况是经济周期持续、通货膨胀继续上升，这时反映的是经济欣欣向荣的现象，因为缺少工人，工人收入上涨，造成工厂成本增加，同时在工人收入上涨之后，边际消费率提高，所以社会通货膨胀水平提高。

第二种情况是经济增速开始放缓甚至倒退，但是通货膨胀水平居高不下，这是一个非常不好的现象，出现了经济增长后期滞胀的情形。在经济滞胀时，债券价格不能涨，股票价格不能涨，大宗商品价格在持续上涨之后不能继续走高，而是逐步进入下降通道，这是最差的情况。

所以，在大宗商品价格上涨的周期性行情下，需要注意的是经济周期的最后阶段，当然这里所指的最后阶段要长于 12 个月。大宗商品的高价恰恰反映了经济进入最后的增长阶段，即滞胀时期。这时我们要做的不是承担更多的风险以求得更高回报，而是要找风险更低的组合。市场的隐含波动率显示，使用组合风险对冲的成本仍然很小。

结构性通货膨胀发生的一个原因是：劳动力报酬分配不均。英美体系国家，包括美国、英国、加拿大等国，在20世纪70年代末80年代初收入不均的现象迅速加剧，由于没有制度和措施抑制这种现象，工人最惨，劳动生产力在提高，工人收入却没有同步上升，所以贫富差距不断扩大，基尼指数不断扩大。德国、法国、日本等国与英美体系国家截然不同，由于制度的保护，工人基本上能够得到应得的劳动所得。然而，英美体系的严重贫富分化和欧日体系的温和分化都反映了其不合理的再分配制度，即税收加剧了贫富不均。

中国经济的前景和预示

接下来讲中国的经济周期。最近有各种关于周期的辩论，但是很少有具体的数据。中国房地产投资有一个非常明显的3年周期。2003年、2006年、2009年、2012年、2015年都有非常明确的低点。

3年周期内的高点和低点非常明确。我们将这3年周期与中国经济的其他变量放在一起分析。螺纹钢价格变化与房地产投资周期密切相关。中国的房地产投资周期和中国的10年期国债收益率密切相关。将中国的3年库存投资经济周期和非食品通货膨胀放在一起对比，周期性非常明显。将中国的3年经济周期和中国股市周期以及中国狭义货币供给的情况放在一起，周期性也非常明显。在每天都有大量经济数据的市场中，我们居然可以用一个变量解释这么多情况。

同时，房地产投资周期的高点在不断降低，也就是说，2016年第一季度中，在50亿平方米在建、100亿平方米待建的房地产市场，房地产投资能够产生的边际增长越来越少。在2017年第二季度，房地产投资周期运行到顶部。2017年出现了一个奇怪的现象：房地产销售非常好，因为三四线城市继续去库存，但是房地产投资仍然只有个位数的增长，以前房地产投资的同比增速是 30%～40%。2017 年房地产投资增长完全来自基建，以同比 20% 的速度增长。一些香港投资者看到房地产估值才 3 倍市盈率，立刻花很多钱买入，所以港股投资者发现，在 2017 年房地产调控和利率上升的环境下，内房股[①]居然是表现最好的一个板块。这也是市场给出的信号，如果再投资，那么能够收到的收益很可能是下行的。

由于供给侧改革，2017 年的经济数据比预期要好。除了经济受到基建投资的托底之外，上游产业的复苏功不可没。在图 20-6 中，假如将 2 000 多家上市公司分成上游、中游、下游，黑线是上游公司实际盈利的变化情况，上涨了近 600%，这仅是截至 2017 年第一季度的数据。

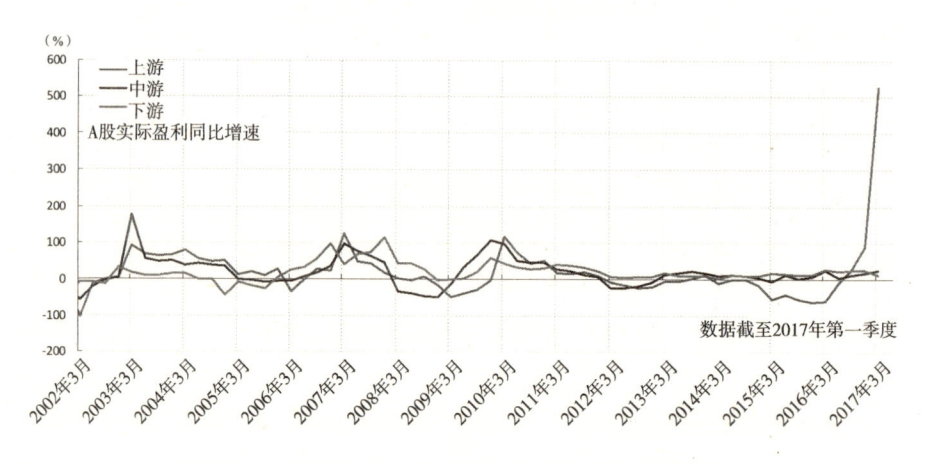

图 20-6 处在上、中、下游的上市公司的实际盈利情况

有人说在经济周期中，投资回报率变化的情况决定了下一阶段产能投资的情况，我们现在进入了一个新的产能投资的周期。但是消费已经占国民经济的 50% 以上，同时，第二产业占国民经济 20% 左右，服务业占很大一部分。如

---

① 内房股，就是在内地经营且已经上市的房地产公司的股票。这是香港常用的财经术语。——编者注

果投资回报率上升,导致上游企业继续在夕阳行业中不断追加投资,并不是我们想要看到的。

美国经济的前景和预示

美国经济也可以用很简单的指标去衡量,而且这也是一个领先指标(见图20-7)。

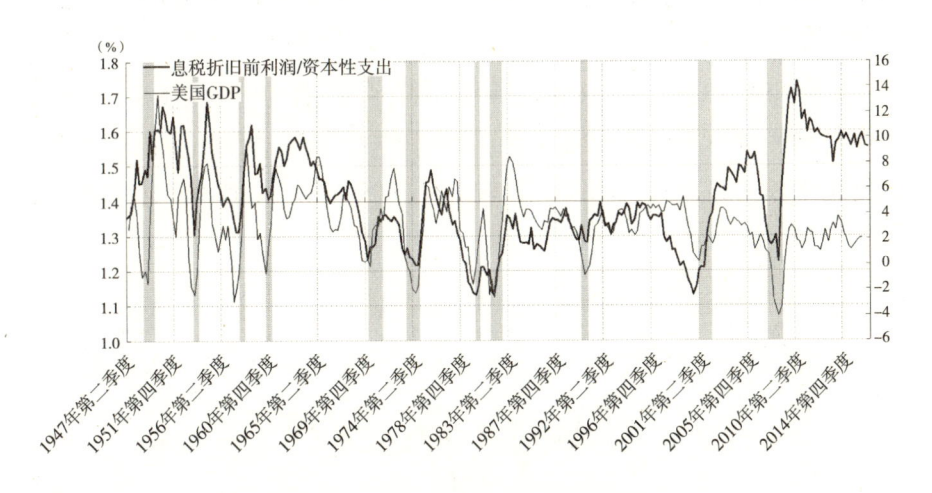

图 20-7 美国长周期经济领先指标变化

黑色线是美国实体经济中息税折旧前利润/资本性支出(EBITDA[①]/CAPEX)比率,我们用这个比率衡量过去 70 年中,美国实体经济每 1 美元 CAPEX 投入产生多少 EBITDA,EBITDA 是大致反映公司现金流的指标。

灰色区域表示美国历史上经济衰退的时期,黑色线与灰色线紧密相关,黑色线表示美国 GDP 的变化情况。但是要注意,灰色线领先黑色线两个季度。在领先指标方面,中国的股市周期和 M1 领先 3 年库存周期 3 个月,而美国

---

① Earnings Before Interest, Taxes, Depreciation and Amortization 的缩写,税息折旧及摊销前利润,即未计利息、税项、折旧及摊销前的利润。

的投资回报率则是美国 GDP 的长期领先指标，领先约两个季度。

美国的投资回报率自 2011 年左右见顶后，开始长期趋势性下行，但是在 2016 年小周期回暖。资本回报率的小周期回暖解释了 2016 年 2 月到 2017 年第一季度周期敏感性资产的表现。2017 年第一季度投资回报率再次延续下行趋势，预示经济增速将放缓。但是当投资回报率处于长期均值以上时，一般不会出现经济衰退。2017 年第一季度投资回报率再次延续下行趋势，与美债收益率曲线趋于吻合，且走势都趋于平稳。因此，美股大盘股的相对收益行情将延续。

从图 20-8 中看到，在图中所示的时间区间内，投资回报率最后一个高点出现在 2009 年 9 月前后。2009 年的高点基本上与第二次世界大战后美国经济复苏时期的投资回报率相当，同时，在 2009 年第三、四季度达到高点之

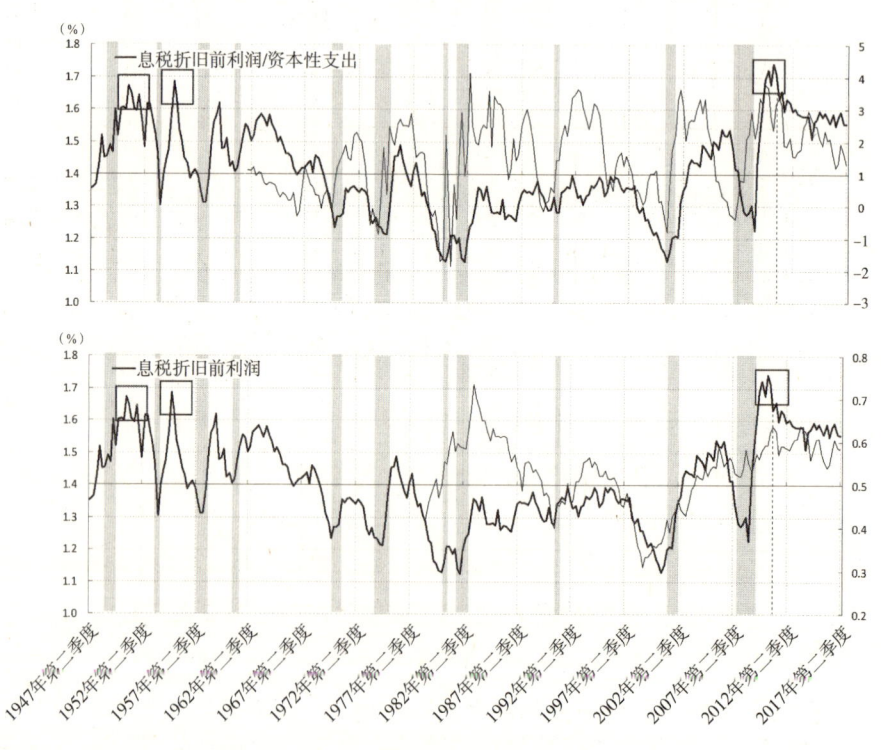

图 20-8　美国投资回报率和美债收益率的趋势

后，美国实体经济的投资回报率开始放缓，之后开始下行。美国经济在温和地复苏，投资回报率虽然在下降，但是仍然可以给予足够的回报。现在，美国政府的无风险收益率是2%，在这样的实体经济中，投资者有非常强的动机再投资，因为投资回报率和资金成本差别非常大。

图20-9显示了美国实体经济投资回报率的变化情况，可以据此预测大宗商品的收益率。我们可以发现新兴市场投资回报率和大宗商品收益率只是周期性回暖，从长期趋势来看还是下行的。

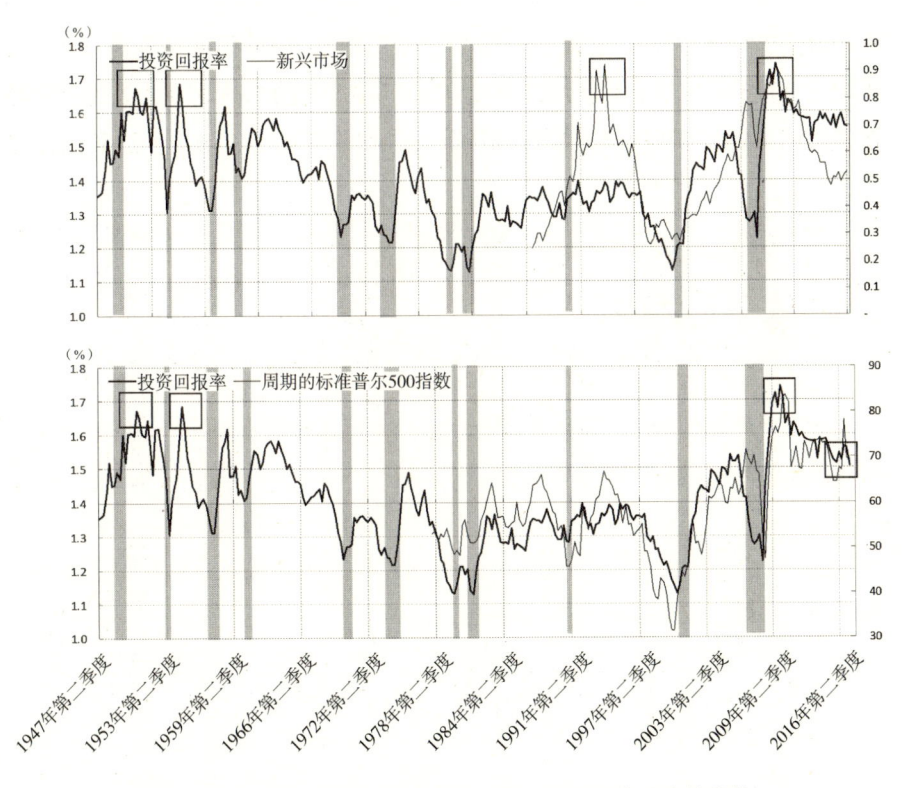

图20-9 美国新兴市场投资回报率和大宗商品收益率的趋势

全球大小盘的投资回报率基本上高度相关。再看投资回报率和新兴市场，以及投资回报率和周期市场的变化情况，绝对水平在下降。周期性的投资回报率在不断降低，收益率可能比大家想象的糟糕。

现阶段我们面临的一个最大挑战，不仅是所有的资产价格都到达了比较高的水平，而且在3轮接近10年的量化宽松之后，股指也涨了很多。我们很难找到一个价格尚处在低位的资产，这导致今后5~7年的投资回报将进入低速增长期。最大的风险是这些很贵的资产高度相关，导致了传统意义上的风险对冲机制失效。

最大风险是在1年以后，通货膨胀上升，导致利率水平上升。假如这个现象发生在经济增长的后期，造成滞胀的局面，这对于所有的资产类别，尤其是房地产，将会产生巨大的压抑作用。由于这些资产都是长期资产，如何规避这个风险，是我们现在面临的最大挑战。

2016年11月，美国VIX（波动率指数）上涨速度是有史以来最快的，2016年11月8日美国总统选举那一天，美国标普500指数先暴跌后反转的情况也是史无前例的。

然而，事隔几个月，大家都忘记了。作为资金管理者，我们可以做的事情就是风险对冲，以很低的成本构建一个工具，这样我们不用每天考虑什么时候回调，回调之后又问还有没有更好的买点。市场很可能还有新高，但这个新高很远，而且我们要经历一个惊心动魄的过程。我们现在不是着眼于赚多少钱，而是以什么成本降低多少风险。

本文根据作者2017年9月29日在"北大汇丰金融前沿讲堂"的演讲整理，经作者审阅。

后　记

2016年4月7日晚,"北大汇丰金融前沿讲堂"(以下简称"前沿讲堂")举办首场讲座。五年来,"前沿讲堂"已成为国内金融领域规模最大、规格最高、涉及领域最全、举办频次最稳定、会场秩序最好、持续时间最长的大型品牌金融学术论坛之一。

"前沿讲堂"由北京大学汇丰商学院主办,北京大学汇丰金融研究院承办,深圳市资产管理学会作为学术支持。北京大学汇丰商学院院长、北京大学汇丰金融研究院院长海闻教授发起创办"前沿讲堂",北大汇丰金融研究院执行院长巴曙松教授具体负责。北大汇丰商学院副院长任颋教授多次参与讲堂并致辞、点评,副院长李志义等学院领导都对讲堂给予了大力支持。

"前沿讲堂"得以举办,还要感谢海闻教授和巴曙松教授在北京大学汇丰商学院指导的硕士研究生方堉豪、朱伟豪、杨璨瑜、何师元、从钰佳、王佳慧、傅可倩、赵一迪、喻奇等同学,他们在讲堂的联系协调、会务组织、书稿初校等各个环节都付出了辛苦劳动。方堉豪、朱伟豪、喻奇、从钰佳、姚沁雪、丁宇等还在书稿编辑整理后期联系嘉宾确认稿件等环节中给予了诸多帮助。

"前沿讲堂"创办之初，嘉宾演讲文字稿的整理编校工作就在同步进行了。本书的整理编校主要由北京大学汇丰金融研究院和北京大学汇丰商学院公关媒体办公室（经济金融网）的编辑团队完成，北京大学汇丰金融研究院秘书长、北京大学汇丰商学院公关媒体办公室主任、经济金融网主编本力老师负责本书总体策划、篇目遴选、框架拟定及整体协调。叶静、绳晓春、曹明明、鞠琳琳、都闻心、郭倩等参与讲座文稿编辑、校对工作。谢凤、熊艾华、金颖琦、吴晨等负责讲座摄影、摄像、会务等工作。

感谢本书各章作者不辞辛劳，对稿件进行修改、补充，让本书基于讲座，又超越讲座，以新的生命力与广大读者见面。

本书得以出版，要感谢湛庐编辑团队，从选题策划、编辑修改到最终出版，她们在每个环节上都付出了大量心血，使本书日臻完善，也要感谢浙江教育出版社在本书出版过程中的辛苦付出。

"我们不仅要培养学生，更要推动中国经济的变革与发展。"海闻院长在北大汇丰商学院创办之初就将其定位于培养中国未来商界领袖的摇篮，把金融专业作为发展重点，并在汇丰银行的支持下，成立了北大汇丰金融研究院。

未来，"前沿讲堂"将继续作为北大汇丰商学院和北大汇丰金融研究院培养学生和服务社会的重要载体，记录金融变革，助力社会发展。

扫码关注"北京大学汇丰商学院"与"北京大学汇丰金融研究院"，了解金融前沿资讯。

未来，属于终身学习者

我这辈子遇到的聪明人（来自各行各业的聪明人）没有不每天阅读的——没有，一个都没有。巴菲特读书之多，我读书之多，可能会让你感到吃惊。孩子们都笑话我。他们觉得我是一本长了两条腿的书。

——查理·芒格

互联网改变了信息连接的方式；指数型技术在迅速颠覆着现有的商业世界；人工智能已经开始抢占人类的工作岗位……

未来，到底需要什么样的人才？

改变命运唯一的策略是你要变成终身学习者。未来世界将不再需要单一的技能型人才，而是需要具备完善的知识结构、极强逻辑思考力和高感知力的复合型人才。优秀的人往往通过阅读建立足够强大的抽象思维能力，获得异于众人的思考和整合能力。未来，将属于终身学习者！而阅读必定和终身学习形影不离。

很多人读书，追求的是干货，寻求的是立刻行之有效的解决方案。其实这是一种留在舒适区的阅读方法。在这个充满不确定性的年代，答案不会简单地出现在书里，因为生活根本就没有标准确切的答案，你也不能期望过去的经验能解决未来的问题。

而真正的阅读，应该在书中与智者同行思考，借他们的视角看到世界的多元性，提出比答案更重要的好问题，在不确定的时代中领先起跑。

湛庐阅读App：与最聪明的人共同进化

有人常常把成本支出的焦点放在书价上，把读完一本书当作阅读的终结。其实不然。

时间是读者付出的最大阅读成本
怎么读是读者面临的最大阅读障碍
"读书破万卷"不仅仅在"万"，更重要的是在"破"！

现在，我们构建了全新的"湛庐阅读"App。它将成为你"破万卷"的新居所。在这里：

- 不用考虑读什么，你可以便捷找到纸书、电子书、有声书和各种声音产品；
- 你可以学会怎么读，你将发现集泛读、通读、精读于一体的阅读解决方案；
- 你会与作者、译者、专家、推荐人和阅读教练相遇，他们是优质思想的发源地；
- 你会与优秀的读者和终身学习者为伍，他们对阅读和学习有着持久的热情和源源不绝的内驱力。

从单一到复合，从知道到精通，从理解到创造，湛庐希望建立一个"与最聪明的人共同进化"的社区，成为人类先进思想交汇的聚集地，与你共同迎接未来。

与此同时，我们希望能够重新定义你的学习场景，让你随时随地收获有内容、有价值的思想，通过阅读实现终身学习。这是我们的使命和价值。

本书阅读资料包

给你便捷、高效、全面的阅读体验

本书参考资料　　　　　　　　　　　　　　　　　湛庐独家策划

- ☑ **参考文献**
  为了环保、节约纸张，本书注释与参考文献以电子版方式提供

- ☑ **主题书单**
  编辑精心推荐的延伸阅读书单，助你开启主题式阅读

- ☑ **图片资料**
  部分图片提供高清彩色原版大图，方便保存和分享

相关阅读服务　　　　　　　　　　　　　　　　　终身学习者必备

- ☑ **电子书**
  便捷、高效，方便检索，易于携带，随时更新

- ☑ **有声书**
  保护视力，随时随地，有温度、有情感地听本书

- ☑ **精读班**
  2~4周，最懂这本书的人带你读完、读懂、读透这本好书

- ☑ **课　程**
  课程权威专家给你开书单，带你快速概览一个领域的知识全貌

- ☑ **讲　书**
  30分钟，大咖给你讲本书，让你挑书不费劲

湛庐编辑为您独家呈现
助您更好获得书里和书外的思想和智慧，请扫码查收！

（阅读资料包的内容因书而异，最终以湛庐阅读App页面为准）